高等学校通识课程系列教材

简明教育学教程

（第二版）

杜德栋　曹汉斌　主编

中国人民大学出版社
·北京·

第二版前言

教材建设是教育学教学改革的基本任务之一，也是教育教学质量稳步提升的重要保障。为了克服教育学教材长期以来存在的理论空洞、体系烦琐、内容脱离实际、缺乏时代感等问题，改变学生对“条条”充斥全书感到厌倦的现状，系统地反映教育学研究的最新成果及适应基础教育课程改革的时代挑战，满足教师专业发展的新要求，解决高等师范院校教师教育滞后于基础教育改革与发展的客观现实，2010 年我们组织编写出版了《简明教育学教程》。全书在吸收整合教育学研究新成果，探索创新教育教学新理念，注重学科引领实践的指导价值，实现理论体系的新突破等方面，倾注了较多的心血，做出了较大的努力。

首先，探索教育发展与变革的趋势与特征，使教育合目的、合规律。培养人、发展人，是教育的内在旨趣与价值取向。在世界全球化与信息化的时代大背景下，教育终身化已成为当代教育发展的一个必然趋势。年青一代已经不再满足从学校里获得的书本知识，而必须不断地学习，终身接受再教育。同时，学校教育只是终身教育的一个基础或前提，那种把学校教育看成是生活预备的“一次性教育”观念已经过时了。当代教育学对人的研究已经远远超出了学校教育的范围，学校教育与社会教育、家庭教育相互联系、相互渗透，三者共同构成了一个统一的教育大场域。对人的教育，不单是学校的事情，每个家庭乃至整个社会都要参与。所以，探索教育发展与变革的趋势与特征，使教育既合目的又合规律，才能更好地揭示和解决当代诸多教育改革与发展的理论与实践问题。这是统摄全书的灵魂。

其次，尊重教育学学科性质与特点，以简明呈现内容为特征，在内容、体例、选材等多方面都有所创新，体现以学为本。在内容上，为了改变教育学教材知识灌输的技术化、效率化、工具化特征，改变以大面积提高成绩为最高目标而将人（尤其是学生）成为知识的役使对象、将教书与育人分离的弊端，本书将把重点落在如何培养学生教育理论思维，如何引领师范生在根本上把握教育活动本体性意义，使教育能在真正的教育意义上来进行。在体例上，不追求理论体系的完整及对教育理论的详尽阐述，而是将核心放在培养学生科学运用教育学原理解决实际问题的能力上，扩展了教学实践训练的篇幅，如增加了对学生的认知与了解，加大了对教师教学实践与技能的训练和培养，提高教师专业发展的内容等。在选材上，尽量避免说教而注重贴近学生现实与当前基础教育改革的事例。语言表述方面，做到力避烦琐而实现简约明快。在呈现方式上，尽可能便于学生的自学。每章的正文前有“内容提要”作为教学起点，使学生在学习前对其内容有一个粗略的了解，形成良好的学习定向；每章正文后均有“复习思考题、推荐阅读书目与访问网站”以及“教学案例”供学生们思考，目的在于拓宽学生的视野。

最后，立足我国教育发展现实，正确处理国外教育理论与本土教育理论间的关系。长期以来，我国的教育学教材阐述的主要是国外的教育理论和学说，而对国内的教育教学改革经验和理论缺乏应有的重视和系统总结。为了克服这一问题，本书在理论阐述时，既注重国外教育理论的介绍，又重视对本土教育理论和实践经验的系统总结，以凸显教育学的中国特色。

本书自出版以来，被全国多所师范院校选用，产生了一定的影响。特别是随着《国家教师教育课程标准（试行）》、《小学教师专业标准（试行）》、《中学教师专业标准（试行）》的颁布，在指导思想与课程内容方面对教师教育改革提出了新的要求，并且教育部从2011年起在全国逐步尝试“国标、省考、县聘、校用”的教师准入和管理制度。为了贯彻落实《国家教师教育课程标准（试行）》的精神，进一步完善教材体系，在保持原教材简明、实用的前提下，我们进行了相应的修订工作。

一是体现课程标准的精神，对原教材体系进行了相应调整，增减了部分章节。删减整合了教育功能、课堂教学疾病的预防和诊治等内容，增加了教育政策、教师专业标准、课程组织、课堂教学管理等相应内容。二是吸收了近几年国内外教育理论和实践方面的新成果，以开阔视野、启发思维，增强时代性与实践感。

本书由杜德栎、曹汉斌教授任主编，负责全书的组织策划、结构设计、编写大纲的拟订。各章的执笔人分别是：第一章（曹汉斌）；第二章、第四章（第一、二节）（张登山）；第三章（范远波）；第五章（余雪莲）；第六章（第一、三节）（李悦辉），第六章（第二节）（杜德栎，李悦辉）；第七章（刘锡娥）；第四章第三节、第八章（第一、二、五节）（杜德栎）；第八章第三节（王俊）；第八章第四节（任永泽）；第九章（谢香云）；第十章（张爱红）；第十一章（李斌琴）。最后由主编负责全书的修改、统稿和定稿。

修订后的教材充分体现课程标准的理念与精神，理论更加深刻系统，内容更加简明实用，指导性更加突出。但由于时间与学识所限，不足之处难免存在，恳请各位学界专家、同行和广大读者批评、指正。

修订中参考与借鉴了一些新的中外文献，除已注明外，在此特向这些文献的作者表示感谢！中国人民大学出版社的领导、编审和出版人员给了我们许多鼓励和有价值的建议，对提高本教材的质量大有裨益，在此深表谢意。

编　者

2014年6月20日

目　录

第一章 教育与教育学

内容提要

“教育”是什么？简要地说，教育就是培养人的社会活动，尤其是指对未成年人的培养。教育者、受教育者和教育中介系统是教育的基本要素。教育形式一般分为家庭教育、学校教育和社会教育三种。学校教育是人类文明达到一定阶段的产物。由于世界各国的教育宗旨、教育目的与教育制度不同，各国的教育呈现不同的特色。从时代特征上看，古代教育的特征是阶级性、宗教性、伦理性较强；近代教育的特征是国家化、世俗化、法制化较强；现代教育的特征是普及性、义务性和公益性较强。教育学是研究教育现象、发现教育问题、揭示教育规律、确立教育价值、优化教育艺术的社会科学。学习教育学，可以使教育工作者提高工作的效率，减少无效劳动。

第一节 对教育的认识

“教育学”顾名思义就是“教育之学”。那么什么是教育，教育包括哪些基本要素及形态等有关教育认识的问题，就成为学习教育学应该首先掌握的问题。

一、“教育”的概念

在中外教育史上，关于“教育”的概念一直众说纷纭，莫衷一是。大体上人们可以从两个方面来理解教育：第一种是从广义的方面来理解：凡是增进人们的知识和技能，影响人们的思想品德的活动，都是教育；第二种是从狭义的方面来理解：教育者根据一定社会或阶级的要求，有目的、有计划、有组织地对受教育者身心施加影响的活动都是教育。这种教育便是正规教育，也就是狭义的教育，它还可以分为两种：一种是思想政治教育，也就是理想、信念和价值观的教育；另一种是个体的知识、技能掌握的过程。如特朗里（D. Rowntree）就把"教育"定义为"成功地学习知识、技能与正确态度的过程"。① 这里所学的应是"值得学习者为之花费精力与时间（凡使用'教育'一词者皆作如是观），学习方式（与培训相对而言）则一般应使学习者能通过所学的知识表现自己的个性，并将所学的知识灵活地应用到学习时自己从未考虑过的境遇和问题中去"②。这个定义的出发点是"学习"和"学习者"，而不是社会的一般要求，侧重于教育过程中个体各种心理需要的满足及心理品质的发展。

在现代英语中，教育是"education"；在法语中，教育是"éducation"；在德语中，教育是"erziehung"，三者均起源于拉丁文"ēducātio"。"ēducātio"是个名词，它是从动词"ēducāre"转换来的。"ēducāre"是由前缀"e"与词根"ducāre"合成的。前缀"e"有"出"的意思，而词根"ducāre"则为"引导"，二者合起来就是"引出"，意思就是采用一定的手段，把某种本来就潜藏于人身上的东西引导出来，从一种潜质转变为现实。

在我国古代相当长的历史时期里，"教"和"育"一直是分开使用的，"教"字的含义有四种：教导、教化、训练、效仿。"育"字的含义有四种：生育、抚养、培养、生长。一般认为，最早把"教育"二字合为一体的人是孟子。《孟子·尽心上》中写道"得天下英才而教育之，三乐也"。东汉时期，许慎的《说文解字》将"教"和"育"解释为："教，上所施下所效也。""育，养子使作善也。""上所施"是指在上者如父母、兄长或老师等人的传授、讲解、施教的活动；"下所效"是指在下者如子女、晚辈或学生学习、听讲、模仿、仿效的活动；"养子使作善"即教育子女，促使他们向好的方向发展。

怎样给"教育"一个科学的界定呢？一般来说，对一个概念下定义要注意三个方面的问题：一是确定它的上位概念，即属概念，在逻辑学中叫做"邻近的属概念"。教育是一种专门的育人活动，是以影响人的身心发展为首要和直接目标的社会活动。这是它区别于其他事物的本质属性，在逻辑学中叫"种差"。我们可以用一个公式表达：概念＝种差＋邻近的属。根据这一原理，教育是一种社会活动，这是教育的"邻近的属"，这种社会活动是有意识地以影响人的身心发展为首要和直接目标的，是教育的"种差"。据此，我们可以给教育下这样的一个定义：教育是有意识地以影响人的身心发展为首要和直接目标的社会活动。这是广义的教育概念，这个概念具有以下几点内涵：

1. 教育是人类特有的社会活动

教育是人类社会特有的现象，与动物的育婴活动有着本质区别。这种区别表现在：首先，动物对后代的哺育和爱护基于一种本能需要，而人类对后代的培养出于社会需要；其次，动物只能在同代之间进行经验传递，而人可以世世代代进行高深知识和复杂经验的传递；最后，动物要解决的问题是自己如何适应环境，而人类的教育从一开始就是为了下一代成长，目的在于提升后代的生活质量。

2. 教育是高效率地传递社会经验的过程

通过遗传将种族生存和发展的密码信息传递给下一代是一切动物都具有的本领。但由

① 参见赵宝恒等编著：《英汉教育词典》，12页，北京，教育科学出版社，1992。

② 全国十二所重点师范大学联合编写：《教育学基础》，3页，北京，教育科学出版社，2002。

于动物没有语言和文字来保存和传递经验，个体的经验只能随个体的死亡而消失，而人类则不同。人类在长期的种系发展过程中形成的经验和智力，除通过种族遗传外，还通过文化教育而发扬光大。因此，遗传不是人类经验获得智力发展的主要形式，后天的教育才是人类文化传播的主要形式。同时，由于人的思维活动能够超越时间和空间的阻隔，并且在教育活动中，人类总是有意识地选择最有效的形式及途径，把那些认为对下一代发展最有用的社会经验与知识传递给他们，因而教育活动又是高效率地传递社会经验的过程。正是如此，才使我们的下一代所共享的精神财富能够远远超过前人。

3. 教育是以人的成长为直接目标的社会活动

在人类的社会活动中，凡是以人为对象的社会活动很多，但不都是教育活动。教育是以促进人的身心发展为直接目标的社会活动。这是它与其他社会活动的本质区别。例如，医生在给病人治病的过程中，同时也向患者传授了医学知识和治疗经验，甚至可使病人"久病成医"。但这不能说医生也是教师，因为医生的职责是治病，而不是教育。同样，作家创作小说是精神生产活动，其作品可能激动人心，但他也不是教师。公务员接待领导、会见群众，虽然也有教育意义，但也不属于教育活动。人与人的沟通和交流、电话联络、手机通信、上网聊天，只能说是传递或者接受信息，也不是教育活动。1977 年，美国向太空发射了"旅行者 1 号"飞船，上面载有人类信息（包括一部结实的唱机和一张镀金的唱片，唱片上收录了几十种人类语言和多首音乐作品），这是人类期望与外星人交流的活动，也不算教育活动。

总之，教育是通过高效率的传递社会经验，以促进人的身心发展为直接的、最终的目标的社会活动。这是教育和其他社会活动的本质区别。

广义的教育定义只是把教育活动与其他社会活动区别开来，包括的范围还很广。如家庭教育，通过各种传媒（如广播、杂志、报纸、电视、电影、互联网等）进行的大众教育，由校外文化机构进行的教育，群众团体中进行的教育等。

在各种教育活动形态中，最基本的、最核心的还是学校教育，所谓狭义的教育也就是学校教育。根据前面确定的概念规则，我们可以把学校教育从其他的教育活动中区分出来，给出一个狭义教育的定义：学校教育是由专门的教育机构所承担的、由专门的教职人员所实施的有目的、有计划、有组织的，以促进学生的身心发展为直接目标的教育活动。

二、教育的要素

作为有意识地以影响人的身心发展为首要和直接目标的社会活动，教育是一种相对独立的社会子系统。这个子系统包括三种基本要素——教育者、受教育者和教育中介系统。①

（一）教育者

广义的教育者就是所有从事教育活动的人。一切能够增进人们的知识和技能、影响人们思想品德的活动者，都是教育者。在这个意义上，我们可以说父母是教育者，也可以说新闻记者是教育者，当然还可以说政治家是教育者。狭义的教育者主要就是指教师，因为

① 参见王道俊、郭文安主编：《教育学》，17 页，北京，人民教育出版社，2009。

只有教师才是专门从事学校教育工作的专职人员。当然也包括其他教育工作人员。那些偶尔对学生的身心发展产生影响的人，不能称其为教育者。教育者的基本职责是促进学生的身心发展，使其成为对社会有用的人才，因此，一个真正的教育者必须有明确的教育目的，理解自我在实践活动中所肩负的使命，所以，一个不具备专业素养的人是没有资格当教师的，因为他不会“引导”学生、“促进”学生、“激励”学生、“规范”学生。并非所有的父母天然有资格当孩子的老师，只有那些有责任心、有义务感的、有人格魅力的家长才适合当孩子的老师。同样，作为教育者的教师与作为教书匠的教师有着质的差别，作为教书匠的教师，他对孩子的影响是不全面的。对学生来说，教师的内在态度和外在行为都是一种规范。

（二）受教育者

教育活动是教育者与受教育者双向互动的过程。凡是在各种教育活动中从事学习的人，不管是青少年还是成人，都统称为受教育者。受教育者既是教育的对象，又是学习的主体。他们都有自我的需要、兴趣、情感、希望和尊严，所以，他们不是可以被任意加工的素材、可以被任意涂抹的白板。他们会把他们的生活经验与人生经历带入教育过程，在教育活动中发挥自主选择的作用。他们已有的发展水平和当前的心态，是教育活动的起点。教育活动就是使受教育者的才能、智慧、毅力增强的过程，也是受教育者经验的生成与改造过程。不管人们意识到还是没意识到、承认还是不承认，受教育者素质的提高，主要取决于自我努力。教育者的教育活动，只能促进受教育者的发展，而不能代替受教育者的发展。因此，教育者不能强制受教育者学习，而是要启发、引导和规范他们，以利于他们生动活泼地主动地发展。

（三）教育中介系统

教育中介系统是教育者与受教育者开展教育活动的基本条件和基本形式，主要包括教育内容和教育活动方式。教育内容是依据国家的教育目的，考虑受教育者身心发展水平，经过专家挑选和加工的人类科学文化成果的结晶。它规定了学校教学活动中传递知识技能的范围和性质，是教师和学生开展教学活动的基本依据。现代学校的教育内容概括起来主要包括德、智、体、美等几方面，主要解决“教什么”的问题。它主要体现在课程、教科书、教学参考书和其他形式的信息载体（如广播、电视、电影、报刊等）中，还体现在经过选择和布置的具有教育作用的环境（如教室、校园、阅览室等）中。教育者是受教育者重要的模仿对象，他所拥有的知识、经验、道德品质和工作态度也影响着受教育者的发展，因而也是重要的教育内容。互联网、各种数字媒体和各种报刊都可以成为教育内容。

教育活动方式就是教育活动开展与实施的具体方式，这是一个十分复杂的动态过程，涉及教育基本要素的组合与教育工具和手段的应用。它大体上包含四个相互制约的环节：一是名义上的教育目的和实际上的教育目的是否有冲突，如果有的话，怎么样协调；二是教育者的心理操作方式和受教育者的心理操作方式能否协调，两者的行为方式能否互相接受；三是教育者对受教育者个性素质所获发展的评价是否客观公正；四是教育者和受教育者在教育活动中的地位是否平等，受教育者通常处于平等的主动的地位还是处于遭压制的被动的地位或放任自流的地位。讨论教育活动的方式的根本目的，是要求教师去寻找最合适的方式与学生互动，而不是简单的灌输、打压、制服。因此，在教育现代化的新时期，

“什么教育活动方式最有教育价值与最有效”的问题值得我们深入思考与探索。

教育活动的中介系统，除了学习科学文化成果，还有科学实验活动。这些活动在平时的生活中是很少见到的，但对扩展人的视野，使人们把握抽象的、普遍的概念又是必需的，所以，仅仅读书还不算是掌握了知识，还必须有教育实践活动相伴随。就教育活动的整体而言，中介系统还应当包括社会实践活动。从生活中学习，从生产中学习，既学做人，又学做事，通过分析问题和解决问题来提高自己的综合素质，是不可或缺的教育路径。

上述教育的三要素之间既相互独立，又相互规定，共同构成一个完整的实践活动系统。没有教育者，教育活动就不可能展开，受教育者也不可能得到有效的指导；没有受教育者，教育活动就失去了对象，无的放矢；没有教育中介系统，教育活动就成了无米之炊、无源之水，再好的教育意图、再好的发展目标，也都无法实现。因此，教育是由上述三个基本要素构成的一种社会实践活动系统，是上述三个基本要素的有机结合。各个要素本身的变化，必然导致教育系统状况的改变。不同教育要素的变化及其组合，最终形成了多样的教育形态，担负起促使学生身心发展、培养社会有用人才的神圣职责。

三、教育形态

教育形态是指教育活动存在的形式和状态。世界上任何事物都有一定的存在形式和状态，教育也不例外。教育发展到当代，已由初始的观察模仿、口耳相传，到后来的学校教育，再到近现代社会的多层次与多类别，从而形成了一个纵横交叉的庞杂体系。不过，尽管其层次、种类繁多，但从其存在形态上不外乎社会教育、家庭教育和学校教育三种基本形态。这三种形态构成了教育的总体，从不同的时间、空间，以不同的形式对人的发展和社会发展起着不同的作用。

狭义的社会教育是指学校和家庭以外社会文化机构以及有关的社会团体或组织，对社会成员所进行的教育。社会教育直接面向群众，影响十分广泛，可以对整个社会发生积极作用。社会教育不受阶级、地位、年龄和资历的限制，体现了教育的民主性。与学校教育相比，社会教育更有利于人的社会化。原始社会的教育形态基本上就是社会教育。古代中国最杰出的教育成就也是社会教育。甚至于，民国时期的教育改革趋向也是社会教育。梁漱溟先生的“乡村教育运动”，其目的是要化社会为学校，是“社会学校化”的大教育；陶行知的平民教育和晏阳初的乡村教育都是以改造社会为目的的教育思想。① 新中国的教育和政治运动紧密地交织在一起，如“社会主义教育运动”、知识青年上山下乡接受贫下中农再教育，其结果都是社会教育融合了学校教育。

家庭教育是指在家庭内由父母或其他年长者对新生一代和其他家庭成员所进行的有目的、有意识的教育。家庭教育从其含义上讲也有广义和狭义之分。广义的家庭教育，主要是指一个人在一生中接受的来自家庭成员的有目的、有意识的影响。狭义的家庭教育则是指一个人从出生到成年之前，由父母或其他家庭长者对其所施加的有意识的教育。家庭教育是人生的第一篇章，是个体社会化的最初摇篮。它具有自然性、感染性、权威性和终身性等特点。中国家庭教育源远流长。它对于推动中国古代社会家庭的巩固与发展，促进古

① 参见孙培青主编：《中国教育史》，454、459页，上海，华东师范大学出版社，2010。

代各类学校的产生与进步，形成民族文化传统和家庭道德观念，乃至对于国家政治、社会生产和生活方式以及民族文化学术思想的变迁等，都产生过深刻而久远的影响。最早的有伊尹家教、周公家教、诸侯家教、孔子家教、敬姜家教、孟母家教，最著名的有司马迁家教、曹操家教、颜之推家教、朱熹家教，有许多值得后人玩味咀嚼的家规家法，还有老百姓喜闻乐见的蒙学教材。①

学校教育是指通过专门的教育机构对受教育者所进行的一种有目的、有计划、有组织、有系统地传授知识、技能，培养思想品德，发展智力和体力的教育活动。学校教育在一个国家的整个教育体系中是一种主导的教育形态，学校教育系统包括各级各类学校。因此，学校教育具有职能的专门性、组织的严密性、内容的系统性、手段的有效性及形式的稳定性等特点。不过，从时空上来看，学校教育只占个体活动的部分时间和空间，它只是个体成长过程中特定阶段的影响要素，而不像家庭与社会伴随着个体的一生。

家庭教育、社会教育、学校教育有着各自的目的、地位、作用和特点，同时它们也各自有着自身难以克服的局限性。这就需要三者之间相互配合、协调一致，实现三种教育力量的整合，提高教育的整体效益。三种教育力量的整合，有利于教育在时空上的相互衔接，有利于整个教育在方向上的高度一致，有利于加强各种教育的互补作用，实现教育的整体效应。

第二节　教育的历史发展

一、教育的起源

物竞天择，适者生存。人天生就是柔弱的动物，从小要靠成人来保护。比起其他动物来，人的体力不够、指甲不硬、牙齿不坚，既不会爬树，也不会飞行。可是，人类却成为地球的主宰者，就是因为人类创造了教育活动，通过教育活动使人们掌握了更多的间接知识和经验。

那么，人类是如何创造教育的？教育起源于哪里？这是教育史研究中的一个重要的理论问题，具有重要的学术价值。长期以来，学术界提出了许多假说，主要有教育的神话起源说、生物起源说、心理起源说、交往起源说、劳动起源说等。在这些假说中，我们倾向于教育的劳动起源说。

教育之所以起源于人类社会特有的生产劳动，是因为：

首先，劳动为教育的产生提供了现实条件。由于劳动，猿的机体才进化为人的机体，特别是作为劳动器官的手和作为思维器官的大脑进一步发达，作为人类交际工具语言的产生，为教育的产生提供了现实条件。

其次，劳动为教育的产生提供了客观要求。一方面，为了使社会不间断地延续和发展，年长一代必须把人类积累起来的生产生活经验和技术传授给年青一代。另一方面，为

① 参见赵忠心：《家庭教育学》，13页，北京，人民教育出版社，2011。

了使年青一代适应现存的生产关系，年长一代必须教年青一代掌握这些生产生活经验和技术。在我国教育史上，黄帝、炎帝、神农氏、燧人氏、有巢氏、伏羲氏，其实都是最早的教育家。他们集我国古代劳动人民的智慧于一身，为中华民族的繁荣昌盛作出了卓越的贡献。假如没有这些智者来传递上代人的生产和生活经验，下一代人很可能连吃和住都成问题，更不要说制造和使用工具了。例如，在埃及，由于工艺的失传，金字塔是怎么样造出来的，现在恐怕连最聪明的科学家都难以想象，更不用说再造它了。如果没有教育，我们的祖先很有可能至今还在茹毛饮血，把“房屋”建在树上。各种工具的制造和改进、火的使用和保存、狩猎的经验、农作物种植的技术，全部要靠教育来完成。

最后，劳动和教育、语言、意识一样，都是人类社会特有的现象。人和动物的本质区别，就在于人具有主观能动性，会创造并使用工具从事劳动。恩格斯指出：劳动“是整个人类生活的第一个基本条件”。“劳动创造了人本身。”“动物仅仅利用外部自然界，单纯地以自己的存在来使自然界改变；而人则通过他所作出的改变来使自然界为自己的目的服务，来**支配**自然界。这便是人同其他动物的最后的本质的区别。”①

二、教育的历史发展

教育是人类社会特有的现象，它随着人类社会的发展而发展。在人类历史发展的长河中，不同的社会历史阶段孕育产生了不同的政治、经济、文化等，教育因受其影响，在发展中也形成了自身的特点，并形成了三个阶段，即古代教育、近代教育和现代教育。

（一）古代教育的特征

1. 原始社会的教育没有独立性

在原始社会，生产力水平极其低下，劳动工具简单，生产资料公有，劳动只能满足最低限度的生活需要。原始社会没有阶级，没有剥削，大家共同劳动，共同分享，文化水平较低，人类还处于蒙昧与野蛮的时代，教育也处于自然形态阶段。

人类最初的教育是广泛意义上的教育，它泛指老一辈对新生一代身心施加的一切影响。这时，教育没有独立成为专门的事业。由于生产力水平低，人们只为生活奔波，没有专门从事教育的人员和教育机构，没有专门的教育内容和场所，也没有专门的受教育者，教育活动渗透在生产和生活中。教育内容和手段简单、粗糙、水平低 。原始社会生产力极其低下，教育的目的主要是使青少年获得参加社会生活的能力；教育的内容着重于体力、顽强性、生产生活的技能和经验、风俗礼仪、宗教信仰等方面的训练；教育方法以看、模仿、做和口头传授等直接经验的方法为主。人们只有从能工巧匠那里模仿学习，教育更多的是手把手地教、面对面地学。所有的人享有均等的受教育机会，但有性别差异，男女儿童所受教育内容有所不同。

2. 奴隶社会里学校教育的阶级性和等级性较强

进入奴隶社会以后，由于社会生产力的发展与剩余产品的出现，教育开始从社会生产和生活的母体中分化出来，成为一个独立的部门，即产生了专门的教育机构——学校，专职的教学人员——教师，专门的教育对象——学生。

---

① 《马克思恩格斯全集》，中文1版，第20卷，509、518页，北京，人民出版社，1971。

在四大文明古国里，我国最早在夏朝就出现了学校的雏形“庠”，后来演变为“序”（教人射箭的地方，后来成为教育场所）和“校”（习武的场所，后来改为乡学）。从商朝开始，又有了“大学”（在西郊）、“小学”（在王宫之东）和“瞽宗”（学习礼乐）。[①] 在这些固定的校舍里，开始有了专门的教师和专门的教学内容（传授礼乐等典章文化）。西周时中国有了更为完备的学校教育体系，分为“国学”与“乡学”两大类，“国学”有小学和大学，“乡学”有庠、序、塾。“国学”中的小学分为两种：一种是设在宫廷附近，一种设在郊区。“国学”中的大学也有两种：一种是设在都城的“辟雍”；另一种是设在诸侯所在地的“泮宫”。这些学校只有奴隶主阶级的贵族子弟才能就读，普通民众子弟基本上被排斥在学校教育之外。

世界其他文明古国在奴隶社会也相继出现了学校这种专门的教育机构。据可查证的资料显示，人类最早的学校出现在公元前 2500 年左右的埃及，被称为宫廷学校和“文士”学校。汉谟拉比时代的古巴比伦社会，也只有奴隶主子弟才能受教育。古代印度最早的教育是婆罗门教育，这种教育主要是让儿童在家庭里吟咏古梵文写成的《吠陀经》，而刹帝利和吠舍的子弟所受的教育只是识字，首陀罗及贱民读书识字则要被处死。由此可知，在奴隶社会只有奴隶主子弟才能接受教育，教育具有很强的阶级性和等级性。有钱的贵族可以自己请教师（祭司和书吏），少数自由民只能在生产中学习一些技术。

这一时期教育的特点表现为：教育具有鲜明的阶级性；教育与生产劳动相脱离；学校教育的内容趋于分化和知识化；教学方法强调严格的纪律和严酷的体罚；学校教育制度尚不健全。

3. 封建社会学校教育的等级性和宗教性更强

欧洲自从公元 476 年西罗马帝国灭亡开始进入封建时代。欧洲中世纪的封建学校教育主要有两个系统：教会学校和骑士学校。由于文化和教育全部为教会所垄断，教会学校由僧侣把持，教育目的是培养对上帝虔诚、忠于教权的教士，教育内容主要是“七艺”（算术、几何、天文、音乐、文法、修辞、逻辑）和神学。骑士学校的教育内容主要是“七技”（骑马、游泳、投矛术、剑术、狩猎、弈棋和吟诗），目的是为世俗封建主培养人才。骑士学校灌输的是效忠统治阶级的思想，训练勇猛作战的本领，而对文化知识的学习相当轻视，骑士们往往连名字都不会写。中世纪西欧的教育不仅具有明显的阶级性和等级性，而且还具有浓厚的宗教性。

在我国春秋时期，由于经济的发展导致了社会的大变革，铁制农具和牛耕的使用极大地提高了生产力水平，政治上也发生了改变，形成地主与农民阶级的对立。为了适应新经济、新政治的需要，教育也发生了相应的变化。地主阶级垄断官学，把持教育大权，为自己培养统治人才，加强统治势力。同时，私学也在民间大量兴起，学校向平民开放，使文化知识下移到民间。私学顺应了社会发展的需要，也为地主阶级笼络人才提供了一种渠道，如魏晋南北朝的九品中正制、隋唐以后的科举制等。无论官学和私学都以四书五经和反映封建伦理道德的三纲五常为教育的内容，很少传授自然科学知识。中国封建教育的阶级性、等级性和封闭性，较之西欧社会更强。

---

① 参见孙培青主编：《中国教育史》，12～15 页，上海，华东师范大学出版社，2010。

中国古代的教育除了具有鲜明的阶级性和等级性外，还有以下特征：教育与生产劳动相分离；教育方法呆板，奉行强迫与棍棒教育；官学与私学并存；实施个别教育等。

（二）近代教育的特征

17 世纪中叶英国资产阶级革命爆发，标志着世界近代史的开端。自此以后，资本主义制度在欧洲逐步取代了封建制度。资本主义制度建立后，促进社会生产力迅速发展，推动了教育更为广泛和深刻的改革。这个时期学校教育改革的主要特征是：

1. 教育与生产劳动的结合越来越密切

在奴隶社会和封建社会，自由民和贫民子弟都受不到正规的教育。受教育只是少数人的特权。工业革命使得普及初等教育成为国家迫切的需要。近代教育以适应机器大生产为目的，要求劳动者具有初等或中等的文化基础，能够掌握现代生产技术。这样一来，脑力劳动与体力劳动的结合就成为必然。1640 年后，英国的贵族教育逐渐为绅士教育所取代，文科教学逐渐为实科教学所取代。尽管英国资产阶级教育仍然具有阶级性和等级性，但大学的平民化和中学的实用化趋势明显。1789 年，法国资产阶级革命成功后，资产阶级教育家孔多塞、雷佩尔提和拉瓦锡的教育改革计划极具代表性。雷佩尔提不同意孔多塞只注重富人教育的主张，强调教育的重点应当在实施普及初等教育和物质保障上。1881—1882 年，法国颁布《费里法案》，确定实行义务教育。不过，法国当时实行的是双轨制的基础教育，直到 1925 年才取消了双轨制教育，实现了统一的小学教育制度。由此可见，教育与生产劳动的结合就意味着富人的子女要与穷人的子女一起受教育，所有学生都是未来的生产者和建设者。

2. 教育的世俗化使人人受教育成为可能

西欧的教育原来是由教会控制的，宗教改革运动在英国、法国和德国如火如荼地发展，最终导致了教育的世俗化。以德国为例。1524 年，马丁·路德发表了《为基督教学校致德国市长和市政官员书》，提出了强迫教育的概念。马德堡根据路德提出的方案组建了新的学校，此后许多邦国如萨克森、赫斯、维登堡等地都有了繁荣的教育体系。1619 年魏玛公国颁布了新的学校规章，要求境内僧侣和校长准备登记簿，记录所有年满 6 岁至 12 岁的男女儿童，提出强迫就学的原则。1642 年哥达邦国在《学校规程》中颁布了第一份实施对缺课儿童进行惩罚的规章。由此可见，马丁·路德的强迫教育主张在 16、17 世纪的德国得到了初步实践。1701 年腓特烈一世加冕为第一任普鲁士王，实行开明的君主立宪制，成立了普鲁士王国。其子腓特烈·威廉一世受启蒙思想的影响，推行开明政治，富国强兵，重视教育。他于 1717 年颁布了一项实行强迫教育的法令《强迫教育规定》，从此，受教育和服兵役一样被视为公民对国家应尽的义务。这标志着义务教育为德国高等教育奠定了基础。德国的后来居上被誉为“小学校长在讲台上的胜利”也就不足为怪了。

3. 教育逐步走上了国家化道路

德国和日本最为明显。德国本来是个封建制的国家，但由于德国皇帝威廉一世及弗里德里希大帝都重视教育，1763 年就颁布了《义务教育法》，其后 100 多年里的历届政府也都重视教育，所以，德国的师范教育、职业教育和幼儿教育都走在了世界前列。1868 年，日本政府在教育方面实行了一系列的改革，1871 年设置了文部省，负责管理全国的文化教育事业。1872 年 8 月，日本仿照法国教育领导体制和学校制度，颁布了近代第一个教育改革法令——《学制令》。1879 年，日本废除了 1872 年的《学制令》，颁布了《教育令》。1885 年，森有礼任文部大臣，开始了日本新的教育改革。根据国家主义的教育思想，1886 年，日本政府制定了《学校令》，其中包括《小学校令》、《中学校令》、《帝国大学令》、《师范学校令》。与此相反的是，英国这个老牌资本主义国家，由于政府实行自由主义，对教育的控制放松，1870 年颁布的义务教育法令直到 20 世纪才真正执行，整个国家的教育发展水平远远落在了欧美国家的后面。

（三）现代教育的特征

工业革命兴起，使得大机器工业生产代替了手工业生产，而科学技术的发展，不仅促进了生产力迅速提高和社会财富的极大丰富，也带来了文化的日益繁荣，教育也进入了现代发展阶段。特别是全球化、信息化时代的到来，加快了现代教育改革发展的步伐。现代教育在西方是从 19 世纪末算起的。这时候的英国、法国、美国和德国都已经完成工业革命。而中国现代教育则是从 1912 年算起的。现代教育在世界各国的共同特点是：

1. 教育走上了法治化道路

19 世纪，世界各国一般都把实施初等教育作为第一步普及目标。1852 年的美国马萨诸塞州、1870 年的英国、1872 年的德国、1881 年的法国、1886 年的日本，都先后实行了普及初等教育法案。初等教育由国家统一计划、统一配备教师，体现了国家的意志、法律的强制。所有的学龄儿童，无论来自城市或乡村、贫穷家庭或富裕家庭，都必须受教育，这就是《义务教育法》的宗旨。教育从贵族化向平民化发展，从特权化向普及化过渡，从神坛走向了民间。中国从 1986 年宣布实行九年义务教育，到 2007 年全国基本实现免费的义务教育。随着社会经济、文化的发展，普及教育程度进一步提高。按照《国家中长期教育改革和发展规划纲要（2010—2020 年）》的计划，到 2020 年，我们的教育将成为惠及全民、有更高水平、更加公平的普及教育，幼儿的入托可能不像现在这么难，义务教育可以全面地普及，高中阶段的毛入学率可以达到 90%，高等教育阶段的毛入学率要达到 40%。目前，教育的制度化、学校的标准化、老师的专业化、考试的标准化更加明显了。

2. 教育的多样化发展

20 世纪以来，世界各国的基础教育以普及和免费为主，而中等教育和高等教育以多样化为主。德国的高等教育本来发展缓慢，但在威廉·冯·洪堡倡导下，德国建立起了柏林大学（1810 年），该校设立了“讲座制”，在教学方法上不强调死记硬背，重视教授的演讲和与学生之间的探讨。柏林大学的建立开创了高等教育“教学与科研”两大任务并重的新的局面，成为各国高校学习的榜样。1871 年普法战争后，一批以柏林大学为模式的新型的农、林、医、机械、采矿以及其他应用学科领域的高等技术学校和高等专科学校也相继建立起来。1789 年，美国宪法修正案规定：本宪法未授予合众国也未禁止各州行使的权力，保留给各州行使，或保留给人民行使之。这项规定提供了各州自办教育的法律依据。1850 年前后，美国各州共派出上万名学子奔赴德国求学，这些人回国以后用德国的教育理念来改造美国本土大学，形成了普林斯顿大学、耶鲁大学和哥伦比亚大学等研究型大学。后来，各州的赠地学院、州立大学、社区学院都取得了长足的发展。这样一来，研究型大学、教学型大学和应用型大学的定位就相当明确了。目前，教育的多元化、开放性和国际化趋势更加明显。

3. 教育均衡发展上升为国家意志

1948年通过的《世界人权宣言》承认受教育权是儿童的基本人权和生存权。1989年《儿童权利公约》提出缔约国要保障人人都享有受教育权。2002年，美国小布什总统签署《不让一个孩子掉队》法案，正式在全国实施。该法案不同于以往改革文件和法案的最大特点就是具有强制性，它要求州、学区和学校保障“处境不利学生”达到较高的学业标准。在教育公平思想的支配下，国家最基本的要求是在教育机构和教育群体之间，平等地分配教育资源，达到教育需求与教育供给的相对均衡，并最终落实在人们对教育资源的分配和使用上。1993年，中国政府提出要为每一个受教育者提供均衡的教育和发展机会。不同地区之间、城乡之间、学校之间、群体之间的基础教育资源，必须均衡配置。就基础教育而言，目前主要表现为三大均衡，即（1）学生的入学机会均等，实现城乡的教育公平；（2）区域间实现均衡发展，即在省域之间、市域之间、县域之间、乡域之间统筹规划；（3）校际间实现均衡发展，包括学校布局合理、经费投入均衡、设备设施均衡、师资配备均衡、生均教育资源均衡、学生生源的均衡等多方面。

除上述特征外，现代教育为了适应与引领人类进入全球化、信息化的时代需要，这一时期教育还呈现出如下特征：教育内容更加全面；教育手段日益现代化、网络化；课程的数字化、翻转课堂与微型视频课程越来越受到人们的青睐；教育国际化的趋势更加明显，不仅在于把个体培养成为跨国人才，还为了解决一些威胁人类生存的国际问题，如和平问题、环境问题、道德问题等而开展协作；教育的终身化和全民化理念不断从理论走向实践，成为世界教育改革的共同追求等。

第三节　教育学的产生与发展

一、教育学的产生与发展

任何一门学科的形成都有它的产生、发展和完善的过程。教育学作为一门学科是社会发展到一定历史阶段的产物。在原始社会，生产力水平极低，还没有文字和学校，教育是在社会生活和生产中进行的。那时还没有把教育作为一门学问来研究，因而原始社会没有教育学。随着生产力的发展，人类进入了文明时代，产生了文字，出现了学校，人们积累了丰富的教育经验，教育工作日益复杂，教育问题不断凸显，越来越需要对教育工作进行研究，对教育经验加以总结，解决教育问题，这样就逐渐产生了教育学。

教育学的产生和发展，大致经历了以下四个阶段。

（一）教育学的萌芽阶段

教育学的萌芽阶段是一个非常漫长的历史时期。在中国，是从春秋战国开始到清朝末年；在欧洲，从古希腊、罗马到英国资产阶级革命之前，都是教育学的萌芽阶段。这一时期，教育学没有独立的理论形态，只有一些教育思想和教育观点散见于一些政治、哲学、伦理、文学等著作以及语言记录中。如我国古代的《论语》就记载了孔子关于哲学、政治、伦理和教育的言论和主张，此外，孟子、荀子、董仲舒、韩愈、朱熹、王阳明等在他们的言论和著作中，也提出了颇有价值的教育观点和主张，但其中最有影响的是《学记》，它是世界上最早、最完整的一部教育学专著，比西方最早的教育著作——古罗马教育家昆体良（M. F. Quintilianus，约公元35—公元96）写的《雄辩术原理》一书，还早300多年。《学记》全文1 229字，作于战国末年。该书对教育的作用、古代的学校教育制度和视导制度、教育和教学的原则和方法以及师生关系等问题，作了精辟的论述，是对我国古代教育经验和儒家教育思想的高度概括。

在西方，古希腊和古罗马时代，出现了许多教育思想家，如古希腊的哲学家苏格拉底提出了"产婆术"，柏拉图在《理想国》中提出了比较完整的教育体系，亚里士多德最早提出德智体和谐发展思想。古罗马的教育家昆体良的《论演说家的培养》，比较系统地论述了儿童教育问题，被誉为西方第一本研究教学法的书。

总之，无论是中国还是西方国家，其教育思想仍然混杂在哲学、政治学、伦理学思想中，且多是现象的描述和自我经验的总结，缺少独立的科学命题和理论范畴。

（二）教育学的独立形态阶段

从17世纪初到19世纪40年代，随着资本主义生产的发展和科学的进步，资产阶级为了培养有文化的劳动者及他们所需要的人才，在教育上提出了他们的主张，采取了一些新的措施。资产阶级教育家为了阐明他们的教育主张、总结教育方面的经验，撰写了一些教育著作，出现了体系比较完整的教育学，教育科学逐渐成了一门独立的学科。

1632年，捷克教育家夸美纽斯（J. A. Comenius，1592—1670）写出了《大教学论》一书，标志着教育学的建立。该书提出了较为完整和系统的教育理论体系，强调培养目标，提出教育任务和普及教育，提倡班级授课制，提出教学中采用"直观性"教学原则，强调教师的作用等。在教育学发展的历程中，一般把夸美纽斯的这本书看成是近代第一本教育学著作，夸美纽斯被尊崇为教育史上的"哥白尼"，资产阶级教育学的鼻祖。

1693年，英国著名的哲学家和教育家洛克（John Locke，1632—1704）出版了他的教育著作《教育漫话》。在这本书中他充分肯定了教育在人的发展中的巨大作用，构建了完整的绅士教育理论体系。他断言，"人之差别十分之九是由所受的教育决定的"。他相信，健康的精神寓于健康的身体。

1776年，德国哲学家康德（I. Kant，1724—1804）在德国哥尼斯堡大学讲授哲学的同时，首先开设了教育学讲座。其后，他的学生赫尔巴特（J. F. Herbart，1776—1841）继续了教育学讲座，并于1806年出版了《普通教育学》，这是最早以教育学命名的教育理论专著。他认为，教育学必须有哲学和伦理学基础，用来指导教育目的与价值的选择判断；必须有心理学基础，用来指导教学过程的认识和方法选择。他还论述了"教学的教育性原则"、"统觉"教育管理等；提出了教学过程四阶段论，在理论上创立了"以教材为中心，以教师为中心，以课堂教学为中心"传统教育学派。在西方，通常将赫尔巴特的《普通教育学》视为"科学教育学"形成的标志。1810年，他创建了世界上第一个教育科学研究所。从此，教育学从哲学领域中分离出来，成为一门独立的科学，教育家对教育现象、教育问题的描述过渡到了理论的阐述阶段。但他们对理论的论证多采用思辨式的演绎推理，很少用实证、实验方法研究教育现象和问题，因此教育学还没真正达到科学化水平。

这一时期，除了上述的教育学著作外，还出现了些比较全面地论述教育思想的专著。影响较大的有法国启蒙思想家卢梭的《爱弥儿》、瑞士裴斯泰洛齐的《人的教育》、俄国乌申斯基的《人是教育的对象》等。

（三）教育学的发展阶段

教育学成为一门独立的学科，19 世纪中叶到 20 世纪初，资本主义生产方式的逐步更新、社会新兴力量的兴起、新思想的出现、科学技术的进步，特别是马克思主义的诞生，为教育学的发展提供了新的历史条件，教育学理论呈现不断多样化和深刻化。

19 世纪 50 年代以后，社会学、心理学研究方法开始被运用到教育学研究中，这些新兴学科的研究方法推动了教育学研究的发展，出现了许多新的教育理论。

英国的实证主义哲学家、教育家斯宾塞（H. Spencer，1820—1903）在《教育论》中主张用实证方法研究教育，反对思辨，他提出的教育任务是教导人怎样生活。他认为直接保全自己的知识是最有价值的知识，因此他强调实用学科的教育。他的这种观点反映了当时资本主义工业生产对教育的要求，具有明显的功利主义倾向。

20 世纪初，欧美教育学者盛行用实验、统计和比较方法研究教育问题。1901 年，梅伊曼（E. Meumann，1862—1915）首先提出了“实验教育学”的概念，认为概念化的教育学往往与教育实际抵触，为防止根据理论和偶然的经验下结论，必须采用实验方法研究儿童的学习和生活。1903 年，拉伊（W. A. Lay，1862—1926）出版《实验教育学》，完成了对“实验教育学”的系统论述。他用生物学作为实验教育学的理论基础，认为任何生物首先都是按照感觉——整理——表达的方式活动，其次通过加工整理信息获得事物印象，形成知觉，最后付诸行动。用实验法研究教育，在方法上是进步的，但把儿童的发展等同于生物过程则无疑是错误的。

美国实用主义哲学家、教育家杜威（J. Dewey，1859—1952）在 1916 年出版的《民主主义与教育》一书中提出“教育即生活”、“教育即生长”、“学校即社会”、“做中学”，提倡儿童中心、经验中心、活动中心，反对赫尔巴特的教师中心、教材中心、课堂中心。他认为，教育不应当有什么外加目的，学校应从儿童的兴趣出发，服从于他们的实际生活要求，以活动课程代替分科教学。他的教育思想被西方教育家称为“新教育”、“进步主义教育”思想。从此，教育史上便出现了传统教育派和现代教育派的对立局面。

俄国十月革命后，出现了马克思主义教育学。在苏联先后出版的各种版本的教育学中，影响最大的是 1939 年出版的凯洛夫（И. А. Каирова，1893—1978）主编的《教育学》，该书试图用马克思主义的观点和方法阐明社会主义教育规律，建立社会主义教育学。书中继承了赫尔巴特的教育思想，重视系统知识的传授，强调课堂教学和教师的主导作用，但较忽视学生的主体性和能力发展。

在我国，从 1901 年起，一方面翻译介绍国外资产阶级的教育学，另一方面也试图建立自己的教育学，如王国维翻译日本立花铣三郎的《教育学》、孟宪承编的《教育概论》、吴俊升编写的《教育哲学大纲》、钱亦石的《现代教育原理》等书，在当时也有较大的影响。1930 年，杨贤江出版了《新教育大纲》，这是中国最早用马克思主义的观点论述教育的本质和作用的著作，它指出教育是社会上层建筑之一、是阶级斗争的工具，揭露了旧中国教育的反动本质。陶行知、徐特立、晏阳初等也是这一时期中国著名的教育家。

陶行知（1891—1946），安徽歙县人，是我国五四以后最有影响的、著名的进步教育家。他的教育思想是在批判传统教育中形成的，是一种具有创造性，又不断发展、不断进步的教育理论。他提倡为大众服务的普及教育，要求教育必须联系生活和劳动，先后创办晓庄学校、生活教育社、山海工学团、育才学校和社会大学。他提出了“生活即教育”、“社会即学校”、“教学做合一”三大主张，生活教育理论是其教育思想的理论核心。著作有《中国教育改造》、《中国大众教育问题》、《古庙敲钟录》等。

这一阶段的教育学，可谓学派林立，教育学的地位得到了进一步的巩固和提高，教育学的理论体系在科学化的道路上迈进了一大步。随着教育学理论的发展，从20世纪50年代开始，教育学理论进一步深化。

20世纪50年代，科学技术的发展加速了学科分化与融合，出现了许多新兴学科群。系统论、控制论、信息论的出现为教育研究提供了一个崭新的方法论基础，进一步提高了教育学的科学化水平。

美国教育家、心理学家布鲁纳（J. S. Bruner，1915— ）于1963年出版《教育过程》一书，该书提出了“科学结构”和“发现学习”思想，对编制教材、培养学生能力、提高教育质量产生了积极影响。美国教育心理学家布卢姆（B. S. Bloom，1913—1999）在1956年出版的《教育目标分类系统》一书中，将教育目标分为认知领域、情感领域、动作领域三大目标，建立了教育目标分类与评价理论，为教师研究教育任务、观察教育过程、分析教育活动、评价教学工作提供了理论依据。此外，苏联教育家巴班斯基（Ю. К. Бабанский，1927—1987）的“教学过程最优化”理论，赞科夫（Л. В. Занков，1901—1977）的“教学与发展”的理论，苏霍姆林斯基（Сухомлинский，1918—1970）的“全面发展理论”，沙塔洛夫的“纲要信号教学”理论，德国瓦根舍因（Martin Wagenschein，1896—1988）的“范例教学”理论，瑞士儿童心理学家皮亚杰（Jean Piaget，1896—1980）的智力结构理论等影响也较大。

我国的教育学发展较缓慢，新中国成立初引进了凯洛夫的《教育学》，在当时起了积极的作用。20世纪50年代末60年代初，以马列主义、毛泽东思想为指导，开始编写新中国的教育学。党的十一届三中全会后，我国教育学得以新生。

（四）当代教育学的发展状况

在当代社会全球化、信息化的急剧变革中，教育领域里的新观念、新思想和新现象也层出不穷，教育学出现了许多新的特征。

1. 教育学研究的范围不断扩大

研究者们已不再局限于学校校园这个有限的环境，而是把教育这一社会现象放回社会现实中去，放入历史长河中去进行考察。到20世纪末，教育学研究的问题范围已从微观的教学过程扩展到宏观的教育规划，从教育的内部关系扩展到外部的关系，从基础教育扩展到高等教育，从正规教育扩展到非正规教育，从儿童、青少年教育扩展到成人教育、老年教育等。同时，研究者还加强了对教育学自身的反思，梳理教育研究活动本身的目的、性质、价值、知识结构等，形成了教育学的元理论。

2. 教育学研究基础和研究模式多样化

多学科交叉研究给教育学带来了更加广阔的视野，教育学的研究基础除哲学和心理学外，还包括社会学、生态学、人类学、心理学、经济学、文化学等，每一门新学科的加入，都给教育学研究带来了一种新方法，开辟了一片新天地。不同的人可以从不同的角度进行研究，形成不同的教育观念，并在相互批评、相互吸引、相互借鉴中推动教育学的发展，与之相关的就是教育学研究模式的多样化，从科学主义、人文主义或两者结合等方面来研究教育现象和教育问题。

3. 教育学出现了学科分支，教育学科体系初步形成

随着教育问题研究领域的扩大和多种学科交叉研究的发展，教育学也发生了快速的学科分化，形成多个独立分支学科。由于划分的标准不同，对教育学科体系的分类也不同。从以教育活动为研究对象和以不同方式运用其他学科研究教育学的角度看，可分为教育哲学、教育社会学、教育心理学、比较教育学、教育统计学和教育技术学等。以教育理论为研究对象可分为元教育和教育学史（见表 1—1）。

表 1—1 教育科学体系表

<table>
<tr><td rowspan="7">以教育活动为研究对象，以不同方式运用其他学科</td><td rowspan="3">把被运用学科作为理论分析的依据</td><td>分析教育中的形而上学问题</td><td>教育哲学、教育逻辑学、教育伦理学、教育美学</td></tr>
<tr><td>分析教育中的社会现象</td><td>教育社会学、教育经济学、教育政治学、教育法学、教育人口学、教育生态学、教育文化学</td></tr>
<tr><td>分析教育中的个体的“人”</td><td>教育生物学、教育生理学、教育心理学</td></tr>
<tr><td rowspan="2">采用被运用学科的方法</td><td>运用方法直接分析教育活动</td><td>教育史学、比较教育学、教育未来学</td></tr>
<tr><td>研究如何运用方法来分析教育活动</td><td>教育统计学、教育测量学、教育评价学、教育实验学、教育信息学</td></tr>
<tr><td rowspan="2">综合运用各门学科，解决教育的实际行动问题</td><td>分析与其他领域共有的实际问题</td><td>教育卫生学、教育行政（管理）学、教育规划学、教育技术学</td></tr>
<tr><td>分析教育领域独有的实际问题</td><td>课程论、教学论</td></tr>
<tr><td colspan="3">以教育理论为研究对象</td><td>元教育学、教育学史</td></tr>
</table>

4. 理论研究和教育实践改革的关系日益密切

随着当代教育学理论研究的深入，研究者已逐步摆脱了以往的形而上学、闭门造车的弊端，开始多角度、全方位地研究教育实践中存在的现实问题、产生原因及解决方案等。与此同时，当代教育实践的发展也日益呼唤教育理论的指导，为教育学的发展提供强大的动力，使得教育理论工作者与教育实践工作者之间出现了多种形式的交流、对话与合作。

二、教育学的研究对象与学科性质

一般来说，构成一门独立学科的基本要素主要包括：独特的研究对象或研究领域；科

学的方法论，即学科知识的生产方式；形成理论体系，即形成特有的概念、原理、命题、规律等所构成的严密的逻辑化的知识系统。如上所述，教育学随着人类社会的发展及教育活动的发展逐步形成了一门独立的学科。它不仅逐步形成了自己的学科体系，具有丰富的知识，而且也形成了科学的研究方法，具体内容见第 11 章。这里我们着重对教育学的研究对象、研究任务和学科性质进行分析。

（一）教育学的研究对象

与其他社会科学不同的是，教育学把人类社会特有的现象——教育作为自己专门的研究领域。它的研究对象是教育、教育现象和教育问题。教育现象是以培养生命体的下一代为主体内容的社会实践活动的外在表现形式，包括教育社会现象和教育认识现象。教育现象首先是一种客观存在，其次是教育实践的表现物或正从事着的教育实践，最后，这种现象必须是以教与学为主体形式的客观存在，社会中的观察、模仿等学习形式虽可获得零星的知识技能，但由于它不是“以教与学为主体形式”，因而亦不属于教育现象的范畴。教育问题是被人类认识的并力图解决的教育现象，是对教育现象深层的探讨。在教育实践中，我们有太多的教育问题需要解决，如素质教育问题、教育公平问题、教学方法问题、家庭教育问题、高考改革问题、出国留学问题、大学生就业问题、教育的市场化运作问题、注水文凭问题，等等。教育学就是要研究中国教育问题、分析当下的教育实践、解决教育现实中的各种矛盾。

（二）教育学的研究任务

教育学研究的基本任务是揭示教育规律、确立教育价值、优化教育艺术，力求从根本上揭示教育是什么、为什么和怎么做这三个最基本的学科问题。

教育规律是教育内部诸要素之间、教育与其他事物之间的具有本质性的联系以及教育发展变化的必然趋势，是教育的实然状态。它主要研究教育的本质、教育目的、教育制度、教学规律、德育规律、学校管理规律、家庭教育规律。其目的在于回答教育“是什么”（what is it）的问题，主要表现为学科基本知识、原理、规律等，如概念、本质、特点、教育人物、教育事件（事例、实验、历史过程）、规律、要素等。

教育不只是一种有规律的活动系统，它同时也是一种有价值指向的活动系统。人们在从事教育活动时，不仅会自觉或不自觉地把自己对生活的理解与态度和对人生意义与社会理想的选择与追求作为出发点，形成教育价值观念，引导人的发展和人的教育；同时还会对教育活动及其结果是否满足自己需要做出评价。教育是一种人为的主体性活动，是有意识地对人的发展作出价值选择的活动。因此，探讨教育价值观念或教育应然状态就成为教育学的题中应有之义。它要回答诸如教育为什么是这样而不是那样、应该是什么样等问题。其核心在于确立教育活动的价值与规范，建构“矩”，具体表现为教育功能、教育目的、课程目标、不同教育流派的发展等问题。

在教育过程中，教育者与受教育者都是活生生的具体的人，他们在教育活动中不仅有他们的现实基础和主观意愿、当下心态，而且他们的成长还必须经过他们的自我建构和努力。这样，教育活动就可能是而且也应该是充满灵性、情感、自由创造的艺术活动。这就要求我们在探讨教育规律、确立教育价值的基础上，进一步优化教育艺术。教育艺术既是一种教育存在，也是一种教育方法，更是一种教育境界。其核心在于回答我们应该怎么做

(should be how to do)，即在教育规律的指导下，我们应该采取什么样的教育教学行动，才能更有效地进行教育活动，在具体研究内容上体现为教学、德育、管理等教育行为的具体方法与艺术。这些方法与艺术不仅具有教育理论的性质，更是教育实践与运用技术的范畴。从实践角度看，研究与学习教育学的核心就在于优化教育技术、提升教育艺术、提高育人效益。

综上三个维度，我们认为教育学的最终使命就在于促使人类教育活动达到有规律的实然活动与有价值的应然活动及有意味的艺术活动的统一，为人的自由全面发展提供理论指导与智力支持。

（三）教育学的学科性质

根据上述分析，我们认为：教育学是研究教育现象、探讨教育问题、揭示教育规律、确立教育价值、优化教育艺术的一门社会科学。在理解这一概念时要跟上学科发展的步伐。首先，社会科学是教育学的属概念。从社会科学的意义上讲，教育学不是自然科学，教育学要努力追求理论化的正确知识，而不能狭隘地完全走自然科学化的道路，说明教育学既具有人文科学的性质，又具有社会科学的性质，是理论性与运用性很强的一门学科。其次，以“教育现象与教育问题为对象，旨在揭示教育规律、确立教育价值、优化教育艺术”是教育学的种差。最后，教育学曾经是一门单独的学科，但是，今天教育学已不再是一门单独的学科，它是一个学科体系或一个学科群，在学科分类上属于一级学科。

我们师范院校所讲的教育学实际上是普通教育学，即学校教育学。它是研究教育的一般原理和中小学教育规律的一门科学，是教育科学体系的基础。它是师范学校的一门公共必修课程和教师教育的核心课程，是理论性和实践性相结合的学科。

三、学习教育学的意义与方法

（一）学习教育学的意义

教育学既是师范生的一门必修课，也是作为一名教育者应具备的基本知识与理论素养。

1. 学习教育学的目的

培养学生热爱教育事业的情感，确定献身教育的专业思想，树立教书育人的正确观念，形成坚定的教育信念，掌握从事教育教学的基本知识、基本技能、基本原理，提升师范生科学教育素质，为从事教育事业奠定基础。

2. 学习教育学的意义

有助于树立科学的教育价值观。教育价值观是人们对教育的社会价值和个人价值的根本看法和认识。每一个人都有自己的教育价值观，如教育有何价值、教育应培养什么样的人、怎样教育学生等。未来教师通过学习教育学，能明确上述问题，树立正确的教育观，为提高教育质量做准备。

有助于掌握教育规律，从而提高教育、教学质量。教育是一项复杂的系统工程。教师要搞好教育、教学工作，取得良好的效果和质量，就必须用科学的教育理论指导教育实践。未来教师通过学习教育学，就能掌握教育规律、原则和方法，按教育规律开展工作。实践证明，作为一名优秀的教师，不仅应具备扎实深厚的专业知识，更应具备教育理论知识。

有助于总结教育经验，探索教育规律。教育对象的复杂多变性决定了教育教学工作的创造性。教育教学工作总要面临许多新问题，教师必须在科学的教育信念指导下，认真学习他人的先进教育经验，及时反思总结自己的教育经验，在科学教育理论的指导下从事创造性的教育活动。

有助于学习其他教育理论。教育学科是一个庞大的学科群，作为一个准教师除了学习教育学外，还需要学习教育史、学科教学论、教育管理、教师专业发展、教育政策等相关理论。要想学好这些教育理论其前提是必须掌握教育学的基本理论。因为，教育学主要研究教育活动的一般规律，是教育学科体系中的基础课与入门学科，我们只有掌握了教育学的基本理论与方法，才能使我们更好地深入研究和理解其他教育理论学科。

（二）学习教育学的方法

学习教育学必须以马列主义的方法论作为基础，正确运用辩证唯物主义与历史唯物主义的方法去分析研究教育问题。

1. 教学与自学相结合

课堂教学的时间是有限的，但本学科的内容与问题却是无限的，受教育者要想真正掌握教育学的基本理论并熟练运用，就要学会自己学习，具有自学的能力与习惯也是终身教育对现代公民的基本要求，活到老，学到老，才能适合社会发展的需要。

做到认真阅读、全面掌握和理解教育学的基本知识和基本理论。教育学的基本内容包括基本概念、基本观点、基本规律、基本原理原则、基本方法手段、基本知识技能等。要通读和精读相结合，深刻领会，全面掌握。在阅读时要注意多章节的纵横关系，从整体结构上去理解和掌握全书的基本内容。学习中要学思结合，养成勤于思考、刻苦钻研的好习惯。

2. 理论联系实际

教育学是一门实践性很强的理论学科，在学习时，必须联系实际才能融会贯通，所以要通过对教育学问题的观察、教育见习、访问和调查，以及自我成长发展经历的回顾等来进行理论知识学习，用思维和联想把理论和实践紧密结合起来，这样也有利于将来将理论知识用之于儿童教育实践。

3. 坚持古为今用、洋为中用的方针

必须科学地总结、吸收古今中外有用的先进的教育经验和理论，因为教育问题是人类共有的社会现象。有不少古代的东西今天仍然有用，也有不少外国的东西值得我们学习。

4. 必须学习与人的发展有关的知识

要学好教育学，还必须学习哲学、心理学、社会学、文化学、生态学、美学、人口学等与人的发展有关的学科。这些都是教育学的理论基础，是学习和掌握教育学理论的知识前提。另外，还应该多看一些人物传记。因为人物传记可以栩栩如生地告诉你：一个人是怎样成长的，是如何取得成功的。这有助于我们对教育学的理解，有益于解决学生发展中遇到的各种问题。各科教育法是教育学教学部分的具体化，在学习时可以结合教育理论进行深入学习。

复习思考题

1. 人类探讨教育的起源有什么意义？
2. “教育要面向经济建设的主战场”，这种说法对吗？
3. 有人说“所有的学校都是各级教育行政机关的附属物”，这话对吗？为什么？
4. 清华大学的校训是“自强不息，厚德载物”，请问它能够承担起这样的重任吗？为什么？

推荐阅读书目与访问网站

1. 中国教育报 http://www.jyb.cn/
2. 教育研究
3. 人民教育
4. 教育理论与实践
5. 袁振国主编. 当代教育学. 北京：教育科学出版社，2002
6. 中国教育和科研计算机网 http://www.edu.cn/

教学案例

日本的教育立国与经济发展

众所周知，日本是一个资源极其贫乏的国家，但日本每年的教育经费占国家财政支出的5.4%左右，每人每年的教育经费平均为250美元左右，居世界领先地位。教育的兴旺带动了经济的发展，日本在教育投资上的收益为52%，科技进步收益为43%，而资本扩大的收益仅占5%。二战后，日本人在千疮百孔的四个岛上，仅仅用了22年的时间，经济发展就超过所有西欧列强，敢于同美国激烈竞争。日本飞速发展的原因是多方面的，但实行“注重山脚比重视山顶更重要”的教育方针，无疑是有远见卓识的。日本注重培养大批能够扎根于国内、扎根于生产实践的工业化人才。因此，占劳动力一半以上的、从事生产过程的那部分人力受到良好的教育与训练，成为决定日本经济竞争力的关键。日本著名的“国民收入倍增计划”的第三章即为“提高人的能力和振兴科学技术”，其中以“产学合作”形式培养高级技术人员和进行应用性科学研究，在世界范围内形成了较大影响。具体做法为：产业界对大学提供财政资助，大学则接受委托研究项目、派遣人员与交流、举办开放讲座和现场作业。企业为学生提供奖学金，学生毕业回企业工作；企业从职工中选派职员到学校（主要是大学）进修，完成学业后返回工作单位；企业委托大学有针对性地研究开发科技项目或共同开发应用课程，企业提供科研设备、经费等。综观日本的近现代经济发展史，每一次大的经济改革与起飞无不与教育的改革和发展紧密联系在一起。它向世界证明了这样一条道理：“教育乃立国之本。”

资料来源：裴宏、杨斌：《日本的教育立国与经济发展》，载《中国经济快讯周刊》，2002（3）。

以色列的教育兴国国策

以色列在1948年宣布独立建国，2013年人口超过800万，主要来自犹太人族群，犹太人口约占75%，也是世界上唯一以犹太人为主体的国家。以色列是中东地区最为强大、经济发展程度最高的国家，属于发达国家，拥有该地区管理最良善、对财产权利保护最佳的经济体制。以色列对于科学和科技的发展贡献也相当突出。犹太人是最重视教育的民族，犹太教是最有凝聚力的宗教。犹太人因此千年流亡而不散，最终在故土立国。以色列建国后的辉煌建设成就更是深深得益于教育兴国国策。犹太人自古就有崇敬教育和知识的传统，办学仅次于敬神，教师地位重于父亲。这个传统在以色列建国后得到进一步发扬，教育成为国家建设最基本的投资。在以色列的政府预算中，教育经费处于优先地位，教育预算仅次于国防，约为10%，即便在战争年代，教育开支也在7%以上。政府拨款仅是教育开支的2/3，还有地方机构、企业、海外等资助。以色列的200万学生人均经费达4 000美元，其教育预算、设施和人才等水准均居世界前列。以色列的教育立法完善细致，免费义务教育从幼儿园至高中。中学不分文理班，学生可以自由选修课程。以色列的中小学课外活动很多，小学每周1～2次去各种博物馆、展览会参观或旅游。高中毕业后，除了宗教和部分阿拉伯学生，其余学生均须服兵役，男生3年，女生2年。高中毕业成绩占大学入学分的一半，还有一半是大学入学考试的成绩。高考每2个月一次，考3小时，满分是800分。一般学生服役期满后要花费1 200～1 700美元上复习班，然后再参加高考。以色列的大学生经历2～3年军队洗礼、甚至面临生死考验，显得比较成熟。

资料来源：陈克勤：《以色列以教育兴国：教育重基础，学生自由多》，载《光明日报》，2009-02-26。

芬兰的基础教育

从2000年起到2006年，由经济合作与发展组织（OECD）举办的国际学生评价（PISA）结果表明：芬兰已经成为世界上教育发展最均衡的国家。在阅读、数学、科学和问题解决等方面，芬兰学生的成绩都名列前茅，而且芬兰学生的各门成绩无太大差距。所有芬兰儿童都享受9年义务教育。综合学校全部都是公立的，规模较小，每班20～30人。一所小学的学生人数通常不超过300人。2008年，芬兰1/3的综合学校的学生人数不超过50人，学生总数达到500人的仅占4%。在芬兰，必须获得教育学硕士学位、有教学热诚与创新思维的人，才有资格成为一名教师。教师的任务是帮助学生去“学”，而不是帮助学生准备“应试”。芬兰的中小学校很少考试，也不存在全国一致的联合评比。芬兰学校不设尖子班、不排名次、不分优差生，教师只给学生描述性的评价。当哪一位学生在学习上存在困难时，教师会认为这是他的责任，他会尽全力去寻找解决的办法，以保证大家的学习进度一致，保证全班每个学生都不落后。

资料来源：《芬兰教育给我们的启示》，载《中国教师报》，2010-02-24。

思考与讨论：

1. 二战后的日本国力空虚，他们从哪里积蓄教育经费？
2. 拥有800多万人口的以色列何以被称为发达国家？
3. 芬兰学校的“不考试”制度能否移植于中国？

第二章 教育原理

内容提要

教育与人的发展、社会的发展关系问题是教育学中两个基本的理论问题。人的发展分为生理发展、心理发展、社会发展三个方面，受遗传、环境、教育和个体主观能动性等因素的影响。它具有终身性、连续性、阶段性、双向性的特点，教育要根据人的发展特点，要适应人的发展的规律来进行才能取得成效。教育与社会的经济、政治、文化等有着密切的内在联系。社会的经济、政治、文化对教育有着重大的制约和影响，教育对社会经济、政治、文化又有着重要的反作用，教育具有重要的经济功能、政治功能和文化功能。科教兴国，教育在我国社会主义现代化建设中具有独特的作用。

第一节　教育与人的发展

教育是有目的地培养人的社会活动。教育工作者必须了解人的发展的含义、特点，认识影响人的发展的基本因素，明确教育对人的发展的重大作用，正确处理教育与人的发展关系。这是按照科学规律做好教育工作、提高教育质量的重要保证。

一、人的发展的含义与特点

（一）人的发展的含义

人的发展一般有两种释义。一种是把它与物种发展史联系起来，将它看成是人类在地球上出现及其进化的过程，即人类的发展或进化。另一种是把它与个体发展联系起来，将它看成是人类个体的成长变化过程。

个体的发展也有广义和狭义之分。广义的个体发展是指，个人从胚胎到死亡的变化过程，其发展持续于人的一生。狭义的个体发展则是指，个人从出生到成人的变化过程，主要是指儿童的发展。儿童的发展过程也就是儿童的成人过程。

人的发展大体上可以分为三个方面：一是生理发展，包括机体的正常发育，体质的不断增强，神经、运动、生殖等系统生理功能的逐步完善；二是心理发展，包括感觉、知觉、注意、记忆、思维、言语等认知的发展，需要、兴趣、情感、意志等意向的形成，能力、气质、性格等个性的完善；三是社会发展，包括社会经验和文化知识的掌握，社会关系和行为规范的习得，成长为具有社会意识、人生态度和实践能力的现实的社会个体，能够适应并促进社会发展的人。人的发展的这三个方面，既有一定的相对独立性，又十分密切地联系在一起，在人的发展过程中形成相互制约、相互促进的关系。生理的发展，特别是大脑和神经系统的发展是心理和社会发展的物质基础，制约和影响着心理和社会的发展，心理和社会的发展也影响着生理的发展。

（二）人的发展的特点

在教育学的视野中，人的发展不仅有其特定含义，同时作为个体的人的发展，又有其区别于其他生命体的明显特征。

1. 人的发展具有终身性

一个人从对周围世界茫然无知的生物个体到成长为一名社会成员，其间，他必须学习所属社会长期积累起来的知识、技能和行为规范，发展自己的社会性。不同的成熟阶段承担着不同的社会角色，不同的社会角色需要其掌握不同的角色技术。因此，人到成年并不意味着社会化过程的结束，而是一个新的起点，人的发展过程一直延续到个体死亡才告终结。由此可见，人的发展是持续一生在人身上发生的变化。

2. 人的发展具有连续性和阶段性

人的发展的终身性表明，它连续不断地贯穿于人的一生，可谓生命不息、发展不止。然而，这个连续不断的过程又由于相继的各部分都表现出各自不同的特点，从而又构成了人的发展的各个阶段。但是，阶段的存在，并不意味着人的发展是跳跃的，相反是一环紧扣一环、有机而渐进地使人一生的发展得以连续和延伸的。总而言之，人的发展过程，是连续性和阶段性的统一。

3. 人的发展具有差异性

人的发展具有一定的差异性，一是指身心发展具有速度差，二是指在人整体发展的全过程中存在加速现象。人的身体的各个组织、器官在不同的时期按着不同的速度发展，心理发展在不同时期的速度也不相同。比如，语言的发展在学龄前期最迅速，思维的发展在小学阶段最快，而幼儿时期和青年时期则是人的一生整体发展明显加速的两个时期。

4. 人的发展具有双向性

人的发展的双向性特点，是指人从呱呱坠地开始直到生命结束为止，整个一生的身心发展可能有两个方向的变化，一是向着上升进步的方向变化，二是朝着下降退化的方向变化。也就是说，人一生在身体和行为方面的发展、变化，其方向可能是正向的，也可能是负向的，有时甚至还可能是中性的，既非进步亦非退化，而仅仅是一种差异而已。简而言之，上升进步和下降退化共同构成了人一生的发展，并成为人的发展的一大特点。

二、影响人的发展的诸因素及作用

影响人的发展的因素是多方面的，主要有遗传、环境、教育、个体的主观能动性四方面。

（一）遗传素质对人的发展的作用

遗传是一种生物现象。遗传素质，是指人从上代继承下来的生理解剖上的特点，如机体的结构、形态、感官和神经系统等方面的特点。个体从上代继承下来的这些特点，是其存在与发展的自然的或生理的前提条件。如果没有这些条件，个体的存在与发展便不可思议。遗传素质对个体发展的作用固然不可低估，但对此应有一个正确的认识。一般说来，遗传素质对个体发展的作用主要表现在如下方面：

1. 遗传素质为人的发展提供了可能性

遗传素质是人的发展的物质基础。人的发展总是要以从遗传获得的生理组织、一定的生命力为前提的，否则，任何发展都是不可能的。现代生物学表明，人的受精卵共有 23 对染色体，第 23 对决定人的性别。每对染色体一半来自父体，一半来自母体。每条染色体都带有决定遗传特征的基因，并能交换基因，将父母的生物构造和生理机能上的特点遗传给下一代。因而，人的亲代能够繁殖与自己性状相似的亲代。如果遗传素质有缺陷，人的身心发展就会受到影响。

人的遗传素质为人的发展提供的潜力是巨大的。人类的潜能主要是人脑的潜能。经研究表明，人脑平均重 1 400 克，约有 140 亿个神经细胞（神经元）。神经元之间通过突触互相连接，突触连接的形态复杂多样，突触的数目也极其繁多，并且神经元与非神经元之间也存在着难以想象的复杂而又有序的关系。这些都为脑内信息过程的复杂性、思维认识的无限潜力提供了神经生理学的基础。人脑的复杂性，表明了人的发展的巨大可能性，而人的大脑神经细胞实际被人利用起来的只有 10%不到，说明人的大脑机能尚有巨大的潜力等待人们去开发。

2. 遗传素质的发展过程制约着人的发展过程及阶段

遗传素质本身有着一个发展与成熟的过程，主要表现为人的身体的各种器官的形态、结构及其机能的发展变化与完善，如周岁幼儿学走路、青少年身高的剧增、骨骼构造的变化、心肺和大脑的发育、性的成熟等。遗传素质的成熟程度，为一定年龄阶段的身心特点的出现提供了可能，使个体呈现出制约着人的发展的年龄特征。例如，一般情况下，婴儿三个月会翻身，六个月会坐，八个月会爬，十个月会喊“爸爸妈妈”，这是遗传素质成熟过程的真实写照。如果让六个月的婴儿学走路，不但是徒劳的，而且是无益的。同理，让四岁的儿童学高等数学，也是难以成功的。只有当人体的发展具有了一定的生理条件，才为学习一定的知识技能提供了可能。遗传素质的成熟制约着人的身心发展的过程和阶段。对教育者来说，如果在成熟阶段即将出现时，提供适宜的学习和训练，将促使成熟期的到来，加速个体的身心发展；无视成熟阶段、试图超越或消极地适应成熟阶段，都会影响和阻碍个体的身心发展。

3. 遗传素质的差异性对人的发展的影响

人的遗传素质是有差异的。人的身高、肤色、面孔等机体构造特点是遗传素质差异性的表现。现代分子生物学表明，男性能产生近800万个遗传上不同的精子，女性也能产生很多遗传上不同的卵子，受精卵可能结合的方式的数目也是无限的，所以世界上没有两个遗传特征完全相同的人，即使是同卵双生子，也存在着一些差异。遗传素质的差异，对于人的发展有很大的影响。很明显，一个生来失明的孩子，无法成为一个画家；一个生来失聪的孩子，也很难培养成为音乐家；一个神经活动灵敏、智力超常的儿童，可能给教育工作减少一些困难，比较容易培养成才；一个在禀赋的某些方面比一般人优异些的人，如果后天又得到适宜的培养和努力，他就可以在某些方面比一般人发展得快一些、高一些；一个天生的弱智儿童，则会给教育工作带来困难。所以，遗传素质对于人的发展是具有一定影响的。

4. 遗传素质具有可塑性

在环境和教育的作用下，人的遗传素质会逐渐地发生变化，这就说明了遗传素质具有可塑性。美国一位解剖学教授，花了6个月的时间研究著名物理学家爱因斯坦的大脑，结果发现，爱因斯坦的大脑结构并无异常之处，只是在大脑神经细胞中，供应营养的神经胶质细胞比普通人多73%。他又用老鼠做了实验，经过专门训练的老鼠，同没有经过训练的老鼠相比，大脑中供应营养的胶质细胞要多。这说明胶质细胞的增多同经常用脑和训练有关，并非生来就有。许多实践也表明：一个在遗传素质上神经活动属于一种类型的人，在不良的环境和教育下，也可能变成另一种类型的人。另外，有的人即使遗传素质在某些方面有缺陷，但通过环境和教育的作用，可以使其另一方面加速得到补偿，如聋哑人其视觉往往比较发达，盲人的听觉、触觉一般比较发达。再就遗传基因来说，“在基因组中的DNA决定了个体在生理上的、结构上的和行为上的潜在的性能，但并非所有的潜在性能都必定可以在那个正在发育着的个体中获得实现”①，这也说明了遗传素质的可塑性。

由此可见，遗传是人的身心发展的重要的、必需的生理基础，但是它不能完全决定一个人的发展。

就遗传素质对个体发展的影响而言，它绝不是孤立的脱离环境和教育影响的物质前提。考察遗传素质对个体发展的作用是不可同环境、教育对形成或改变个体遗传素质的作用分割开来的。

（二）环境对人的发展的作用

遗传是人的发展的生理前提，但也只是为人的发展提供了先天可能性，要把这种发展的可能性转化为发展的现实性，还有赖于后天生活中的环境影响。环境是人的发展的现实根基与资源。

环境是围绕在个体周围并对个体自发地产生影响的外部世界，或者是指人生活于其中，能影响人的一切外部条件的综合。一切生物的生存与发展，都不能离开环境，个体的身心发展也不例外。环境是一个复杂的综合体，大而言之，它包括自然环境和社会环境。自然环境包括人类生活的一定的生态环境、生物环境和地下资源环境，社会环境则往往指经济条件、政治气候、文化传统（包括风俗习惯）等。

毫无疑问，环境对个体发展的影响和作用是非常大的。我们可以从如下两个方面对环

① ［美］E. J. 加德纳：《遗传学原理》，382页，北京，科学出版社，1987。

境的作用进行分析：

首先，自然环境对个体身体及心理发展会带来一定影响。个体的体态、外貌、身高甚至个性心理特征的某些方面的形成与发展既与其先天的遗传素质有关，也在一定程度上与个体生存的自然环境有关。不同地域的人群，其体态、外貌的发育在总体上有相异的特征。例如我国西北高原的人群与江南水乡的人群在体态、外貌的发育上就明显地受到不同的地域环境与自然气候的影响。地理环境、气候状况等不仅作用于个体的身体发展，甚至也在一定程度上作用于人的心理发展。

其次，社会环境对个体发展起着十分重要的作用。社会环境的突出方面是社会物质生活条件，而社会物质生活条件又是人的社会实践的结果，正是人的社会实践在很大的程度上规范或制约着人的发展。个体的思想是在后天的社会实践中逐步形成和发展起来的，这种社会实践又是在既定的社会物质生活条件下进行的。社会物质生活条件制约着个体社会实践的形式与内容，因而也对个体发展起着强大的制约作用。正是从这种意义上我们可以认识社会环境对个体发展有重要影响。

（三）教育对人的发展的作用

从广义上说，教育是环境的一部分，这里讲的教育区别于上述自然环境与社会环境，是一种独特的环境。这就决定了它的特殊作用，即在人的身心发展中起主导作用。从狭义上说，教育是有目的、有计划、有组织地影响人的一种活动，它在人的身心发展中的主导作用为历史上许多思想家、教育家所肯定。如荀子的“干越夷貉之子，生而同声，长而异俗，教使之然也”《荀子·劝学篇》，卢梭的“人的形成由于教育”①，康德的“人是教育的产物”②，洛克认为，儿童“是一张白纸或一块蜡，是可以随心所欲地做成任何式样的”③，均说明教育在人的发展中的重要作用。

教育在人的发展中起着主导作用，这种主导作用主要表现在：首先，教育是有目的、有计划、有组织地对人们施加影响的活动。它是按照一定社会的要求，在最有组织的场所——学校这一特殊环境中进行的。其次，教育是在受过专门训练和有经验的教师指导下进行的。教师受社会委托，按照国家所制定的方针、政策以及法律、法规、法令教书育人。最后，教育对人的影响较系统、全面和深刻。教育能够按照科学的要求，协调影响人发展的诸因素，使遗传素质和环境的影响积极地有利于受教育者的健康发展，同时，可以将学校、社会和家庭的影响有效组织起来，形成合力，共同对受教育者产生深远而持久的影响。

（四）个体的主观能动性对人的发展的作用

个体的主观能动性，是指人的主观意识和活动对于客观世界的积极作用，包括能动地认识客观世界和能动地改造客观世界，并统一于人们的社会实践活动中。

前面所说的影响人的发展的诸因素，无论是遗传素质的发展、环境的影响，还是教育熏陶，都需要个体主观能动性的发挥，个体的主观能动性是人的发展的内在动力。客观环境（外界）不断向人们提出新的要求，只有当这些客观要求为人所接受，转化为人内在的

---

① 张焕庭主编：《西方资产阶级教育论著选》，95页，北京，人民教育出版社，1979。
② ［苏］阿尔森·古留加：《康德传》，86页，北京，商务印书馆，1989。
③ ［英］洛克：《教育漫话》，191页，北京，人民教育出版社，1979。

需求时，才能对人产生影响。当人的需求与其已有的发展水平产生差距并演化成一种发展的内在矛盾冲突时，这种内在的矛盾运动过程，就成为推动人们发展的内在动力。这种内在的动力也表现在人的自我意识和自我教育上。受教育者的发展需求总是在一定的发展阶段和发展水平上产生的，并通过人的活动表现出来，离开人的实践活动，遗传素质、环境和教育所赋予的一切发展条件，都不可能成为人的发展的现实。

个体的主观能动性表现为以下几点：一是个体的主观能动性是在人的活动中产生和表现出来的；二是个体的主观能动性是人的发展的内在动力；三是个体的主观能动性影响人的自我设计和自我奋斗。

总而言之，影响人的发展的各种因素相互影响、相互作用，共同构成一个统一的整体。每一因素有其独有的性质和特征，但不能孤立地、片面地考察某一因素对人的发展的影响。每个人在不同的发展阶段，这四个因素的强弱、差异、组合可能是不同的。在考察影响人的发展的问题上，应以动态的、发展的观点去把握。

三、影响人的身心发展因素的主要理论

关于影响人的身心发展的因素，在历史上也有不同的观点。

（一）单因素论与多因素论

1. 单因素论

单因素论也称单一因素决定论，认为人的发展是某一种因素决定的。常见的有遗传决定论与环境决定论。

遗传决定论认为，人的身心发展由先天的遗传基因所决定，人的发展过程只不过是这些内在的遗传因素的自我展开的过程，环境的作用仅在于引发、促进或延缓这种过程的实现。其创始人是高尔顿，他调查了 977 个名人和 977 个普通人的亲属的成才状况后声称：“一个人的能力是由遗传得来的，它受遗传决定的程度，正如一切有机体的形态及躯体组织受遗传决定一样。”

遗传决定论过分强调先天的遗传因素在儿童认知发展中的作用，而忽视环境和教育对儿童认知发展的重要作用。

环境决定论认为，儿童心理的发展完全是外界影响的被动结果，因而片面地强调和机械地看待环境的作用。其最早的代表人物是华生。按照华生的观点，已知刺激（S）就能预言反应（R），已知反应就能推测先前的刺激。他完全无视有机体本身的内在条件，所以他们的行为主义又称为刺激（S）—反应（R）说。华生关于环境决定论的极端表达，体现在他的《行为主义》一书中的一段话：“给我一打健全的体形良好的婴儿，并在我自己特殊的天地里培养他们，我保证他们中任何一个都能训练成所选择的任何一类专家：医生、律师、艺术家或巨商，甚至乞丐和小偷，无论他们的天资、爱好、脾气以及他们祖先的才能、职业和民族如何。”环境决定论由于过分强调外部行为及其强化和反馈，忽视内部的心理过程，已与遗传决定论一样渐渐为新的理论所批判和代替。

2. 多因素论

多因素论是与单因素论相对的一种学说，主张人的发展是受遗传、环境、教育影响的，并在此影响下逐步发展起来。

（1）二因素论。该观点源于原苏联巴拉诺夫等著的《教育学》，该书把影响人的发展的因素分为两大类：生物因素和社会因素。前者主要包括遗传因素、个体先天特点以及生理结构、机制等方面；后者主要包括环境和教育等方面。该著作强调生物因素和社会因素的关系并非对立，并且指出人的发展是在人的活动中实现的。

（2）三因素论。这种观点认为，影响人的发展的因素有遗传、环境和教育三个方面。其基本观点是：遗传素质是个体发展的物质前提，为个体的身心发展提供了可能性；环境和教育对个体的发展起决定作用，相对于环境影响来说，教育在个体发展中起主导作用。

（3）四因素论。这种观点认为，三因素论只是分析了影响人的身心发展的外因，而外因只是条件，内因才是根本，因此，就在三因素的基础上，加上一个人的主观心理因素，这就构成了“四因素论”。

（4）五因素论。其中又分为两种情况：一种是受到皮亚杰思想的启发，在上述四因素的基础上，再加上一个反馈调节因素；另一种是把影响人的发展因素分为生理因素（遗传、变异）、心理因素（认知、情感、意志、个性）、自然因素（自然环境）、社会因素（社会环境、家庭、教育）和实践活动。

（5）综合因素论。这种观点认为，从整体上看，影响人的发展的因素是一个立体的复杂的系统，是多层次多系统的不同因素的综合作用，很难用几因素的提法来描述，也不适用于平面化的分析模式。

（6）二层次三因素论。这种观点把影响人的发展的因素分为两个层次、三大类因素：第一层次是对个体发展的潜在可能产生影响的因素，简称为可能性因素，包括个体自身条件（先天与后天，后天指每一阶段发展主体已达到的身心发展水平）与环境条件两大类因素；第二层次是对个体发展从潜在可能转化为现实产生影响的因素，简称为现实性因素，指的是发展主体所进行的各种类型的活动。

（二）内发论与外铄论

1. 内发论

内发论的代表人物为美国心理学家霍尔、奥地利心理学家彪勒、人本主义心理学家马斯洛等。美国心理学家霍尔认为：“一两遗传胜过一吨教育”。

内发论的主要观点包括：人的身心发展是按预先形成了的生物学形式，即按遗传程序进行的，“一两遗传胜过一吨教育”；人的身心发展是人固有潜能的自我实现的结果，人不是被浇铸、塑造或教育成人的，环境的作用最终只是容许或帮助他，使他自己的潜能现实化。环境、文化等外界因素只是阳光、食物和水，但不是种子。

该观点认为人类个体的心理发展完全是由个体内部所固有的自然因素预先决定的，心理发展的实质是这种自然因素按其内在的目的或方向而展现的。外部条件只能影响其内在的固有发展节律，而不能改变节律。内发论观点又称自然成熟论、预成论、生物遗传决定论等。

内发论认为心理发展与生理发展没有什么根本的实质性的区别，心理发展是先天因素成熟的结果，完全否定后天学习、经验在其中的作用。这就导致了以生理发展曲解心理发展，这是内发论的根本错误所在，是庸俗进化论观点在心理发展问题上的一种表现。

2. 外铄论

外铄论的代表人物为美国心理学家华生、斯金纳等。华生认为，环境与教育是心理发展的唯一条件，教育是万能的。斯金纳继承了华生的环境决定论观点，认为人的行为乃至复杂的人格都可以通过外在的强化或惩罚手段来加以塑造、改变、控制或矫正。

外铄论的主要观点包括：行为主义心理学的心理发展观可以看作是外铄论的典型代表。该观点与内发论相反，认为个体心理发展的实质是环境影响的结果，环境影响决定个体心理发展的水平与形式。这种观点又称心理发展的环境决定论、外塑论或经验论等。

外铄论把心理发展看作是外界环境影响的结果，否认心理发展的内因作用。其根本错误在于否认心理反映的能动性，是一种机械主义的发展观。

（三）内因与外因交互作用论

由于内发论和外铄论具有明显的片面性，于是在19世纪末20世纪初出现了内发论和外铄论的混合体——内因与外因交互作用论。

环境和教育的影响只是学生身心发展的外因，根据唯物辩证法的原理，“外因是变化的条件，内因是变化的根据，外因通过内因起作用”。环境和教育的影响，只有通过学生身心的活动才能起作用。对教育来说，教育是使学生掌握生产斗争经验和社会生活经验的过程，是把人类社会的精神财富转化为他自己的财富的过程。这种转化过程不像用镜子来反映事物那样，它要求学生必须有自身的能动性。从直接意义上来说，如果学生没有学习的要求、厌恶学习、懒于思考、心不在焉、缺乏学习的动力，教师所讲的东西是不会变成学生的精神财富的。在同样的环境和教育条件下，每个学生发展的特点和成就，主要取决于他自身的态度，取决于他在学习、劳动和科研活动中所付出的精力，所以，学生个体的主观能动性是其身心发展的动力。

内因与外因交互作用论，也称二因素复合决定论、双因素论、遗传环境决定论。主要有两种观点：

一种观点认为人的发展既不单由遗传决定，也不单由环境决定，而是遗传和环境共同决定。人的发展不是遗传和环境之和，而是二者的乘积。代表人物是美国心理学家吴伟士。

另一种观点认为遗传从怀孕起就受环境因素的影响，出生后环境的影响无时无处不在。遗传和环境在人的形成和发展过程中作用始终是交织在一起的，很难明确划分。代表人物是德国心理学家施太伦。

内因与外因交互作用论是内发论（遗传决定论）和外铄论（环境决定论）的混合体，虽然避免了这两种理论的片面性，但它把遗传和环境的作用等同起来，并没有认识到影响人的发展中的各种因素的辩证关系，是一种折中主义的调和论。同时，二因素论同样也否定了人的主观性，抹杀了教育的主导作用，也是不能令人完全接受的。

四、教育要适应人的发展的规律

（一）教育要适应个体发展的顺序性，循序渐进地促进学生的身心发展

人的身心发展是一个由低级到高级、由简单到复杂、由量变到质变的连续不断的发展过程，因此，教育工作要做到循序渐进。一切知识技能的传授、智力的发展、体质的增强、思想品德的培养，都要遵循由具体到抽象、由简到繁、由低到高的顺序，既不要“揠苗助长”、“陵节而施”，也不要压抑学生的发展、消极地迁就学生现有的发展水平。

（二）教育要适应个体发展的阶段性，注意各阶段之间的“衔接”工作

这一规律决定了教育工作必须根据不同年龄阶段的特点分阶段地进行，在教育、教学的要求、内容和方法上不能搞“一刀切”，不能把不同年龄阶段的学生教育混为一谈。同时，还要看到各年龄阶段之间的相互联系，不能人为地截然分开，要注意各阶段之间的“衔接”工作。

（三）教育要适应个体发展的不均衡性，加强学生身心发展的关键期教育

个体身心各个方面的发展存在最佳期或关键期，为了有效地促进个体身心的发展，教育工作要抓住关键期，以求在最短的时间内取得最好的效果。

（四）教育要适应个体身心发展的个别差异性，做到因材施教

这一规律要求教育工作不仅要认识学生发展的共同特征，还应充分重视每个学生的个别差异，做到因材施教。发挥每个学生的潜力和积极因素，选择最有效的教育途径，使每个学生都能获得最大限度的发展。

（五）教育要适应个体身心发展的互补性，激发学生自我发展的信心和积极性

这一规律要求教育者首先要对全体学生，特别是存在身心障碍、学业成绩落后的学生树立起坚定的信心；其次要掌握科学的教育方法，善于发现学生的优势，扬长避短、长善救失，激发学生自我发展的信心和积极性，从而使其获得身心的协调、统一的发展。

第二节　教育与社会发展

一、教育的社会制约性

教育作为人类的一种特有的社会现象与社会活动，它的发展本身是社会发展的一个重要方面或重要标志。对于教育自身而言，它的发展离不开社会可能提供的资源和条件，受到社会发展客观规律的制约。

（一）社会物质生产力对教育的制约

物质生产是人类社会存在与发展的基础，也是教育存在与发展的基础。教育的发展首先受到社会物质生产状况的制约。

1. 社会物质生产力制约着教育发展的水平与速度

教育发展能达到何种水平以及能以怎样的速度向前发展，这与社会物质生产力的发展状况密切相关。一方面，教育的发展反映着社会物质生产力的需求。社会物质生产力的发展与变革势必对投身各产业领域的劳动力提出相同或不同素质的要求，这决定着教育的发展应与物质生产力的发展相适应。在一定意义上，社会物质生产力对劳动力素质提出何种需求，也就决定着教育应有怎样的发展。从总体上看，社会物质生产力发展的水平与速度应与教育发展的水平与速度相协调。另一方面，教育发展又紧紧依赖于社会物质生产力所可能提供的资源和条件。教育发展离不开经济保障，离不开社会财力、物力的支持。社会物质生产力总体状况制约着教育发展的总体规模与速度。社会物质生产力所呈现的科技发展水平也制约着教育在使用物质技术手段上所可能达到的水平。

2. 社会物质生产力制约着人才培养规格与教育结构

培养什么的人也与社会物质生产力水平有着密切的联系。不同的生产力发展水平对培养人的规格提出了不同的要求。如在利用蒸汽机进行生产的时代，要求工人具有初等教育的文化水平；电气生产的时代，要求工人具有中等教育水平；利用核技术、电子技术等进行自动化生产的时代，要求工人具有高中和高等专科以上的文化水平。再者，生产力的发展也必然引起教育结构的变化。对于广义的教育来说，国家举办何种类别的教育，形成什么样的教育结构，设立何种学校，开设何种专业，各级各类学校之间的比例如何，各种专业之间的比例如何，都是生产力发展的必然结果。

3. 社会物质生产力的发展制约着教学内容、教学方法和教学组织的变革

教育内容集中反映人类文明的成果，它随着社会物质生产和精神生产的不断发展而不断丰富、不断拓展。现代生产力的发展促进科学技术的发展与更新，因而也大大促进着教育内容的发展与更新。例如从课程设置来看，在1—4世纪，学校教育中的自然科学课程，一般只有算术、几何、天文等学科；17世纪以后，又增加了代数、三角、物理、化学、生物学等学科；随着现代科学技术的发展，原子物理、电子计算机、激光、老三论（控制论、信息论、系统论）、新三论（耗散结构理论、协同论、突变论）等新兴的科学技术逐渐被纳入学校的教学内容。教学方法和教学组织形式的变革也是一样。如班级教学组织形式的产生，实物、图片、实验、幻灯片、录像、影视、电脑与网络在教学中的运用，多媒体教学的产生、改进与推广，都是以生产力的发展为前提条件的。当然，生产力对教育的作用，总是受生产关系的影响，往往是与生产关系一道作用于教育的。

（二）社会政治经济制度对教育的制约

1. 社会政治经济制度的性质制约教育的性质

一定的教育具有什么样的性质是由那个社会的政治经济制度的性质决定的，而且教育的发展变革也受制于社会政治经济制度的发展变革。当新社会政治经济关系代替旧的社会政治经济关系时，就会或迟或早地产生与之相适应的新教育。因此，阶级社会中占主导地位的教育都反映统治阶级的利益和需要，从属于统治阶级构建的社会政治经济制度，成为这一社会进行统治的重要工具。

2. 社会政治经济制度制约教育的宗旨和目的

教育的根本任务是培养人。培养什么样的人，特别是培养的人应具有什么样的政治方向和思想意识倾向，则是由一定的社会政治经济制度决定的，体现一定社会的政治、经济要求。政治经济制度，特别是政治制度是直接决定教育目的的因素。社会中占统治地位的阶级，为了确保教育能够培养出他们所需要的人才，总是利用他们掌握的国家机器，为教育所要培养的人确定质量标准、选择教育内容、提出道德要求等，直接控制教育，使教育为特定的社会关系服务。

3. 社会政治经济制度制约教育的领导权

在人类社会中，谁掌握了生产资料，谁就掌握了政权，支配着进行精神生产的资料，掌握着教育的领导权。在阶级社会中，统治阶级总是利用它的政权力量来颁布教育的方针、路线和政策，制定教育的目的和制度，规定教育的内容，派遣和任免教育行政人员和教师，控制教育经费，决定教育发展的规模和速度，按照他们的思想政治要求去影响和控制受教育者，如通过课程计划、教学指导纲要、教材内容，通过对各种教育参考书、录像带、录音带的审定，作用于教育工作的发展方向。他们通过这些手段，将教育权掌握在自己手中。

4. 社会政治经济制度制约受教育权

受教育权是判断和确定教育性质的另一重要指标。教育发展的历史告诉我们，在不同的社会里，不同的人享有不同的受教育权。谁受教育、受什么样的教育、受教育到什么程度，都是由这个社会的政治经济制度决定的。在社会主义社会，新的社会关系理应使每个社会成员都拥有政治经济上的平等地位。因此，社会发展的目标是使每个社会成员都享有同等的受教育权利和机会，即每个人接受教育的性质、层次和类型不是看个人家庭的经济政治背景，而是取决于个人的理想、抱负、知识基础和智力基础。

5. 社会政治经济制度制约教育内容、教育结构和教育管理体制

为了实现不同的教育目标，不同社会政治经济条件下的教育有着不同的教育内容，尤其是社会科学方面的内容。特定社会的教育结构也是由该社会的社会结构、经济结构决定的。教育的管理体制更直接受制于社会的政治经济制度，如在政治经济上实行中央集权的国家，在教育管理体制上多强调集中统一；在政治经济上实行地方分权的国家，在教育管理体制上也多强调地方自主。

可见，教育的性质、宗旨，领导权和受教育权，乃至于教育的内容、结构与管理体制都是受社会的政治经济制度制约的。因此，在阶级社会里，超阶级或超政治的教育是根本不存在的，即使标榜民主的资本主义社会也概莫能外。

（三）文化对教育的制约与影响

教育是一种特殊的文化现象。教育是整个人类文化的有机组成部分。但教育的双重文化属性（传递和深化文化与构成文化本体），决定了它在社会文化中占有十分特殊的地位。总体来说，教育与文化之间是一种交融关系。

1. 文化的含义及特性

文化一词，英文是“culture”，源于拉丁语，愿意为耕耘、耕作，对植物的栽培的意思。社会学家与人类学家对文化的共同定义是，文化是人类群体或社会的共享成果。从最一般的意义上讲，文化是代代相传的人们的整体生活方式。

人们通常把社会文化区分为广义的和狭义的文化。广义的文化一般指人类在长期的社会实践中所创造的物质财富和精神财富的总和；狭义的文化主要是指社会的精神文化，即社会的道德、科学、哲学、艺术、文学、宗教、传统、习俗等及其制度的复合体。这里所说的文化主要是指狭义文化。

教育的所有活动都是在文化系统这个大背景中展开的。离开文化系统这个整体，教育这一要素就不能被充分地认识。因此，要分析各种教育现象、探讨教育发展规律，必须考察文化，把教育放到文化这个大背景中，研究它们的关系，这样才能全面、充分地认识教育现象。

文化具有以下特性：

一是超生理性和超个人性。文化是后天习得和创造的，不是生理遗传，遗传学从未发现过文化的遗传因素。文化与自然存在物的区别是：文化是人类进化过程中衍生出来或创造出来的。自然存在物不是文化，只有经过人类有意识加工的东西才是文化。如水本身不是文化，人们对水的认识、使用、治理等才体现文化。

文化是习得的，而不是遗传的。人类是唯一的具有文化的动物，但并不是唯一的具有

社会性的动物。猩猩以稳定的社会群体形式共同生活，有协作。蚂蚁生活也有自己的方式，有着极其复杂的劳动分工。但动物行为是受遗传因素控制的，各种单一物种的社会组织形式都是通过上一代传给下一代。仅仅仰仗他们的本能，世界上所有的海狸都能修筑水坝。但人类不同，文化是后天习得的，文化的内容不能遗传。没有任何一种基因告诉人们怎么唱流行歌、怎么跳舞、怎么与人交往。文化的点点滴滴都是后天习得的。

二是文化的象征性。象征性指文化现象总是具有广泛的意义，文化的意义要远远超出文化现象所直接表现的狭小范围。比如，白色和黑色，是自然现象的两种颜色，但这两种颜色被赋予了广泛的象征性，其象征性则是文化的体现。在汉语中，白有“一无所有”之意；白旗又意味着投降；白衣是孝服。

由于文化具有广泛的象征性，人们无处无时不生活于象征性的社会之中，人们的衣食住行都具有象征性。文化的象征性充斥于全部社会活动、社会秩序之中。人的一生，在很大程度上就是学习文化象征性的过程，人类社会的发展也体现出文化象征性的发展。

三是文化的传递性。传递性，指文化产生后要被他人模仿、效法与利用。传递分纵向传递与横向传递。纵向传递指人类将文化一代一代传递下来，即社会化。横向传递指文化在不同地域、民族之间的传播。

四是文化的变迁性。文化变迁就是指由于族群社会内部的发展或由于不同族群之间的接触而引起的族群文化的改变。文化的变迁是随社会的变迁而变迁的。从文化内部因素来看，文化的接触和传播、新的发明和发现、价值观的冲突等是变迁的主要原因。从文化的外部条件来看，社会关系和结构的变动、人口和自然环境的变化等是变迁的主要原因。从总的历史发展趋势来讲，文化变迁是一个渐行不息的过程，既有对传统的萃取与摒弃，又有对外来文化的批判与吸收。

2. 文化对教育的制约与影响

文化制约着人类各方面的活动，同样，它也制约着人类的教育活动。与政治、经济相比，文化对教育的制约作用有明显的不同。

文化制约教育的特点主要表现在以下几个方面：

从影响形式看，文化对教育的制约作用具有间接性、隐蔽性。经济可以直接制约教育的发展速度与规模，政治可以直接控制教育的性质及发展方向。而文化对教育的影响主要是通过作用于人的观念形态来实现的，这种作用主要存在于价值观、教育观、人才观等思想活动中，对教育活动的影响是潜在的、间接的。

从影响范围看，文化对教育的影响具有广泛性。这不仅反映在教育价值观和内容上，也渗透在教育体制、课程教材、道德教育以及教学方法和教学组织形式中。

从影响方式和途径看，文化对教育的影响既有社会意识、社会舆论的影响，也有个人深层心理结构的影响。这些影响虽然不同于经济、政治对教育所起的制约作用，但其作用往往是深刻的、持久的。文化在个人和群体的深层心理形成后，当这种深层心理和社会发展的客观规律相一致时，其所形成的文化合力就会对教育的改革和发展起推进作用。但当这种深层心理与社会发展客观规律相抵触时，就会变成教育改革与发展的障碍。

第一，文化制约着教育内容。教育内容必然是对一定社会文化的选择。任何一种教育目的都是通过实施一定的教育内容达到的。首先，教育对文化的选择和传播不是随意的，而是有倾向、有目的的。教育内容取决于社会政治、经济的需要，来源于对社会文化的遵从，教育内容自身的性质无法脱开文化因素来加以解释。一个社会的文化由哪些部分构成、其性质如何，决定着教育者向受教育者传授哪些教育内容及其性质。其次，在具体的时空条件下，文化特质的变化在很大程度上决定着教育内容结构的选择。不同民族、国度的文化结构特点不同，其教育内容也不同。正是基于“课程（教育内容）与整个文化结构交织在一起，所以当文化经受重大的变化时，课程就会成为人们关心的对象……旧课程对新的文化环境的适用性将受到彻底的怀疑，并且，将建议改革课程”①。因此，社会文化是教育内容的重要来源，制约着教育内容的选择。

第二，文化观念制约着人的教育观念。文化观念是指长期生活在同一文化环境中的人们逐步形成的对自然、社会和人本身基本的、比较一致的观点和信念。文化差异往往反映在观念的差异上。古代印度和中国文化的差异主要在于：印度文化宣扬佛教“轮回”与“因果报应”观念；中国古代文化则重视“道德”与“人伦”等观念。文化观念显然是抽象的东西，但它是人类的思考在心理上的沉淀，一旦形成就会对思想意识产生深刻的影响。文化对教育观念的制约和影响就是一个明证。

教育观念是存在于每个教育者或其他人头脑中的对教育的看法，它表现为具体的人才观、育才观、教学观、教师观、学生观、质量观和方法观等。它的形成直接受到文化观念的制约。文化观念对人的教育观念的制约主要表现在两个方面：文化观念制约和影响着人们对教育的态度和行为。

第三，文化模式制约教育模式。文化模式是由若干彼此相关的文化特质构成的。一个文化特质可以是一种信仰、一种风俗或一种习惯。例如我国旧社会家庭中的所谓五世同堂、家长权威、媒妁婚姻以及父慈子孝、夫唱妇随等家族伦理都是文化特质，由这些文化物质构成中国传统家族制度的文化模式，并显示出对外封闭、对内压制等特征。

每个国家、每个民族都有自己特定的文化模式。一种文化的历史愈是悠久，时间持续愈长，其模式愈是稳定，个性也愈突出，对教育的直接制约力也愈大。

教育模式的形成不是任意的，它既受教育本身规律的制约，也受一定的历史文化的制约，特别是受一个民族特定的文化模式的制约。教育模式是和一定的文化模式相适应的，有什么样的文化模式，就有什么样的教育模式。当社会发展变化时，文化系统一方面要积极调整自己的模式来适应社会的新要求，另一方面又要求教育系统调整自身模式与之相适应。

从不同文化的比较来看，一个国家的教育模式是与这个国家的文化模式相一致的。例如，中国古代文化模式是一种伦理型的文化模式，而西方文化模式则是一种知识型的文化模式。这使得中国古代教育与西方教育在目标模式上明显不同。中国古代强调通过修己正人，达到“明人伦”的目的，西方则注重通过知识的学习达到对真理的认识；在社会组织形式上，中国强调“大一统”，而西方则强调“多元化”。这直接导致了东西方办学模式和教育管理模式的不同：中国强调国家办学，集中、统一；西方则强调地方办学，开放、多样。

此外，人口因素、地域环境等因素对学校教育也会产生一定的制约与影响。

---

①［美］斯坦利：《学校与文化的关系》，见瞿葆奎主编：《教育与社会发展》，435页，北京，人民教育出版社，1989。

二、教育的社会功能

社会是整体性大系统，教育是社会大系统中的子系统。教育作为人类的一种特有的社会现象与社会活动，它的发展本身是社会发展的一个重要方面或重要标志，同时又促进着社会的变革与进步。社会发展虽然制约着教育发展，但教育发展对社会发展具有强烈的反作用。在促进社会发展的诸多要素中，教育的作用随着历史的推进而越发突出地显现出来。教育作为一种特有的社会现象与活动，具有相对的独立性。教育发展亦有其自身的规律，它能动地作用于社会发展。教育的社会功能表现在教育对其他社会子系统的作用，包括经济、政治、文化、人口和环境等方面。

（一）教育的经济功能

教育与经济的关系，不仅仅只是表现为经济对教育的决定和制约。教育在接受经济决定和制约的同时，也对经济发展起着重要的推动和促进作用。教育的经济功能是教育的社会功能的一个极其重要的方面。

教育可以提高劳动者的素质。劳动力要在生产中发挥能动和主导的作用，必须具备一定条件，而主要的条件来自教育。尤其是当代，脑力劳动的作用日益重要，在整个劳动中所占的比重日益增大，特别是伴随科学技术水平的迅速发展，体力劳动和脑力劳动逐步趋于接近和融合，预示着社会生产力有了更大的发展。正是教育，才能迅速提高劳动者的文化技术水平，提高他们的素质。

教育可以培养经济发展所需的人才。教育的重要功能之一就是为经济结构服务，并为其培养所需的人才，这种人才的水平是随社会经济制度变革而发展的。近百年来，教育发展转向普遍重视技术职业教育，尤其是在今天，进入信息社会和后工业社会，教育更是为现代化经济培养人才。正如邓小平所期望的那样："要增加科技人员，这就要靠教育。"

教育可以促进经济的发展。传统观念一直认为教育是一种消费，现代观念则认为教育是一种投资。现代经济学的一个重要观念叫做智力投资的经济效果，讲的是人才培养过程中劳动消耗与所得成果之间的比较，即教育的"投入"与"产出"之比。可见现代经济学十分重视教育能否促进经济发展的问题。一般说来，教育的投资与经济的发展成正比。例如，美国的经济发展仅12.5%来自资本的作用，而87.5%则来自技术的改变，而技术的改变主要来自教育的力量，这就是美国提出的"知识经济"的来源。今天，人们用知识经济来表示现代或即将到来的时代经济的特征。

（二）教育的政治功能

教育并不是消极被动地接受政治的制约，它作为一种能动的社会因素，也能对政治产生巨大的影响。在不同社会和不同的历史时期，教育表现出不同的政治功能，它既可以为维护和巩固某一政治制度服务，也可为推翻某一旧的政治制度、建立新的政治制度服务。教育具有什么样的政治功能，是由教育的性质决定的。一般情况下，教育对社会政治的功能，主要是通过培养人和宣传政治路线、方针、主张，推进社会民主进程，来为政治服务的。

教育具有维系社会政治稳定的功能。第一，教育为社会培养各种政治人才。政治人才是指社会各个部门、各个领域的领导者与管理者。各种政治人才都需要通过教育培养。第二，教育培养具有一定政治素质的社会公民。这是教育维系社会政治稳定功能的另一突出表现。社会统治阶级总是要通过教育造就公民，使受教育者具备国家、政府或执政党所希望的政治理想与政治信念。

教育具有促进社会政治变革的功能。教育是促进社会政治变革的主要因素之一。第一，现代社会教育的普及化是现代社会政治变革的重要标志，同时又是推动社会政治变革的重要力量。教育普及化水平的不断提高将更有力地推动社会政治的变革与进步。第二，教育通过传播先进的思想和弘扬优良的道德，促进社会政治的变革。在现代社会，教育通过传播科学真理，弘扬优良道德，形成正确的舆论，同时产生进步的政治观念，以促进社会的进步与革新。教育能动的主导作用在于它能弘扬社会政治、思想、道德领域中的正面因素，抑制与抵制腐朽落后的消极因素，从而为推进社会政治进步服务。第三，教育可以促进政治民主化。政治民主化是现代社会政治发展的必然趋势，这也有赖于教育的推动。民主意识观念的养成，非教育不能达到。民主意识又与科学意识紧密相关，缺乏科学知识素养也就无法提高民主的素养。因此，国家教育事业的发展和全体国民科学文化水平的不断提高，是实现社会政治民主化的重要前提与保证。

（三）教育的文化功能

文化一方面影响和制约着教育，另一方面文化的生存和发展又依赖于教育。教育对社会文化不仅具有保存和传递的功能，而且还有创造和更新的功能。

教育具有保存和传递文化的功能。人类文化是后天习得的，因此它不可能通过遗传的方式延续，而只能通过传递方式发展下去，从这个意义上讲，现代教育是传递和保存社会文化的重要手段。文化是人类创造的，人类同时也是社会文化的继承者。教育对社会文化的保存和传递，是通过选择和整理而实现的。因为教育首先离不开确定教育内容，而确定教育内容的过程，实际上就是选择文化的过程。譬如，教育离不开编写教材和教科书，这实际上是整理社会文化的过程。

教育具有创造和更新文化的功能。教育对文化的保存、传播和交流，基本上是在原有社会文化的基础上进行的。要使社会文化不断发展，还必须对社会文化进行创造和更新。第一，现代教育可以创造人们的新思想、新观念，这些新思想和新观念通过教育得到进一步的普及，就可以形成社会文化因素。第二，教育通过发展科学技术，为社会创造新的科技成果，充实、更新、发展社会文化。第三，现代教育可以为社会文化的不断发展，提供具有创新精神的各方面人才，通过这些人才，再去创造新的社会文化。因为没有具有创造精神的人才，社会文化就无法更新发展。

三、教育的相对独立性

教育的相对独立性，是指除了受到生产力、政治、文化、人口和环境的影响之外，教育具有自身的规律和自身特点。

（一）教育是一种独特的社会活动

教育是培养人的社会活动，它要把人类积累的生产斗争经验和社会生活经验转化为受教育者个体的精神财富，形成受教育者的个性。教育过程是一个转化的过程。例如，感知、理解、巩固和运用所学的东西，是不同于军事、经济和政治活动的，是一种精神活动。许多带规律性的认识成果，如启发教学、循序渐进、因材施教、教学相长等教育教学原则，在军事、经济和政治活动里是找不到的。

（二）教育具有历史继承性

教育有自己独立的发展道路，后来的教育要在先前教育的基础上向前发展。教育的思想、制度、内容和方法，都受到当时的社会因素的影响，同时又是从以往的教育发展而来的，都与以往的教育有渊源，都带有自己发展历程中的烙印。如尊师爱生、讲授法、班级授课制等，是具有历史继承性的，是在以前的教育遗产的基础上发展起来的。

（三）教育与经济政治制度发展不平衡

教育与经济政治制度的发展，并非完全同步。这有两种情况：第一，由于人们的思想意识往往落后于社会存在，教育的思想和内容也往往落后于经济政治制度和生产力的发展，当旧的经济政治制度消亡之后，与之相适应的教育思想和内容，并不立即随之而消亡，还会残存一个时期，如在社会主义初级阶段的社会里，还残存有剥削阶级的教育思想。第二，由于认识了社会发展的规律，根据社会发展的趋势，预见到教育发展的方向，在旧的政治经济制度下，也可能出现新的教育思想，如在资本主义社会中产生了马克思主义的教育思想。

第三节　教育与我国社会主义建设

一、教育在我国社会主义建设中的地位和作用

我国正处于并将长期处于社会主义初级阶段，必须继续全面建成小康社会，发展中国特色社会主义，深入贯彻落实科学发展观。“科学发展观，第一要义是发展，核心是以人为本，基本要求是全面协调可持续，根本方法是统筹兼顾。”

科学发展观总结了我国社会主义建设的历史经验，为夺取全面建成小康社会的胜利、开创中国特色社会主义事业新局面奠定了科学的理论基础。

科学发展观是指导我国各项事业发展的世界观和方法论的集中体现，内涵极为丰富，对以培养人为专门特点的教育来说，具有特殊的重要意义。

（一）树立以人为本的教育观

以科学发展观指导教育工作，首先就要树立以人为本的教育观。树立以人为本的教育观，意味着肯定教育的根本主旨在于促进人的全面发展，在生产力发展的基础上尽可能地满足大多数人的文化需要，尽可能地让每个人有公平的受教育机会，尽可能地开发每个人的发展潜能，启发每个人的自主性、自为性、能动性、创造性，引导每个人保持与自身、与他人、与自然的和谐，成为社会的主人、国家的公民，自觉地为人民服务，为社会主义建功立业。树立以人为本的教育观，是检验我国教育观念、教育实践、教育质量和教育为我国现代化建设服务的根本的价值尺度。

树立以人为本的教育观，还意味着肯定人是自我教育、自我发展的主体。教育对人的

个性素质的发展无疑起着巨大的作用。但教育对人的发展不论有多大作用，它毕竟还只是人的发展的外因，必须经历过人的发展的内因，经过人的自我教育，才能转化为人的个性素质。因此，教育必须尊重人在自我教育、自我发展中的主体地位。教育的艺术和教育实效，在很大程度上取决于启发、培养、引导、激励和发挥人的自我教育、自我发展的能动性。人的个性素质的发展是以知识学习和社会实践的活动与交往为基础的，不只要看他学什么、做什么，而且要看他为什么学、为什么做，怎么学、怎么做；不只要看他所学所做的内容，而且要看他进行学与做的活动、交往的方式。如果一个人唯书唯上，墨守成规地做，被动地学，被动地做，将会泯灭其自身的创造精神和实践能力；只有求真务实，能动地学，能动地做，才能生成人的创新精神和实践能力。因此，教育要促进人的个性发展，尊重人的主体地位，不只要注意教育内容的选择与评估，还要重视教育活动方式的选择与评估。

树立以人为本的教育观，符合我国社会的历史走向和现代特点，是科学发展观的内在要求。

（二）坚持教育优先发展的战略地位

“百年大计，教育为本。”党的十七大报告中提出“优先发展教育”，在十八大报告中调整为“要坚持教育优先发展”。这两个表述方式没有根本性的差异，但体现了传承，表明在今后的五年中，中国共产党依然要将教育放在优先发展的位置上来考虑。要提升教育质量，促进教育内涵发展，外在的保障机制是促进教育优先发展，内在的发展动力是改革创新。从近代史上看，英国在第一次工业革命时期的崛起，还有后来德国、美国的先后崛起，一个非常重要的标志就是这些国家均确立了教育优先发展的战略决策。当今的世界各国更是如此，把优先发展教育作为国家重振经济的主要手段。无数的事实和经验告诉我们，优先发展教育，是国家社会经济全面腾飞的关键。

教育是民族振兴和社会进步的基石。教育在我国社会主义现代化建设中具有基础性、先导性、全局性意义。落实科学发展观，实现科教兴国战略和人才强国战略，就必然要求把教育摆在优先发展的战略地位。

所谓教育的基础性，实质上是指人的素质在社会主义现代化建设中的基础性。教育对人个性素质全面发展的促进，既是个人为人立世的基础，也是社会稳定和发展的基础。在社会主义现代化建设中，人是建设的主体，人的素质越高，社会主义现代化建设就会越快、越好。而千千万万的各级各类人才的培养，民族素质的全面提高，基础在教育。我国有13亿多人口，既是沉重的包袱，更是宝贵的资源。如何开发我国的人口资源，使我国由人口大国转化为人才强国，优先发展教育是一个必然的战略举措。

所谓教育的先导性，是指教育的发展对社会主义建设具有引领作用。当今世界是知识经济的时代，它以不断创新的知识为基础，是一种全新的、基于最新科技和人类知识精华的经济形态。对正处于实现工业化过程之中的我国来说，既是挑战也是机遇。我国的工业化不宜走也不应走发达国家走过的老路，而是要着力于开拓工业化与知识社会相沟通的渠道。要改变我国原有的劳动密集型的粗放式的经济增长方式，这就需要我们通过调整产业结构，改变经济增长方式，提高经济增长质量和效益，使经济社会可持续发展，通过知识创新，培养创新型人才来实现。特别是在当前知识经济时代，我们应当重视和发挥教育的这种先导性作用，实现跨越式发展，逐步缩小与发达国家之间的距离。

所谓教育的全局性，是指教育的发展关乎社会主义现代化建设的方方面面，具有全局性的影响。教育的功能对社会的发展来说无处不在，除了经济功能，还有政治功能、文化功能、生态功能和人口功能。我们不难看出，“教育使人的价值提升，对我国社会结构的良性演变，对城乡差距、对和谐社会的建设和完善，都会起到独特的积极作用”①。我们应当全面发挥教育的功能，促进人的全面发展和社会的全面进步。

二、科教兴国和国兴教育

科教兴国战略是1997年在党的十五大报告中，根据我国现代化建设的迫切要求，结合世界科技教育发展经验和趋势，在科学分析中国国情的基础上提出的一个重要战略方针。此后，党和政府高度重视坚持贯彻科教兴国的战略方针，实施人才强国战略，优先发展教育以建设人力资源强国。温家宝同志明确指出：“我国是人口大国，教育振兴直接关系国民素质的提高和国家振兴。只有一流的教育，才有一流的国家实力，才能建设一流国家。”可见，实现科教兴国，前提在国兴科技，关键在国兴教育，教育为本。

（一）国兴教育的重大举措和巨大成绩

在我国改革开放的新时期，党和政府采取了一系列重大举措，并取得了巨大成绩。

1. 高考的恢复和高校的扩招

1977年邓小平在科教工作座谈会上根据武汉大学教授及其他专家的建议，作出“恢复高考”的决定。当年冬季的高考就有570万考生从山村、渔乡、牧场、工厂、矿山、营房、课堂奔赴考场。1999年我国高校开始扩招。《中国统计年鉴（2012）》数据显示，截止到2012年底，普通高校在校学生数为2 536.564 7万人，是1998年108万人的23倍之多。根据教育部发布《2011年全国教育事业发展统计公报》称，全国各类高等教育总规模达到3 167万人，高等教育毛入学率达到26.9%。由此不难看出，恢复高考以及后来的高校扩招，实为我国现代化建设人才培养的一项奠基工程。

2. 普及义务教育的立法

1986年4月12日第六届全国人民代表大会第四次会议通过、1986年7月1日起施行的《中华人民共和国义务教育法》（简称《义务教育法》），将义务教育纳入法制轨道。在《义务教育法》实施之后，我国义务教育取得了举世瞩目的巨大成就。2006年6月29日第十届全国人民代表大会常务委员会第二十二次会议对《义务教育法》作了修订。修订后的《义务教育法》8章63条，对义务教育的性质、经济保障、政府责任、管理体制、法律责任追究等，均作了进一步规定：“义务教育是国家统一实施的所有适龄儿童、少年必须接受的教育，是国家必须予以保障的公益性事业。”“实施义务教育，不收学费、杂费。”“国家建立义务教育经费保障机制，保证义务教育制度实施。”“国家将义务教育全面纳入财政保障范围，义务教育经费由国务院和地方各级人民政府依照本法规定予以保障。”“义务教育实行国务院领导，省、自治区、直辖市人民政府统筹规划实施，县级人民政府为主管理的体制。”“国务院有关部门和地方各级人民政府违反本法第六章的规定，未履行对义务教

① 王道俊、郭文安主编：《教育学》，72页，北京，人民教育出版社，2009。

育经费保障职责的，由国务院或者上级地方人民政府责令限期改正；情节严重的，对直接负责的主管人员和其他直接责任人员依法给予行政处分。”这对义务教育权利无疑会起到法律保障作用。

3. 贫困学生的国家资助体系的建立

教育公平问题是在党的十七大报告中首次写入报告的，党的十七大报告中提出：“教育公平是社会公平的重要基础。”“坚持教育公益性质，加大财政对教育投入，规范教育收费，扶持贫困地区、民族地区教育，健全学生资助制度，保障经济困难家庭、进城务工人员子女平等接受义务教育。”在前面五年期间，上述很多要求已经实现或者基本实现，比如说加大财政对教育的投入、规范教育收费、保障困难家庭以及进城务工子女受教育的权利，等等。在党的十八大报告中，对教育公平又有了新的要求：“大力促进教育公平，合理配置教育资源，重点向农村、边远、贫困、民族地区倾斜，支持特殊教育，提高家庭经济困难学生资助水平，积极推动农民工子女平等接受教育，让每个孩子都能成为有用之才。”这些要求非常明确，要通过缩小区域、城乡、特殊群体之间的教育差异，给每个学生提供相对公平的教育机会，让孩子们通过接受教育，都能成为有用之才。教育公平问题，在党的十八大报告中，又有了深化和发展。

“不让一个学生因家庭经济困难而失学”一直是我国政府和公众追求的教育公平目标。为实现这一目标，在义务教育阶段，全部免除农村义务教育阶段学生的学杂费，同时为家庭经济困难学生免费提供教科书和寄宿生生活补助。对中等职业教育，设立国家助学金，将资助所有全日制在校农村学生和城市家庭经济困难学生，2012 年，财政部、国家发展改革委、教育部、人力资源和社会保障部联合下发《关于扩大中等职业教育免学费政策范围进一步完善国家助学金制度的意见》。从 2012 年秋季学期起，对公办中等职业学校全日制正式学籍一、二、三年级在校生中所有农村（含县镇）学生、城市涉农专业学生、城市扶持专业学生和家庭经济困难学生免除学费（艺术类相关表演专业学生除外）的政策，形成以国家助学和学生工学相结合的以及顶岗实习、半工半读、学校减免学费等多种形式的资助体系。

对高等教育，1995 年国家下发了《关于对普通高等学校经济困难学生减免学杂费有关事项的通知》，此后，我国为此采取了一系列的积极措施，现在已初步建立起国家奖学金、国家励志奖学金、国家助学金、师范生免费教育、国家助学贷款、勤工俭学、特殊困难补助、学费减免及社会资助等多种形式相结合的，即“奖、贷、补、减”的高校家庭经济困难学生资助政策体系。[①] 2007 年，国务院发出的《关于建立健全普通本科高校、高等职业学校和中等职业学校家庭经济困难学生资助政策体系的意见》（国发〔2007〕13 号）及其配套办法颁布实施后，国家在高等教育阶段建立起国家奖学金、国家励志奖学金、国家助学金、国家助学贷款、师范生免费教育、勤工助学、学费减免等多种形式并存的高校家庭经济困难学生资助政策体系。家庭经济困难学生考入大学，首先可通过学校开设的“绿色通道”按时报到。入校后，学校对其家庭经济困难情况进行核实，采取不同措施给予资助。其中，解决学费、住宿费问题，以国家助学贷款为主，以国家励志奖学金等为

① 参见《中国教育年鉴 1996》，336 页，北京，人民教育出版社，1997。

辅；解决生活费问题，以国家助学金为主，以勤工助学等为辅。此外，国家还积极引导和鼓励社会团体、企业和个人面向高校设立奖学金、助学金，共同帮助家庭经济困难学生顺利入学并完成学业。这些资助政策体系的建立，将使所有家庭经济困难的学生都能上得起大学，或能接受职业教育。让所有孩子都能上学，能上好学，正逐步成为现实。

4. 教育事业的巨大发展

新中国成立以后，我国教育事业获得了巨大的发展，尤其是改革开放30多年来，教育事业的迅猛发展更取得了举世瞩目的成就。

2011年，全国共有普通高等学校和成人高等学校2 762所，比上年增加39所。其中，普通高等学校2 409所（含独立学院309所），比上年增加51所；成人高等学校353所，比上年减少12所。普通高校中本科院校1 129所，比上年增加17所；高职（专科）院校1 280所，比上年增加34所。全国共有培养研究生单位755个，其中高等学校481个，科研机构274个。

全国招收研究生56.02万人，比上年增加2.2万人，增长4.09%。其中，招收博士生6.56万人，招收硕士生49.46万人；在学研究生164.58万人，比上年增加10.74万人，增长6.98%。其中，在学博士生27.13万人，在学硕士生137.46万人；毕业研究生43.00万人，比上年增加4.64万人，增长12.09%。其中，毕业博士生5.03万人，毕业硕士生37.97万人。

普通高等教育本专科共招生681.50万人，比上年增加19.75万人，增长2.98%；在校生2 308.51万人，比上年增加76.71万人，增长3.44%；毕业生608.16万人，比上年增加32.73万人，增长5.69%。

成人高等教育本专科共招生218.51万人，比上年增加10.09万人；在校生547.50万人，比上年增加11.46万人；毕业生190.66万人，比上年减少6.62万人。①

2010年全国人口普查，与2000年人口普查相比，每十万人中具有大学文化程度的由3 611人上升为8 930人，具有高中文化程度的由11 146人上升为14 032人；具有初中文化程度的由33 961人上升为38 788人；具有小学文化程度的由35 701人下降为26 779人。文盲率（15岁及以上不识字的人口占总人口的比重）为4.08%，比2000年人口普查的6.72%下降2.64个百分点。② 各种受教育程度人口和文盲率的变化，反映了十年来我国普及九年制义务教育、大力发展高等教育以及扫除青壮年文盲等措施取得了积极成效。

目前，我国学校教育的普及与提高在加速，高等教育也在大众化道路上迅跑，正朝着建设人力资源强国前进。到2020年，基本实现教育现代化，基本形成学习型社会，进入人力资源强国行列。③

（二）国兴教育面临的问题

我国教育事业的改革与发展取得了巨大成就，但仍存在许多不可忽视的问题。

---

① 参见《2011年全国高等教育毛入学率达26.9%》，见中国新闻网，2012-08-30。

② 参见中华人民共和国国家统计局：《2010年第六次全国人口普查主要数据公报（第1号）》，见中央政府门户网，2011-04-28。

③ 参见《国家中长期教育改革和发展规划纲要（2010—2020年）》，见中央政府门户网，2010-07-29。

1. 教育经费投入不足的问题

教育投入是支撑国家长远发展的基础性、战略性投资，是教育事业的物质基础，是公共财政的重要职能。据统计，在国家财政性教育投入上，目前世界平均水平为7%左右，其中发达国家达到9%左右，经济欠发达的国家也达到4.1%。中国早在1993年就提出要在2000年实现国家财政性教育经费占GDP 4%的目标，但事实上，直到2012年，我国财政性教育经费才达到占GDP约4%的水平（见表2—1）。

表2—1　　国家财政性教育经费及其占GDP的比例（1992—2012年）

年份	国家财政性教育经费（亿元）	预算内教育经费（亿元）	GDP（亿元）	国家财政性教育经费占GDP的比例（%）	预算内教育经费占GDP的比例（%）
1992	728.51	538.74	23 938	3.04	2.25
1993	867.76	644.39	31 380	2.76	2.05
1994	1 174.74	883.98	43 800	2.68	1.83
1995	1 411.52	1 028.39	57 277	2.46	1.79
1996	1 671.71	1 211.91	68 594	2.44	1.77
1997	1 862.54	1 357.73	74 772	2.49	1.81
1998	2 032.45	1 565.59	79 553	2.55	1.97
1999	2 287.18	1 815.76	81 911	2.79	2.22
2000	2 562.61	2 085.68	89 404	2.87	2.10
2001	3 057.01	2 582.38	95 933	3.19	2.69
2002	3 491.05	3 114.24	105 172	3.32	2.96
2003	3 850.62	3 453.86	117 252	3.28	2.94
2004	4 465.86	4 027.82	159 878	2.79	2.52
2005	5 161.08	4 665.69	183 084.80	2.82	2.55
2006	6 348.36	5 795.61	210 871	3.01	2.75
2007	8 280.21	7 654.91	249 529.9	3.32	3.07
2008	10 449.63	9 685.56	300 670	3.48	3.22
2009	12 231.09	11 419.30	340 507	3.59	3.35
2010	14 670.07	13 489.56	401 202	3.65	3.36
2011	18 586.70	16 804.56	472 882	3.93	3.55
2012	22 236.23	20 314.17	518 942	4.28	3.91

资料来源：1. 1992年、1993年的GDP参考“中华人民共和国国家统计局关于1992、1993年国民经济和社会发展的统计公报”。
2. 其余数据参考教育部历年公布的全国教育经费执行情况统计公告。

我国经济持续发展速度在世界上是最快的，但教育的公共投入占国民生产总值的比例则在低水平上徘徊，原因是复杂的，其中重要的一点不能不说是对教育在经济社会发展中的地位的认识不到位。党的十五大、十六大、十七大都反复强调：必须把教育摆在优先发展的战略地位。但时至今日，仍有一些人对此认识不足。

2010年，《国家中长期教育发展规划纲要（2010—2020年）》提出提高国家财政性教育经费支出占国内生产总值比例，2012年达到4%的目标。2008—2012年国家财政性教育经费占GDP的比例分别为3.48%、3.59%、3.65%、3.93%、4.28%。从这些数据的分布来看，我国在2012年才实现财政性教育经费占GDP4%的目标。

2. 教育公平的问题

教育公平是社会公平的重要基础。教育公平的基本要求是保障公民依法享有受教育的权利，关键是机会公平，重点是促进义务教育均衡发展和扶持困难群体，根本措施是合理配置教育资源，向农村地区、边远贫困地区和民族地区倾斜，加快缩小教育差距。教育公平是社会公平价值在教育领域的延伸和体现，包括教育权利平等和教育机会均等两个基本方面。教育公平是实现社会公平的“最伟大的工具”，好的教育、公平的教育，就是以人为本的教育，是为多数人提供同等机会、同等优质服务的教育。但是这几年来，教育公平问题却进一步凸显，成为社会关注的热点。

（三）努力办好人民满意的教育

我国教育事业的改革和发展取得了举世瞩目的成就，但人民仍不是很满意。这表明在社会转型期，人民对教育的期盼和要求越来越高，人民日益增长的精神需求和当前教育改革的现状之间还是存在很大差距的。所以，努力办好人民满意的教育，虽是长期的历史过程，但又是当前紧迫的任务。

1. 普及和巩固义务教育

义务教育是一切教育的基石，也是社会主义现代化建设的奠基工程，关系到广大人民群众根本利益的保障和创造潜能的发挥，始终居于教育事业“重中之重”的地位。义务教育的重点、难点在农村。要普及和巩固义务教育要做好以下几个方面的工作：一是进一步完善义务教育保障机制，把农村义务教育作为重中之重。教育公共投入应继续向农村义务教育倾斜，由国家切实全面地保障农村义务教育经费。二是要建立义务教育学校建设基本指标体系或质量底线。一方面要在教育改革和发展中，实行城乡统筹，把农村教育放在重要地位。解决农村教育的问题，必须改善农村的教学条件，包括校舍、设备、远程教育。所有学校的建筑，都要建成最安全的，也就是让群众最放心、让家长最放心、让学生最安心的地方。另一方面要下决心解决农村教师缺乏的问题。农村教师在农村教育中起着关键作用。农村教师当前所面临的最大问题，一个是待遇问题，一个是素质问题。待遇、工资、职称、住房这些问题应该逐步加以解决。针对现在农村教师队伍整体素质还比较低的问题，要特别重视提高农村教师的素质。

2. 大力发展中等职业教育

大力发展职业教育，既是经济发展的需要，也是促进社会公平的需要。我国是一个有13亿多人口的大国，职业教育很重要，应该搞得更好。在整个教育结构和教育布局当中，必须把职业教育摆到更加突出、更加重要的位置。这样做有利于缓解当前技能型、应用型人才紧缺的矛盾，也有利于农村劳动力转移和扩大社会就业。特别是农民工已经成为我国产业工人的重要组成部分，这是我国工业化、城镇化进程的特点，要重视农民工培训。职业教育的根本目的是让人学会技能和本领，从而能够就业，能够生存，能够为社会服务。从这一点来说，职业教育是面向人人的教育，是面向整个社会的教育。职业教育面向的不仅是服务业，还有工业、农业，比如说数控机床的操作，就需要专业的教育培训。现在我们要注意的是职业教育的规模、学科的设置，需要和社会需求相吻合，因为它是面向整个社会的，所以又应该和社会发展相协调。我国的职业教育和发达国家的差距较大。问题在什么地方？一方面要转变社会观念。社会上有些人不把职业教育当作正规教育，认为上了职业学校低了一等。另一方面也要研究具体的引导办法，增强职业教育的吸引力，包括加大职业教育投入，逐步对农村职业教育实施免费政策。提高技能型人才的社会地位和收入，合理确定中职和高职的比例，做到合理、适度、协调、可持续。要认真研究职业教育管理体制，充分调动行业、企业、学校兴办职业教育的积极性。

3. 大力提高高等教育质量

高等教育处于整个教育发展的龙头地位，高等学校既是数以千计专门人才和一大批拔尖创新人才的“培养所”，又是知识创新、技术创新与观念创新的“发源地”，在支撑社会发展、提高自主创新能力、增强综合国力中具有不可替代的重要作用。

从长远看，我们不仅要不断扩大高等教育的规模，满足群众对高等教育的需求，更重要的是要把提高高等教育的质量摆在更加突出的位置。高等学校改革和发展归根到底是多出拔尖人才、一流人才、创新人才。高校办得好坏，不在规模大小，关键是要办出特色，形成自己的办学理念和风格。要对学科布局、专业设置、教学方法进行改革，引导高等学校适应就业市场和经济社会发展需求。建立和完善高等教育质量保障体系，推动高校科技创新、学术发展与人才培养紧密结合。要借鉴国外先进经验，结合我国实际创造性地加以运用，加强高水平大学建设，建成若干国际一流大学，为国家培养更多的高质量、多样化的创新型人才。

复习思考题

1. 人的发展有哪些规律和特点？教育怎样适应人的发展规律和特点？
2. 请联系实际谈谈环境在人的发展中的作用。
3. 如何理解和看待影响人的身心发展因素的主要理论。
4. 试论述教育与社会的物质生产力、社会的政治经济发展的关系。
5. 文化与教育两者的关系如何？试述之。
6. 教育的社会功能具体表现在哪些方面？
7. 简述教育的相对独立性的意义。
8. 如何看待科教兴国和国兴教育？

推荐阅读书目与访问网站

1. 王道俊，郭文安主编．教育学．北京：人民教育出版社，2009
2. 傅维利．教育功能论．沈阳：辽宁教育出版社，1990
3. 柳海民主编．现代教育原理．北京：人民教育出版社，2006
4. 傅道春主编．教育学．北京：高等教育出版社，2005
5. 中国教育信息网 http://www.chinaedu.edu.cn/
6. 中国教育报 http://www.jyb.cn/

教学案例

“数学神童”是个悲剧？

今年春节期间，北京大学给武汉华师一附中高三（18）班的鲍宇阳寄来预录通知单，向这名年仅13岁的少年发出邀请。

鲍宇阳经历过数次跳级，小学读了四年，初中读了一年，之后直接进入华师一附中理科实验班读高中，总共接受了8年正规教育。当记者走近“数学神童”鲍宇阳时，却意外发现在“神童”光环的背后，响起的并不全是掌声和赞歌，还有争论和担忧……

2月14日，当记者走进华中师范大学讲师鲍良言家中时，在征得鲍老师同意后，记者与鲍宇阳进行了对话。也许是不太熟悉的缘故，鲍宇阳似乎不屑回答记者的这些简单问题。

记：平时除了学习，你都喜欢干什么？

鲍：搞不清楚，搞得清楚我就说了嘛。

记：你有什么崇拜的科学家，或者喜欢的明星？

鲍：说不定有，只是不知道。（父亲在旁提醒说是居里夫人，但鲍宇阳说他已经忘记了。）

记：你将来想不想按你爸爸的理想做个科学家？

鲍：有这种可能，说不准吧。

记：你平时和朋友一块儿出去玩吗？

鲍：什么叫朋友？从来没有这种事呀，没有时间。

记：你向往到北大读书的生活吗？

鲍：向往不向往都是有可能的吧。

对话过程中，鲍宇阳对桌子上的一把火柴充满了兴趣，他反复研究这些火柴应该怎么摆才能赢（父亲给他出的智力游戏题），而对记者的问话只是在父亲的不断催促下来一两句听不太懂的回答。

鲍良言拿出他从儿子出生起就记的日记，上面写着：出生11天就能跟着爸爸伸出1个手指，不到3个月就能喊出类似“妈妈”的声音，1岁两个月时认得30多个成语，3岁时已认识两千多个字，4岁就开始进图书馆，5岁多可以背诵1到50的平方表……鲍老师一条一条地向记者介绍着儿子从小就聪明过人的“事迹”。

然而鲍良言却否认儿子是个“神童”，他认为只是对儿子进行了“超前教育”，而超前教育的核心就是从小培养孩子学习的“兴趣”。对于正规教育，鲍老师有些不以为然：“3个小时就能学会的东西，为什么非要学10个小时呢？什么叫基础？不就那几本书吗，对一个肯学的小孩来说看看就行了，要留给孩子选择余地，家长也要把自己的信息灌输给小孩。”

自从鲍宇阳被保送后，他就没再去过学校，而是在家里狂补英语。鲍老师给儿子设计的前途是：17岁大学毕业，然后继续攻读硕士、博士，或者可以再选一个专业学习，即使读两次大学，毕业时也只有21岁，然后争取25岁进入国家一级实验室。

然而，记者在鲍宇阳就读的学校采访，听到的却多是另一种声音。

鲍宇阳的一位任课老师一见记者，上来就是一句：“你们别再采访了，这是个悲剧。”这位不愿意透露姓名的老师说：“一个真正的科学家，除了知识，还要懂得哲学、艺术等别的学科，可鲍宇阳的语文、英语成绩很差（是班上最差的学生），这对他将来接触社会很不利。”

“鲍宇阳作为一个高三学生，应该是一个社会人了，可他现在并不适应环境，还处于以他自己为中心的‘自我心态’，也就是童年心态。频繁的跳级让他失去了与社会、环境接触的机会，他和同学玩不到一块儿，将来上了大学，他也融不进大学生活中去。”

鲍宇阳所在的高三（18）班是理科实验班，班上只有 30 多个人，都是专攻数理化的，据说这个班上最差的学生都能上武汉大学，此次和鲍宇阳一起被保送北大（还有清华）的，就有 10 个学生。所以鲍宇阳的保送，在班上并没有激起什么波澜。

“我们班同学基本上和鲍宇阳没什么来往，他也没什么朋友，因为年龄差距太大，交流不起来。”鲍宇阳的一位同学说。

和鲍宇阳对门的小姑娘曾是他的同学，这位还在上初中的小姑娘这样介绍昔日的同学：“鲍宇阳性格很孤僻，也没见他和谁一块儿玩过，他也不和我们说话，我爸爸有时叫他，他也不回答。我爸爸妈妈可不愿意我像他那样。”

而鲍宇阳楼下的邻居说：“他上小学时，在我眼里就是个小孩子，可上高中了，还是个小孩子。这种超前教育违背了孩子自然的生长规律，超前得太狠了。这孩子是很聪明，他本来应该有很快乐的童年，可是被残酷地剥夺了。”（内容有删减）

资料来源：张洪波：《十三岁保送进北大“数学神童”是悲剧?》，载《北京青年报》，2004-04-19。

思考与讨论：

1. 鲍宇阳跳了四级，13 岁就成功进入北京大学，可归因于哪几个因素？
2. 你怎样看待“神童”的天赋和不足？

第三章 教育目的

内容提要

教育目的是人们对受教育者的期望，不同的人对教育的期望不尽相同。就同一时代而言，教育目的具有不同层面追求的层次结构和功能。就不同时代而言，教育目的具有时代赋予的历史使命和理想追求。本章从静态角度分析了教育目的的概念、层次结构和功能；从动态角度阐述了影响教育目的确定的各种因素，并在此基础上对中国的教育目的演变及其动因作了梳理和揭示。

第一节 教育目的概述

教育是人类有目的的活动，教育目的对一切教育行为都具有重要意义，教育制度的制定、教育内容的确定、教学方法的运用，无一不受教育目的的制约。教育目的是整个教育工作的方向，是一切教育工作的出发点，教育目的的实现则是教育活动的归宿。一个国家的教育目的，往往是以法令条文的形式存在的，它在实施过程中与各级各类教育工作者的教育认识相互融合，形成教育工作者各自心目中的教育期望。教育工作者只有在历史和现实的时空中融通各种教育期望和目的，才能真正在教育实践中寻找到教育促进社会发展和促进个体发展的最佳契合点，获得对“受过教育的人”的独特理解以及对人的全面发展的理性认识。

一、教育目的的概念

广义的教育目的是指人们对受教育者的期望，即人们希望受教育者通过教育在身心诸方面发生什么样的变化，或者产生怎样的结果。国家和社会教育机构、学生家长和亲友、教师等，都对受教育者寄予这样或那样的期望，这些期望都可以理解为广义的教育目的。

狭义的教育目的是国家对教育人才的总体要求。各级各类学校无论培养什么社会领域和什么层次的人才，都必须努力使所有学生符合国家提出的总要求。因此，教育目的对所有的学校都具有指导意义。不管学生之间的个别差异有多大，如体质强弱不同、兴趣爱好多样、智商情商不一等，学校都必须努力使他们符合国家提出的总要求。

二、教育目的的层次结构与功能

（一）教育目的的层次结构

教育目的是各级各类学校遵循的工作总方针，但它不能代替各级各类学校对所培养的人才的特殊要求，各级各类学校还有各自的具体工作方针，这就决定了教育目的的层次性。学校教育目的的层次结构如下：

（1）教育目的（国家的或社会的）。

（2）培养目标（各级各类学校的）。

（3）课程目标（各学科的）。

（4）教学目标（单元的或课时的）。

培养目标是由特定的社会领域（如教育工作领域、化学工业生产领域、医疗卫生工作领域等）和特定的社会层次（如普通劳动者、熟练技术工人、管理人员、高级行政人员、专家等）的需要所决定的，也因受教育对象所处的学校级别（如初等、中等、高等学校）而变化。为了满足各行各业、各个社会层次的人才需求和不同年龄层次受教育者的学习需求，各级各类学校才应运而生。教育目的是对所有受教育者提出的，而培养目标是针对特定的培养对象提出的，各级各类学校的教育对象有各自不同的特点，制定培养目标不可能不考虑自己学校的学生的特点和办学层次。

教育目的与培养目标之间的关系是普遍与特殊的关系。我们只要掌握了制定教育目的的原理，就可以把这些原理用在培养目标的设定上。课程目标是课程计划中各个学习领域（如语言文学、数学、科学、社会、艺术、体育等）和这些领域之下的一些具体的科目（如历史、地理、物理、化学、生物等）所规定的，是学生经过一段时间的学习之后应该达到的基本要求（或标准）。某一级学校（如初中或高中）和某一类学校（如普通中学和职业中学）的一套课程计划的总目标，与上述培养目标几乎是一回事，只是角度不同而已。

教学目标是教育者在教育教学（或实施课程计划）过程中，在完成某一阶段（如一节课、一个单元或一个学期）工作时，希望受教育者达到的目的或产生的结果，它动态地融入了教育工作者的日常教学行为中。学校培养人的工作是长期的、复杂的，学校实现教育目的和培养目标不是一蹴而就的事，对学生的培养要靠日积月累，这就要求学校、教师将教育目的具体化，明确在某一时段内，教一门学科或组织一项活动时，希望学生在认知、情感、行动和身体诸方面需要达到的具体目标。

课程目标、教学目标与教育目的、培养目标之间的关系是具体和抽象的关系。它们彼此相关，但互相不能取代。

（二）教育目的的功能

教育目的受教育价值观的支配，也与社会的发展水平和需要相关。教育目的的功能是指教育目的对实际教育活动所具有的作用。教育目的不仅是教育工作指导思想的核心，而且是一切教育实践活动的总纲。教育目的决定了教育制度的制定、教育内容的确定、教学方法的选用。教育目的是整个教育工作的方向，是一切教育工作的出发点，教育目的的实现则是教育活动的归宿。如果教育目的强调培养军人或武士，教育体系遂有军国主义的倾向；教育目的强调实用，教育体系遂兴起实业学校和技术学校；教育目的强调培养国家公民，教育体系遂有强调基础教育和注重培养民族情感的倾向；教育目的强调培育英才，教育体系遂有强调高质量高效率教学和鼓励学业竞争的倾向；教育目的强调个性自由发展，教育体系遂有灵活多样和自由活泼的倾向。总之，教育目的对于教育实践具有多方面的作用和功能。概括起来，教育目的的功能表现在激励功能、指导功能和评价功能等方面。

第一，激励功能。教育目的是对受教育者未来发展的一种认识和设想，它立足现实、指向未来，具有一定的理想性和可能性，蕴含着价值观念。教育目的中的价值观念与期望值形成一种吸引力和美好憧憬，促使教育者与受教育者为达到自己的理想目的而努力工作和学习。具体来说，达到我国现阶段教育目的，要求有较高水平的德智体等素质的人。就人的意识观念而言，它要求人的知识、能力、价值观念的开放性和发展性；就人与人、人与社会的关系而言，它要求独立人格，具备仁爱心和责任感；就人对自然的态度而言，它要求亲近自然，善待自然，实现生态文明。在适宜的社会环境中，善于调节人际关系，与人为善、和睦相处，而且能创造物质、精神财富和优越生活，这些人通常大受社会欢迎，成为人们的效仿者。这种社会现象一旦内化为教育者尤其是受教育者的观念，跟他们心中已有的教育目的观念价值与期望值汇合，便会成为他们为达目的锲而不舍的力量。

第二，指导功能。教育目的的指导功能，首先体现在指导教育行政部门制定有关方针政策上。尽管教育行政部门的方针政策多种多样，但它们都是根据教育目的的要求而制定的，任何偏离教育目的的方针政策都是暂时的、迟早会得到修正的。其次，教育目的的指导功能体现在调节教育实践活动的方向上，这主要表现在如下几个方面：一是制约各级各类学校培养目标，指导各个学校的教育方向。就我国目前情况而言，处于基础教育阶段的学校如中小学，其培养目标大多是统一的，而这种统一的培养目标是国家教育目的的具体化。即便是少数特色学校，其培养目标虽有不同，但整体上也不能超越国家教育目的的要求，也就是在全面落实国家教育目的基础上形成自己的特色。课程目标也是统一的，国家通过颁布实施课程计划来指导中小学的课程设置和教材编制，有些学校虽然开发了一些校本课程，但仍然没有脱离培养目标和课程目标。然而，就高等学校而言，由于不同类型的高校性质不同，培养目标就出现了差别，但只要看看各个学校的专业培养目标，人们就会明白，它们不仅没有脱离国家的教育目的，而且是在深刻理解国家教育目的的前提下对国家教育目的作出了合乎时代、顺应社会的演绎。可见，教育目的对各级各类学校培养目标的指导作用是客观存在的。二是引导对教育内容、途径与策略等的选择。在这方面，教育目的主要发挥宏观调节作用，如教育内容方面，教育目的仅提示学校大体应该开设何种课程，讲授哪些内容；在教育途径与策略方面，教育目的只提供大致框架，因为在这些方面起直接制约作用的是学校培养目标、学科课程目标和课堂教学目标。但是，切不可忽视教育目的的这种宏观作用，因为作为一种存在于教育者或受教育者头脑中的观念，它会时刻提醒他们反思自己的教育行为，对偏离了教育目的的内容、途径和策略等进行及时的调整。

第三，评价功能。教育目的为教育活动指明了方向，是检验、评价、衡量全部教育活动最终结果的依据和标准。根据这些依据和标准，分别从宏观和微观方面对教育活动的效果和质量作出判断，评价教育活动的得与失，最后评价现实的教育结果是否达到预期的要求。由此获得的评价结果，一方面可以说明教育实践是否与教育目的相吻合，寻找教育实践与教育目的的差距；另一方面可以检验教育目的是否切合实际，为修正或制定新的教育目的提供依据。教育目的的实现是有条件的，最根本的条件就是要有与教育目的要求相应的社会环境，尤其是教育环境，包括师生的观念、各种教育资源等。缺乏这些条件，教育目的的功能就会或多或少地丧失。

三、教育目的的确立

在教育活动中，教育目的既可以表现为人们头脑中对各种教育活动的认识和理想，也可以表现为国家制定的文件和法令。尽管教育目的的表述方式多种多样，但它并不是一个超社会、超历史的范畴，人们在规定教育目的时必须以客观存在及其教育理想为前提。在不同的历史时期和不同的社会背景下，人们关于教育目的的价值取向会有所不同，即使在同样、同类生活背景下，亦可能产生各种不同的观点和取舍。因此，教育目的的制定必然受到各种因素的制约，但任何教育目的的制定都有其现实依据和理论依据。人们确定教育目的时，主要受以下几个方面因素的影响。

（一）社会因素

社会是一个复杂系统，受教育者只能在现实的社会生活条件下才能获得发展。这些条件主要包括生产力、生产关系以及建立在一定生产方式之上的政治关系和政治制度等。其中，生产力发展水平的高低直接决定了社会能够提供给教育的物质条件的好坏，决定了社会的每一个个体发展的可能性。生产力是人类从事物质资料生产的能力，它由物的因素（劳动资料、劳动对象）和人的因素（劳动者）组成。人的因素不仅是生产力的必要因素，而且是诸因素中最重要、最活跃的因素。劳动能力存在于活的人体之中，是直接体现于劳动中的人的体力和精神能力的总和。作为劳动者的人不仅需要一定的体力，而且需要一定的智力以及必要的科学文化知识和劳动技能技巧。人的智力要靠教育来开发，劳动技术、劳动经验和各种生产知识要靠教育来获得，人类在生产实践中形成的生产力要一点一滴地积累下来，一代一代传递下去，也要靠教育才能做到。因此，一定的生产力总是要根据自己的发展水平，对劳动者的培养提出一定的要求。同时，任何一个社会对教育的要求总是在一定的社会关系中产生，并受这种关系制约，因此，一定的教育目的必定表现为一定条件下教育与国家制度、与周围现实的关系。在阶级社会里，不同阶级由于经济利益和政治利益的不同而有不同的教育目的。他们通过教育来造就合格的公民和政治统治人才，从而使受教育者具备本阶级所期待的世界观、人生观、价值观等，将统治阶级的经济和政治利益体现在教育目的上，集中反映统治阶级对人才培养的要求。

（二）受教育者身心发展因素

任何事物的发展变化都是事物的内因和外因共同起作用的结果。我们前面谈到的社会生产力发展水平和一定社会的政治经济制度对教育目的的制约都属于外因，而受教育者身心发展规律和其自身发展需要对教育目的的制约属于内因。因为教育是培养人的社会活动，任何教育目的，它最后总是指向人，教育目的的实现也最终要落实到具体的人身上，离开了受教育者，教育目的本身就失去了其赖以存在的物质载体。因此，在制定教育目的时必须考虑到受教育者的身心发展规律和特点。受教育者不仅是教育实践活动的对象，而且是教育实践活动的主体，这样的主体不是被动地完全由外部塑造的，他是活生生的有血有肉的人，因此教育目的必须考虑到受教育者在不同环境、不同时代下的心理需求和心理动机。特别是在现代社会里，科学技术的极大进步、生产力水平的迅速提高以及社会整体性的增强打破了以往社会的分散性和封建性，使社会变成一个紧密联系的完整的系统，在这个系统中，个人的地位和作用极大提高，人的潜能极大发挥，精神生活也日益丰富，人们越来越重视自己的社会存在，越来越重视个人价值的实现。在这种情况下，人们开始把教育当作个人的一种不可剥夺的基本权利，要求享受一种机会均等的、有利于促进个性丰富和全面发展的、有助于探索和开拓新生活的教育。

（三）时代因素

任何一个时代的人们都有对教育的美好期望，这些期望通过教育理论家的宣扬和倡导，成为时代教育目的确立的重要依据。

在古希腊时期，斯巴达为维护奴隶主武力征服基础上全民皆兵的统治要求，培养坚毅勇敢的武士和绝对服从的好公民。雅典贵族鼓励青年借助于“自然的禀赋和实践”，成长为“有教养的人”。雅典的教育重视人的体操、智育、美育、道德等各方面和谐发展。而罗马帝国要培养的是雄辩家和政治家。

欧洲中世纪教会垄断学校教育，清一色地培养僧侣。公元 11 世纪后世俗封建主才看重“骑士教育”。“受过教育的人”在哲学家眼中也有所不同，在柏拉图眼中，是正义、真理、智慧和美德的“守护者”，在伊索克拉底笔下是“雄辩家”，在奥古斯丁眼中是“基督徒”。柏拉图还主张最高层的教育要培养有理性的哲学家。不过，古希腊哲学家似乎对人类的需要、理想、目的的合理性讨论更感兴趣，他们把教育问题深入到哲学层面进行探讨，思考教育问题，实际上是他们思考哲学问题的一种具体表现。苏格拉底强调美德，于是把教育的作用归结为获得美德。

文艺复兴时期，人文主义者为冲破宗教神学和封建势力对人的束缚和控制，要求儿童“自行其是”，“愉快和自由地成长”。资本主义生产方式逐渐发展起来后，出于近代科学和资本主义兴起对科学知识的需要，培根提出要培养百科全书式的人物，夸美纽斯提出造就“泛智”的人，英国资产阶级与世俗贵族的妥协，反映在教育上就是绅士教育目的。在人文主义时代，“受过教育的人”的标志是成为“古典人文学者”（伊拉斯谟），宣传“泛智”主张（夸美纽斯）。

近代以后，学者们对“受过教育的人”的要求更加丰富多样。他们是洛克心目中的“绅士”，是卢梭笔下的“自然人”，是赫胥黎所设想的“科学人文主义者”。总之，从古希腊哲学家到近代教育思想家，他们从个人和国家的发展角度出发，认为教育是培养合格公民、获取处理私人和公共事务的智慧和本领的重要手段；或从自己设计的理想社会出发，认为教育是达到理想社会的重要途径；或从人的自然素质出发，认为教育是寻求和弥补人类自然缺陷、改造人性的重要工具。相应地，“受过教育的人”就成了教育的理想和追求。

（四）教育理想

恩格斯在《共产主义原理》中指出，根据共产主义原则组织起来的社会，将使自己的成员能够全面地发挥他们各方面的才能。共产主义社会能使社会全体成员的才能能得到全面的发展。人的体力指的是“人所具有的自然力”，即人同自然作斗争的能力；人的智力指的是“精神方面的生产能力”，包括人的劳动技能、生产经验和科学文化知识。人的其他方面的能力的发展是在这两种能力统一发展的基础上实现的。马克思、恩格斯所说的人的“全面发展”是与人的片面发展相对应的。马克思主义所说的人的片面发展，是指人的体力和智力的分离和对立。只有人的体力和智力在充分发展的基础上结合起来，人才能熟练地掌握和运用一切自然和社会发展规律，成为自由王国里的公民。从科学社会主义学说来讲，人的全面发展问题就是指人类真正脱离动物界，驾驭整个自然界和社会发展的规律，使整个人类由必然王国进入自由王国。

人们关于教育预期结果的认识和追求大致可分为个人本位论和社会本位论两大主张。

1. 个人本位论

个人本位论的产生与兴起主要受四种力量的推动：一是 14—16 世纪西欧的文艺复兴与宗教改革运动，个体自我意识的逐渐觉醒；二是 17—18 世纪以自由、平等为核心的天赋权利的启蒙和追求；三是近代工业革命推动形成的一种以财产私人所有、自由贸易与自由竞争为核心的经济制度，这种制度为西方个人主义的产生与发展提供了坚实的物质基础；四是 19 世纪中叶以来人本主义哲学对人的复杂需要和情感的重视。人本主义哲学是对西方工业化进程中人的异化的一种反动，以唯意志主义哲学、生命哲学、存在主义哲学、法兰克福社会批判理论等为代表，这些哲学思潮竭力维护个体生命的价值与尊严，维护个体存在的独立自主性，反对各种领域对个性自由发展的压抑，倡导个性的解放。

在西方教育理论演进史上，个人本位论常常与卢梭自然主义的教育目的论、康德理想主义的教育目的论、18 世纪末 19 世纪初德国新人文主义的教育目的论、英国自由主义的教育目的论以及 19 世纪下半叶至 20 世纪上半叶兴起的存在主义的教育目的论等联系在一起。[①] 它们之间尽管有差异，但具有大致相近的价值倾向，表现为：

（1）尊重个体生命的价值。这是所有个人本位论者思考教育目的问题共同的价值论基础。他们认为，单个的生命是一个实体，具有无限的潜能及可塑性，其价值是不可重复、独一无二的。在对待个体人格尊严的问题上，他们主张人本身具有自成目的性，反对把个人仅仅当作实现他人目的的工具或手段，主张人是最高贵的存在物，不能作为别人的工具。尊重个体生命的价值与人格的尊严，既包括一个人对自己生命价值或人格的尊重，也包括一个人对他人生命价值或人格的尊重。这种双重尊重构成了康德所说的做人的双重义务：一种是儿童对自己的义务，即一举一动不要侵犯自己人格的尊严，另一种是儿童对他人的义务，儿童应尽早知尊重他人的权利，并且要注意使之见诸行为。

（2）强调个性充分发展的重要性。在人类社会，性格类型多样性以及人性充分的自

---

① 参见夏正江：《教育理论哲学基础的反思：关于“人”的问题》，157 页，上海，上海教育出版社，2001。

由，是个体发展自我的高尚使命。英国现代思想家伯特兰·罗素直接针对教育发表见解："规格化是罪恶之源。教育当局将孩子们看作没有独立人格的人。他们将孩子看作实现社会宏伟计划的材料：工厂中未来的'手'或者战争中的'刺刀'等。只有当一个人感到每个学生都是一个独立个体，都有自己的权利和个性，而不仅仅是拼板玩具的零件，或团队中的士兵，或一个国家的公民时，他才有教育别人的资格。在每一个社会问题中，尤其在教育中，尊重人的个性是智慧的开端。"① 教育中对个性的压制往往是与对学生人格的不尊重紧密联系在一起的。

（3）做人教育比公民教育更重要。做人教育主要以人生幸福为落脚点和出发点，而公民教育则根据国家和社会的要求进行。卢梭说，如果要在教育儿童使之成为人还是公民之间选择的话，他宁可选择人的教育，"从我的门下出去，我承认，他既不是文官，也不是武人，也不是僧侣；他首先是人：一个人应该怎样做人，他就知道怎样做人，他在紧急关头，而且不论对谁，都能尽到做人的本分"②。卢梭所说的"做人"本分，实际上就是个体内在天性的展开与发展。个人本位论者看到了做人教育与公民教育并不总是一致的。

2. 社会本位论

社会本位论思想兴起于 19 世纪下半叶。从总体上看，它与 19 世纪下半叶以来逐步兴起的国家主义思潮、社会主义思潮、民族主义思潮等联系在一起。具体来讲，它与 19 世纪德国哲学家黑格尔的伦理国家主义理想、以涂尔干为代表的教育社会学家的哲学社会主义思想、20 世纪苏联教育家马卡连柯社会主义的集体主义思想、美国教育家杜威民主主义的社会主义思想等联系在一起。

显然，同个人本位论一样，社会本位论也只是一个松散的联盟，其基础在于它们均强调社群（不管是指范围广阔的"社会"，还是指范围较狭隘的"国家"、"民族"、"种族"、"社团"、"集体"等）的存在价值高于个人的存在价值，社群的整体利益先于个人利益。如黑格尔建立在国家伦理学说基础之上的教育思想、涂尔干等人建立在哲学社会主义学说基础之上的教育思想、马卡连柯建立在社会主义和共产主义学说基础之上的教育思想以及杜威有关民主主义的教育思想等。这四类教育思想是社会本位论的代表。他们认为：

（1）社会是确定教育目的的首要因素，个人只是确定教育目的的次要因素。在教育目的的决定方面，个人不具有任何价值，个人不过是教育的原料，不能成为教育的目的。由此出发，社会本位论者通常把使儿童社会化、在儿童身上塑造出"社会的我"当作教育最重要的目的来看待。涂尔干就明确指出："教育在于使年青一代系统地社会化。在我们每个人身上，可以说都存在着双重人格，这种双重人格尽管不可分离（除非抽象地加以分开），但确有区别。一种人格仅仅由整个与我们自身、我们个人生活中的事件有关的精神状态所组成，可以把这种人格称为个体我。另一种人格是这样一种思想、情感和习惯的体系，即在我们身上表现的不是我们个人，而是我们作为其中一个组成部分的社群或不同的社群。宗教信仰、道德信仰与习俗、民族传统或职业传统以及各种集体信仰，就是这样的

---

① ［英］伯特兰·罗素：《自由之路》（上），237 页，北京，文化艺术出版社，1993。

② ［法］卢梭：《爱弥儿》，9 页，北京，商务印书馆，1985。

体系。这种体系的总和便是社会我。塑造社会我，这就是教育的目的。”①

（2）教育要在儿童身上塑造一种普遍理性意识。黑格尔的一个基本观点是，教育不应为“个性”而努力，而应为普遍性而努力。在他看来，个别性的东西是非本质性的，普遍性的公共意识才是本质性的，因此，教育的目的就是要造就具有“普遍心灵”的个体，或者说培养具有“普遍理性意识”的个体。对于学校的教育作用，黑格尔认为它是对儿童在家庭中所受教育的补充与延伸。在学校，儿童面临的是人类生活中的“普遍性事物”，他们的特殊性很少被考虑。更确切地说，儿童必须适应调控学校生活的一般准则，必须学会在任何时候专注于教给他们的东西而不考虑本人的个人倾向与爱好。黑格尔特别强调，学校不能被还原为仅仅是对儿童主观愿望的迎合和怂恿。正规教育的任务在于引导儿童沿着“普遍心灵”的道路前进，而不仅仅是允许他自由自在地行动、游戏与玩耍。学校教育的目的在于使儿童内部天生的固有气质与性情同社会机构、社会组织的形式与结构相协调。为达到这一目的，学校教育最初把良好公民范式的观念作为一种外在要求给予儿童是必要的。只有这样，儿童才能逐步理解普遍性规范的本质，逐步理解伦理、法律和社会义务的基础。

（3）教育的目的在于改造社会生活。杜威在《我的教育信条》中认为，教育过程有两个方面：心理学和社会学。心理学提供教育的基础与起点，社会学提供教育的目标与价值。对于二者的关系，杜威写道：“总之，我认为受教育的个人是社会的个人，而社会便是许多个人的有机结合。如果从儿童身上舍去社会的因素，我们便只剩下一个抽象的东西；如果我们从社会方面舍去个人的因素，我们便只剩下一个死板的、没有生命力的集体。因此，教育必须从心理学上探索儿童的能量、兴趣和习惯开始。这些能力、兴趣和习惯必须不断地加以阐明——我们必须明白它们的意义是什么，必须用和它们相对应的社会用语来加以解释——用它们在社会服务中能做些什么的用语来加以解释。”② 学校是社会进步和改革的最基本的和最有效的工具，教育是每个对教育事业感兴趣的人的任务。教师不是简单地从事于训练一个人，而是从事于适当的社会生活的形成，因此，每个教师应当认识到他的职业的尊严，教师是社会的公仆，专门从事于维持社会正常秩序。

（4）学校教育要突出个体对纪律的服从。马卡连柯为了实施他所看重的集体主义教育，曾着重阐述了纪律教育的必要性。纪律教育在马卡连柯那里被看作是进行集体主义教育的核心与关键。第一，纪律不是教育的手段，而是教育的结果。指望用形成纪律的某些专门方法来建立纪律的想法是完全错误的。纪律是教育作用的全部总和的产物，这里既包括教养的过程，也包括政治教育的过程；既包括性格形成的过程，也包括在集体中、在友爱信任过程中和一切教育过程中冲突和纷争发生和解决的过程，同时这里还包括体育和身体发育的过程。其次，纪律是一种道德和政治现象，是使我们获得政治上和道德上幸福的一种方式。马卡连柯认为，在革命前的学校和革命前的社会里，纪律只是表面的现象。这是一种统治的形式，是压制个性、压制个人意志、压制个人志趣的一种形式，而在一定程

---

① 转引自张人杰主编：《教育及其性质与作用：国外教育社会学基本文选》，9页，上海，华东师范大学出版社，1989。

② ［美］约翰·杜威：《学校与社会·明日之学校》，5页，北京，人民教育出版社，2005。

度上，纪律又是一种统治的方法，是使个人屈服于权力的一种方法。最后，纪律即自由。在马卡连柯看来，集体中的纪律正是对每个人的权利和可能的发展的充分保障。在任何情况下，破坏纪律的人不仅要受到个人的指责，还要受到整个集体的指责，指责他破坏了集体中其他成员的利益，剥夺了集体的其他成员有权享受的那种自由。① 没有纪律，没有秩序，个人的自由就无法得到保障。而对纪律的服从，要求一个人能够愉快地去做自己不喜欢的事情，而这些事情恰恰是社会义务或道德义务所规定的。

3. 教育理想的实现——路径选择

为切实贯彻落实国家教育方针，我国于20世纪90年代提出了全面推进素质教育的决议。素质教育是相对于应试教育而提出的概念，但两者的内涵有相通之处，都致力于追求教育如何促进人的发展，只是两者在思考的角度和路径上有所不同而已，正所谓“同归而殊途，一致而百虑”。二者并不是绝对地对立起来的两种教育主张和行为。

教育促进人的发展是永恒的主题。随着知识经济时代的到来，信息化、网络化、终身学习以及呼唤创新意识等特点，对人才提出了更新、更高的要求。在我国，培养人才的任务主要是通过正规的学校教育来实现，可是，多年来，在学校教育实施过程中，诸多路径选择方面的因素，诸如教育观念、教育内容和教育形式等都很难适应社会对现代化人才的高素质要求，而这些都与应试教育的路径选择密切相关。

（1）应试教育的弊端。

应试教育是一种“考什么，教什么，学什么”的教育，它以分数或升学率作为教育质量的标准，突出教育的筛选、甄别功能。应试教育关心的是升学或为谋取未来较好的职业而获得一个好的文凭，至于个人的身心是否全面发展、是否具有创新精神、实践能力及和谐的身心状态，则显得无关紧要。由于应考竞争是升学的唯一途径，因此应试就几乎成为教育目标了，其他的教育目标由于不具有升学的功利价值而被忽略。这种片面追求升学率的倾向，把基础教育搞成升学教育、应考教育，使广大学生为争夺高学历、高文凭而拼命学习的应试教育模式，显然脱离了我国经济发展和社会发展对人才的实际需要。在应试教育中，为了向上一级学校输送优秀学生，学校和老师把精力和时间都集中放在部分优秀学生身上，重视尖子生教育，在少数学生得到某些方面充分发展的同时，却忽略了大多数学生的发展。应试教育给学生的身心和谐发展以及经济和社会的发展带来了诸多不良影响，给我国教育造成了很大的危害。其危害主要有如下几点：

第一，束缚了教育的视野。把教育引向考试的狭窄天地，抹杀了学生的其他兴趣。

第二，弱化了学生的能力。应试教育使学生在知识掌握方面停留于机械记忆、重复训练，难以达到理解、贯通、灵活运用和创新的层次，以致学生创新能力和动手动脑等能力较弱。

第三，影响教育公平。应试教育偏重于有升学潜力的学生，大多数学生得不到很好的培养。

第四，导致学生片面发展。应试教育使学生为考试而学习，导致学生片面发展，在德、智、体、美、劳上得不到全面和谐发展。

① 参见吴式颖：《马卡连柯教育文集》（下），36页，北京，人民教育出版社，1985。

第五，局限了学生的思维。学生都以标准答案为准绳，缺乏发散思维和创新意识。

第六，加重学生学习负担。教学围绕考试“指挥棒”转，“唯书”、“唯考”，大搞题海战术，学生身心疲惫。

第七，加重教师工作负担。教师由于面临着客观存在的外在压力，也出于自身生存发展的考虑，往往会迎合应试的要求，从而增加了大量的反复性、机械性的工作，负担沉重。

（2）素质教育的提出。

素质教育是根据社会经济发展和人的发展的实际需要，以全面提高学生的综合素质水准为宗旨的教育。它是适应时代的需要而产生的新的教育观念、教育思想和教育方法，而不是什么固定的模式，它是以提高学生创新能力和实践能力为核心、强调学生主体性的教育，坚持以学生为中心，促进学生身心全面发展，包括学生的身体素质、心理素质、思想道德素质、科学文化素质、创新素质，等等。素质教育的主要目的是强调在传播知识和发展能力的基础上，使人的身心得到全面和谐的发展，成为既有高尚人文精神又有良好科学素养的人；其实质是促进人的身心和潜能的发展以及人类文化和知识向个体心理品质的内化；其核心是提高人的素养和品质，培养人的创新精神、创造能力和主体性。可见，素质教育是以提高国民素质为目标的教育，其终极目标是以个体素质和全民素质的提高为基础的人的现代化，即在发展个性的基础上，促进人的现代化，以增强个人适应社会的生存能力和改造社会的创造能力。

素质教育的特点是：以人为本，突出主体精神，面向全体，关注终身发展。

（3）素质教育与应试教育的区别。

素质教育是在新的形势下为消除应试教育所带来的诸多不利影响而提出的一种新的教育理念和路径，理解它们的区别有助于更好地实施素质教育，推进教育教学的改革。

第一，教育价值取向不同。应试教育的价值取向强调竞争，忽视合作，只重视培养少数“尖子”，忽略提高全民素质；注重为社会发展的某些方面培养人才，而忽视培养其他方面的人才；通过教育博取功名的观念根深蒂固，而往往忽视学生的身心和谐发展。素质教育的价值观则是以现代社会期望的方向促进学生全面和谐发展，是教育的外部价值和内部价值的辩证统一体。一方面，它以全面提高全部学生的身心素质为直接目的，是为了培养具有全面而丰富的精神世界的一代新人，体现出教育的崇高价值；另一方面，它追求教育现实的实用价值，培养为社会所需要和欢迎的具有高素质的各类人才，以促进个人与社会协调发展。

第二，教育过程不同。应试教育的教育过程围绕应试和升学进行教学，以应试为中心来设置课程、安排教学内容，重智育，轻德育、体育、美育等，这种不完全的偏科现象对人的全面发展非常不利。素质教育则结合时代要求，从理论上把握了教育现实与教育理想的最佳结合点，着眼于学生素质的全面提高，以完整的素质结构为核心展开教学，在提高自然科学教育质量的同时，加强德育、体育、美育和劳动技术教育；在培养读、写、算的同时，注重培养观察、思维、动手、动脑等能力；还注重选修课和课外活动的设置，以帮助学生培养广泛的兴趣。

第三，教育方法不同。应试教育是一种“授之以鱼”的方法，它只重视知识的灌输，课堂教学以注入式的讲授为主，要求学生按部就班地做好课堂笔记强调背诵模仿，做大量的作业，这种重教轻学、重知轻能、重记忆轻思维的教学方法容易挫败学生的兴趣和信心，使学生的学习变得被动。素质教育则是一种“授之以渔”的方法，注重从学生的实际出发，采取各种有效的途径调动学生学习的积极性和主动性；重视启发诱导学生，引导学生的思考方向，启发刺激学生去思考，使学生建立符合自身特点的学习方法和学习习惯；强调把外部的教育影响内化为学生的个体素质，重视内化过程和内化机制的研究；重视多种教学方法的结合，特别是现代化的教学技术的运用，让学生亲自去体验所学知识。

第四，教育评价不同。应试教育是以升学为目标，因此它单以考分为尺度来评价学生，以学生的考分和升学率为标准来评价老师。素质教育则强调全面提高教育质量，教育行政部门把全体学生全面素质的提高作为对学校教育工作的评价标准，因此它不仅仅看考试分数和升学率，更注重从实际出发，全面、合理、科学地评价学生、老师和学校。评价学生，除了考试成绩以外，更注重学生的思想品德、科学文化、生理心理等综合素质。评价教师，坚持以教书育人的整体效果来衡量，注重教师是否创建民主的师生关系，促进学生的健康和谐发展等。评价学校，坚持教育思想、教育质量、管理水平的综合评价。

第二节　我国的教育目的

由于教育目的是一种关于教育过程预期结果的价值取向，存在多种抉择的可能性。因此，教育目的的确定，不仅仅是客观决定的结果，同时也是主观选择的结果。事实上，不同历史时期和不同社会背景下，人们关于教育目的的价值取向会有所不同，即使在同样、同类的生活背景下，亦可能产生各种不同的观点和取舍。随着时代的变迁及社会条件的变化，教育目的经历了一个演变的过程。

一、中国古代的教育目的

中国古代教育以维护封建专制统治为最大的价值追求。西周时期，“学在官府”，教育主要是培养官吏。到孔子等诸子百家的私学兴起以后，教育已与西周以前对必然做官的贵族子弟进行为官的预备训练不同。

《论语》中提出“仕而优则学，学而优则仕”，反映了学习和做官的紧密联系，对后世的学校教育和选士制度产生了深刻的影响。孔子从“为政在人”的政治主张出发，致力于通过教育来培养志道和弘道的“士”和君子。一方面，“士”必须做到立志为道，他说：“士志于道，而耻恶衣恶食者，未足与议也。”他极力称赞颜渊：“一箪食，一瓢饮，在陋巷。人不堪其忧，回也不改其乐，贤哉！回也。”同时“道”还必须和其他方面相结合，即所谓“志于道，据于德，依于仁，游于艺”。在此基础上养成处理实际政务的才能，正如孔子所说：“行己有耻，使于四方，不辱君命，可谓士矣。”这说明，孔子心目中的“士”必须是德才兼备的贤能之士。“君子”原是上流社会人士的专称。孔子把它扩展成为具有高尚道德的人。孔子多次将君子与小人对照而言，最主要的有五点：第一“君子喻于义，小人喻于利”，即君子总是追求道义，而小人总是追求功利。第二，“君子求诸己，小人求诸人”，即君子总是要求自己，而小人总是要求别人。第三，君子总是乐观的，“君子坦荡荡，小人长戚戚”。第四，君子总是助人为乐，“君子成人之美，不成人之恶；小人反是”。第五，君子不结党营私，“君子和而不同，小人同而不和”，“君子矜而不争，群而不党”。这些都强调了君子的修养内容，其中道德标准置于首位，修养方法上则是严于律己。

从教育对个体发展的角度来看，培养君子是孔子理想中的教育目的。孟子也主张教育目的在于培养“君子”、“圣贤”及“大丈夫”。“君子”、“圣贤”、“大丈夫”都要求以德为主、德才兼备。他有一句名言：“富贵不能淫，贫贱不能移，威武不能屈，此之谓大丈夫。”一个人格高尚的人，一定要经得起富贵、贫贱、暴力的考验，把道德意识转化为自己的坚定信念。这种理想人格对后世的影响非常大。

从教育对社会的影响这个角度来看，孟子明确概括了中国古代学校教育的目的——“明人伦”。他说：“设为庠序学校以教之。庠者，养也。校者，教也。序者，射也。夏曰校，殷曰序，周曰庠；学则三代共之，皆所以明人伦也。”主张兴办庠、序、校等教育机构来培养学生，庠是培养之意，校是教育之意，序是习射之所，无论是夏代的校、商代的序、周代的庠，还是三代共同的学，其目的都是为了阐明人际关系及掌握社会生活准则，具体来说，所谓“明人伦”，就是“教以人伦：父子有亲，君臣有义，夫妇有别，长幼有叙，朋友有信”。后世亦称之为“五伦”，代表着五种最基本的人际关系，目的在于维护上下尊卑的社会秩序和道德观念。

中国封建教育绵延两千多年，其间虽有发展和改良，但总体宗旨和模式没有本质的变化，即一直以维护封建专制政治制度为出发点，以儒家经典（“五经”和后来的“四书”）为主体教学内容，培养恪守封建伦理纲常和通晓儒家经学的士大夫阶层作为统治阶级的后备力量，并通过选士制度（隋唐以后为科举制度）从中选拔充任政府官员。

明清时科举制度与学校教育紧密衔接，只有府、州、县学的生员（俗称“秀才”）才有获准参加科举考试的资格，而通过科举做官又是士人唯一的前途和学习目的，于是学校完全成为科举的附庸和预备场所，除少数坚持钻研学问的私学和书院外，整个教育界完全为应试教育所支配。

二、中国近代的教育目的

第一次鸦片战争以后，西方列强对中国的侵略步步加深，清政府对西方缺乏了解，乃至在第二次鸦片战争时，清政府精锐的“八旗劲旅”惨败于拥有先进武器的英法联军，皇帝和慈禧太后仓皇出逃，圆明园被毁。中国人亲眼看到西方强大的军事技术力量，于是开始筹办新式教育。从兴办语言学校到举办实业学校，最后到派遣留学生，一系列的教育改革在逐渐取代科举教育。

最早创办新教育的是清统治集团中的洋务派，提出“中学为体，西学为用”的教育思想，奠定了近代半封建半殖民地社会文教政策的基础。中学是“四书五经、中国史事、政书、地图”，即传统的经史子学、典章制度和伦理道德等，其核心为“三纲”和“五常”，与西方资产阶级推崇民权和男女平等之说格格不入。西学，包括“西政”和“西艺”两部分（有时还另列“西史”，即西方各国历史）。“西政”有“学校、地理、度支、赋税、武备、律历、劝工、通商”等，即西方各类具体的制度和行政管理措施。“西艺”有“算、绘、矿、医、声、光、化、电”等，即西方各类科学技术。这些新学有实用之效，不是守旧派所言的奇技淫巧、异端邪行。但是，引进西学有一个明确的原则界限，就是“果其有益于中国，无损于圣教者”，即不能触犯封建王朝的根本利益。如推崇自由、平等、博爱的“泰西哲学”，则必须坚决抵制，维新派希望仿照资产阶级政体，实行君主立宪制的主张也是不能接受的。可见，中学是本体，是基础，西学之用，决绝不能触犯中学为体。改革的目的就是在坚持封建专制及伦理纲常的前提下，适当引进西方的科学技术及某些社会管理制度措施。“中体西用”的观点既维护了封建统治的根本利益，又提供了适当变革、以解内忧外患的原则措施，因而得到清统治当局及社会政界和思想界多数人士的认同，成为近代新教育制度建立的政策基础。因此，1904 年初，张百熙、荣庆、张之洞重订学堂章程的奏折提出：“至于入学宗旨，无论何等学堂，均以忠孝为本，以中国经史之学为基。俾使学生心术壹归于纯正，而后以西学瀹其智识，练其艺能，务期他日成才，各适实用，以仰副国家造就通才，慎防流弊之意。”

这可以看作是中国最早针对新式学堂而提出的教育宗旨。由于这一表述略显冗长，1906 年 3 月根据学部的建议，清帝下谕，确定“忠君，尊孔，尚公，尚武，尚实”为教育宗旨。宗旨的前两项强调维护君主专制制度和儒家礼教，体现封建教育的根本性质。后三项分别与德育、体育和智育对应，但出发点都是国家本位的。“尚公”强调国家利益和公民道德，“尚武”的目的是强兵，“尚实”的目的是使国家富强。根本就没有顾及对个人品质健全发展及个人生活改善的需求。

三、民国时期的教育目的

1911 年辛亥革命的胜利，宣告了中国两千多年的封建专制制度的结束。

（一）民国初期教育目的的演变

一方面，以孙中山为首的中国资产阶级革命派满怀豪情，着手建设他们理想中的资产阶级共和国。在这一片共和声中，蔡元培以教育总长的身份奏响了民国新教育的号角。1912 年 2 月，蔡元培发表《对于新教育之意见》，指出君主时代的教育，其目的“在使受教育者皆富于服从心、保守心、易受政府驾驭”。而民国教育则应“立于国民之地位，而体验其在世界、在社会有何等责任，应受何等教育”。在随后召开的教育部临时教育会议上，蔡元培在开幕词中作了进一步阐述：民国教育与君主时代之教育其不同之点何在？“君主时代之教育方针，不从受教育者本体上着想，用一个人主义或用一部分人主义，利用一种方法；驱使受教育者迁就他之主义。民国教育方针，应从受教育者本体上着想，有如何能力方能尽如何责任；受如何教育，始能具如何能力。从前瑞士教育家（裴斯泰洛齐）有言：‘昔之教育，使儿童受教于成人；今之教育，乃使成人受教于儿童。’何谓成人受教于儿童？谓成人不敢自存成见，立于儿童之地位而体验之，以定教育之方法。民国之教育亦然。君主时代之教育，不外利己主义，君主或少数人结合之政府，以其利己主义为目的物，乃揣摩国民之利己心，以一种方法投合之，引以迁就于君主政府之主义。如前清时代承科举余习，奖励出身，为驱诱学生之计，而其目的，在使受教育者皆富于服从心、保守心，易受政府驾驭。”

鉴于此，蔡元培强调教育要围绕着“国民”而设，国民对于国家、社会、世界、家庭有一定的责任、义务和权利，权利由义务生，人类最需要的是能履行种种责任的能力，因此，蔡元培提出“教育家之任务，即在为受教育者养成此种能力，使能尽完全责任”，在他看来，为培养国民的这种能力，教育家应该做的不外乎五种主义，即军国民教育、实利主义、公民道德、世界观、美育。应该把这五种主义分配于各学科中，比如“国文国语之形式，其依准文法者属于实利，而依准美词者属于美感。其内容则军国民主义当占百分之十，实利主义当占四十，德育当占其二十，美育当占其二十五，而世界观则占其五”。

蔡元培的这些思想大部分被吸收成为民国初期教育的指导思想。1912 年 7 月，在蔡元培的主持下，教育部召开了临时教育会议。会议讨论通过了新的教育宗旨，史称民国元年教育宗旨或教育方针。其内容为：

注重道德教育，以实利教育、军国民教育辅之，更以美感教育完成其道德。

这一教育宗旨就是以蔡元培的五育思想为基础而提出的。这里所说的“道德教育”，是培养适应民主共和制度的公民道德意识和行为。所谓“实利教育”，是指学习适应近代生产的知识技能，这既是社会和国家发展的需要，也是个人生存和发展的需要。所谓“军国民教育”，即体育和军事教育，目的在于养成健康的身体和自卫的能力。所谓“美感教育”是指音乐、图画、手工等艺术教育。这一教育宗旨体现了资产阶级的政治原则和教育观念。这一宗旨中公民道德教育是核心，美育是完成道德教育的手段，而军国民教育及实利主义则以道德教育为根本。

另一方面，整肃和清除封建教育影响也是中华民国教育的首要任务。教育部建立后，第一任教育总长蔡元培主持召开了第一次教育工作会议。于 1912 年 1 月 19 日颁布《普通教育暂行办法》，规定“初等小学校，可以男女同校”；“小学读经科一律废止”；“小学手工科应加注重”；“初等小学算术科，自第三学年起兼课珠算”；“中学校为普通教育，文实不必分科”；“旧时奖励出身一律废止”，初高等小学毕业生、中学毕业生、师范学校毕业生，一律称该类学校的毕业生；“凡各种教科书，务合乎共和民国宗旨，清学部颁行之教科书一律禁用”。同时，教育部立即着手编写新教科书。这些措施在与封建教育彻底划清界限方面是相当有力度的，直接体现了辛亥革命的成果。同时，民国政府着手研究新的教育宗旨。蔡元培对清末颁布的教育宗旨进行了批判，他指出：“忠君与共和政体不合，尊孔与信教自由相违。”

1913 年开始，袁世凯为复辟帝制，先后在各种法令中强调传统的封建伦理道德。1913 年 10 月 14 日《天坛宪法草案》第 19 条规定“国民教育，以孔子之道为修身大本”。1914 年，教育总长汤化龙为迎合袁世凯的心意，于 5 月呈递《上大总统言教育书》，提出以孔子之道正人心而固国本。6 月教育部发出《饬京内外各学校中小学修身及国文教科书采取经训务以孔子之言为旨归文》，强调学校教科书应采取“其言行之切于日用者，发扬吾国民固有之秉彝而示以璐德”，“间有征引孔子言行之处并各依于生徒年龄程度循序演进，更端指导，务令浅深各有所得，信仰积于无形”。12 月颁布的《教育部整理教育方案草案》，重申“中小学校修身及国文教科书内采取经训，务以孔子之言为旨归”，并要求教科书编纂纲要审查会应该提出和遵循修身重实践、国文重叙事文、教育重本国特殊国民性、乐歌重陶冶性情等编纂方针。以这些零敲碎打的法令为前奏，袁世凯政府于 1915 年初隆重推出复辟封建主义教育的政策纲领《颁定教育要旨》和《特定教育纲要》，颁定教育要旨为：

爱国、尚武、崇实、法孔孟、重自治、戒贪争、戒躁进。

但这一教育目的很快就伴随袁世凯帝制梦的破灭而被取消，民初的教育宗旨被重新恢复。然而，随着社会形势的发展，民初的教育宗旨受到了来自各方的质疑和批评。特别是自五四运动以后，民主自由思想深入民心，废除教育宗旨被当作否定专制主义教育和军国主义教育的举措而大受推崇。当时一批从美国归来的留学生如胡适、陶行知等，在文化教育界又极力宣扬杜威的教育思想，并促成杜威来华讲学达两年多。杜威主张无目的教育，认为目的隐含在过程中，过程之外无目的，提出要在活动中发展学生个性和知能，养成协作的习惯。

1919年教育调查会推出《教育宗旨研究案》，提出“养成健全人格，发展共和精神”为教育宗旨。

所谓健全人格者当具下列条件：
一、私德为立身之本，公德为服务社会国家之本。
二、人生所必需之知识技能。
三、强健活泼之体格。
四、优美和乐之感情。
所谓共和精神者：
一、发挥平民主义，俾人人知民治为立国根本。
二、养成公民自治习惯，俾人人能负国家社会之责任。

这一结果获得全国教育会联合会通过，并呈请教育部，建议废止从前部令之教育宗旨，宣布以“养成健全人格，发展共和精神”为教育本义。其理由是：“今后之教育，应觉悟人应如何教，所谓儿童本位教育是也。施教育者，不应特定一种宗旨或主义以束缚被教育者，盖无论如何宗旨，如何主义，终难免为教育之铸型，不得视为人应如何教之研究。故今后之教育，所谓宗旨，不必研究、修正或改革，应毅然废止。”

全国教育会联合会的这一提案当时未被教育部采用。但作为一个有相当影响力的教育组织，这一提案的基本精神，还是在1922年11月北京政府大总统令公布的《学校系统改革案》中得到了体现，该改革案提出七项改革标准为：“一、适应社会进化之需要。二、发挥平民教育精神。三、谋个性之发展。四、注意国民经济力。五、注意生活教育。六、使教育易于普及。七、多留各地方伸缩余地。”遵照七项标准的教育改革，实际上间接废除了原来的教育宗旨。以教育标准代替教育宗旨成了新学制推行过程中的指导思想。教育宗旨作为外在于学生学习活动过程之外的标签，逐渐为教育界人士所鄙视和抛弃。基于这种认识，课程设置和教材内容必须由教育者根据自己对教育对象的认识和理解去实施和选择，而不是拿一种统一的尺度去要求。这些改革、探索的成果，很多被国民党政府教育部吸收到课程标准中。但七项标准最后被国民党的三民主义教育宗旨所取代。

(二) 三民主义教育宗旨

三民主义是孙中山提出来的。1923 年，孙中山在共产国际和中国共产党人的帮助下，改组国民党，对三民主义进行了重新解释，提出民族独立、民权普遍、民生发展的主张。

新三民主义顺理成章成了国民党的指导思想和原则。为宣扬和落实新三民主义，1926 年 8 月，广东国民政府教育行政委员兼广东教育厅长许崇清拟订了《党化教育之方针、教育方针草案》，1927 年 5 月国民党省党部为贯彻党化教育，首先拟订并颁布了《党化教育大纲》，提出以国民党训练党员之法训练学生，让三民主义成为学生的人生观核心思想。紧接着 6 月，教育行政委员会委员韦悫起草了《国民政府教育方针草案》，对党化教育的内容作了具体的规定，8 月国民政府教育委员会推出《学校施行党化教育办法草案》，把党化教育推伸到各级各类学校，草案提出"要把学校课程重新改组，使与党义不违背，应赶促审查和编著教科用图书，使与党义及教育宗旨适合"。此后又陆续公布了包括《教科图书审查条例》在内的各种落实党化教育的条例，并采取了各种措施来保证其实施。1928 年以后，一些人不满意党化教育口号的提法，认为太空泛，易产生认识分歧。1928 年 5 月，大学院在南京举行第一次全国教育会议，议决废止党化教育名称，改称三民主义的教育。1929 年 3 月，国民党第三次全国代表大会第十一次会议议决教育宗旨为：中华民国之教育根据三民主义以充实人民生活，扶植社会生存，发展国民生计，延续民族生命为目的；务期民族独立，民权普遍，民生发展，以促进世界大同。接下来的 4 月国民政府公布教育宗旨时，附有该宗旨的实施方针八条，其中第二条要求"普通教育须根据总理遗教以陶融儿童及青年'忠、孝、仁、爱、信、义、和、平'之国民道德，并养成国民之生活技能，增进国民之生产能力为主要目的"。

四、中华人民共和国的教育目的

新中国成立之初，由于苏联是第一个社会主义国家，所以学习的对象理所当然是苏联，批判的矛头也理所当然地指向与社会主义对立的营垒——西方资产阶级及其教育思想。苏联重视智育在发展中的地位和作用，认为"学校的首要任务，就是授予学生自然、社会和人类思维发展的深刻而确实的普通知识"，形成学生的技能、技巧，并在此基础上发展学生的认识能力，培养学生的共产主义人生观。1957 年，在生产资料所有制的社会主义改造基本完成以后，毛泽东在最高国务会上提出了我们的教育方针，即应该使受教育者在德育、智育、体育几方面都得到发展，成为有社会主义觉悟的有文化的劳动者。这一方针的提出，将马克思主义关于人的全面发展的思想贯穿于社会主义培养目标中，同时改变了学习苏联过程中过分强调智育而在一定程度上忽视德育的偏差。

1958 年，我国开始第二个五年计划，形成了以"总路线"、"大跃进"和"人民公社"三面红旗为特征的政治、经济背景。在这样的社会背景下，我国开展了教育大革命并对其经验进行了总结。中共中央、国务院在《关于教育工作的指示》中正式提出了党的教育方针是教育为无产阶级政治服务，教育与生产劳动相结合。

在这一方针指引下，中国的教育拉开了大革命的序幕，重点在缩短学制、精简课程、减轻学生负担，加强学校教育中的思想政治工作，加强学校教育与生产劳动的结合，方法是搞大批判、走群众路线。教材彻底改革，删繁就简，学生以学为主，兼学别样。也就是不但要学文，也要学工、学农、学军，也要随时参加“批判资产阶级的文化革命”的斗争。1966年7月，中共中央、国务院发出通知，决定将高校的招生工作推迟半年，并取消考试制度。停课闹“革命”开始，一些红卫兵学生走出校园，进行“革命大串联”，到农村工厂去，和工农群众相结合，结队免费游览大好河山。学校的文化课由于被怀疑具有资产阶级和修正主义性质而不能使用。

1968年7月22日在《人民日报》上刊载的调查报告《从上海机床厂看培养工程技术人员的道路》，提出从工人中培养技术人员，大学毕业生应先到工厂农村当普通劳动者，接受有经验的工人指导，由基层选拔有一定劳动经验的初高中生进大专院校学习。毛泽东还专门作了指示，提出大学要从有实践经验的工人农民中间选择学生，到学校学几年以后又回到实践中去。于是，教育要与生产劳动相结合的思想走向了极端，导致劳动取代了教学。1972年的高校招生座谈会决定恢复招生，原则就是由群众推荐工农兵上大学。

1977年恢复高考后，中国教育逐渐走上制度化的正轨。

1982年，第五届全国人民代表大会第五次会议通过了《中华人民共和国宪法》，规定：“国家培养青年、少年、儿童在品德、智力、体质等方面全面发展。”

1985年，《中共中央关于教育体制改革的决定》指出，教育必须为社会主义建设培养各级各类人才，“所有这些人才，都应该有理想、有道德、有文化、有纪律，热爱社会主义祖国和社会主义事业，具有为国家富强和人民富裕而艰苦奋斗的献身精神，都应该不断追求新知，具有实事求是、独立思考、勇于创造的科学精神”。人们经常把这一表述简称为“四有、两爱、两精神”。

1993年，中共中央、国务院印发《中国教育改革和发展纲要》，其中提出：“教育必须为社会主义现代化建设服务，必须与生产劳动相结合，培养德、智、体全面发展的建设者和接班人。”这是改革开放后中央文件第一次正式公布的教育方针。

1995年，《中华人民共和国教育法》规定：“教育必须为社会主义现代化建设服务，必须与生产劳动相结合，培养德、智、体全面发展的社会主义事业的建设者和接班人”。

至此，中华人民共和国的教育目的正式以法定文本的形式呈现，并在各种文件中得到体现，如1999年《中共中央国务院关于深化教育改革　全面推进素质教育的决定》提出，实施素质教育，就是全面贯彻党的教育方针，以提高国民素质为根本宗旨，以培养学生的创新精神和实践能力为重点，造就“有理想、有道德、有文化、有纪律”的、德智体美等全面发展的社会主义事业建设者和接班人。

以上关于教育目的的多次表述，虽然在字面上有所变化，具体内容也不完全一样，但有两点基本精神是一贯的。

第一，我们要求培养的是社会主义事业的建设者和接班人，坚持政治思想素质、道德品质素质与文化知识能力的统一。

第二，教育目的要求培养在道德、才智、体质等方面全面发展的人，要求在脑力与体力两方面协调发展。

五、我国新时期的教育目的

教育目的是对国家培养什么样的人才的总要求，是一定教育价值观的体现。

2010年，《国家中长期教育改革和发展规划纲要（2010—2020年）》颁布，提出“全面贯彻党的教育方针，坚持教育为社会主义现代化建设服务，为人民服务，与生产劳动和社会实践相结合，培养德智体美全面发展的社会主义建设者和接班人”。

可见，在中华人民共和国的教育目的表述中，全面发展教育是一个最为核心的概念。教育是人的全面发展的一个重要条件，在人的全面发展中起着极为重要的作用。一方面，教育为个人全面发展提供科学的基础和实践，使个体的身心发展建立在科学的基础上，结合科学知识的传授和学习，实现德、智、体、美、劳诸方面的和谐发展；另一方面，培养学生具有社会责任感、健全人格、创新精神和实践能力，使新一代的国民具有适应工业化社会科技、经济发展所必备的素质。

（一）关于人的全面发展学说

人的全面发展的含义，是马克思主义关于人的发展学说中的根本问题。人的全面发展的概念究竟指什么，对这个问题理论界有着不同的理解。传统的说法是“体力劳动与脑力劳动相结合是人的全面发展的实质”，这种说法并没有真正揭示出人的全面发展的含义。恩格斯在《共产主义原理》中也指出，根据共产主义原则组织起来的社会，将使自己的成员能够全面地发挥他们各方面的才能，使社会全体成员的才能得到全面的发展，而且还能保证他们的体力和智力获得充分的自由的发展和运用。所谓人的能力的全面发展，主要是指人的劳动能力的全面发展，即人改造和征服客观世界能力的发展。人的能力是多方面的，但构成人的劳动能力的主要方面是体力和智力。人的体力指的是“人所具有的自然力”，即人同自然作斗争的能力；人的智力指的是“精神方面的生产能力”，包括人的劳动技能、生产经验和科学文化知识。人的其他方面的能力的发展是在这两种能力统一发展的基础上实现的。

马克思、恩格斯所说的人的全面发展，是与人的片面发展相对应的论述，它主要集中在生产劳动领域。马克思主义关于人的片面发展的含义，是指人的体力和智力的分离和对立，以及各自向片面的方向发展。与之相对应，人的全面发展，即是指人的体力和智力都得到充分的发展和运用，其他方面的能力在此基础上也得到充分发展和运用；其次是人的体力和智力在充分发展的基础上结合起来、统一起来；最后是人的各方面能力的发展逐步向熟练地掌握和运用一切自然和社会发展规律方向前进，成为自由王国里的公民。从科学社会主义学说来讲，人的全面发展问题就是指人类真正脱离动物界，人能控制和驾驭整个自然界和社会发展的规律，使整个人类由必然王国进入自由王国。以上这些虽然从不同角度论述了人的全面发展问题，但从这些含义中，可以看到一个共同点，就是人的能力是指认识自然和社会的能力、改造自然和社会的能力充分协调和全面发展。

（二）教育在人的全面发展中的作用

教育对人的全面发展的作用表现在：第一，教育对人的劳动能力和其他才能、兴趣和爱好的发展，都有直接的影响作用，其中对劳动能力的影响作用最大。通过这种教育，实现把不同社会职能当作互相交替的活动方式的全面发展的个人，来代替只是承担一种社会局部职能的片面发展的个人。对儿童按不同的年龄循序渐进地授以智育、体育和技术教育课程。第二，教育对人的道德面貌也有影响作用。教育不仅对人的智力、才能和身体发育成长有影响，对人的道德面貌也有影响作用，因为纯粹的劳动能力、艺术才能和自然科学的学习是不存在的，都包含有政治教育的因素和哲学观点的教育。因此，教育是人的全面发展的一个重要条件。第三，教育与生产劳动相结合是实现人的全面发展的一种有效方法。19世纪后期，伴随大机器生产的变革，分工越来越细。专业分工后工人被终身固定在某种或某几种劳动岗位上，进行机械的、重复的生产劳动。这种生产分工，造成了专业和职业的痴呆、人的肢解和畸形发展。但是，另一方面，由于科学技术的迅速发展与革新，分工与合作对社会化程度的要求越来越高。针对这一矛盾，马克思主义创始人提出了使工人摆脱禁锢、得到解放，以使人的能力多方面发展的要求。他们指出，教育可以使年轻人很快熟悉整个生产系统，可使他们根据社会的需要或他们自己的爱好，轮流从一个生产部门转到另一个生产部门。因此，教育必须与生产劳动结合起来，实现人的全面发展。第四，教育是传播和发展先进文化的重要载体，是提高全民族文化素质和社会主义现代化建设的基础。百年大计，教育为本。在我国，努力促进人的全面发展，为社会培育“四有”公民，是建设中国特色社会主义教育的根本价值取向。教育在影响、培养、促进人的身心发展的社会活动中，始终处于中心地位，发挥主导作用。促进受教育者的身心全面发展，也一直是党的教育方针和教育培养目的的主要内容。我国《教育法》明确规定：“教育必须为社会主义现代化建设服务，必须与生产劳动相结合，培养德、智、体等方面全面发展的社会主义事业的建设者和接班人。”

（三）全面发展教育的内容

我国教育目的规定的全面发展教育，有以下几个基本组成部分：

1. 德育

德育是培养学生正确的人生观、世界观、价值观，培养学生具有良好的道德品质和正确的政治观念，培养学生形成正确的思想方法的教育。普通中学在德育方面的要求是：帮助学生初步了解马克思主义的基本观点和中国特色社会主义理论体系，使学生热爱党，热爱人民，热爱祖国，热爱劳动，热爱科学；培养学生勇于开拓的思维方法和科学精神，使其形成社会主义的现代文明意识和道德观念；使学生养成适应改革开放形势的开放心态和应变能力。

2. 智育

智育是授予学生系统的科学文化知识、技能，发展他们的智力和与学习有关的非智力因素的教育。普通中学在智育方面的要求是：帮助学生在小学教育的基础上，进一步系统地学习科学文化基础知识，掌握相应的技能、技巧，发展思维能力、想象能力和创造能力，使其养成良好的学习习惯和自学能力，同时要注意培养学生良好的学习兴趣、情感、意志和积极的个性品质等非智力因素。

3. 体育

体育是授予学生关于健康的知识、技能，发展他们的体力，增强他们的体质，培养他们的意志力的教育。普通中学在体育方面的要求是：向学生传授基本的运动知识和技能，培养他们锻炼身体和讲究卫生的良好习惯，培养他们顽强的意志力，促进他们身体的正常发育和机能的成熟，增强他们的活动能力和身体素质。

4. 美育

美育是培养学生健康的审美观，发展他们鉴赏美、创造美的能力，培养他们的高尚情操和文明素质的教育。美育并不等于艺术教育，也不仅是美学的学习，它的内容要比艺术教育与美学学习宽泛得多。美育工作主要有这样三个方面的内容：(1) 提高学生感受美的能力。这种能力指的是对自然、社会中存在的现实美，对艺术作品的艺术美的感受能力，这种能力只有人类才具有。人对美的感受必然要通过感觉器官，但又不限于某种感觉器官，人类实际上是用自己的全部感知能力和精神财富，用自己的生命体验来感受美。所以，提高学生感受美的能力，从根本上说是提高人的整体性的精神素养。(2) 培养学生鉴赏美的能力。鉴赏美，包括鉴别美和欣赏美。鉴别美主要是区分美与丑、文与野、优与劣，区分美的程度和种类。这里重要的是审美观的形成。欣赏美要求欣赏者具有美学的基础知识，懂得各种类型美的特性与形态的丰富性，领悟美所表达的意蕴和意境，从而达到"物我同一"的审美境界，并使人格和性情得到陶冶。(3) 形成学生创造美的能力。个体把自己独特的美感，用各种不同的形式表达出来，这就是对美的创造。创造美的能力包括艺术美的创造，也包括现实美的创造。创造美是美育的最高层次的任务，它的实现对人感受美和欣赏美的能力的提高具有积极的意义。对于大多数人来说，创造美的能力首先是创造现实生活中美的能力。例如，按美的规律对自己的劳动条件和劳动产品进行设计和加工；对居室、日用品、服饰等方面按美的标准作出选择与合理的配置；以自己的行为、表情、语言、仪态等方面的优美表现，创造交际方式的美等。指导学生掌握艺术创造的知识和技能，形成艺术气质、艺术思维，特别是艺术的独创性和个人特性，则是美育的最高境界。

5. 劳动技术教育

劳动技术教育是引导学生掌握劳动技术知识和技能，形成劳动习惯的教育。普通中学在劳动技术教育方面的要求是：通过科学技术知识的教学和劳动实践，使学生了解物质生产的基本技术知识，掌握一定的职业技术知识和技能，养成良好的劳动态度和劳动习惯。结合劳动技术教育，还可授予学生一定的商品经济知识，使学生初步懂得商品的生产、经营和管理，了解当地的资源状况和经济发展规划，以及国家的经济政策、法律，具有一定的收集和利用商品信息的能力。

五育之间既相对独立又相互联系，在教育实践中，应坚持使学生在德、智、体、美、劳诸方面都得到发展，防止和克服顾此失彼的片面性，坚持全面发展的教育质量观。我们对教育的目的和主要内容的阐述，是从德智体美劳五个方面分别阐述的，但在实际教育教学过程中这五育是融为一体的，很难把一堂课或一项活动简单看成是德育的或智育的，事实上正相反，一名优秀的教育工作者正是善于将多方面的教育任务和促进学生多方面的发展有机地结合在一起，有所侧重，又有所兼顾。

复习思考题

1. 为什么旧中国的教育目的往往很难实现？
2. 社会本位论与个人本位论，哪种理论比较符合中国的实际？
3. 你是如何理解教育要与生产劳动相结合的？
4. 五育之间，学校真的能做到平衡吗？
5. "面向全体，全面发展"，在当今中国能够实现吗？为什么？

推荐阅读书目与访问网站

1. 黄济，王策三主编. 现代教育论. 北京：人民教育出版社，2001
2. 陈桂生. 教育原理. 上海：华东师范大学出版社，2000
3. 袁振国主编. 当代教育学. 北京：教育科学出版社，2002
4. 扈中平. 教育目的论. 武汉：湖北教育出版社，1997
5. http://baike.baidu.com/view/1653756.htm

教学案例

陶行知创办晓庄试验乡村师范学校

1926年，陶行知在《中华教育改进社改造全国乡村教育宣言书》中提出，“要乡村学校做改造乡村生活的中心，乡村教师做改造乡村生活的灵魂”。这种教师是具有农夫身手、科学头脑和改造社会精神的教师，必能用最少的钱，办最好的学校，培植最有生活力的农民。陶行知怀着这一设想，辞去了大学教职，与赵叔愚教授一起创办了试验乡村师范学校，即晓庄学校，以此来推进乡村教育运动，探寻中国教育的出路。

试验乡村师范学校的招生广告别开生面：

培养目标：（一）农夫的身手；（二）科学的头脑；（三）改造社会的精神。

考试科目：（一）务农或土木工操作一日；（二）智慧测验；（三）常识测验；（四）作文一篇；（五）五分钟演说。

本校准备：（一）田园200亩供学生耕种；（二）荒山10里供学生造林；（三）极少数经费供学生自造茅屋住；（四）中心学校数处供学生实地教学做；（五）指导员数人指导学生教学做。

投考资格：初中、高中、大学末一年半程度，有农事或土木工之经验的学生；在职教师有相当程度。皆愿与农民同甘共苦，有志增进农民生产力、发展农民自治力者。倘有志兴办乡村小学者，为预储师资起见，选择合格学生，保送来校投考，尤为欢迎。少爷、小姐、小名士、书呆子、文凭迷最好不要来。

1927年3月15日，中国教育史上的著名学校——晓庄试验乡村师范学校在枪炮轰鸣中正式开学。在开学典礼上，陶行知站在土台上向晓庄师生和来宾宣布：“今天，我们在这空旷的山麓行开学礼，实在是罕见的。要知，我们的校舍上面盖的是青天，下面踏的是大地，我们的精神一样的要充溢于天地之间！我们实行生活教育。信奉‘生活即教育’、‘社会即学校’。到处是生活，即到处是教育；整个社会是生活的场所，也是教育的场所；过什么生活便是受什么教育。生活教育与生俱来，与死同去，出世便是破蒙，进棺材才算毕业。在社会这个大学校里，人人可以做我们的先生，人人可以做我们的同学，人人可以做我们的学生。随手抓来都是活书，都是学问，都是本领。生活教育不是摩登女郎的金刚钻戒指，而是冰天雪地里穷的窝窝头和破棉袄。……”陶行知艰苦卓绝的办学精神，使得站在台下的东南大学教授陈鹤琴感动得几乎要流出眼泪来……

开学之初，学校没有房子，陶行知带领师生们在劳山脚下搭起帐篷。白天，在里面上课；晚上，在里面睡觉。大家志同道合，精神非常愉快。天气暖和后，陶行知又率领师生修筑校舍。他请来两三位瓦匠、木工师作为指导，边干边学。

学校没有桌椅板凳，陶行知就请来木匠师傅做“大先生”，教师生做桌子凳子。

学校在劳山脚下购置田园 200 亩供学生耕种。陶行知经常带领学生开辟校园，种粮种菜，在道路两旁种植树木。这是陶行知培养学生具有“农夫身手”的第一步。

晓庄学校没有呆板的上课制度，教师也不完全按照书本讲课。其教学科目分为文学、教育、农艺、理化、生物、乡村建设、医药卫生、音乐、美术。设有文学组、生物组、理化组、农艺组等。各组根据需要聘请教师授课。有的科目讲几课时，有的讲两三周或一个学期不定。讲课的人有本校教师，也有从校外特约的专家、教授。学生以自修为主，自己读书、记读书笔记、写日记。同学们思想十分活跃，常开展各种问题的讨论、谈心会。陶行知鼓励他们写些短文、科普小品，还经常选一些写得好的作品介绍到报纸杂志上发表，以激发同学们学习的积极性。

1928 年春，晓庄学校与中华职业教育社联合在晓庄附近佘儿岗开办中心茶园。茶园里备有乒乓球、围棋、象棋、胡琴、笛子及图书供农民玩耍、消遣以吸引周围的农民。陶行知组织师生每晚轮流去茶园说书，诱导农民识字、学文化。后来，陶行知把茶园转变成了夜校……

晓庄师范的办学宗旨、生活教育理论，教学做合一的教育方法以及办学业绩受到蒋梦麟等名家的高度赞誉，他们认为晓庄师范是全国乡村教育发展的方向。从晓庄师范毕业的学生，都成为具有“农夫的身手、科学的头脑、改造社会的精神”的合格教师，受到全国各省、市、县的教育单位的争相邀请。他们抱着奋斗牺牲的精神，愉快地走上工作岗位。

资料来源：庄之荣：《第一流的教育家：介绍陶行知》（九），见 http://blog.sina.com.cn，2009-12-06。

思考与讨论：

1. 陶行知的教育目的与中国当今的教育目的有何异同？
2. 在中国，陶行知究竟算不算一流的教育家，为什么？

第四章 教育制度与教育政策

内容提要

广义的教育制度又称国民教育制度，是指一个国家为实现其国民教育目的，从组织系统上建立起来的一切教育设施和有关规章制度。狭义的教育制度是指学校教育制度，它是实现教育目的的基本保证，是一个国家教育的主体。一个国家只有通过建立和不断改进学校教育制度，才能培养社会需要的人才，促进社会的稳定和发展。教育政策是国家或政党为实现教育任务与目标而制定的行动依据和准则。探讨教育制度与教育政策的发展规律是教育学的重要内容。本章主要论述了教育制度的含义、类型，中国教育制度的形成与发展，教育政策及中国教育政策的形成与发展等。

第一节　教育制度概述

一、教育制度的概念与构成要素

（一）教育制度的概念

教育制度可做广义和狭义的两种理解。广义的教育制度又称国民教育制度，是指一个国家为实现其国民教育目的，从组织系统上建立起来的一切教育设施和有关规章制度。教育设施中除各级各类学校系统外，还包括各种儿童教育机构，如少年宫、少年之家、儿童图书馆、儿童科技站、少年体校等；成人文化教育机构，如文化宫、俱乐部、图书馆、博物馆、美术馆、影剧院等。教育规章制度所涉及的范围更为广泛，如国家教育领导体制、办学体制、管理体制以及招生考试制度、升留级制度、课堂管理制度、学校生活制度、奖惩制度等一系列条文。

狭义的教育制度是指学校教育制度。学校教育制度是整个教育制度中最基本、最重要的组成部分，是国家对年青一代进行教育的最严密、最有效的组织，它集中体现了整个教育制度的精神实质，是国家贯彻教育方针、实现教育目的、推动教育事业发展、充分发挥学校教育的社会职能的重要组织保证。学制制定得是否合理完善，直接关系到教育教学工作的实施和教育目的的实现，并对儿童、青少年身心的发展、全民族素质的提高乃至政治经济制度的巩固、生产力的发展及社会的进步产生重要影响。

教育结构是现在运用比较广泛的一个概念，它主要是指各级各类学校的体制，包括同类学校上下级的关系和比例、不同类学校左右的关系和比例。与学制相比，教育结构的特点在于不仅包括各级各类学校上下左右的关系，而且包括它们之间的数量比例。也可以说，教育结构是反映数量关系的学校教育制度。

（二）教育制度的构成要素

教育制度作为一种规范系统，有四个基本要素：教育规范系统、教育设备、象征的标识以及教育组织系统。

教育规范系统是教育制度的规则要素，用以规范学校成员的教育行为，协调学校成员的关系以及教育与社会其他层面的关系。这一规范系统可以分为多种层次与范围，一般涉及成文的规范与不成文的规范系统。

教育设备是教育制度所必需的物质要素，否则制度就发挥不了作用。教育设备是变化最快的要素。

象征的标识是教育制度所具有的文化要素。当教育设备中的某些器物降低其物质功能，提升其文化的或精神的功能时，它们自身在制度中的地位就也发生了变化，由工具变成了“礼器”，从而出现了象征意义，即标志作用和象征作用。例如，校徽、校旗、校服等，它们象征着学校的性质、地位和功能。

教育组织系统是教育制度的代表机关，用以检查和推动教育制度的执行。当代社会，教育制度和学校组织日益分化，既有凌驾于学校之上的教育制度，也有包含着各种内部制度的学校组织。

二、学校教育制度的含义与类型

（一）学校教育制度的含义

教育人的工作，是通过学校和其他教育机构进行的。教育活动的开展，需要一定制度的保证。因此，学校教育制度的建立，在实现教育目的上具有重要的意义。

学校教育制度，简称学制，是指一个国家各级各类学校的系统，规定着各级各类学校的性质、任务、培养目标、入学条件、修业年限、管理体制以及各级各类学校的关系等。

学校教育制度与教育制度是两个不同范畴的概念。教育制度是国家根据一定原则建立的相互联系的各种教育机构的系统。其中包括学校教育机构，也包括其他教育机构。一般有学前教育机构和制度、各级各类学校教育机构和制度、成人教育机构和制度以及各级教育行政组织机构和制度等。在这些机构与制度中，学校教育机构与制度是国民教育制度中的主体，是制度化程度最高的教育形式，被称作正规教育，是国家贯彻教育方针、培养各级各类人才的重要保证。学制是国家通过立法作出规定而建立起来的，从而保证一个国家学制的统一性、稳定性和完整性。

（二）制定学校教育制度的依据

任何国家的学校教育制度的建立，都是从本国实际出发。但是，其中也有一些共同的因素对学校教育制度产生了重大的影响，成为建立学校教育制度的依据，具体如下：

第一，学校教育制度的建立，取决于社会经济和科技发展水平的状况。综观各国学制的发展，无不与社会经济发展水平和科技发展状况密切相关。一方面推行免费的义务教育，发展职业技术教育和高等教育，需要大量的资金，没有雄厚的经济作为基础是无法实现的。另一方面，社会经济的发展、科学技术水平的提高，都依赖于高素质的人才。而高素质的人才则需要各级各类学校教育来培养。只有当社会生产的发展达到这样的地步，即与之相关的知识与技能再也不能依靠个人的劳动经验获得时，才会逐渐把系统的生产知识与技能纳入学校教育系统，才会出现有关工业、农业、商业等专业或职业的学校。同时，随着现代生产发展对劳动者的素质要求越来越高，普及义务教育的年限也越来越长，在一些发达国家普及高中已成现实，高等教育也逐步大众化、普及化。因此，学校教育制度的建立必须满足社会经济发展和科技发展的要求。

第二，学校教育制度的建立，受社会政治经济制度的制约。学校教育制度是一个国家政治、经济、文化制度要求的反映。在不同的社会制度下，统治者代表着不同阶级的利益。由于学校教育对于人才培养的特殊作用，统治阶级会根据自己的利益和要求来设立学校教育制度。

第三，学校教育制度的建立，还要以年青一代的身心发展规律为依据。各级各类学校的教育必须符合学生的身心发展规律。学生的身心发展可以分为幼儿期、童年期、少年期、青年期等几个不同的年龄阶段。在制定学制时，确定儿童的入学年龄和修业年限，确定各级各类学校的分段和衔接，都必须考虑不同年龄阶段学生的不同特点，要适合他们身心发展的特点，要适合他们智力和体力的发展水平。

第四，学校教育制度的建立，受各国历史条件和文化传统的影响。各国的学校教育制度总是植根于本国的文化历史土壤之中，即使是从国外引进也会根据国情加以改造。由于各国的历史条件、文化传统、教育传统不同，各国的学校教育制度也各具特色。

在制定学制的过程中，不仅要考察社会政治经济制度对学制的制约作用，保证学制性质与社会的一致性，同时也要充分研究社会生产力、科技发展水平以及各国历史条件、文化传统对学制的影响，使学制更符合社会发展的要求。

（三）学校教育制度的类型

现代学制主要由两种结构构成：一是纵向划分的学校系统，二是横向划分的学校阶段。不同类型的学制只不过是学校的系统性和阶段性的不同组合。由纵向划分的学校系统占绝对优势的学制结构就是双轨学制，由横向划分的学校阶段占绝对优势的学制结构就是单轨学制。原来的西欧学制属前者，美国的学制属后者。介于这二者之间的学制结构，属中间型，叫分支型学制。苏联的学制是最早出现的分支型学制。

1. 西欧双轨制

以英国的典型双轨制为代表，法国、原联邦德国等欧洲国家的学制都属这种学制。这种学制是古代等级特权在学制发展过程中遗留的结果。一轨为非群众性的特权阶层子女所占有，学校多从古代学校发展而来，各方面条件都比较优越，学术性很强，学生学习可升到大学以上，属学术性的一轨。另一轨是为劳动人民的子弟所开设的新学校，学生在经过一定的基础教育之后，便升入职业技术学校，学习从事劳动生产的技术，属生产性的一轨。两轨之间互不相通，互不衔接。这种学制显然不利于教育普及。在现代社会的发展过程中，随着特权阶层的削弱，较高的学术性一轨已逐渐向劳动人民子女开放，但普通劳动者子女入学的仍然不多，原因在于这类学校学费昂贵，非劳动人民子女所能承受。只有少数优秀的学生因免费或接受资助而得以入学。但这种学制的学术性一轨的学术水平较高，像牛津大学、剑桥大学等就培养出了许多杰出的人才，在传承与发展人类科学文化知识方面作出了重要贡献。

2. 美国的单轨制

美国的现代学制最初也是双轨制，但是，美国的历史发展与欧洲资本主义国家的历史发展不同，没有像英国皇室等那样的特权阶层，在这样的历史传统下，学术性的一轨没有充分的发展，而群众性的新学校迅速发展起来，从而形成了从小学直至大学、形式上任何儿童都可以入学的单轨制。这种学制有利于教育的普及，其特点是同级学校教学质量相差较大，许多学校的办学水平不高。

3. 中间型学制

中间型学制，又称为“Y”型学制，是介于单轨制和双轨制之间的一种学制，是在双轨制教育受到社会强烈抨击后，一些实行双轨制教育的国家作出变革的结果。该学制以二战前的日本、苏联以及中国为代表，它试图融会单轨和双轨之长，兼顾公平与效益，各国在实行中又根据情况各有所重。这种学制既有利于教育的普及，又使学术性保持较高水平。但由于课时多、课程复杂，课程方案、课程标准和教科书必须统一而使教学不够灵活。特别是地域性较强的课程得不到很好的发展。

第二节　中国学校教育制度

学校教育制度的产生和发展是一定历史阶段的产物，它是伴随着学校的产生而产生的。

一、中国学校教育制度的形成与发展

（一）近代学制的建立

学制是学校教育发展到一定历史阶段的产物。

我国古代的学制，萌芽于西周，形成于西汉，到唐宋时期才比较完备。但由于古代学校教育不发达，因此这一时期的学制也没有形成完整的体系。

具有完整体系的学制是以现代学制的出现为标志的。我国现代学制建立比欧美现代学制建立得晚，到清朝末年才出现。

壬寅学制：1902 年，由清政府管学大臣张百熙主持首次制定了现代学制《钦定学堂章程》，史称壬寅学制，虽然该学制最终未能实行，但由此形成了旧中国的现代学制。

癸卯学制：1904 年，清政府颁布了由张之洞、张百熙、荣庆等人制定的《奏定学堂章程》，史称癸卯学制。这个学制体现的是张之洞“中学为体、西学为用”的思想，吸收了日本明治维新时期的学制形式，也保留了一定的封建科举制度的残余，该学制的最大特点是修业年限长，从小学堂至大学堂要 21 年，至通儒院要 26 年（见图 4—1）。

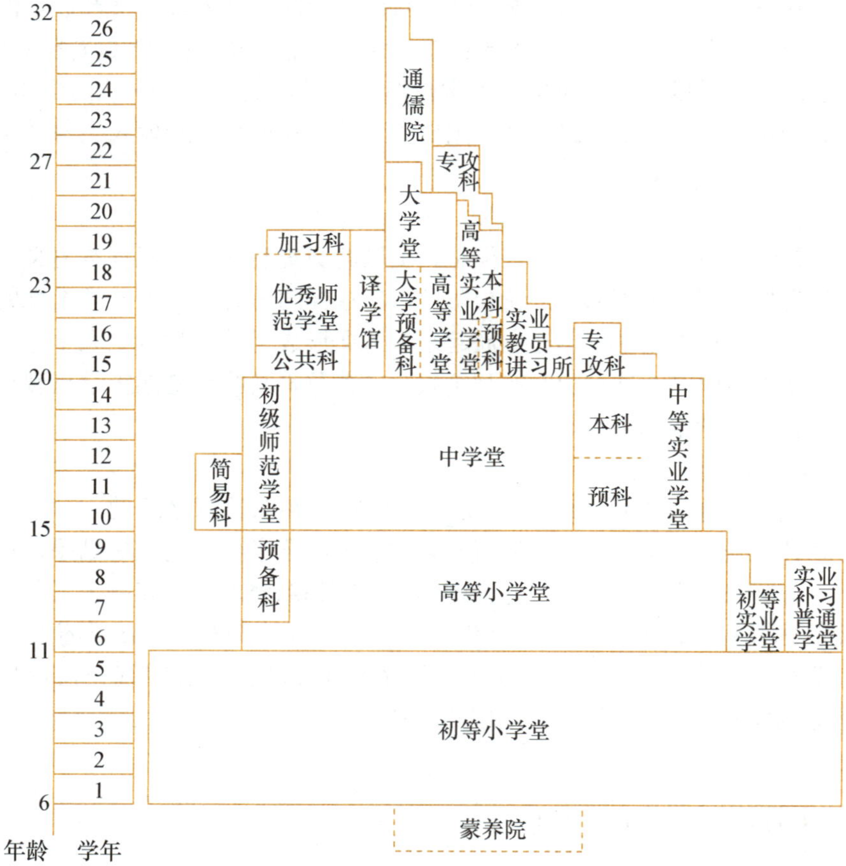

图 4—1 癸卯学制系统图

壬子癸丑学制：辛亥革命后，蔡元培任教育总长时，于 1912 年对学制进行修订，1913 年又陆续颁布了一些学校令，综合起来就构成了壬子癸丑学制。该学制对旧学制的改动不大。

壬戌学制：1922 年，由当时留美派主持的教育联合会，参照美国的六三三制，制定颁布了壬戌学制，又称新学制。这个学制从小学到大学比癸卯学制缩短了 5 年，为 16 年，并在小学实行四二分段，这一改革对当时的社会发展十分有利，后虽几经修改，但都没有重大变动，一直沿用到新中国成立初期。

（二）我国社会主义学制的建立与发展

1. 1951 年的学制改革

新中国成立初期，我国实际上存在着两种学制：一种是老解放区的学制，另一种是国民党统治区原来实行的学制。随着政治经济制度的根本变革和国民经济的恢复与发展，为使教育更好地为社会主义建设服务，改革旧学制、建立新学制已成为必然。

中央人民政府政务院于 1951 年 10 月颁布了《关于改革学制的决定》，指出我国原有学校的许多缺陷，其中最重要的是工人、农民的干部学校、各种补习学校和训练班，在学校系统中未置于应有地位；技术学校没有一定制度，不能适应国家培养建设人才的要求等。为此规定我国当时的学制为：

（1）幼儿教育：实施幼儿教育的组织为幼儿园，招收3～7周岁的儿童。

（2）初等教育：对儿童实施初等教育的学校为小学，修业年限为5年，入学年龄以7岁为标准。对失学青年和成年人实施初等教育的学校为工农速成初等学校、业余初等学校和识字学校。

（3）中等教育：中学的修业年限为6年，工农速成中学修业年限为3～4年。业余中学分初、高两级，修业年限为3～4年。中等专业学校修业年限为2～4年。

（4）高等教育：大学、专门学院修业年限为3～5年。专科学校修业年限为2～3年。大学和专门学院附设的研究部，修业年限为2年以上。

（5）各级政治学校和训练班：这个学制继承了老解放区的办学经验，吸收了新中国成立前旧学制的合理因素，还借鉴了苏联学制的经验，是进行综合的结果。它体现了教育为工农服务、为经济建设服务的方针，体现了民族平等、男女平等的原则。它的颁布实施，标志着我国普通教育、职业教育和业余教育相结合的社会主义教育体系的形成，促进了我国教育事业的发展。

2. 1958年的学制改革

1958年9月，中共中央、国务院公布了《关于教育工作的指示》（简称《指示》），提出了“两条腿走路”的方针和“三结合六并举”的具体原则。三结合是：统一性与多样性相结合，普及与提高相结合，全面规划与地方分权相结合。六并举是：国家办学与厂矿、企业、农业合作办学并举，普通教育与职业教育并举，成人教育与儿童教育并举，全日制学校与半工半读以及业余学校并举，学校教育与自学并举，免费教育与不免费教育并举。《指示》明确规定全国将有三类学校：全日制学校、半工半读学校以及业余学校。根据《指示》的精神，全国展开了中小学学生学制改革实验。由于受“左”的思想的影响，改革存在一些急躁冒进和违背客观规律的盲目行为，所以这一时期的改革是不成功的。1961年，中央对此及时进行了调整和纠正。随后，十年“文化大革命”，使我国的学校教育制度遭到极大的破坏。1978年以后，经过拨乱反正，我国的学校教育制度得以重建。

二、中国现行学校教育制度的结构与类型

（一）中国现行学校教育制度的结构

我国现行的学校教育制度充分吸收了以往学制的优点，注重与我国教育实际相结合。把幼儿教育与研究生教育纳入学制系统中是我国教育发展的重要标志。《教育法》规定：“国家实行学前教育、初等教育、中等教育、高等教育的学校教育制度。”在我国现行学制中，从纵向来看，划分了四个阶段，即学前教育、初等教育、中等教育、高等教育（见图4—2）。

（1）学前教育：招收3～6岁的幼儿，进行启蒙教育，使他们身心得到全面发展，为接受小学教育打下良好基础。

（2）初等教育：主要指全日制小学教育，招收7岁儿童入学，有条件的地区可以逐步实行6岁半或6岁儿童入学。学制为5年（有的地区为6年）。对儿童实施全面发展的基

础教育，为接受中等教育打下基础。

（3）中等教育：指全日制普通中学、中等专业学校和技工学校等各类中等职业技术学校及业余中学。对学生实施全面发展教育。一方面为国家培养劳动后备力量，另一方面为高一级学校输送合格的新生。中等专业学校的修业年限多为 3～4 年，技工学校的修业年限多为 2～3 年。

（4）高等教育：指全日制大学、专门学院、专科学校、研究生院和各种形式的业余大学。高等学校招收高中毕业生和同等学力者。专科学校修业年限为 2～3 年。大学和专门学院为 4～5 年，毕业考试合格者，授予学士学位。业余大学的修业年限适当延长，学完规定课程经考试达到全日制高等学校同类专业水平者，承认学历，享受同等待遇。硕士研究生修业年限为 2～3 年，博士研究生修业年限为 3 年。高等学校的任务是为国家培养各种各样的高级专门人才。

现行学制中虽然有严格的学制年限的规定，但是随着我国教育实践的不断发展，这种年龄的限制日趋淡化，表现为学制的严格性和灵活性的统一。我们应该看到，任何一种学制都是在不断地适应实践变化的需要而发展的。

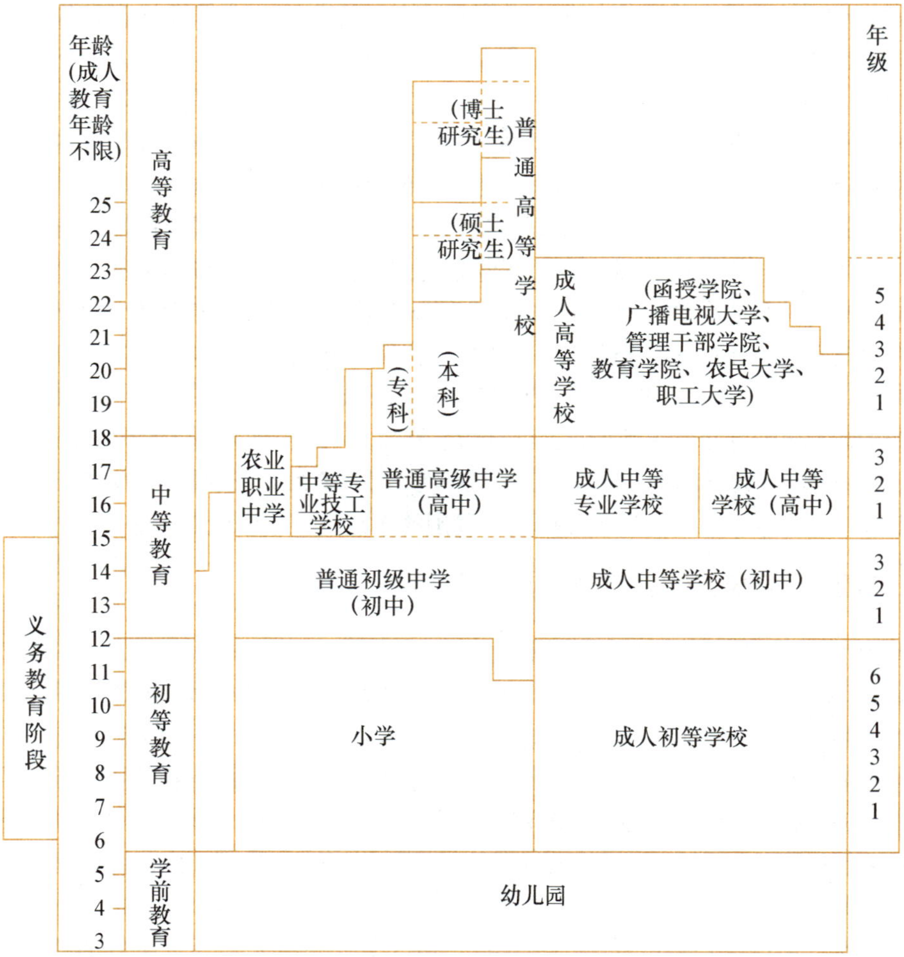

图 4—2 我国现行学制系统图

（二）中国现行学校教育制度的类型

我国在20世纪初从西方引入的现代学制从总体上看是单轨学制。那是因为我国的现代生产、现代科技和商品经济还很不发达，学校的主要任务还是培养政治人才、管理人才和提高部分人口的科学文化水平，而不是培养大批为生产和经济服务的各级各类人才。因此，这种单轨学制不是像美国单轨学制那样是由于现代生产的急剧发展，群众性一轨淹没了另一轨的那种单轨学制。换句话说，这种单轨学制是现代生产和现代社会生活还未充分发展条件下的单轨学制，而不是现代生产和现代社会生活充分发展条件下形成的单轨学制。这种单轨学制中的中学阶段的职业教育极其薄弱就是明证。

随着生产和社会的发展，对有文化的劳动者的需求越来越大且越来越迫切，我国的单轨学制必然要走向分支型学制。所以，1951年来参考原苏联分支型学制来制定我国的新学制，在总体上是正确的和进步的措施。“文化大革命”对这一学制的破坏，确实是反动倒退，因为它违背了教育发展的这个历史趋势。

近二十多年来我国学制改革和发展的基本方向就是重建和完善分支型学制。我们现在正在走的道路是通过发展基础教育后的职业教育走向分支型学制。下一步要走的道路将是通过高中综合化走向单轨学制。这是现代学制发展的大趋势。

三、中国学校教育制度的改革趋势

20世纪80年代以来，随着我国教育事业的快速发展，教育体制出现了基础教育薄弱，城乡、地区、校际办学条件差距过大，优质教育资源严重短缺；经济建设大量急需的职业教育和技术教育未得到应有的发展；对高等教育统得过死，学校缺乏活力；高等学校定位模糊，层次之间、科系之间的比例失调等弊端，中共中央于1985年作出了《关于教育体制改革的决定》，提出要从根本上改变这种状况，必须从教育体制入手，有系统地进行改革。教育体制改革的主要内容包括以下几个方面：加强基础教育，有步骤地实施九年义务教育；调整中等教育结构，大力发展职业技术教育；改革高等教育招生与分配制度，扩大高等学校办学的自主权；对学校教育实行分级管理。1993年，中共中央、国务院印发的《中国教育改革和发展纲要》及1999年颁布的《面向21世纪教育振兴行动计划》均强调普及义务教育，完善教育体制，全面提高教育质量的改革措施。2010年5月颁布的《国家中长期教育改革和发展规划纲要（2010—2020年）》提出：今后十年我国教育改革发展要贯彻优先发展、育人为本、改革创新、促进公平、提高质量的方针。要把改革创新作为教育发展的强大动力，健全充满活力的教育体制，努力创新办学体制和教育管理体制，改革质量评价制度和考试招生制度，建设中国特色现代学校制度。积极鼓励行业、企业等社会力量参与公办学校办学，支持民办教育发展，满足群众多层次多样化的教育需求。鼓励地方和学校大胆探索和试验，扩大办学自主权。扩大教育开放，引进优质教育资源，提高教育国际合作水平。

根据我国教育改革的实际情况，我国现行学制还需要继续改革，以适应社会发展对教育的要求。

1. 积极发展学前教育，巩固提高九年义务教育水平

近年来，我国的学前教育发展较快，呈现出学前教育结束期提前、由高班到低班逐步

普及、使学前教育与小学低年级教育加强联系和衔接的发展趋势。在《国家中长期教育改革和发展规划纲要（2010—2020年）》中提出：积极发展学前教育，到2020年，普及学前一年教育，基本普及学前两年教育，有条件的地区普及学前三年教育。

义务教育是国家统一实施的所有适龄儿童、少年必须接受的教育，是国家必须保障的公益性事业。《中华人民共和国义务教育法》规定我国的义务教育年限为九年。2006年修订的《中华人民共和国义务教育法》对义务教育的性质、经济保障、政府责任、管理体制、法律责任均作了进一步的规定。经过各方努力，到2008年底，我国实现了义务教育的全面普及和全面免费，这是我国普及义务教育的伟大成就。《国家中长期教育改革和发展规划纲要（2010—2020年）》提出：到2020年，全面提高普及水平，全面提高教育质量，基本实现区域内均衡发展，确保适龄儿童少年接受良好义务教育。

2. 加快普及高中阶段教育，大力发展职业教育

为满足青少年的升学与就业和社会发展的需要，义务教育后的学制应该多样化，同时应扩大普通高中在中等教育阶段所占的比例，以满足高等学校不断扩大招生的需要。到2020年，普及高中教育，满足初中毕业生接受高中阶段教育需求。根据经济社会发展需要，合理确定普通高中和中等职业学校招生比例，今后一个时期总体保持普通高中和中等职业学校招生规模大体相当。鼓励普通高中办出特色。鼓励有条件的普通高中根据需要适当增加职业教育的教学内容。探索综合高中发展模式。采取多种方式，为在校生和未升学毕业生提供职业教育。到2020年，形成适应经济发展方式转变和产业结构调整要求、体现终身教育理念、中等和高等职业教育协调发展的现代职业教育体系，满足人民群众接受职业教育的需求，满足经济社会对高素质劳动者和技能型人才的需要。

3. 全面提高高等教育质量，走内涵发展为主的道路

提高质量是高等教育发展的核心任务，是建设高等教育强国的基本要求。在今后一段时间内，高等教育改革重在扩大规模，优化结构，提高质量。高等教育的结构调整，一是层次结构的调整，即在发展本科教育的同时，大力发展地区性专科教育，扩大研究生培养数量，同时明确各类学校的分工，保证不同层次人才的培养规格、质量和特色。二是科类结构的调整，即调整各类专业人才的培养比例，稳定基础学科的规模，注意发展新兴学科和边缘学科，重点发展应用学科；减少专门学院，增加综合性大学。总之，如何适应我国社会发展的实际需要，提高高等教育的社会效益，已成为教育制度改革的一个亟待解决的问题。

4. 加快发展继续教育，构建灵活开放的终身教育体系

继续教育是面向学校教育之后所有社会成员的教育活动，特别是成人教育活动，是终身学习体系的重要组成部分。更新继续教育观念，加大投入力度，以加强人力资源能力建设为核心，大力发展非学历继续教育，稳步发展学历继续教育。重视老年教育。倡导全民阅读。广泛开展城乡社区教育，加快各类学习型组织建设，基本形成全民学习、终身学习的学习型社会。

发展和规范教育培训服务，统筹扩大继续教育资源。鼓励学校、科研院所、企业等相关组织开展继续教育。加强城乡社区教育机构和网络建设，开发社区教育资源。大力发展现代远程教育，建设以卫星、电视和互联网等为载体的远程开放继续教育及公共服务平

台，为学习者提供方便、灵活、个性化的学习条件。

搭建终身学习“立交桥”。促进各级各类教育纵向衔接、横向沟通，提供多次选择机会，满足个人多样化的学习和发展需要。健全宽进严出的学习制度，办好开放大学，改革和完善高等教育自学考试制度。建立继续教育学分积累与转换制度，实现不同类型学习成果的互认和衔接。

第三节　中国教育政策

党和国家制定教育政策，以实现对教育事业的有效领导。正确贯彻执行党和国家的教育政策，是关系到我国教育事业的性质和发展方向的大问题。因此，研究和掌握教育政策的相关问题是教育学的基本任务之一。

一、教育政策概述

（一）教育政策的含义

一般认为，政策是指“国家和政党为实现一定历史时期的任务与目标而规定的行动依据和准则”①。由此，我们认为教育政策是国家或政党为实现一定历史时期的教育目标和教育任务制定的用来调整人们社会关系和教育关系的，并以此来约束指导人们实施有效教育行为的行动纲领和行为准则。它具有以下含义：

教育政策是国家或政党对教育领域活动所制定的政治措施文本。教育政策是教育实现国家化以后，政府对教育领域管理和控制的一种公共职能。这种职能主要表现为：宣传一定的政治观点、理论、路线、方针，制造教育舆论；规定教育的性质，指明教育的任务；制定相关措施和办法，确保受教育者能够接受良好教育；制定教育发展规划。其文本的类型主要有纲领性政策、基本政策和具体政策等。由于文本是人为制定的主观产物，具有“非科学性”，因而今天我们在制定教育政策时，必须进行系统的、专门化的研究，并在此基础上形成更加科学、可行的政策文本。

教育政策是根据一定价值标准对教育利益进行的一种分配和协调。虽然教育政策是一种公共政策，但公共政策绝不可能是价值无涉、中立和客观的，政府在制定教育政策时总是带有一定的价值取向和利益倾向，教育政策总是具有教育利益分配和调节的功能。一方面，国家需要制定教育政策，来确立教育目标、规划和方针，筹措和分配教育经费、资源，编写和审核教科书，管理教育教学活动，培养需要的人才和合格公民，以满足国家的教育利益。另一方面，国家需要通过一定的政策，来调控各方面的教育利益关系，以稳定自身的统治。其本质是“调整社会关系和教育关系”。

教育政策是由政策主体进行政策制定、实施与评价的动态实践过程，目的在于“约束指导人们实施有效教育行为”。在我国，国家或政党是教育政策的主体。教育政策不只是一种静态的文本，要求下级对文件忠实执行。事实上，它是由政策主体参与的动态实践过

① 辞海编委会：《辞海》，3355页，上海，上海辞书出版社，1979。

程。一方面，教育政策是一个动态过程，从政策问题的确立到政策制定、实施、评价与监控，以及政策结果和效果，不同阶段都有其特定的作用，既不可能是政策文本静态的复制，也不可能是一种线性延伸，而是一个动态的过程与周期。另一方面，教育政策又是一个连续的、不断演进的“政策圆圈”，即一个政策周期的完成，往往孕育着对这一政策的评价、反馈和修订，进而进入新政策过程。也意味着，教育政策主体不是单一的政府机构与官员，而是“三位一体”的，包括教育政策的决策主体、咨询主体和参与主体。①

（二）我国教育政策的分类

按照一定的标准可以将我国的教育政策作不同的分类。

根据教育政策制定的主体的不同，教育政策可划分为党的教育政策和国家的教育政策：党的教育政策是由党的机关制定的，其中党的最高领导机关即党的全国代表大会和它所产生的中央委员会负责制定全国性的教育政策；党的地方各级领导机关即党的地方各级代表大会和它们所产生的委员会可以在自己的职责范围内制定地区性的教育政策；国家的教育政策是由有关国家机关制定的，其中最高国家权力机关即全国人民代表大会及其常委会是制定国家教育政策的重要机关，而地方国家权力机关即地方各级人民代表大会在不违背宪法、法律的前提下，可以制定本地区范围内的教育政策。最高国家行政机关国务院在自己的职责范围内制定全国性的教育政策，而地方行政机关即地方各级人民政府可依照法律规定的权限制定仅在自己所辖区域内有效的教育政策。

以上这些党和国家的机关所制定的教育政策在内容和效力方面是不尽相同的。此外，中共中央、国务院经常对教育工作联合发布指示、决议、通知，其中属于政策方面的内容，既是党的教育政策，也是国家的教育政策。

根据教育政策的内容的影响力不同，教育政策可划分为教育的总政策、基本政策和具体政策：教育的总政策指的是宪法中有关教育的政策规范和教育方针；教育的基本政策主要是《中国教育改革和发展纲要》和《中华人民共和国教育法》中的政策规范，它是对涉及教育全局、具有普遍指导意义的问题制定的政策，它包括教育质量政策、教育体制政策、教育经费政策和教师政策四类；教育的具体政策是针对教育的某一方面的问题而制定的政策。教育的具体政策又可分为若干层次，有的是国家一级的，有的是省（自治区、直辖市）一级的。教育的具体政策往往也是重大政策。教育的总政策、基本政策和教育的具体政策的主要区别在于前者是宏观的，涉及教育的全局；后者是微观的，只涉及教育的某一方面的问题。

（三）教育政策与教育法律的关系辨析

教育政策与教育法律关系问题是我国学术界一直争论的问题，也直接影响到我国教育的法制化进程，特别是 20 世纪 80 年代之前，我们一直强调教育政策的重要性，忽视教育立法工作。1980 年颁布的《中华人民共和国学位条例》是我国的一部教育法规，在这之后，我国才先后起草和颁布一些有关教育的法律。

教育政策和教育法律既有联系的一面，也有不同的一面。其联系主要有两点：一是教育政策是制定教育法律的一个基本依据，教育法律是教育政策的具体化、条文化和定型化。因为，教育政策反映了一个国家的特定的政治、经济文化发展要求，体现了掌权阶级的

① 参见祁型雨：《论教育政策的主体》，载《教育理论与实践》，2007（7）。

教育意志和需要，任何教育法律的制定和实施都必须以此为根据。教育法律是在教育政策的指导下，并在教育政策实践中，通过总结成熟经验和认识而形成的，它与那些具有长期稳定性，对全局有重大影响并在实践中获得了巨大成功的教育政策有直接的关系。因此，有人说，教育政策是教育法律的雏形，教育法律是法律化的教育政策，这个说法是有道理的。二是教育法律一旦确定之后，又对教育政策产生影响和制约，教育政策应有利于教育法律的执行，不能与教育法律相抵触。当两者发生冲突时，应以教育法律为准绳，依法行政。

教育政策与教育法律的不同之处有：一是制定者和执行者不同。教育政策是政治实体制定的。在阶级社会里，各阶级的政党都可以有自己的教育政策，但却不能有自己的教育法律。只有掌握了政权的阶级才能通过国家权力机关把自己的教育主张上升为教育法律。在我国，《中华人民共和国义务教育法》、《中华人民共和国教师法》、《中华人民共和国教育法》都是由全国人民代表大会及其常委会制定的。与教育政策相比，教育法律制定的程序更严格，从而有力地保证了教育法律的严肃性和权威性。从执行机关上看，教育政策的执行者是各级党政机关，而教育法律的执行者是国家机关。二是执行方式不同。教育政策通常依靠行政权威，运用号召、宣传、教育、解释、鼓动等方式贯彻。而教育法律在执行过程中主要是靠国家的强制力来规范人们和团体的行为，对于违法者要予以法律制裁。另外，教育政策在执行中强调及时性，提倡创造性，允许人们在解决实际问题时因地、因事、因人而异。而教育法律则强调统一性和规范性，否认灵活变通，任何人和部门都不得离开法律的轨道而自行其政。

二、教育政策的制定与执行

（一）教育政策制定

教育政策制定是判定教育政策问题和对政策方案进行择优选择的过程，其程序一般分为认定教育政策问题、确定教育政策目标、拟订教育政策方案、选择教育政策方案几个环节。

1. 认定教育政策问题

认定教育政策问题又称教育政策问题诊断，它是以一定的理论和政策评价资料，对教育政策问题的存在形式、范围和性质进行系统分析，找出问题产生的原因的过程。认定教育政策问题首先是从发现问题开始的，发现教育政策问题一般可通过以下几个途径：

（1）通过社会调查发现教育政策问题。如20世纪三四十年代，著名的教育家晏阳初先生通过深入细致的社会调查，发现当时的中国农民中普遍存在着“贫、愚、弱、私”的弊病，因而提出“生计教育以救贫，文艺教育以救愚，卫生教育以救弱，公民教育以救私”的对策，并掀起了轰轰烈烈的“乡村教育”运动。

（2）通过研究信息提出教育政策问题。如我国20世纪80年代到90年代的教育体制改革，就是在深刻分析经济、科技体制改革的基础上提出来的。

（3）通过预测分析提出教育政策问题。如预测入学高峰过去后，适龄儿童将减少，导致学校布局调整。发现问题后还要对问题进行界定，并不是所有发现的问题都能作为政策问题的，能够作为政策问题的往往是有普遍意义并迫切需要解决、现实条件又有可能解决的那些问题。

这样，就需要政策制定者认真分析问题、探明问题的性质，以确定问题是一般性质的还是政策性的。

2. 确定教育政策目标

确定教育政策目标是对教育政策活动的方向和水平的具体规定，是整个教育政策活动的立足点。确定教育政策目标一般要考虑四个因素，一是方向正确，符合国家总的方针政策；二是抓住要害，选准突破口和时机；三是适度，即不是高不可攀，而是经过努力可以达到的；四是具体，即有一定的可操作性。

3. 拟订教育政策方案

拟订教育政策方案是教育政策制定的第三个环节。在拟订教育政策方案时要注意：方案应是可行的；方案应估计到全部的正、负效果，并对可能产生的问题提出解决对策；应尽可能数量化；应提出两个以上的政策方案供选择。制定教育政策方案时，还应该有专家参与，以保证方案的科学和合理性。

4. 选择教育政策方案

选择教育政策方案是根据一定的规范性的标准与实践经验的判断对多种教育方案进行择优选择的过程。选择教育政策方案，需要制定者对教育问题有深刻的理解，同时又对教育的条件有充分的认识。在通常情况下，决策者总希望追求最佳的决策，如最好是实施完全免费的义务教育，最好高等教育完全大众化，最好教育经费达到国民生产总值的多少百分点，但在实际情况下，由于种种条件的限制，人们作出的选择大都只是一种满意选择，而非最佳选择。在这种时候，政策实施的条件是否成熟，就成为政策选择时所要考虑的首要因素。

（二）教育政策执行

教育政策执行是教育政策执行主体将教育政策思想、内容、目标转化为教育政策行动、现实、效果，为培养新生一代和提高国民综合素质提供服务的政策执行过程。教育政策执行除了具有实现教育政策目标的工具价值外，还具有推动教育政策执行理论的产生与发展、宣传与创新教育理念、规范教育对象与主体行为、实现教育政策的社会价值和制度价值等内在价值。为了达到教育政策的预定目标，在教育政策实际执行中要做好以下几项工作：

做好教育政策的宣传解读工作。由于政策一般都是用高度概括和精练的文字表达出来的，制定它的背景、依据、目的和意义人们并不是一下子都能够理解的，所以必须反复细致地做好宣传解释工作，使政策精神与理念深入人心。

做好组织落实工作。在执行某一教育政策的时候，必须根据政策执行的需要强化组织能力，有的教育政策执行需要调动全社会各方面的力量来支持才能落实。如基础教育改革的政策执行就需要全社会各方面力量的共同努力。如果原有的体制机构基本上是适应的，那就只做相应的调整就行了，如果不适应，就要进行必要的增减，使体制和机制有利于政策的执行。

做好思想工作。一项教育政策，会涉及人们的切身利益，人们对它会持不同的态度，所以有针对性地做好思想工作，是教育政策得以贯彻执行的重要保证。

做好反馈工作。教育政策实施以后的效果如何，需要及时、准确地反馈，这样才能采取应变措施，把矛盾和问题解决在萌芽之中。

除了做好以上几项工作外，我们在贯彻执行教育政策时，还要做到原则性与灵活性相结合、领导与群众相结合、执行与创新相结合等。

三、当代中国教育政策热点问题

新中国成立以来，随着中国社会发展目标的不断演变，教育政策重心经历了“政治为本”（1949—1976 年）到“经济为本”（1977—1998 年）再到“育人为本”（1999 年至今）的嬗变。实现了教育由工具功能向本体功能回归，体现了中国教育政策制定对教育功能认识的深化及对教育自身规律的尊重，提高了教育政策的科学性与可持续。[①]

进入 21 世纪，中国教育发展出现了新的变化，教育政策也相应发生了一系列变化。总体来看，有关教育公平、教育经费、教育管理体制、高考制度、终身教育、民办教育、学前教育、基础教育改革和品质提升、高等教育质量等问题是目前中国教育政策关注的热点问题。这里我们选取教育公平、学前教育、基础教育课程改革和终身教育四个方面予以简要介绍。

（一）教育公平问题

保障和促进教育公平，是现代教育的基本价值，也是政府最重要的公共服务职能之一。《国家中长期教育改革和发展规划纲要（2010—2020 年）》明确把促进教育公平作为国家教育公共政策的基石，提出了促进义务教育均衡发展、缩小教育差距、提供基本均等的教育公共服务等一系列具体目标和措施。“教育公平是社会公平的重要基础，教育公平的关键是机会公平。”“教育公平的主要责任在政府，全社会要共同促进教育公平。”其战略目标是“形成惠及全民的公平教育。坚持教育的公益性和普惠性，保障公民依法享有接受良好教育的机会”。

教育公平包括教育权利平等和教育机会均等这两个方面。近年来，随着各级各类教育机会的大幅增加，我国教育公平状况已得到很大改善，但仍存在一些问题。尤其是进入 21 世纪以来，教育公平方面出现的新情况和新问题受到全社会高度关注，成为未来教育改革和发展必须面对的重要课题。当前我国教育公平问题主要包括：一是如何进一步巩固和提升农村地区基础教育的质量；二是城市义务教育阶段愈演愈烈的择校、考证、竞赛热，严重损害了教育的公益性；三是在全国城乡基本实现免费义务教育后，城市农民工子女教育问题成为当前保障教育公平的重点和难点之一；四是高等教育入学机会问题；五是高考舞弊和招生腐败问题；六是学前教育、特殊教育的薄弱和落后，成为教育发展的短板，亟待弥补改善。

面对上述问题，采取各种措施促进教育公平成为当务之急。借鉴世界各国之经验，我国目前促进教育公平的主要措施包括：一是强化政府职能，促进基本公共教育服务均等化；二是建立教育公平的评价制度；三是深化体制和机制改革，对明显损害和影响教育公平的制度安排进行改革，对不合理的政策进行调整；四是打破单一的学校教育和学历教育视角，在大教育、终身教育的新视野中扩大教育公平。

（二）学前教育问题

学前教育是国民教育体系的重要组成部分。它既是我国学校教育的奠基阶段，也是终

---

① 参见谭春芳、姜文：《中国教育政策重心的嬗变》，载《现代教育管理》，2012（2）。

身教育的奠基阶段。《国家中长期教育改革和发展规划纲要（2010—2020年）》用专章提出了基本普及学前教育、明确政府对学前教育的职责、重点发展农村学前教育的目标和工作重点，体现了国家的学前教育政策开始转向，作为国民教育体系中最薄弱的环节，学前教育迎来了提升地位和快速发展的机遇。

当前，学前教育存在的突出问题包括：普及率低，入园难，优质学前教育资源分配严重不公平；幼儿园收费过高，大大超出公民承受能力；幼儿园教师待遇差，教师队伍不稳定，水平参差不齐；存在大量非法办园和安全隐患；幼儿教育质量缺乏监管，违反幼儿身心发展规律的现象难以有效纠正等。造成上述问题的主要原因包括：公共财政支持偏低，办学和管理体制改革滞后，缺乏法制保障等。上述这些问题的存在说明，学前教育仍是我国各类教育发展木桶中的“最短板”。

《国家中长期教育改革和发展规划纲要（2010—2020年）》提出的学前教育发展目标是：“到2020年，普及学前一年教育，基本普及学前两年教育，有条件的地区普及学前三年教育。重视0至3岁婴幼儿教育。”提出“建立政府主导、社会参与、公办民办并举的办园体制。大力发展公办幼儿园，积极扶持民办幼儿园。加大政府投入，完善成本合理分担机制”。到2020年应当构建起体现公益性的国家公共学前教育服务体系，满足所有幼儿享有基本学前教育的权利。同时，建设符合中国国情的多种模式并存、正规和非正规办园相结合的学前教育体系，形成合理的社会化公共服务体系，推进管理的市场化。基于此目标，促进我国学前教育发展的政策重点应放在：发挥政府提供学前教育公共服务的主导作用，如农村学前教育、教育经费投入、立法和执法等；促进学前教育的制度改革和模式创新，由教育行政部门纵向管理向多部门横向管理转变，提倡保育—教育一体化、社区—家庭—幼儿园一体化；正确认识和有效管理民办幼儿园；尽快制定幼儿教育法，建立符合法律规范的管理制度。

（三）基础教育课程改革问题

自新中国成立以来，我国共进行了八次较大规模的课程改革。我们这里所说的课程改革是指1999年开始并持续至今的第八次课程改革，与此之前每次课程改革一样，新一轮课程改革也是在国家政策支持下，自上而下展开的。

新一轮课程改革之所以在21世纪之初展开，有其深刻的时代背景。一是经济全球化、知识经济和信息化时代的要求。教育要为培养具有时代精神的高素质的创新型人才服务，因此，世界很多国家都开展了课程改革，以适应时代的要求。二是教育理念的变革。新课程改革的理念是随着课程理论取向的转变而更新的。课程理论主要有三种：有理性主义课程理论、经验主义课程理论和建构主义课程理论。本次课程改革以建构主义课程理论为指导，其核心思想是“以学生发展为本，给予学生发展，关注学生发展，为了学生发展”①，更关注学生的主体性、教师与学生的平等与互动性以及教学与学习方式的转变，更注重学生能力的培养，是对之前理性主义课程理论的重大变革。三是实施素质教育的要求。新课程改革的指导思想是以素质教育理论为基础，在全面实施素质教育过程中逐渐形成的。“基础教育课程改革是实施素质教育的核心环节”，因而“课程改革就是现阶段全面推进素

① 吴力宝：《中小学新课程改革的理论与实践》，48页，合肥，合肥工业大学出版社，2004。

质教育的主题”。①

新一轮基础教育课程改革的实施，是在教育行政部门的直接推动和一系列政策支持下逐步展开的。1999年的《面向21世纪教育部振兴行动计划》规定实施“跨世纪素质教育工程”，2000年初步形成现代化基础教育课程框架和课程标准，改革教育内容和教学方法，推进新的评价制度，开展教师培训，启动新课程实验。新一轮基础教育课程改革由此启动。2001年的《基础教育课程改革纲要（试行）》对课程改革目标、课程结构、课程评价等作出了原则性的规定，成为此后新课改的指导性文件。我国基础教育新课改分为义务教育阶段和普通高中阶段两部分，采取分步实施的方法。义务教育阶段新课改开始于2001年，教育部印发《义务教育阶段课程设置实验方案（试行）》和21个学科的课程标准（实施稿）；同年9月，新课程开始在全国38个国家级实验区进行实验，并逐步在全国推广。继义务教育阶段课程改革之后，教育部于2003年发布《普通高中课程改革方案（实验）》和各学科课程标准，拉开了普通高中新课改的序幕。2005年教育部又印发《关于进一步加强普通高中新课程实验工作的指导意见》，对课程改革实验提出了具体要求，进一步推动了各地的新课程实验进程。2005年，教育部印发《教育部关于组织对义务教育各学科课程标准（实验稿）征求意见工作的通知》，认为过去六年的改革探索和实践，全面检验了各学科课程标准，具备了修订的理论和实践基础，为进一步深化新课改奠定了基础。2011年，在总结课程改革十年经验的基础上，根据教育部基础教育课程教材专家咨询委员会的咨询意见和教育部基础教育课程教材专家工作委员会的审议结果，我国颁布了课程标准修订版，为巩固新课改成果、深化素质教育奠定了基础。

（四）终身教育问题

“终身教育”最早是由联合国教科文组织成人教育局局长法国的保罗·朗格朗（Paul Lengrand）提出的，1965年他在联合国教科文组织主持召开的“第三届促进成人教育国际委员会”期间正式提出这个概念。终身教育就是指教育的过程应持续人的一生，与个人一生相伴随，是人们在一生中所受到的各种培养的总和。之后，在联合国教科文组织及其他有关国际机构的大力提倡、推广和普及下，终身教育已经作为一个极其重要的教育概念在全世界广泛传播。许多国家在制定本国的教育方针、政策或是构建国民教育体系的框架时，均以终身教育的理念为依据，以终身教育提出的各项基本原则为基点，并以实现这些原则为主要目标。为了促进中国终身教育发展，《国家中长期教育改革和发展规划纲要（2010—2020年）》提出，到2020年中国要“基本形成学习型社会”的战略目标。

当前中国终身教育发展存在的问题是：一是对发展成人继续教育和终身教育认识仍然不足。在一些地方干部和群众仍然对发展成人继续教育和终身教育认识不足。重视学历教育，轻视非学历教育；重视传统的学校教育，轻视以各类培训为重点的非正规教育；重视职前教育，轻视职后教育的局面未从根本上得到改观。二是统筹管理的体制、机制还需要进一步完善，各类教育培训资源还不能有效地统筹使用，各部门之间往往难以形成合力。三是终身教育的供给不足与需求旺盛是各地普遍存在的矛盾。近年来对终身教育的投入在不断增加，但我国是需要接受终身教育人口最多的国家，有7.69亿从业劳动者、1.2亿

① 参见钟启泉、崔允漷：《为了中华民族的复兴，为了每位学生的发展》，4页，上海，华东师范大学出版社，2001。

多需要转移的农业劳动力以及 1.44 亿老年人，他们对各种培训和学习存在着日益强烈的需求。由于终身教育基础比较薄弱，距离实现全民终身教育的目标差距还很大。四是各地终身教育发展很不平衡。我国城市与农村、东部与西部之间，经济发展水平差距较大，各地终身教育和终身学习发展差异也很大，短期内难以缩小东西部终身教育的差距。

针对上述问题，《国家中长期教育改革和发展规划纲要（2010—2020 年）》指出，今后我国要加快发展继续教育。到 2020 年，努力形成人人皆学、处处可学、时时能学的学习型社会。“建立健全继续教育体制机制。政府成立跨部门继续教育协调机构，统筹指导继续教育发展。”“构建灵活开放的终身教育体系。发展和规范教育培训服务，统筹扩大继续教育资源。鼓励学校、科研院所、企业等相关组织开展继续教育。加强城乡社区教育机构和网络建设，开发社区教育资源。大力发展现代远程教育。”“搭建终身学习‘立交桥’。促进各级各类教育纵向衔接、横向沟通，提供多次选择机会，满足个人多样化的学习和发展需要。”

四、中国教育政策的未来走向

中国教育政策变革迄今已取得一定的成效，有力推动了教育事业发展。进入 21 世纪以来，随着知识经济时代的到来和科学化与民主化潮流的冲击，中国教育政策面临新的机遇与挑战。随着社会经济生活的市场化，公民权利意识不断提升，参政议政意识不断增强，他们为维护自身权益而不断对教育政策提出诉求，而这种要求又促使政府必须主动调整行为方式，在教育政策制定过程中主动尊重民意，提高行政执行能力。

在这种时代背景下，中国教育政策的未来走向包括以下几个方面：

一是依法治理教育。教育政策能否达到预期目标，有赖于政策支持系统的支撑。政策支持系统中的一个重要方面就是教育法律体系。完善教育法律体系，推进依法治教是提升教育政策有效性的关键。因此，《国家中长期教育改革和发展规划纲要（2010—2020 年）》提出：“加快教育法制建设进程，完善中国特色社会主义教育法律法规”；“全面推进依法行政。探索教育行政执法体制机制改革，落实教育行政执法责任制”；“完善督导制度和监督问责机制”。

二是创新教育理念。20 世纪 90 年代以来，“教育政策有两个重要趋势：多数国家加深了对教育民主化的承诺（全民教育和终身教育）；对教育质量和目的更趋向于讲究学以致用的观点”①。这两大趋势已逐渐在世界各国教育改革实践中凸显出来，而当前我国正在全面推进的素质教育政策正是顺应了这两大发展趋势。它既是我国教育政策的一项重大任务，也指明了我国教育政策的价值追求，为 21 世纪我国教育政策发展确定了基本方向。

三是提高教育决策民主化和科学化水平。教育决策涉及决策主体、决策体制和决策程序三方面问题。一直以来，我国教育决策的主体是党和政府，这与公共政策决策主体多元化的趋势相悖。虽然已经有个别教育者开始在教育决策中表达“教育界的声音”，但还远未形成稳定的制度。公众意愿在教育决策中的表达反映了公共权力的分化，它开始改变我国国家教育权力形式单一化的状况，提出了建立多元化决策模式、重建教育政策行政决策

① 联合国教科文组织：《世界教育报告 1998》，29 页，北京，中国对外翻译出版公司，1998。

体制的新要求。而最终，教育决策科学化和民主化实现，还需要健全和规范决策程序。

复习思考题

1. 什么是教育制度？确定教育制度的依据是什么？
2. 简述学校教育制度的含义及其类型？
3. 谈谈你对我国现行教育学制的认识？
4. 中国学校教育制度变革的主要趋势是什么？
5. 什么是教育政策？它与教育法规有何区别？
6. 中国当代教育政策改革的热点问题是什么？

推荐阅读书目与访问网站

1. 邵宗杰，裴文敏，卢真金主编．教育学．上海：华东师范大学出版社，2006
2. 张乐天主编．教育学（新编本）．北京：高等教育出版社，2007
3. 杨淑芹主编．教育学教程．上海：华东师范大学出版社，2007
4. 孙绵涛主编．教育政策学．北京：中国人民大学出版社，2010
5. 中国教育信息网 http://www.chinaedu.edu.cn/

教学案例

新华网谈“把促进教育公平作为我国基本教育政策”

［主持人］各位网友大家下午好，欢迎收看新华访谈。今天是“研究制定《国家中长期教育改革和发展规划纲要（2010—2020年）》系列访谈”的第六期也是最后一期。大家知道，在我们推进教育改革和发展的过程中，其实还面临着各种问题。其中教育公平便是一个从中央政府到我们每个个人都十分关注的问题。温总理在《百年大计　教育为本》的谈话中讲过，“收入不公平会影响人的一时，但是教育不公平会影响人的一生”。所以今天将要跟大家讨论的就是“把推进教育公平作为我国基本教育政策”的有关问题。

［主持人］我们为您邀请到的嘉宾有“教育纲要”工作小组办公室成员、中央教科所所长袁振国，……欢迎各位嘉宾。

［主持人］首先请嘉宾围绕我们的访谈主题来解读促进教育公平为什么是我国的基本教育政策？

［袁振国］十七大报告当中，把教育的问题放在民生之首，在教育工作的这一部分，我觉得有两个最重要的概念：一是教育优先发展；另一个就是促进教育公平。十七大报告强调教育公平是社会公平的重要基础。为什么在这个时候把教育公平放在这么重要的位置，而且胡锦涛同志明确指出要把促进教育公平作为我国最基本的教育政策，我想这首先是落实科学发展观、以人为本的要求。教育是以人为本最直接的方面，现在我们国家随着整个社会的发展，教育的发展也很快。人民群众对教育的期盼也很高，对教育的要求也越

来越高。怎么样满足人民对接受更多良好教育的要求，毫无疑问这既是社会的要求也是人民群众的要求，当然也是国家政策的要求。

［袁振国］第二，一方面我们整个社会发展很快，同样，教育发展也很快，但另一方面在发展进程中教育发展存在着不平衡的情况，这个不平衡包括城乡之间、区域和区域之间、学校和学校之间的差距，这种差距在某些方面有扩大的表现。所以党中央、国务院强调我们现在要实现城市反哺农村，工业支持农业。那么在这样的大背景下，强调教育公平也有同样的道理。这就是要加强农村教育发展，加快欠发达地区教育的发展，加大关注弱势群体。这就是为什么要把教育公平作为我们国家基本教育政策的重要原因。

资料来源：《把促进教育公平作为我国基本教育政策》，见 http://www.zzjy.gov.cn/gzcy/zxft/03/853467.shtml,2009-03-23。

思考与讨论：

1. 根据上述资料，谈谈你对于促进教育公平是我国的基本教育政策的认识。
2. 除教育公平外，当前你还关注哪些教育政策热点问题？

第五章 教师与学生

内容提要

教师与学生是学校教育活动的主要参与者，是构成教育教学活动的两大基本要素。现代教师职业已经进入专业化发展阶段，因此，作为准教师，只有正确认识教师职业的专业性与当代学生的特点，明确教师工作的要求，将来才能有效履行教书育人的职责。本章阐述了教师与教师职业发展、教师的劳动特点、教师的作用与地位、教师的权利与义务、我国教师专业标准视域下的教师专业素质与专业发展；探讨了学生的权利与义务、学生的年龄特征与教育对策；阐述了良好师生关系的重要意义、特征及其构建策略。

第一节 教 师

教师是传递和传播人类文明的专职人员。教师职业是人类社会最古老的职业之一，并将与人类社会共存。在现代，教师是指以“受社会的委托，在学校中对学生的身心施加特定影响，使之成为一定社会所需要的人”为主要职责的专业人员。随着教育在社会发展中的作用日益凸显，教师成为推动经济发展和社会进步的重要力量。教师是发展教育、办好学校、推进教育改革的重要因素和主体力量。作为未来的人民教师，应了解自己的职责与所从事的职业。

一、教师与教师职业的发展

（一）教师及其概念内涵

教师最初指年老资深的学者，如《史记·孟子荀卿列传》：“齐襄王时，而荀卿最为老师。”古人席地而坐，以西边为尊，故尊称家庭教师为“西席”和“西宾”。先秦以来，国家教师被称为“博士”。后来把教学生的人也称为老师，如金代元好问《示侄孙伯安》一诗：“伯安入小学，颖悟非凡貌。属句有夙性，说字惊老师。”但在各个朝代有着不同的叫法。在同一个朝代，对官学、私学的老师的叫法也不完全一样。概括起来我国历史上对“教师”的称谓主要有：师长、师傅、经师、博士、教习、教授、讲师、助教、先生、西席、西宾、祭酒、司业等。

古今中外的思想家和教育家都曾经对教师下过许多不同的定义，有过不同的解说，中国古代有：“师者，教人以道者之称也。”（《周礼》）“四海之内若一家，通达之属莫不服从，夫是之谓人师。”（《荀子》）“智如泉源，行可以为表仪者，人师也。”（《韩诗外传》）西汉的杨雄的“师者，人之模范也”。“师者，所以传道授业解惑也。”（《师说》）近代英国的培根认为：“教师是知识的传播者，文明之树的培育者，人类灵魂的设计者。”苏联教育家加里宁认为教师是“人类灵魂的工程师”。

在现代，教师不仅是人类文化的继承者与传递者，也是社会物质财富的创造者，还是社会发展与变革的重要力量。教师一词有两重含义，既指一种社会角色，又指这一角色的承担者。广义的教师泛指一切教育者，泛指传授知识、经验的人，所谓“三人行，必有我师”。狭义的教师专指受过专门教育和训练的专业化的教师，学校教育的主要实施者。1966 年，联合国教科文组织在《关于教师地位的建议》中提出，教师工作应被视为一种专门职业，它是一种要求教师具备经过严格训练而持续不断的研究，才能获得并维持专业知识和专门技能的职业。教师职业是一种专业性职业，教师是专业人员。1993 年我国颁布的《教师法》第三条规定：教师是履行教育教学职责的专业人员，承担教书育人，培养社会主义事业建设者和接班人、提高民族素质的使命。

（二）教师职业的产生与发展

教师作为一种历史悠久的社会职业，其产生与发展变化是与培养教师的师范教育的发展变化一脉相承的，其发展变化的历程可分为三个大的阶段。

1. 古代教师职业的非专门化阶段

教师的职业是伴随教育的产生而产生的。早在原始社会初期，就存在着教的活动，氏族首领和具有生产、生活经验的长者、能者，是最早的兼职教师。我国古籍所载关于伏羲氏教民以猎、神农氏教民耕种、后稷教民稼穑的活动，原始社会生产与生活中的观察模仿，都是长者为师、能者为师。奴隶社会，当教育从生产劳动与日常生活中分离出来，产生了专门的教育机构——学校后，虽然有了专门从事教育活动的教师，如在西方，古希腊时期出现的“智者派”是最早的教师，以教授无知的人以知识而生存；我国春秋战国时期伴随私学的产生出现了专职教师。但由于承担教师职责者多是“以吏为师”、“僧侣为师”，教师是一种社会官吏或僧侣兼做的工作，故由此确定，在学校产生后一个相当长的历史阶段里，教师职业并没有成为一种独立的社会职业，教师更没有专业教育机构的专门训练。从奴隶社会到封建社会，社会的总体教育程度很低，能接受教育的人数由于阶级社会的等级制度而极为有限。因此，当时教师职业的专业化程度十分有限，从事教师职业的人数也屈指可数。

2. 近代教师职业的专门化阶段

教师职业成为独立的专门职业，是近代资本主义社会生产力、科技的迅速发展对普及教育师资大量需求的客观反映，主要标志是通过设立独立的师范教育机构对教师进行定向专业化培养。

世界最早的独立师范教育机构是 1681 年法国天主教神甫拉萨尔（LaSalle，1651—1719）创立的第一所师资训练学校。1695 年德国的法兰克在哈雷创办了一所师资养成所，成为德国师范教育的先驱。1795 年法国在巴黎设公立师范学校，1810 年设立高等师范学校。1832 年法国颁布统一的师范学校系统，统一隶属中央。1833 年的《基佐法案》明确规定各省均设师范学校一所。从 1870 年到 1890 年，世界许多国家颁布法规设立师范学校。中国则最早于 1897 年创立上海南洋公学的师范学校以专门培养教师为主，南洋公学是中国最早包含大、中、小学和师范学校的教育机构。

3. 现代教师职业的专业化阶段

20 世纪 60 年代后，世界主要发达国家的基础教育普及基本完成，教师需求总量萎缩，质量要求提高，教师职业逐渐成为令人羡慕的社会职业，因而对教师职业提出专业化的要求。在多方因素的相互作用下，独立设置的师范教育机构开始逐渐减少，曾经在训练教师的历史上起过举足轻重作用的师范院校逐渐并入文理学院，教师的培养任务改由综合大学的教育学院或师范学院承担。以独立设置的师范院校为主体的师范教育体系开始被师范院校、综合大学等多种教育机构共同参与教师培养的教师教育体系所取代。中国的师范教育自新中国成立以来一直是以独立师范院校为主体形式的发展模式，进入 21 世纪以来，从封闭定向的师范教育体制向多元开放的集教师的职前培养、入职与在职培训一体化的教师教育培养模式发展。

1966 年，国际劳工组织、联合国教科文组织发表《关于教师地位的建议》，首次把教师确定为专业化的职业（profession）。教师专业化是指教师职业具有自己独特的职业要求和职业条件，有专门的培养制度和管理制度。第一，教师专业包括学科专业性和教育专业性（双专业）。国家对教师任职既有规定的学历标准，也有必要的教育知识、教育能力和职业道德的要求。第二，国家有教师教育的专门机构、教育内容和措施。第三，国家有教师资格的认定制度和管理制度。第四，教师专业发展是一个持续不断的过程，教师专业化也是一个发展的概念，既是一种状态，又是一个不断深化的过程。

20 世纪 80 年代以来，教师专业发展更加成为世界各国关注的焦点。经济合作与发展组织仅在 1989—1992 年间就相继发表了《教师培训》、《学校与质量》、《今日之教师》、《教师质量》等一系列关于教师及教师教育改革的研究报告。1998 年在北京师范大学召开的“面向 21 世纪师范教育国际研讨会”更清楚地提出：“当前师范教育改革的核心是教师专业化的问题”。培养具有专业化水准的教师已成为国际教育改革的目标。

二、教师的社会作用与社会地位

（一）教师职业的社会作用

从宏观上看，在延绵数千年的社会发展中，教师始终承担着传承文化、传播知识、开启民智、培育人才的重大作用。教师把人类长期积累起来的文化科学知识经过整理传授给下一代，对社会的延续与发展发挥着极其重要的作用。从微观上看，教师的劳动关系到每一个学生个人的发展和幸福。教师是人类灵魂的工程师，对塑造一代新人的身心素质起着特别重要的作用。学生身心各方面发展的每一步成长、进步，学生潜能、个性特长的发掘，都与教师的教育引导息息相关。社会越发展，科技越发达，社会环境、社会矛盾越复杂，人的价值越多元，就越需要教师的指导和帮助。

总之，随着现代社会的文明进步，文化科学、思想品德、人的智能都在人类社会活动中发挥着日益重要的作用，社会发展的轨迹明确显示这一特征。因此，教师职业的社会作用客观地提升到历史上从未有过的新高度，教育提升了人类的地位，提高了人的价值。要充分发挥教师在社会发展中的作用，必将赋予教师崇高的社会地位。

（二）教师的社会地位

教师是平凡而崇高的职业，而在不同的社会制度、政治环境中，教师的社会地位是不同的。教师社会地位直接受当时社会发展水平、社会风气、社会思潮和文教政策等社会条件因素的影响和制约。

中国有悠久的尊师重道的传统，古代就有“人有三尊，君父师是也”的说法。《吕氏春秋·尊师》云：“生则谨养，谨养之道，养心为贵；死则敬祭，敬祭之术，时节为务，此所以尊师也。”《尚书·泰誓》中说：“天佑下民，作之君，作之师”。将君师视为一体或将君师并列于同等地位。荀况进一步把师纳入“天、地、君、亲、师”的序列，把尊师重教与国家的前途命运结合起来，他说：“国将兴，必贵师而重傅；国将衰，必贱师而轻傅。”西方在古希腊时期，国王尊师的例子可以用马其顿王亚历山大与亚里士多德的亲密关系来说明。文艺复兴时期，资产阶级开始登上历史舞台，许多人也对教师职业怀有普遍的尊重。捷克教育家夸美纽斯认为，教师是太阳底下最光辉的职业。到了现代，由于科学技术在生产中的应用越来越广泛，对劳动者的文化程度的要求越来越高，各国政府都普遍重视教育，同时大力提高教师的待遇和地位。在我国，20 世纪 80 年代以来，党中央、国务院不断地采取措施，从政治、经济和住房条件等各个方面提高教师的社会地位，改善教师的工作条件和生活待遇。1985 年设立“教师节”，1994 年实施《教师法》，把教师的地位以法律形式确定下来。

但是，曾几何时，教师的社会地位是低下的。我国古代尤其是“童子之师”，社会地位尤为低下，元朝有“一官、二吏、三僧、四道、五医、六工、七猎、八农、九儒、十丐”之说，当时教师的地位仅高于乞丐。民间流传这样的话：“家有五斗粮，不当孩儿王。”在“文化大革命”时期，教师的社会地位极其低下，被贬为“臭老九”、“教唆犯”。在西方历史上，教师的社会地位也曾是低下的。19 世纪以前，欧洲各国初等学校的教师大多数由教堂里的唱诗人、旅馆的掌柜以及早期手工业者兼任，这些人把教育儿童当作获得补充工资的一种谋生手段，当然得不到社会的尊重。沙皇俄国时期教师地位也非常低下：教师饥寒交迫，薪俸微薄。因此，应全面正确地认识教师的社会地位问题。

一种职业社会地位的高低，主要取决于其对社会发展的贡献及从事该职业的要求和人员的素质。一般来说，整体评价教师的社会地位应以教师的专业地位、经济地位、政治地位和职业声望这四方面作为评价指标。

1. 专业地位

“专业”是指区别于一般职业并具有不可替代性的专门职业，专业的特征是从业人员受过长期专业训练，具备专业化的知识和技能，有自己的专业团体和明确的职业道德，工作上具有权威性及独立自主权，具有为公众服务第一位的信念、高度自律和自我提高的精神。[①] 教师是否属于专业人员向来存在争议，有的学者认为教师和护士只能属于“半专业”人员[②]，有的学者认为被称为“师”者都应属于专业人员。联合国教科文组织在1966年《关于教师地位的建议》中，明确地肯定“教育工作应被视为专门职业，这种职业是一种要求教员具备经过严格而持续不断的研究才能获得并维持专业知识及专业技能的公共业务。它要求对所辖学生的教育和福利具有个人及共同的责任感”。此后，各国纷纷趋向认同教师的专业地位，不断提高教师的专业化程度。我国在1994年实施的《教师法》明确指出：“教师是履行教育教学职责的专业人员”，从法律上确定了我国教师的专业地位。

现代社会是高度分工专门化的社会，由于专业在社会职业体系中占据重要位置及其职能的不可替代性，专业地位也就成为衡量职业社会地位的指标之一，专门人才备受重视并享有崇高的社会地位。提高教师的社会地位是全球性的课题，在社会走向知识经济的进程中，作为知识分子的教师，其专业地位的提升显得特别重要。

2. 经济地位

教师的经济地位是指教师的经济待遇在社会职业体系中所处的相对高度，包括社会物质财富的分配、占有和享用的状况，以及待遇、生活水平、行业吸引力等。它是社会地位最直接和最基础的指标。有研究指出，在我国，教师的经济收入对其社会地位的影响是最大的，占70%的权重，而政治地位的权重则仅占10%。[③] 在世界主要发达资本主义国家中，除少数特别富有的国家外，教师多处于中产阶级偏上水平。

在中国，由于历史与现实的种种原因，我国教师的待遇至今仍较低。改革开放以来，党和国家政府非常重视提高教师的待遇。邓小平率先为教师呼吁，“要把‘文化大革命’时的老九，提到老一”，“要提高教师的待遇”。《教师法》也对教师的工资、住房、医疗等待遇有相关规定：“教师的平均工资水平应当不低于或者高于国家公务员的平均工资水平，并逐步提高。”“地方各级人民政府和国务院有关部门，对城市教师住房的建设、租赁、出售实行优先、优惠。”“县、乡两级人民政府应当为农村中小学教师解决住房提供方便。”“教师的医疗同当地国家公务员享受同等的待遇；定期对教师进行身体健康检查，并因地制宜安排教师进行休养。医疗机构应当对当地教师的医疗提供方便。”应该说，在国家的努力下，近年来，教师的社会待遇正逐渐好转，逐年提升，教师职业正渐渐成为一种令人羡慕的职业。

3. 政治地位

教师的政治地位是指教师参政议政的程度以及在社会政治体系中所处的位置，包括教师参政的深度、广度、幅度和专业权限、政治待遇、法律保障等。教师作为一种职业，担负着培养社会新一代的使命，具有公共事业的性质，因而有很多国家都把教师定为国家公

---

① 参见厉以贤主编：《现代教育原理》，364～365页，北京，北京师范大学出版社，1988。

② 参见陈奎熹：《教育社会学研究》，183页，台北，师大书苑有限公司，1990。

③ 参见鲁洁主编：《教育社会学》，452页，北京，人民教育出版社，1990。

务员。如德国公立学校教师都是公务员，日本国立学校的教师是国家公务员，公立学校的教师是地方公务员，英、法两国的教师也是国家公职人员。在这些国家，教师享有较高的政治地位。

20 世纪 80 年代以来，随着我国经济发展对人才的巨大需求，人们越来越认识到教师对培养人才、发展经济的重要作用。国家不仅多次强调要“提高人民教师的政治地位和社会地位”，1985 年全国人大常委会又通过了关于建立“教师节”的议案，1994 年实施《教师法》，把教师的地位以法律的形式确定下来。同时，各级政府还选举教师当人大代表，参政议政，公开表彰、奖励优秀教师，以及从教师中选拔人才进入各级政府的领导班子，等等。这些都有力地提高了我国教师的社会影响和政治地位。

4. 职业声望

教师的职业声望是指他人和社会对教师职业的有利评价和承认，如公众的认可和称道、尊敬和钦佩、荣誉和敬意等。中国素有尊师的传统，更由于新中国的教师有着为祖国、为人民、为下一代甘当“蜡烛”、甘当“人梯”以及辛勤耕耘、无私奉献的精神，因此，教师一向被社会公认为最佳形象，享有较高的职业声望。1985 年，我国关于“国民的职业评价与职业选择”的大规模的问卷调查结果显示，中小学教师被公认为经济收入处于低层（仅位于待业青年之前，在真正意义的职业中属最后一位），但在职业选择时却位居第五。1989 年，中国科技促进发展研究中心与中国社会调查所对北京市民进行的一次民意调查，结果发现中国 21 种全民所有制职业者中，教师形象最佳，排位第一。2007 年中国公民科学素质调查结果显示，教师、科学家、医生排在职业声望较高的前三位，工程师列第五位。然而，值得注意的是，教师的职业声望与教师实际的社会地位之间有相关性，但二者之间并无绝对的关系。而且，教师职业声望高，往往“只能反映一般人对于传统价值观念的向往与怀念，并不能用以说明或预测社会的实际行为”。

综上所述，判定教师的社会地位，应持全面的、客观的、发展的观点，而不能仅以经济收入水平来妄下结论。同时，也应看到，教师的社会地位问题是一个历史遗留问题，加之我国现有经济发展水平、劳动人事与工资制度及法制建设诸方面的不足与缺陷，造成我国教师地位偏低问题难以得到彻底解决。这需要广大教师对此予以充分的理解，当然国家也应更加妥善地尽快解决好这个问题。

（三）教师的权利和义务

教师权利，是指作为专业人员的教师在教育教学活动中依法享有的权益，这是一种职业特定的法律权利，任何人不得非法剥夺。依据我国《教师法》第七条规定，教师享有以下基本权利：

（1）进行教育教学活动，开展教育教学改革和实验，简称教育教学权。这是具有教师资格的在聘教师最基本的权利。

（2）从事科学研究，学术交流，参加专业的学术团体，在学术活动中发表意见，简称科学研究权。

（3）指导学生的学习和发展，评定学生的品行和学业成绩，简称管理学生权。

（4）按时获取工资报酬，享受国家规定的福利待遇以及寒暑假期的带薪休假，简称获取报酬待遇权。

（5）对学校教育教学、管理工作和教育行政部门的工作提出意见和建议，通过教职工代表大会或者其他形式，参与学校的民主管理，简称民主管理权。

（6）参加进修或者其他方式的培训，简称进修培训权。

至于教师的义务，是指依照法律规定教师从事教育教学工作必须履行的责任，表现为必须作出或不作出一定行为。依照我国《教师法》第八条规定，教师应当履行下列义务：

（1）遵守宪法、法律和职业道德，为人师表。

（2）贯彻国家的教育方针，遵守规章制度，执行学校的教学计划，履行教师聘约，完成教育教学工作任务。

（3）对学生进行宪法所确定的基本原则的教育和爱国主义、民族团结的教育，法制教育以及思想品德、文化、科学技术教育，组织、带领学生开展有益的社会活动。这是对教师教育教学工作内容方面的全面规范。

（4）关心、爱护全体学生，尊重学生人格，促进学生在品德、智力、体质等方面全面发展。

（5）制止有害于学生的行为或者其他侵犯学生合法权益的行为，批评和抵制有害于学生健康成长的现象。

（6）不断提高思想政治觉悟和教育教学业务水平。

教师的基本权利、义务基于教育活动产生，由教育法律规范所设定，是一种职业特定的法律权利和法律义务。它们之间是对立统一、相互依存的关系。“没有无义务的权利，也没有无权利的义务。”作为教师，既是权利的享有者，又是义务的承担者，因此应正确行使自己的权利，严格履行自己的义务。

三、教师的劳动特点

教师的劳动是一种培育人的特殊劳动。教师的劳动对象是身心正在发展成长中的、具有各自个性特点和年龄特点的儿童和青少年。教师劳动的手段是用自己的知识和才能、品德和智慧，在和劳动对象的共同活动中去影响他们。教师作为劳动的施行者与劳动手段是融为一体的，因此，教师的劳动具有自己的特点。

1. 复杂性

考察教师的职业史就会发现，无论在任何国家、任何时代，教师的劳动都不是简单的劳动，而是一种特殊的复杂的脑力劳动。

首先，教师的劳动对象——学生，是复杂的“人”。他们是有思想、有感情、有个性的活生生的人，时时处在生命的发展变化之中。他们既有共同的生理、心理特点，遵循一定的发展规律，又有各自不同的经历、兴趣爱好、个性特征等。人的成长因素是多方面的，它包括遗传、环境、教育与人的自觉能动性，哪一方面受到忽视，都可能给学生的成长带来损失。因此，教师劳动的复杂性，首先是由教育对象的复杂性决定的。

其次，教师的劳动过程是复杂的。教育过程是一个系统工程，它要在有限的时间里，通过教育内部的教育内容、教育方法和手段以及校内、校外多种因素相互作用，完成一个复杂的综合性的任务目标，即形成人。无疑，这样的劳动过程是复杂的。

最后，教师的劳动任务是多方面的。教师劳动的根本任务是教书育人，促使每一个学生的身心素质的全面和谐发展。因此，教师既要教书，又要育人；既要传播知识，又要发展智力。教师既要培养优秀学生，又要帮助后进学生；既要对学生的校内生活全面负责，又要与家庭、社会协调一致。教师任务的多样性说明了教师劳动的全面性和复杂性。

2. 创造性

从表面上看，教师是年复一年、日复一日周而复始、按部就班地工作着，似乎是最简单而平凡的。但就其本质而言，教师劳动是一项充满着创造性的劳动。苏霍姆林斯基指出：教师工作的创造性特点，在于他们的活动并无固定不变的规范、程式或方法可以套用。因此，教师必须根据实际情况、尤其是受教育者的变化和差异作出种种选择，灵活机智、创造性地开展工作。

首先，教师劳动本身的创造性。教师对教育教学内容、方法和形式的选择和运用，不仅会受到教育目的的制约，而且要受到学生身心发展阶段、知识水平和能力的影响。另外，教育内容和形式，还应反映出时代的特点，不能一味地老调重弹、一成不变。

其次，教育对象的复杂多样性要求教师劳动的创造性。教师不可能采用循环往复的方法对待每届学生，不可能采用一成不变的方法对待每个不同的学生。因此，教师所面临的教育现场就是复杂的，需要教师进行创造性劳动。

最后，教育过程要培养学生的创造性，这更需要教师设计创造性的活动，以培养学生的创造性需要、创造性品格、创造性思维能力，从而表现教师劳动的创造性。增强创造意识和创造能力，不仅是教师做好教育教学工作以及推进教学改革的重要前提，也是教师在工作中更好地感受到乐趣、成就感和自我实现的重要前提。

3. 示范性

首先，教师劳动与其他劳动的一个最大的不同点，就在于教师主要是用自身的思想、学识、能力、言行等通过示范和引导的方式去影响劳动对象的。教育结果是学生身上获得的知识、技能、能力、世界观和思想感情等，都包含在教师主体及其活动中，二者具有一致性，所以，与其说教师是用教材、教学方法和教学手段教学生，不如说是用其自身的知识、技能、能力、世界观和思想感情教学生，是用其人格去教学生。教育过程中，教育影响与教育手段在很大程度上与教师的素质和活动是融为一体的，教师的素质与活动方式本身就是一种教育影响和劳动手段，是对学生的一种示范。第斯多惠曾强调："教师本人就是学校里最重要的师表，是最直观的最有教益的模范，是学生活生生的榜样。"无论哪一个教师，不管他是否意识到这一点，客观上他都在对学生进行示范。

其次，教师劳动的示范性是由青少年心理特征决定的。青少年富于模仿性并易受暗示，他们都把教师看作知识的化身、高尚人格的代表，是天然的模仿对象。教师的思想行为、求知精神、科学态度、思维方式都对学生起着模范作用。在很多情况下，教师本身的和教师所提倡的思想行为、品德等都是学生最可信任的模仿对象。

教师劳动的这种示范性，几乎表现在教育活动的各个方面，从知识的传授到思想品德教育，从课堂教学到日常生活，教师的一言一行都有可能对学生产生难以估量的影响。这就要求教师要时刻注意处处为人师表、以身作则。凡是要求学生做到的，自己必须先做到。

4. 长期性与间接性

教师的劳动对象是人，劳动产品也是人，而人的成长需要一个较长的周期。教师劳动成果的显现一是周期长，二是见效慢，所谓“十年树木，百年树人”即是这个道理。这种劳动社会效果的长期性，既表现为后效性，又表现为长效性，即人才成长和教育效果在人的一生中都将发挥作用。因此，教师劳动是以学生为中介实现教师劳动的价值，这就是教师劳动间接性的特点。

人们用“百年树人”来揭示教师工作的深刻含义，用“人类灵魂的工程师”、“辛勤的园丁”、“手握金钥匙的人”等最美好的称号来表达对教师的尊敬。教师劳动的价值是多元的，每一位教师都要全面正确地认识教师劳动的特点与价值，时刻提醒自己：自尊自爱，加强自身修养，用自己的智慧和能力完善教师形象，无愧于时代给予我们的赞誉。

四、教师的专业素质

每一种职业都有自己的职业道德和素质规定，教师作为一种古老而永恒的职业，在不同的社会、时代有不同的要求。专业素质是指对从事该职业的专业人员必须具备的职业品质的整体要求，它以一种结构形态而存在。教师的专业素质被看作是教师拥有和带往教学情景的知识、能力和信念的集合，它是教师在具有优良的现存特征的基础上经过正确而严格的教师教育所获得的。新时代的教师必须依据我国教师“专业标准”和教师专业发展规律不断提升自己的专业素质水平。

（一）教师的专业素质与我国教师专业标准

20 世纪 90 年代中期以来，我国建立了以传统的“定向型”、“封闭型”的师范教育体系为主体，综合性高等院校共同参与的开放的教师教育体系，但教师教育在开放化过程中出现了质量参差不齐的问题。开放的教师教育体系必须有完善的质量保障体系为保障，而保证体系的建立和实施需要有相应的标准，如机构认证标准、课程标准等。在众多标准中，教师专业标准是基础和前提，它是制定教师教育机构标准、课程标准和质量标准的重要参考和依据，是教师教育质量保证体系的核心。通过“专业标准”来规范教师教育质量、提高教师素质进而提高教育水平，是 20 世纪 80 年代以来发达国家共同的做法，教师教育标准化已经成为国际教师教育改革的基本趋势，是现代教师教育制度的基本内容。

我国 2012 年 2 月颁发的《幼儿园教师专业标准（试行）》、《小学教师专业标准（试行）》、《中学教师专业标准（试行）》（简称《专业标准》）是我国对教师专业要求的第一份政策文本，代表了当下中国社会和教育发展对教师素质的基本要求，是教师一切思想与行动的指南。《专业标准》是国家对合格教师的基本专业要求，是教师开展教育教学活动的基本规范，是引领教师专业发展的基本准则，是教师培养、准入、培训、考核等工作的重要依据。每一个有志于从事教师职业的人，必须对照“标准”的各项要求，不断提高自己的各项专业素养，据此作好教师职业生涯规划的设计，有目的地进行教师教育的理论、技能、实践等方面的学习，为将来成为具有科学的教育理念、高度的教育智慧与能力的专业化教师打下坚实基础。

（二）《专业标准》的基本理念与基本内容

《专业标准》提出“学生（幼儿）为本”、“师德为先”、“能力为重”、“终身学习”四个基本理念，是各学段教师作为专业人员在专业实践和专业发展中应当秉持的价值导向，教师应当用这四个基本理念规范自己的教育思想和日常的教学行为。中学、小学、幼儿园教师《专业标准》的基本内容构架包含“维度”、“领域”和“基本要求”三个层次。它们在维度上都包含“专业理念与师德”、“专业知识”和“专业能力”三个维度，所不同的是维度下面的领域、基本要求体现各自教育阶段的独特性，分别包含十多个领域、六十项左右的基本要求。下面以《中学教师专业标准（试行）》为例了解《专业标准》的基本内容框架（见表5—1）。

表5—1 《中学教师专业标准（试行）》的基本内容

维度	领域	基本要求
专业理念与师德	（一）职业理解与认识	1. 贯彻党和国家教育方针政策，遵守教育法律法规。 2. 理解中学教育工作的意义，热爱中学教育事业，具有职业理想和敬业精神。 3. 认同中学教师的专业性和独特性，注重自身专业发展。 4. 具有良好职业道德修养，为人师表。 5. 具有团队合作精神，积极开展协作与交流。
	（二）对学生的态度与行为	6. 关爱中学生，重视中学生身心健康发展，保护中学生生命安全。 7. 尊重中学生独立人格，维护中学生合法权益，平等对待每一位中学生。不讽刺、挖苦、歧视中学生，不体罚或变相体罚中学生。 8. 尊重个体差异，主动了解和满足中学生的不同需要。 9. 信任中学生，积极创造条件，促进中学生的自主发展。
	（三）教育教学的态度与行为	10. 树立育人为本、德育为先的理念，将中学生的知识学习、能力发展与品德养成相结合，重视中学生的全面发展。 11. 尊重教育规律和中学生身心发展规律，为每一位中学生提供适合的教育。 12. 激发中学生的求知欲和好奇心，培养中学生学习兴趣和爱好，营造自由探索、勇于创新的氛围。 13. 引导中学生自主学习、自强自立，培养良好的思维习惯和适应社会的能力。 14. 尊重和发挥好共青团、少先队组织的教育引导作用。
	（四）个人修养与行为	15. 富有爱心、责任心、耐心和细心。 16. 乐观向上、热情开朗、有亲和力。 17. 善于自我调节情绪，保持平和心态。 18. 勤于学习，不断进取。 19. 衣着整洁得体，语言规范健康，举止文明礼貌。

续前表

维度	领域	基本要求
专业知识	（五）教育知识	20. 掌握中学教育的基本原理和主要方法。 21. 掌握班级、共青团、少先队建设与管理的原则与方法。 22. 掌握教育心理学的基本原理和方法，了解中学生身心发展的一般规律与特点。 23. 了解中学生世界观、人生观、价值观形成的过程及其教育方法。 24. 了解中学生思维能力、创新能力和实践能力发展的过程与特点。 25. 了解中学生群体文化特点与行为方式。
	（六）学科知识	26. 理解所教学科的知识体系、基本思想与方法。 27. 掌握所教学科内容的基本知识、基本原理与技能。 28. 了解所教学科与其他学科的联系。 29. 了解所教学科与社会实践及共青团、少先队活动的联系。
	（七）学科教学知识	30. 掌握所教学科课程标准。 31. 掌握所教学科课程资源开发与校本课程开发的主要方法与策略。 32. 了解中学生在学习具体学科内容时的认知特点。 33. 掌握针对具体学科内容进行教学和研究性学习的方法与策略。
	（八）通识性知识	34. 具有相应的自然科学和人文社会科学知识。 35. 了解中国教育基本情况。 36. 具有相应的艺术欣赏与表现知识。 37. 具有适应教育内容、教学手段和方法现代化的信息技术知识。
专业能力	（九）教学设计	38. 科学设计教学目标和教学计划。 39. 合理利用教学资源和方法设计教学过程。 40. 引导和帮助中学生设计个性化的学习计划。
	（十）教学实施	41. 营造良好的学习环境与氛围，激发与保护中学生的学习兴趣。 42. 通过启发式、探究式、讨论式、参与式等多种方式，有效实施教学。 43. 有效调控教学过程，合理处理课堂偶发事件。 44. 引发中学生独立思考和主动探究，发展学生创新能力。 45. 发挥好共青团、少先队组织生活、集体活动、信息传播等教育功能。 46. 将现代教育技术手段整合应用到教学中。
	（十一）班级管理与教育活动	47. 建立良好的师生关系，帮助中学生建立良好的同伴关系。 48. 注重结合学科教学进行育人活动。 49. 根据中学生世界观、人生观、价值观形成的特点，有针对性地组织开展德育活动。 50. 针对中学生青春期生理和心理发展特点，有针对性地组织开展有益身心健康发展的教育活动。 51. 指导学生理想、心理、学业等多方面发展。 52. 有效管理和开展班级、共青团、少先队活动。 53. 妥善应对突发事件。
	（十二）教育教学评价	54. 利用评价工具，掌握多元评价方法，多视角、全过程评价学生发展。 55. 引导学生进行自我评价。 56. 自我评价教育教学效果，及时调整和改进教育教学工作。

续前表

维度	领域	基本要求
	（十三）沟通与合作	57. 了解中学生，平等地与中学生进行沟通交流。 58. 与同事合作交流，分享经验和资源，共同发展。 59. 与家长进行有效沟通合作，共同促进中学生发展。 60. 协助中学与社区建立合作互助的良好关系。
	（十四）反思与发展	61. 主动收集分析相关信息，不断进行反思，改进教育教学工作。 62. 针对教育教学工作中的现实需要与问题，进行探索和研究。 63. 制定专业发展规划，积极参加专业培训，不断提高自身专业素质。

（三）教师应该具备的专业素质

根据现代教师的专业特点及相关研究结果，依据我国教师的《专业标准》，教师的专业素质包含专业理念与师德、专业知识、专业能力这三个有机组成部分。其中专业理念与师德是教师专业行为的动力和导向系统，专业知识和专业能力是教师专业行为的基础。

1. 专业理念与师德

专业理念与师德是《专业标准》的第一个维度，是指导教师从事本专业工作的精神层面的要求，是教师专业素质整体发展的灵魂和动力。具有良好专业理念与师德的教师往往具有很强的自主发展意识，其专业知识和专业能力方面的素养也较高。

教师的专业理念是指教师对教育事业所持有的理想和信念，是教师本人关于教育的“理论”，是一种教育观，如教育目的观、教育价值观、人的发展观、学生观、知识观（课程观）等，这些基本教育观为教师从事教育工作提供了一整套价值体系和精神支柱，为教师的专业行为提供了理性支点。师德是指教师在其职业活动中处理人际关系所要遵循的基本准则和职业操守，侧重教师对工作的态度和个人修养等个人品质。师德即教师的职业道德，是教师在长期的教育教学实践中形成的比较稳定的道德观念、行为规范和道德品质的综合，也可以称之为教师的专业伦理规范。教师的实践将专业理念与师德之间的界限淡化并融为一体，共同从思想认识层面支配和制约着其行为。

教师专业理念与师德的内容包括对职业的理解与认识、对学生的态度与行为、对待教育教学工作的态度与行为、个人修养与行为四个方面，要求教师做到依法执教、爱岗敬业、专业认同、为人师表、团结协作，有良好的个性修养等。其核心是爱岗敬业和为人师表，是教师作为专业人员应有的基本素质要求和追求。

（1）爱国守法，依法执教。这是对教师职业的基本要求。教师要热爱祖国，热爱人民，拥护中国共产党的领导，拥护社会主义；全面贯彻国家教育方针，自觉遵守教育法律法规，依法履行教师职责权利；要熟知并在实践中要遵守我国已经颁布的有关教育政策与法规。

（2）专业认同与爱岗敬业。这是对教师职业的本质要求，要求教师忠诚于人民教育事业，真正从内心认同自身所从事特定阶段教育工作的专业性与独特性，能够根据教育对象的特殊性开展工作，并获得外界对其职业贡献的认可与肯定；要求教师志存高远，具有强烈的敬业精神和职业理想，甘为人梯，乐于奉献，形成教师职业所特有的荣誉感与责任心；要求教师对工作高度负责，认真备课上课，认真批改作业，认真辅导学生，不得敷衍塞责。

(3) 关爱学生。这是师德的灵魂。首先，教师要关爱、重视、保护学生的身心健康发展，保护他们的生命安全。其次，教师要尊重学生的权益、人格和个性差异，不讽刺、挖苦、歧视学生，不体罚或变相体罚学生。最后，教师要不放弃、不抛弃任何一个学生，对学生严慈相济，做学生的良师益友，积极创造条件促进学生自主成长与发展。学生是教师的工作对象，是教师职业赖以存在的前提，因此，关爱学生是教师职业道德的灵魂与核心，是教师开展专业活动的基础和前提；尊重信任学生是关心爱护学生的深化与落实，教师要善于在事业中发现自己的价值。

(4) 教书育人，为人师表。这是教师的天职。教师要教好书、育好人，必先自己做出表率，从严谨治学、为人处世，到言谈举止、衣着仪表都要作学生的模范和榜样。教育教学是教师专业标准的核心，教书育人要求教师：一要树立育人为本、德育为先的理念；二要尊重教育规律和学生身心发展规律，循循善诱，诲人不倦，因材施教；三要激发学生的求知欲和好奇心，培养良好的思维习惯和适应社会的能力，培养学生良好品行，激发学生创新精神，促进学生全面发展。为人师表的教师要做到坚守高尚情操，知荣明耻，严于律己，以身作则；衣着得体，语言规范，举止文明；关心集体，团结协作，尊重同事，尊重家长；作风正派，廉洁奉公。

(5) 良好的个性修养。这是教师职业的内在要求，是对教师从内心到外表的个性行为修养的要求。良好的个性修养体现在以下几点：一是教师要有爱心、责任心、耐心和细心，乐观向上、热情开朗，有亲和力。二是教师要具有健康的心理，保持平和心态。三是教师要仪表端庄，言谈举止文明。教师是以心育心的职业，教师的人生观价值观、待人接物、工作和生活方式，甚至服饰仪表等，都会对学生有潜移默化的影响。教师的个人修养与行为本身就是一种重要的教育资源和手段。

理想的教师人格包括善于理解学生、富有耐心、性格开朗、情绪乐观稳定、意志力强、有幽默感等。乌申斯基认为“只有人格才能影响人格形成与发展”。为此，教师必须保持乐观进取的人生态度，保持健康的心理和良好的个性形象，时时处处成为塑造学生健康心灵的榜样。

(6) 终身学习。崇尚科学精神，树立终身学习理念，拓宽知识视野，更新知识结构；潜心钻研业务，勇于探索创新，不断提高专业素养和教育教学水平。这是教师专业发展不竭的动力。

2. 专业知识

知识素养是教师从教的基础。才高八斗、学富五车是教师的典型文化特征。教师应该成为“知识的化身”、“活的知识库”。苏霍姆林斯基认为：“学生眼里的教师应当是一位聪明、博学、善于思考、热爱知识的人。”“为了使学生获得一点知识的亮光，教师应吸进整个光的海洋。”我国的教师《专业标准》依据学生身心发展规律以及教育教学的本质特征，确立了国内外学界基本形成共识的教师知识构成的四个领域，即一般教育知识、学科知识、学科教学知识、通识性知识。

(1) 一般教育知识。教育知识主要是指教师在从事教育教学过程中所需要的关于教育学和心理学等方面的知识。教师不仅要知道“教什么”，而且更应懂得“怎样教”，怎样才能“教得好”。教育知识主要包括两方面：一是有关学生学习、成长和发展的特点与规律的知识；二是有关教育教学的基本规律与方法的知识。著名特级教师魏书生说：“我的教学不过是雕虫小技。只要认真学习教育理论，把学与教的规律搞清楚了，人人都可以有上百种方法把学生教好。”美国教育家杜威指出，科学家的学科知识与教师的学科知识是不一样的，教师必须把学科知识“心理学化”，以便学生能理解。他强调教师应学好心理学，“学校是个应用心理学的实验室”。

（2）学科知识。学科知识是指有关任教学科的知识。对教师学科知识的基本要求如下：一是掌握所教学科的基本知识、基本原理与技能。二是掌握所教学科的知识体系、基本思想与方法。三是掌握所教学科与其他学科和实践活动的联系。教师在本学科方面有精深的造诣是其知识结构的核心。

（3）学科教学知识。学科教学知识是美国教育家舒尔曼（L. S. Shulman）提出的一个关于教师教学专业知识的概念。这是关于教师在面对特定的主题、问题、议题时，如何针对学生的不同兴趣与能力组织调整与呈现学科知识，将自己所掌握的学科知识转化成学生易于理解的形式进行教学方面的知识，是教育知识和学科知识融合的产物。学科教学知识主要包含两方面：一是依据国家课程标准进行课程开发的知识，二是根据学生学习具体学科内容时的特点开展有针对性教学的知识。

（4）通识性知识。教师应具备广博的文化科学知识修养。教师的博学，是建立教师威信的重要条件之一，因为学生往往把教师当作“无所不懂”的知识权威。正如苏霍姆林斯基所说：“只有当教师的知识视野比教学大纲宽广得无可比拟的时候，教师才能成为教育过程的真正能手、艺术家和诗人。”教师应具备的通识性知识包括自然科学和人文社会科学方面的知识，艺术方面的知识，信息技术知识和有关中国教育国情的知识。对教师通识性知识的要求，一方面是为了保证教师在教学活动中能够关注学生的全面成长，更好地体现育人为本的教育理念，另一方面也是对教师专业素养方面提出的基本要求。

3. 专业能力

教育能力即教师从教的专业能力，也是一名教师圆满地完成本职工作的专业本领。教育能力通过教育活动来体现，以保证教育活动的有效进行，主要包括：

（1）教学设计能力。教学设计是课堂教学的重要环节，是上好课的基础和根本。教学设计能力主要包括教学目标设计能力、教学过程设计能力和导学设计能力。导学设计能力是教学设计能力的重要内容，是学生为本理念的重要体现。

（2）教学实施能力。教学实施能力主要包括教学环境创设能力、教学应变能力、有效教学能力、探究教学能力及现代教育技术应用能力。它从“基本要求”层面强调“通过启发式、探究式、讨论式、参与式等多种方式”，“激发与保护学生的学习兴趣”，“发展学生创新能力”，体现学生为本理念。

（3）班级管理与教育活动能力。这是教师教书育人使命的要求。班级管理与教育活动能力主要分为以下几点：一是班级管理能力，包括建设班级、开展班级活动的能力；二是育人能力，包括结合教学进行育人活动，组织开展思想品德教育、健康教育、学生指导等方面的能力；三是应对突发事件的能力。

（4）教育教学评价能力。它是教师运用各种手段了解学生学习状况，以判断教育教学是否完成预定的目标，学生是否达到预定的学习目标，从而不断改进教育教学工作的能力。过程性、发展性的教育教学评价备受倡导。教育教学评价能力主要包括评价学生的能力、引导学生进行自我评价的能力和自我教学评价的能力。

（5）沟通与合作能力。教师工作是一项与人打交道的工作，拥有与学生、同事、家长、社区等建立良好沟通与合作的能力是开展教育教学的基本保障。沟通与合作能力主要包括与学生的沟通交流能力，与同事的合作交流能力，与家庭、社区的沟通合作能力。首先，教师要特别注重口头表达能力的训练。教师要具有包括口头表达、文字表达和肢体表达在内的良好能力，它是影响教师活动成效的直接因素。特别是教师口头表达能力的强弱，直接影响着教师主导作用的发挥，也直接影响着学生语言和思维发展的水平。其次，教师要提升自己的亲和力。陈鹤琴曾经说过：一个笑容满面的老师大家都会喜欢。再次是学会倾听，提高与学生互动的能力与水平。最后，教师要与家长、同事建立有效的合作关系。

（6）反思与发展能力。反思与发展能力是促进教师成长、自主发展的重要能力。教师专业能力的提升是一个终身不断的持续过程。特别是身处不断变革需要终身学习的社会，教师需要在知识结构上不断更新，在情感和意志上不断调适。而且改革往往要求教师对新生事物作出评价和讨论，为此教师就必须保持终身学习、研究教学的意愿，掌握反思、研究教学的能力。教师只有具有自我发展能力才能不断提升自己的专业水平，从而适应教育教学工作的需要。为此，老师必须学会批判性反思和在实践中反思，对学生和实际工作进行行动研究。

这些能力可以进一步归纳为三方面：教育教学能力、沟通交往能力、自我发展能力，其中沟通交往能力是基础，教育教学能力是核心，自我发展能力是保障。

教师的这三项专业素质彼此联系、相互制约、相互促进，构成统一的整体。教师专业素质的高低直接关系到教育工作的成败。教师的专业素质不仅是教师在学生心目中树立威信的基础，而且是造成教师劳动价值巨大差异的重要原因。

（四）教师专业发展

1. 教师专业发展的内涵

教师专业化是指教师职业为争取更加专业而持续不断的努力过程，它包括教师个体专业化与教师群体专业化两个方面。教师专业化的核心与最终体现是教师个体的专业化。教师专业发展是指教师作为专业人员，从专业思想到专业知识、专业能力、专业心理品质等方面不断成长和追求成熟的过程，是教师在专业生活过程中其内在专业结构不断丰富和深化的过程，也是由一个专业新手到专业熟手最终发展成为专家型教师的过程。

2. 教师专业发展的基本阶段

教师的专业发展虽然与时间有关，但更是教师自身素质不断提高和专业自我形成的过程，具有阶段性发展的规律。下面是一个有关中学优秀教师品质的形成的调查表，通过表5—2我们可以发现教师个体专业发展的连续性。

表 5—2　　中学优秀教师各种特殊能力形成时间的分布表

各种特殊能力	大学前（%）	大学期间（%）	职后（%）
对教学方法的处理能力	18.95	12.63	68.42
运用教学方法和手段的能力	21.65	12.37	65.98
教学组织和管理能力	19.59	11.34	69.08
语言表达能力	34.69	20.41	44.90
教学科研能力	18.18	11.11	70.71
教育机智	19.19	11.11	69.70
与学生交往能力	21.43	10.21	68.37
平均	21.95	12.74	36.31

资料来源：王邦德等：《中学优秀教师的成长与高师教改之探索》，46 页，北京，人民教育出版社，1994。

有关教师发展阶段问题的研究，始于美国得克萨斯大学的弗朗西斯·富勒(Frances Fuller)于 1969 年提出的教师职业发展过程中教师关注的四阶段发展模式（见表 5—3）。

表 5—3　　教师专业发展阶段

阶段名称	主要特征
1. 从教前关注	职前阶段的学生只是想象中的教师，仅关注自己。
2. 早期生存关注	实习教师主要关注的是自我胜任能力以及作为一个教师如何“幸存”下来，关注对课堂控制、是否被学生喜欢和他人对自己教学的评价。
3. 教学情境关注	教师主要关心在目前教学情境对教学方法和材料等限制下，如何正常地完成教学任务，以及如何掌握相应的教学技能。
4. 关注学生阶段	教师开始把学生作为关注核心，关注他们的学习、社会和情感需要，以及如何通过教学更好地影响他们的成绩和表现。

继富勒之后，许多学者采取不同方法、从多个角度研究教师发展，提出了多种教师发展阶段理论。其中，影响较大的有卡茨（Katz）的四阶段理论、费斯勒（Fessler）的教师生涯循环论。1972 年，美国学者卡茨将教师的发展分为求生存时期（第一年，努力适应以求生存）、巩固时期（第二年，开始把注意力放在有问题的学生身上）、更新时期（第三、第四年，开始寻求新的教育教学方法）和成熟时期（第六年后或更长时间，成为专业人员，能够对教育问题作出反省性思考）四个阶段；1987 年，费斯勒将整个教师专业发展分为职前期、职初期、能力建构期、热情与成长期、职业挫折期、稳定与停滞期、职业消退期、离岗期八个阶段。费斯勒还考察了影响教师职业发展的因素，确定教师专业发展受到教师个人及其职业背景两方面因素的影响。其中个人环境因素包括家庭因素、积极的关键事件、生活中的危机因素、个人脾气或气质因素、嗜好等；职业背景因素包括学校规则、管理类型、公共信任、社会期望、专业组织和社团组织等。

对于教师专业发展阶段的划分，我国学者侧重于教师社会化标准的研究，即从教师作为社会人的角度，考察其成为一名专业教师的变化历程。我国台湾学者饶见维 1996 年出版的专著《教育专业发展——理论与实务》，在我国学界产生了较大影响。他根据教师专业发展的特性和目标，提出理想的教师专业发展进程为三个阶段六个时期：（1）职前师资培育阶段，包括探索期（大一以前，探索教师的工作性质，试探是否适合自己）、奠基期（大二至大四，形成教师所需的基本素养）；（2）初任教师导入阶段，包括适应期（任教第一年，求适应求生存）、发奋期（任教二至四年，大量学习以求尽快成为胜任教师）；（3）胜任教师精进阶段，包括创新期（任教五至九年，不断自我创新和检讨）、统整期（任教十年以上，统整与建构，逐渐走向专业成熟的境界）。白益民在其博士论文中，把教师的自我专业发展意识作为考察教师专业阶段发展的综合标准，提出“自我更新”取向教师专业发展模式，将教师专业发展过程分为：教师教育之前的“非关注”、师范学习阶段（包括实习期）的“虚拟关注”、新任教师的“生存关注”，再到熟练教师的“任务关注”、“自我更新关注”五个阶段。这种模式以自我专业发展意识的发展为基本线索，把教师内在专业结构更新与改进的规律作为考察核心，展现了一个教师自我专业发展意识由无到有、由弱到强的渐变过程。首先，这一理论揭示了教师教育应当抓住关键期，及时提出要求，引发教师内在的发展需要。其次，教师的专业发展意识不是一蹴而就的，而是一个循序渐进、不断深入的过程。因此，关注教师的专业成长，应当注重每个阶段教师专业意识的培养，并为下一阶段的发展奠定良好的基础。①

总之，教师专业发展过程是一个由不成熟到相对成熟、终身提高的过程，其职业生涯概括起来经历了新手型—熟手型—专家型教师三个阶段。教师的这种专业性的成熟过程，时间有长有短，少则3～5年，多则10～20年不等。从目前多数学者的研究成果和学校领导的实践经验来看，一般来说，教师具备分析、理解和清楚明确地讲授教材的能力约需3～5年；而掌握领导、组织、启发以及因势利导、因材施教的能力，则需6～10年，甚至更长时间。②

3. 教师专业发展的基本途径

教师专业发展的成长规律告诉我们，教师的专业发展是在职前教师教育与职后教师学习、实践、培训中持续不断的发展与提高的过程。除了有目的、有计划的职前教师教育对师范生的培养和教育实习实践外，在这里，更重要的是强调促进教师职后专业提高与发展的有效途径：教学反思、校本培训、校外的专业支援与合作。

（1）教学反思。教学反思就是指教师把自己放到研究者、反思者的位置，通过对教育教学日常工作中出现的某些疑难问题的教育情景片段进行观察、分析、反思与解决，提升自己的专业理论水平和专业实践的智慧与能力。教师教学反思的内容，不仅包括观察和反思学生的行为，同时也包括教师将自己作为反思对象，反思自己的教育行为、教育方法、教育理念、教育哲学以及对自己过去、现在的专业发展全程进行反思，进而对未来的专业发展进行规划。教学反思的形式通常有：记录观察日志、撰写反思日记、教育叙事、进行案例研究和行动研究等。教学反思不是一般意义上的表面思考，更为重要的是基于实践的、自觉的、理性的反思改进实践的能力。实践性、自觉性、理性成为反思的三个基本特征。

（2）校本培训。校本培训是指在教育专家指导下进行的，以教师任职的学校为基本培

① 参见季诚钧、陈于清：《我国教师专业发展研究综述》，载《课程·教材·教法》，2004（12）。

② 参见王道俊、郭文安主编：《教育学》，462页，北京，人民教育出版社，2009。

训单位，以提高教师专业素质为主要目标，通过教育教学实践和教育科研活动等多种形式，对全体教师实行的全员性在职培训模式。校本培训的主要形式是校本教研活动，相互评课、教学观摩或师范研讨课、课题研究是其主要的活动方式。

（3）校外的专业支援与合作，其主要形式有跨校合作、专家指导、政府教育部门和教师教育及研究机构参与组织的各类专业培训、交流活动等。跨校合作包括学校与学校，学校与大学或师范院校的合作。专家指导包括专家讲座、报告等。政府教育部门和教研机构组织的各类专业培训包括短期培训、脱产进修、业余进修等。这类多样化的校外专业支援与合作，在引进新的教育理念、专业理论、专业技能和实践经验的交流方面，是学校教师专业成长的有力支援。如果说校本培训体现了校内教师同仁的合作，那么校外专业支援模式，则体现了教师与校外同仁更大范围的互动、合作。这种模式为教师提供了更广阔的交流平台，扩大了教师的专业视野，使教师能够及时了解和分享外部专业信息，对促进教师的专业成长来说是一种十分重要的途径。

综上所述，关于教师专业成长的三种主要途径：教学反思、校本培训、校外的专业支援与合作，没有孰优孰劣之分，在教师专业成长过程中都同时发挥着各自的作用。作为专业的教师，必须不断学习，将校内与校外培训交流、外界的教育与自我的教育、入职前的教育与职后教育结合起来，不断总结反思，才能不断提升自身的专业化水平和素质。

第二节 学 生

学生是教师工作的对象，教师要取得良好的教育效果，就必须了解学生、正确认识学生。

一、学生的权利和义务

学生所拥有的权利，应该包括两个方面：一是作为一般公民所拥有的基本的人权，如生存权、发展权等。二是由于学生这个特殊的身份而拥有的特殊权利。1959 年，第 14 届联合国大会通过了《儿童权利宣言》，全面规定了儿童的各种权利，包括一般人身权利，教育、游戏、娱乐的权利等，强调儿童应享有特别保护权。1989 年，第 44 届联合国大会又通过《儿童权利公约》，规定儿童出生后享有姓名权、国籍权、生存权、受教育权以及不受剥削和虐待等各种权利，而且不受种族、肤色、性别、语言、宗教信仰、政治主张等影响。1990 年，我国签署了《儿童权利公约》，1991 年，七届全国人大常委会第二十三次会议审议批准了该公约。截至 1992 年 7 月，全世界已有 120 个国家批准了《儿童权利公约》，标志着保护儿童权利已成为国际共同行动。

（一）学生的权利

我国 1995 年实施的《中华人民共和国教育法》第四十二条具体规定了作为学生而拥有的特殊权利：

1. 参加教育教学计划安排的各种活动，使用教育教学设施、设备、图书资料。
2. 按照国家有关规定获得奖学金、贷学金、助学金。

3. 在学业成绩和品行上获得公正评价，完成规定的学业后获得相应的学业证书、学位证书。

4. 对学校给予的处分不服向有关部门提出申诉，对学校、教师侵犯其人身权、财产权等合法权益，提出申诉或者依法提起诉讼。

5. 法律、法规规定的其他权利。

这些权利依学生就读学校的不同和学生年龄的不同而有所区别。如奖学金、贷学金的规定主要适用于高等学校和中等专业学校的学生，学位证书的规定主要适用于高等学校的学生等。

（二）学生的义务

学生作为法律关系的参加者，在享受法定权利的同时，也要承担相应的法定义务。《中华人民共和国教育法》第四十三条明确规定，受教育者应当履行下列义务：

1. 遵守法律、法规。

2. 遵守学生行为规范，尊敬师长，养成良好的思想品德和行为习惯。

3. 努力学习，完成规定的学习任务。

4. 遵守所在学校或者其他教育机构的管理制度。

这里所说的“学生行为规范”是指教育部颁发的《小学生日常行为规范（修订）》、《中学生日常行为规范（修订）》和《高等学校学生行为准则》三个规章。这里所说的“管理制度”是指学校或其他教育机构的思想政治教育管理制度、教育管理制度、学籍管理制度和其他管理制度。

学生如不履行法定义务，有关部门将视其违纪违法行为的情节严重程度要求学生承担相应的法律责任。

二、学生在教育过程中的地位

学生在教育过程中的地位问题历来是许多教育家争论的一个重要问题，在外国教育史上有两派截然不同的观点。一派是在近代教育史上基本占据主导地位、以德国教育家赫尔巴特为代表的“教师中心论”，认为在教育过程中教师处于绝对的权威状态，学生只能被动地服从教师，把学生完全视为一种消极被动的接受教育的客体。另一派是以美国实用主义教育家杜威为代表的“学生中心论”，即“儿童中心主义”，认为教育就是要适应人的自然发展，教育应该从学生的兴趣和需要出发，教师只能作为“自然仆人”去引导学生的兴趣，满足学生的需要，而不能干涉学生的活动。

我国的古代和近代，基本上是“教师中心论”占主导地位。到了现代，特别是经过五四运动的影响，加上杜威来华讲学，“教师中心论”的地位稍有动摇，但仍然占据主导地位。新中国成立后，我国教育全面学习苏联，凯洛夫的教育学理论受到推崇，虽然它强调了学生的自觉性和积极性，但它对学生主体性的重视仍然不够，突出的仍然是教师中心。现代教育观点认为，学生在教育活动中具有特殊的地位，学生既是教育的对象，又是教育的主体。

（一）学生是教育的对象

在教育活动中，学生首先是教育的对象，是教育的承受者。学校的使命就是培养人才、促进学生的积极发展，校长、教师的一切工作从根本上来说都是为学生服务的，一切教育活动都要围绕学生的成长和发展来进行，学校的教育成果也要在学生身上才能体现出来。另外，相对学生而言，教师承担着教书育人的任务，是教育教学活动的设计者、组织者、领导者，决定着教育教学工作的方向和质量，主导着学生学习、品德等各方面的发展状况。可以说，学生的每一步成长、进步都离不开教师的培养和帮助，因而教师理所当然在对学生的施教和培养过程中起主导作用，是实施教育活动的主体。因此，学校教育对学生的健康成长来说是不可缺少的，学生在学校接受教育，理所当然是受教育者，是教育的对象，也可以说是实施教育的客体，这是客观存在，是教育活动客观规律的体现。

（二）学生是学习和发展的主体

虽然学生在教育活动中处于客体地位，但在教育实践的层面上，学生又是教育活动的主体，在教育过程中具有主观能动性。因此，在教育过程中学生具有主体和客体的双重特性。学生的客体地位是学生接受教育的前提，学生的主体地位是学生接受教育的关键。辩证唯物主义认为，事物发展的根本原因不是在事物的外部，而是在事物的内部，在于事物内部的矛盾性。外因是变化的条件，内因是变化的根据，外因通过内因而起作用。从外因与内因的关系来分析，在教育过程中，教师的引导教育是学生成长发展的外因，学生自身需要、认识、情感等方面的变化才是内因，外因只能通过内因起作用。可见，学生在教育过程中的主体地位是任何人都不能取代的。学生主体性的具体表现有：学习任务完成的决定性，学生智力与非智力因素对教师教的制约性，学生的个性特征、年龄特征对教师的影响性。总之，学生不是一个可被教师任意加工的对象，他们有自己的主观能动性，他们的学习程度、态度、个性等制约着教师的教。

完整地认识学生在教育过程中的地位，一方面要肯定学生是教育对象，要接受教育，学校和教师不可松懈教育的职责，发挥其育人的主导作用。另一方面，必须强调学生是学习与发展的主体，尊重学生的差异性和独立性，充分发挥学生的主观能动性。

三、学生的年龄特征与教育

所谓学生的年龄特征，是指在一定的社会和教育条件下，不同年龄阶段的学生在身体和心理发展方面所表现出来的一般的、典型的和本质的特征。学生的年龄特征，反映的是同一年龄阶段学生身心发展的规律，是我们开展教育工作的重要依据。

（一）童年期学生的年龄特征与教育

童年期是指六七岁至十一二岁的年龄阶段，这一阶段与我国的小学教育阶段基本吻合。在这个阶段，儿童开始接受正规的学校教育，为未来的进一步发展打基础、作准备。从发展速度上看，童年期是一个相对平稳的时期，学生的身体缓慢生长，心理上一般也没有十分尖锐的自我冲突；从发展的性质上看，童年期是儿童超越家庭范围的社会化的起始阶段，也是儿童因角色、活动、他人评价的多样化而引起的对自我形象反思的开始时期。所以，有人把童年期称作人生发展的奠基时期。正因为如此，童年期学生的教育就显得尤为重要。

童年期学生因其身体发展的平稳性和心理发展的无尖锐冲突性的特点，为教育提供了极为有利的条件。由于童年期学生所具有的天真、无邪，对成人的依赖，平静的心态，可塑的品格，极强的吸收能力等特点，因此童年期是学生接受教育的黄金时期。

使学生热爱学习和学会学习、发展体质、培养良好的道德行为习惯是童年期教育的核心任务。教育者应教育学生学会在学校中生活并热爱学校、集体，做学校、集体的小主人，目的是为他们今后的学习和形成积极的、有所作为的人生态度打下坚实的基础。人的一生的生活道路是很难预测的，但从小打下的良好的知识基础、养成的良好的学习习惯和形成的积极的人生态度对学生未来的健康成长和发展将会产生深远的影响。因此，小学教育要使学生在获取知识的同时，培养良好的身体、心理品质和发展多种能力，使学生的身心两方面都得到健康发展。

（二）少年期学生的年龄特征与教育

少年期是指十二三岁至十五六岁这个年龄阶段，学生处于青春发育时期，大致相当于我国的初中教育阶段。这是学生开始向成熟期过渡的一个重要阶段。进入少年期的学生，随着其身心发展的急剧变化，年龄特征更为鲜明，如既走向成熟又带有童稚，既走向独立又具有依赖性，是学生在矛盾中发展的时期。有的心理学家因此把少年期称为“心理性断乳期”，即为既希望离开成人保护又需要成人帮助的时期。

1. 少年期学生的年龄特征

进入少年期的学生，由于青春发育导致的身体剧变同时引起心理的剧变，认知水平和自我独立意识明显增强，心理上的“成人感”日益显露出来。特别是在与成人的交往中，不再完全是被动的适应者、服从者和模仿者，而是力求成为主动的探索者、选择者和设计者。他们往往会对他人的干预以执拗的态度予以反抗，甚至产生逆反心理。如果说童年期的学生主要是关注外部世界的话，那么，少年期学生则开始由单纯地对外部世界的探究向更为关注内部世界转化。

在情感和意志方面，少年期学生精力充沛、充满热情，自控能力也有了较大的发展，但情绪不够稳定，极易因外界刺激的影响而波动，往往会失去理智和对自己行为的控制。特别是在坏人乘机诱惑或教唆时，他们极易染上恶习或走上犯罪的道路。有关青少年犯罪问题的研究表明：13 岁是青少年劣迹出现的高峰年龄；16 岁是青少年犯罪的高峰年龄，其罪行主要是打群架、偷窃与流氓性行为。因此，加强对少年期学生情感和意志教育，既是一个教育问题，也是一个社会问题。不少心理学家认为，少年期是学生情感发展最困难、最令教育者操心的时期。

2. 少年期学生的教育

对于身心发展处于急剧变化的少年期学生，教育者面临的任务是艰巨的，责任是重大的。良好的教育，对学生顺利地完成由儿童向成人的过渡以及他们今后的健康成长，具有重要的意义。

教师应针对少年期学生生理急剧变化的特点，加强对学生的青春期教育。教育者除了要教育学生充分保证休息时间和丰富的营养外，应着重加强对学生的青春期教育，引导学生懂得青春期生理变化的必然性及其对人生的意义，教育学生养成良好的学习、生活和卫生习惯。学校应当为学生开设性教育专题、系列讲座或开设生理卫生课程，增加学生的性知识，减少性问题的神秘感。这有助于学生心绪平静，减少因生理变化引起的恐慌，逐步适应这种急剧性的生理变化。与此同时，教师要注意引导学生积极参加有意义的社会活动，把他们的热情和充沛的精力用到有意义的社会活动中去。此外，教师还应当针对学生生理变化特点，教育学生自尊、自爱、自主、自强。

少年期学生的心理变化，使得他们的内心世界和精神生活丰富多彩。充沛的精力使他们求知欲旺盛而不知疲倦。教师应充分利用这一有利时机，大力引导他们学习和探索知识，发挥自己的特长和优势，积极进行实践锻炼，促进身心健康成长。

少年期是培养学生的积极情感、形成良好品德和初步形成正确的人生理想的关键时期，对他们的情感、品德教育，应紧密地结合学生的生活实际，引导学生从对他们日常生活的诸多矛盾、冲突的讨论中去明辨是非，提高判断力，从而提高学生的道德认知水平，养成道德习惯，逐步清除不合理的需要，提高需要层次，发展积极情感。

对少年期学生的自我教育能力的培养，是教育者的又一重要任务。心理学研究表明，情绪的认知能力和调节能力发展的转折期在初中一、二年级，初中阶段也是人的认知倾向和道德品质初步形成并被自己意识到的时期。教育者在这一时期应多引导学生写日记、书评、影评，在对他人、他物的评价中提高自我评价能力。与此同时，教师要通过引导学生参加集体、公益活动，与教师、同学对话等形式，让大家彼此“画像”，以调整和强化学生的自我形象。此外，教师还应经常引导学生对自己提出需要付出一定意志努力才能完成的任务，以克服学生身上的缺点，使之体验到通过努力战胜自己弱点的力量和欢乐，从而增强学生的自我教育能力。

（三）青年初期学生的年龄特征与教育

青年初期是指十六七岁至十九、二十岁这个年龄阶段，大致相当于我国的高中教育阶段。这一时期是学生个体在生理、心理上接近成熟的时期，也是准备走向独立生活的阶段。

1. 青年初期学生的年龄特征

进入青年初期的学生，不仅身体发育趋于成熟，而且在心理发展上也有了质的变化。他们大多对世界、社会、自己和未来都开始有较清晰的认识和较深入的思考，人生观、世界观、价值观已开始形成。他们的认知水平迅速提高，情感丰富细腻，自我教育能力达到了较高水平，社会意识和社会责任感增强。所以，有人称青年初期是人身心发展基本“定型”的时期。显然，这一时期的学生，对外部世界和自我的认识都达到了较高的水平，内心世界更为丰富，人生观、世界观已初步形成，但还不够稳定。

2. 青年初期学生的教育

青年初期是学生初步确立自己未来发展方向的时期。面对升学与就业的社会选择，他们开始考虑自己的未来，其心理也会因此而发生剧烈的变化。对于这些已基本具备自我教育能力的学生，教育者应把更多的精力转移到教会学生如何正确地面对选择人生发展阶段的重要问题上去。具体地讲，青年初期的教育主要应体现在如下几个方面：

首先，要引导学生继续努力学好科学文化知识，全面提高各方面的素养，为将来继续深造或就业打下坚实的基础。教师应消除学生在学习上的种种不健康心理，促使各类学生都能取得进步。

其次，要帮助学生处理好升学与就业、自我与社会的关系。教师要引导学生正视现实，摆正自己的位置，正确地处理好升学与就业的关系。

第三节　教师与学生的关系

师生关系是教师与学生在教育过程中为完成一定的教育任务以教和学为中介通过相互影响和作用而形成的一种特殊的人际关系，包括彼此所处的地位、作用和态度等。学校的教育活动是师生双方共同的活动，因此，良好师生关系的建立、维系和发展，既是教育教学的基本要求，也是保证教育教学顺利实施的重要条件，是整个教育工作的基石。建立良好的师生关系是教师教育艺术的重要组成部分。如何根据新时期的社会特点和青少年发展特点，建立新的符合时代、学生和教育要求的师生关系，是一个非常值得探讨的问题。

一、教育过程中教师与学生的辩证关系

师生关系是教育教学过程中人与人关系中最基本的、最重要的方面，是学校中最基本的人际关系，也是社会关系的一种特殊表现形式。教育过程中的教师与学生之间的关系是一种对立统一的矛盾关系，它主要表现为在角色上教师与学生相互依存、在教育教学过程中教学相长、在人格上平等互尊、在人际关系上民主合作、在心理情感关系上互容互信等方面。

（一）教师与学生在角色上是相互依存的

从哲学层面分析，教师与学生之间的授受关系通过主客体关系体现出来，“授”体现为主动一面，是教师作为主体的行为表现，“受”体现为受动的一面，是学生作为客体的行为表现，主客体间的行为共同构成了相互依存的师生关系。无论是离开教师，还是离开学生，都无法构成师生关系。离开师生关系，教与学的活动就不可能实现。从教师与学生的角色特点来看，教师与学生表现出显著的异质性，教师是成人，其人生观、价值观已经形成，其专业知识结构、思想品德素质、认知系统、角色能力趋于稳定，而学生则具有很大发展潜力、未特定化、可塑性大、内需发展动力强等特点，双方存在着巨大区别，既体现出差异性的一面，又体现出互补性的一面，彼此构成了对立统一、密不可分的角色关系。

（二）教师与学生在教育教学活动中相互促进、共同成长

首先是教与学作为教育活动层面的相互促进。《礼记·学记》中说：“学然后知不足，教然后知困。知不足，然后能自反也；知困，然后能自强也。故曰教学相长也。”教师与学生都能够在双方共同构建的教学活动中不断进行吸纳、总结、反思，达成彼此收益、互惠互利、互动双赢的教学关系。其次是教师与学生作为个体发展的相互促进、共同成长。在教学中，不仅仅是学生向教师学习，教师也在向学生学习。从社会学的角度看，教师与学生的关系在其本质意义上是人与人的关系，是师生之间思想交流、情感沟通、人格冲突、智慧碰撞的社会互动关系。在教学活动中，教师与学生都是受益者，都在从对方身上汲取着自身成长发展的养料。在以信息化为显著特征的 21 世纪，向孩子学习，与孩子共

同成长已成为一个主要的教育理念，影响着人们的教育行为。

（三）教师与学生在人格上是平等互尊的

学生作为一个独立的个体，虽然在学识上不及教师，但在人格上与教师是平等的。传统意义上的“师即父”的“师道尊严”、“以教师为中心”的师生关系随着历史的进步越发彰显其弊端，新型的平等的、民主的、和谐的现代师生关系已居于主导地位。现代的师生关系倡导一种师生彼此尊重、人格平等、相互爱护理念，转变了“主”与“辅”、“主体”与“客体”的对立关系，新的教育理念要求师生之间是平等主体关系，教师只是“平等中的首席”。

（四）教师与学生在人际关系上是民主合作的

师生之间的民主合作关系不仅是建设民主社会、发展民主政治、创造民主生活的需要，也是培育学生主体精神的需要。以往的师生之间的人际关系突出表现为领导与被领导、权威与听众的关系，教师与学生是上下级的尊卑关系，彼此之间缺乏平等的交流和对话，学生在这样的人际关系中生存就会导致主体性丧失。教育教学的一个主要任务就是培育学生的主体性，宽松、民主、合作、融洽的师生人际关系是培育学生主体性的重要途径。

（五）教师与学生在心理情感关系上是互容互信的

教师不了解学生的内心世界，就没有教育。师生之间心理交往和关系贯穿于教育全过程，渗透于一切师生关系之中。它包括认知关系和情感关系两个方面。首先在认知关系方面，师生之间的认识要经历一个从感性到理性、从现象到本质的过程。缺乏经验的教师往往从表面现象上认识学生，从而容易对学生作出错误的判断。学生也易于凭一时的印象，对教师下出片面的结论。因此，师生间要建立积极肯定的认识，促进教育过程的运转，从而取得最佳的教育效果。其次情感关系是师生心理关系一个极为重要的方面，“亲其师，信其道”，师生间相互信任，教育的作用才能得到充分的发挥。教师对学生的积极情感，可以激发其工作热情，可以唤起学生的兴趣和对教师的尊重。

二、良好师生关系的建立

（一）良好师生关系的特征

良好的师生关系主要表现为民主平等、尊师爱生、教学相长三个相互联系的特征。

民主平等是良好师生关系建立的首要前提。教师与学生之间的民主平等主要包含师生之间的人格平等、教师与学生平等地合作交流、主体平等及思想观念的互动分享。其次，尊师爱生建立在民主平等的基础之上，教师与学生没有上下、高低、尊卑、贵贱之分，教师与学生之间的尊重、关心、爱护都是相互的。对学生来讲，教师对学生的尊重、关心、爱护将唤起学生更大的主动精神，使学生愈发加倍努力学习。对教师来说，学生的尊敬、关心、爱护是对教师热爱学生的回报，是对教师的无私奉献的激励。最后，在教育教学活动中，教师与学生是相互影响、相互促进的关系。一方面教师向学生传递信息，另一方面学生也会向教师反馈信息，只有双方形成双向信息互动，才能建立起畅通的信息循环系统，教育教学才能取得预期效果。实践证明，只有民主型的师生关系，才有利于实现教学相长的目的。

（二）建立良好师生关系的基本策略

1. 树立科学的学生观

学生观即人们对学生的基本认识和根本态度。新课程提倡促进每一个学生的发展，“以学生发展为本”，一切为了学生的发展，关注每一个学生，关注学生的情绪和情感，关注学生的道德生活和人格培养。因此，教师应转变观念，树立人本化的、个性化的和发展性的学生观。

（1）树立人本化的学生观。要求教育要充满人文关怀，关注学生的生理和心理特征，凸显学生的主体地位，使教育工作具有人性美。坚持人性化的学生观，首先，要关爱生命。教育应把学生视为灵动的生命体，视为有思想有情感的人；教师要尊重学生，关心学生的身心健康，培养其积极的人生态度，让学生享受学习中的乐趣。其次，要注重自主教育。教育要重视学生个体的积极作用，重视学生个性的自我张扬，重视学生自己的情感体验，让学生学会自尊、自律、自省；教师要学会赏识学生，进行积极暗示和鼓励，唤醒学生的自我意识。

（2）树立个性化的学生观。根据加德纳的多元智能理论，智力是彼此相互独立、以多元方式存在的。每个学生都不同程度地拥有各种智力，智力之间的不同组合表现出个体之间的智力差异，应倡导个性化教育和全纳教育，为学生提供平等的发展机会和条件。教师应因材施教，让每一个有个性差异的学生都充分展现自己的独特才华。

（3）树立发展性的学生观。现代教育认为每个学生作为一个指向未来的无限变化体，都具有无限的发展潜能，尤其是中小学阶段的学生更具有发展的可能性，可塑性也更强。美国著名心理学家威廉·詹姆斯指出：“我毫不怀疑绝大多数人不论在生理上、精神上还是道德上，都只是很有限地利用了他们的潜力。”“跟我们应该成为的样子相比，我们只是半睡半醒。”① 他不但相信普通人只运用了10%的潜力，而且相信这尚未开发的潜力可以诉诸教育的力量。因此，教师要对教育好每一位学生充满信心，并给学生创造发展的良好环境和机会。

2. 爱护尊重学生

爱是教育的灵魂，是教育的原动力，是照亮学生心灵的点点灯光。英国哲学家罗素说：“在教师缺乏爱心的地方，无论是品行还是智力都不会得到良好的或自由的发展；而这种爱实质上是将孩子作为目的‘感觉’构成的。”② 只有爱才能真正使师生双方彼此敞开心扉，在师生之间建立起一种相互依存、相互协调的情感纽带，使学生的精神愉悦和充实，才能与学生进行全面的心灵对话。特别在师生之间产生冲突时，教师更要用爱去感化、教育学生。罗素还说：“由于征服人心的胜利是不容易取得的，如果教师不能征服他所面对的这个执拗的人心，他就必须寻求爱的言辞，只有这种爱的言辞才能有助于摆脱这种艰难的困境。”③ 现代师生关系的真正形成需要教师拥有满腔的教育爱。正是教师深沉的教育爱，才能使师生之间彼此敞开心扉，畅所欲言，实现心与心的交流，达到师生关系

---

① 转引自靳玉乐主编：《现代教育学》，147页，成都，四川教育出版社，2008。

② 转引自上书，157页。

③ 转引自上书，158页。

的和谐统一。

3. 提高与学生沟通、交往的技巧

教育基本上是一个沟通的过程，要用言语来传达各种抽象的情感、见解与观念。良好的沟通指的就是一种双向的沟通过程。师生关系一般要经历生疏、接触、亲近、依赖、协调到默契的阶段。在师生交往的初期，往往出现不和谐因素，这就要求教师掌握沟通与交往的主动性，经常与学生保持接触、交心。同时，教师还要掌握与学生交往的技巧，包括教师理解学生情感的能力，才能产生心理共鸣。教师要善于启发引导和发扬民主作风，才能使师生以诚相待，敞开心扉相互沟通。此外，还可以运用具体的策略，如寻找共同的兴趣或话题、一起参加活动、邀请学生到家做客、通信联系等。这样，师生心相通、情相连，学生才会信赖老师，向教师敞开心扉，才能不断把师生关系推向民主和谐。

复习思考题

1. 谈谈你对教师劳动特点的认识。
2. 结合我国的《中学教师专业标准（试行）》，谈谈新时代教师应该具备哪些专业素质。
3. 根据《中学教师专业标准（试行）》，制定一份符合自己实际的教师职业规划。
4. 谈谈你对教师专业发展阶段的理解和认识。
5. 我国的教师与学生分别有哪些权利和义务？
6. 教师应该树立怎样的学生观？

推荐阅读书目与访问网站

1. 傅道春主编. 教师的成长与发展. 北京：教育科学出版社，2001
2. [苏] 苏霍姆林斯基. 给教师的建议. 北京：教育科学出版社，1984
3. 李镇西. 爱心与教育：素质教育探索手记. 成都：四川少儿出版社，1998
4. [日] 黑柳彻子. 窗边的小豆豆. 海口：海口出版公司，2003
5. 屠美如主编. 向瑞吉欧学习什么. 北京：教育科学出版社，2002
6. 中国教师网 http://www.zgjsw.com/
7. 优酷视频网 http://www.youku.com/：有关教育电影、特级教师等视频资料

教学案例

学生观

一天，金坛中学的几位老师聚在一起谈论学生。一位语文教员轻蔑地发表感慨：“成绩好的都到省城里念书去了，剩下来的嘛，一帮笨蛋！”“不见得吧？”刚从上海大同大学毕业当数学教员的王维克老师不同意此看法。他说：“依我看，华罗庚很有前途。”“哼，华罗庚？就看他写的那些螃蟹一样的字，也谈得上前途？”“当然喽，华罗庚的字写得的确

不好，将来当书法家的可能性很小；但是在数学方面或许有点培养前途。我发现他的字歪歪扭扭，不认真，数学作业本子也不整洁，糊涂乱改；后来仔细研究了这些作业我才发现，许多涂改的地方正是反映了他在解题时探索的多种路子。”

王维克老师讲到这，下课的铃声响了，学生们从教室拥到了操场上。“你们看，”王维克指着操场上活动的学生，“在他们中有喜欢写字的、画画的、雕刻的、演说的、下棋的，还有喜欢问天高地厚的，都是各种各样的人才。只要好好启发、引导，对他们喜欢的，尽力让他们去做，锲而不舍，行之十年、二十年、三十年，哪有不成为名家之道理呢？千万莫把松苗当蓬蒿啊！”

资料来源：《王维克发现数学天才华罗庚》，载《教师博览》，2012（7）。

问题：

1. 对比案例中两个老师的观点，谈谈教师应该树立怎样的学生观。

第六章 课 程

内容提要

课程是指学校教学的内容及其进程的安排，是教育目的的载体与实现路径。课程组织涉及课程目标、课程内容、课程评价、课程开发等，它是课程设计中关键而又复杂的工作，直接关系到课程改革与实施的成败。课程改革是教育改革的核心与突破口。学习和研究课程理论，不仅有助于理解教学的理论体系，而且有助于提高对课程改革的认识，深化课程改革，全面提高教育教学质量。本章主要阐述了课程及其表现形式，课程组织，校本课程的开发，课程改革的背景、目标和理念。

在现代教育理论中，一般把教学内容从教学中抽出来研究，用“课程”这一概念来表示。人们一致认为，课程是教育活动的核心，在任何一个教育体系中，它都居于中心的地位。因为课程是解决教师教什么和学生学什么的问题，是实现培养目标的基本保证，是学校组织教学活动的主要依据。

第一节 课程概述

一、课程的含义

（一）课程的辞源探究

“课程”一词在我国早就开始使用。唐朝孔颖达在《五经正义》里为《诗经·小雅·巧言》中“奕奕寝庙，君子作之”一句注疏：“维护课程，必君子监之，乃依法制。”这是汉语文献中最早出现的“课程”。不过，这里的“课程”一词含义甚泛，指“寝庙”及其喻义“伟业”。另有“宽着期限，紧着课程”，“小立课程，大作工夫”（《朱子全书·论学》)。在中国文化传统背景里,"课"的基本含义为,按规定的内容和分量讲授或学习并加以考核试用;"程"的本义是一种长度单位,被人们引申为事物发展的经过或步骤。"课程"的基本含义是指,人们预定分量、内容和步骤并包括严格的考核试用。

在西方,英国教育家斯宾塞在《什么知识最有价值》一文中最早使用"curriculum"一词,意指"教学内容的系统组织"。该词为拉丁语"currere"所派生,原指"跑道"。斯宾塞用"curriculum"一词来指称"教学内容的系统组织",日本学者后来将它翻译成汉字"教育课程"。从中世纪起,"curriculum"这一术语便一直用来指学校时间表上科目内容的安排。①

(二)课程的含义

在我国,课程的最基本含义是学科、教材、教育内容及教学进程。定义有如下几种:

(1)课程是指所有学科(教学科目)的总和。

(2)课程是为实现学校教育目标而选择的教育内容的总和。

(3)课程是旨在遵循教育目的指导学生的学习活动,由学校有计划、有组织地编制的教育内容。

(4)课程最一般的含义就是有组织的教育内容,它是教和学相互作用的中介。

(5)课程是指一定学科有计划的教学进程,也泛指各级各类学校某级学生所应学的学科总和及其进程和安排。

在西方,人们对课程的理解与我国不同的是,他们多从学生的角度出发来定义课程:

(1)课程即学习计划。

(2)课程是由学校组织的有计划的学习活动。

(3)课程即学生期望学习的内容。

(4)课程即教育程序,包括内容、目的及其组织。

(5)课程是学习者在教师指导下所获得的经验。

上述各种课程定义,从不同的角度或多或少地涉及课程的某些本质,但也都存在明显的缺陷和片面性。概括国内外对课程概念的不同定义,我们认为可从广义与狭义两个方面来理解课程概念。从广义上说,课程是学生在学校获得的全部经验,其中包括有目的、有计划的学科设置、教学活动、教学进程、课外活动及学校的环境气氛的影响。从狭义上说,课程是指各级各类学校为了实现培养目标而开设的学科及其目的、内容、范围、活动、进程等的总和,主要体现在课程计划、课程标准和教科书上。

二、课程的地位与作用

课程在教育教学中处于核心地位。它是实现教育目标的主要途径,是教育教学的重要依据,是教育思想和教育价值的载体,关系到人才培养的质量,影响着一个国家和民族未来的竞争力。课程在教育教学中的作用体现为:

第一,课程是人们教育思想和教育观念的集中体现。教育思想是指经过人们思维加工

① R. Barrow & G. Milburn, *A Critical Dictionary of Educational Concept*, Brighton: Wheatsheft, 1986, pp. 65-67.

而形成的教育理论认识，具有实践性、抽象性、社会性和前瞻性等多种特征。教育观念就是人们对教育事物的一种判断和看法。具有根本性、坚定性、真理性的教育观念就是教育理念。在课程开发过程中，我们为什么要设置课程、设置什么样的课程、如何设置课程等课程基本问题的解决，看似是课程方面的问题，实际上却是一定时期人们的教育思想与观念的集中反映。也就是说，在课程开发过程中，课程目标的制定、价值的确立、内容的取舍、呈现方式的安排等无不是受课程设计者与实施者教育思想与观念的统领和指导，它最终规定着学生学习的内容，决定着学生的发展方向，影响着教育目的的实现。

第二，课程是学校培养人才的施工蓝图。学校是培养人才的场所，办一所学校首先要有明确的教育目标和培养目标，要规定相应的教学任务，这一切并不是凭空就能实现的，而是要通过制定课程目标、规定课程内容及课程结构、实施课程计划和标准等环节来实现。

第三，课程是教育教学的重要依据。一方面，课程是教师从事教育活动的基本依据。在教学中，教师选择教学内容主要依据课程内容。教师备课，进行教学设计，选择教学方法，实施课程教学等，都必须根据课程计划和课程标准来进行，不能脱离这个根本。另一方面，课程还是学生汲取知识的主要来源。学生在学校学习的知识，无论是间接的还是直接的，都要通过课程呈现。在学校中，学生以课程为基本的学习内容，为自己今后学习和发展奠定良好的基础。

第四，课程对学生的全面发展起决定性作用。课程结构决定学生的素质结构，课程设置合理与否对学生的发展具有十分重要的意义。合理的课程设置对学生的全面发展起决定性作用。

第五，课程是评估教学质量的主要依据和标准。学校所有评价指标的建立都可依据课程来进行，学校可以通过多层次、多方位的教育质量评估，提高教材开发和利用的水平。

三、课程的基本类型

课程类型是课程的横向组织结构中，按照课程设计的不同性质和特点形成的课程门类或课程的组织方式。根据不同的划分标准课程可分为以下几种类型：

（一）显性课程与隐性课程

显性课程与隐性课程是以课程的表现形态来划分的。

显性课程，又叫正式课程、官方课程或公开课程，是指为实现教育目标而在学校课程计划中明确规定的学科以及有目的、有计划、有组织的课外活动，是学校情境中以直接的、明显的方式呈现的课程，一般按预先编订好的课程表实施。

隐性课程，又叫非正式课程、非官方课程或潜在课程，是指学校政策及课程计划中未明确的、非正式的和无意识的学校学习经验，是学校情境中以间接、内隐的方式呈现的课程。主要指正式课程以外的任何一种或全部的教育影响，比如校园环境、文化传统、师生关系、校风、学风、班级活动、教师期待等。

显性课程的主导价值在于对学生的发展产生直接的影响。隐性课程的主导价值在于对学生的发展产生熏陶作用。在传统教育中比较注重显性课程的设置和实施，忽略隐性课程的存在，如今人们越来越认识到只有当显性课程和隐性课程相互补充、和谐配合时，课程的育人功能才会达到最佳效果。

（二）学科课程与活动课程

这是现代课程的两个基本类型，是以课程内容所固有的属性为逻辑范畴划分的。围绕这两种课程的争论迄今都没有停止。

学科课程是以文化遗产为基础组织起来的传统的课程形态的总称，是从各门科学领域选择部分内容、分门别类地组织起来的课程体系，由于它是分门别类地设置，所以又被称作“分科课程”。它主要包括科目本位课程、学术中心课程、综合学科课程，是个古老的、应用广泛的课程类型。

活动课程是打破学科逻辑组织的界限，以学生兴趣、需要、能力为基础，通过学生自己组织的一系列的活动进行学习，从而丰富和增长经验，提高解决问题的能力。活动课程也叫经验课程，包括浪漫自然主义经验课程、经验自然主义经验课程、当代人本主义经验课程。

学科课程的主导价值在于传承人类文明，使学生掌握、传递和发展人类积累下来的文化遗产。活动课程的主导价值在于使学生获得关于现实世界的直接经验和真切体会。学科课程目前仍然是世界各国中小学课程设计中的一种主要的课程类型，但也不能忽视活动课程的价值，否则不利于创新人才的培养。

（三）分科课程与综合课程

分科课程与综合课程是根据课程组织方式不同划分的。

分科课程是指分门别类地设置的课程，注重课程知识的系统性和逻辑性。分科课程也特指传统的学科课程。

综合课程是将两门或两门以上学科综合设置为一个学科的课程。综合课程包括学科本位综合课程、社会本位综合课程、儿童本位综合课程。学科本位综合课程又叫综合学科课程，是传统学科课程的一个变种。比如由物理、化学、生物等合成的“科学”课，就是一种综合学科课程。社会本位综合课程，典型的例子是“STS”课（“科学、技术、社会”课程），它是 20 世纪 80 年代以来国际上颇为流行的一种综合课程。经验本位的综合课程以杜威的经验课程为典型代表。

分科课程的主导价值在于使学生获得逻辑严密和条理清晰的文化知识。综合课程的主导价值在于使学生掌握形成完整的知识体系，并形成把握和解决问题的全新的视野与方法。人们曾一度把综合课程与分科课程视为对立的两种课程类型。现有研究则表明，两者的区分是相对的，综合课程往往也采用分科的形式设置，而分科课程的内容又总是综合的。因此，不能简单、片面地看待综合课程和分科课程的关系，要使二者共存于学校教育之中，实现功能互补。

（四）必修课与选修课

必修课与选修课是从对学生的学习要求的角度而划分的两类课程。

必修课就是要求按照教学计划所有学生必须学习的课程，是保证教学质量必须设置的课程。

选修课是为了适应学生兴趣爱好和劳动就业需要而开设，学生可以根据自己的情况来选择学习的课程。

必修课的主导价值体现了现代课程大众化、民主化的价值取向，它是所有受教育者享有平等受教育权利的保证。选修课则体现了现代课程对个体学习兴趣和需要的尊重，为学生个性的自由发展提供了空间。二者具有相互依存的关系。只有必修课没有选修课，学生个体的兴趣需要就难以得到满足；只有选修课而没有必修课，将难以保证教育的基本质量，会造成教育质量的巨大差距。因此，合理地设置必修课与选修课，是现代课程论和课程改革实践十分关注的一个课题。

（五）国家课程、地方课程和校本课程

国家课程、地方课程和校本课程是以课程开发、设计管理主体不同来划分的。

国家课程即国家一级的课程管理，是指制定国家基础教育各个阶段的培养目标、课程计划框架、课程标准以及实施与评价的要求等宏观课程政策，由教育部负责实施。

地方课程即地方一级的课程管理，是指由省、地、县各级教育行政部门执行上级教育行政部门颁布的课程政策，监督下级对课程政策的执行并结合本地的实际情况，制定相应的指导性课程文件。

校本课程即学校一级的课程管理，是学校根据上级教育行政部门的规定，结合本校的实际情况，对学校实施的所有课程进行管理。

国家课程的主导价值在于体现国家的教育意志。地方课程的主导价值在于满足地方社会发展的现实需要。校本课程的主导价值在于通过课程展示学校的办学宗旨和特色。以前我国基本只有国家课程，新课程改革后，正逐步实现国家、地方、校本三级课程管理，从而更有利于发挥各方面办学积极性，培养各级各类、各行各业、各个层次的人才。

四、课程理论流派

（一）学科中心课程论

学科中心课程，是以文化遗产和科学为基础组织起来的各门学科知识最传统的课程形态的总称，是指分别从各门科学中选择适合学生发展阶段的内容，组成不同的学科，并按各自的逻辑和系统独立地、并列地安排其顺序、学习时数和期限。其源头可以追溯到中国古代的“六艺”和西方的“七艺”。捷克教育家夸美纽斯曾提出设立百科全书式的学科课程，德国的赫尔巴特则主张根据学生的不同兴趣设置不同的学科课程，其后英国教育家斯宾塞、美国的课程论专家博比特和查特斯、布鲁纳等均提出了自己的学科课程观点。

学科中心课程论的优点是：

（1）根据学科组织起来的教材，能够帮助学生系统地掌握文化遗产。

（2）通过有条理地学习合乎逻辑组织起来的教材，能充分发展人的智力。

（3）将一定的知识、技术的基本要素有组织地传授和教导，符合教育任务的要求。

（4）由于学科课程的使用传统悠久，大多数教师习惯这种课程模式。

（5）课程的构成比较简单，易于评价。

学科中心课程论的主要缺点是：

（1）由于教材注重学科的逻辑系统性，学习时往往偏重记忆而忽视理解。

（2）偏重学科知识结果的传授，而忽视获得知识的方法和过程的教学。这不利于激发学生的学习兴趣、调动学生的学习主动性，也不利于培养学生解决问题的能力。

(3) 因学科较多，对学生来说，难以将学习的知识进行综合与统一。

(4) 教学方法整齐划一，难以实施区别化教育。

(二) 活动中心课程论

活动中心课程论又称儿童中心课程或经验课程，是与学科课程对立的课程类型。它是以儿童的主体性活动和经验为中心组织的课程，即以儿童（学习者）的兴趣、需要、经验和能力为基础选择和组织学习而编制的课程，其学习形式是通过儿童的活动解决问题。活动中心课程论思想以美国的杜威及其学生克伯屈为代表。

儿童中心课程论的优点是：

(1) 从儿童（学生）感兴趣的问题出发，学习活动是积极的、活泼的，有利于发挥儿童（学生）主动性。

(2) 注意将学习与生活环境密切联系，将生活、经验、社会课题和其他丰富的内容吸收到学校课程中来，有利于丰富学校的教学内容。

(3) 注意从活动、经验中学习，有利于培养学生解决问题的能力，使学生身心得到发展。

儿童中心课程论的主要缺点是：

(1) 课程内容局限于儿童的日常生活经验，轻视前人创造的科学文化，不利于掌握必要的基础知识和基本技能。

(2) 偏重课程的心理结构，忽视知识的体系和科学的逻辑结构，不利于学生掌握系统的科学知识。表面上看它旨在发挥学生的主体性，但实质上却限制了学生主体的发展。

(3) 以儿童为中心，容易轻视教育的社会任务。

活动中心课程论过分地夸大了儿童个人经验的重要性，忽视知识本身的逻辑顺序，影响了系统的知识的学习，学生只能学到一些支离破碎的知识，最终导致教学质量的降低。此外，活动中心课程不指定具体明确的课程标准和教科书，活动的教材根据儿童的兴趣和需要来定，因此活动课程常常带有随意性和狭隘性。同时，对于习惯了学科课程的讲授方式的教师而言，活动课程的组织较困难。

(三) 社会中心课程论

社会中心课程论，又称为社会改造主义课程理论，它是从进步主义教育运动中分化出来的，是主张围绕重大社会问题来组织课程内容的理论。其早期代表人物有康茨和拉格等人，20 世纪 50 年代后的主要代表人物是布拉梅尔德。

社会中心课程论认为，教育的根本价值是社会发展，学校应该致力于社会的改造而不是个人的发展。为此，该理论批判儿童中心课程理论过于注重学生的个人需要、兴趣、自由及活动而忽视了社会的需要，主张课程的最终价值是社会价值，课程是实现未来理想社会的工具。

社会中心课程论强调课程建设要关注社会焦点问题，反映社会政治经济变革的客观需求，课程学习应深入社会生活中，强调课程结构有意义的统一性，深刻认识到社会因素对教育的制约作用。因此，它具有一定的特色和优势。但社会中心课程论同样走向另一个极端，即夸大了学校变革社会的功能，把课程设置的重心完全放在适应和改造社会生活上，忽视学生的主体性，阻碍学生主体意识和能力的发展，这使其预想的课程目标很难实现。

第二节　课程组织

课程组织涉及课程目标、课程内容、课程评价、课程开发等，它是课程设计中关键而又复杂的工作，直接关系到课程改革与实施的成败。

一、课程目标

（一）课程目标的含义

课程目标是根据教育目的和教育规律而提出的课程的具体价值和任务指标。课程目标是对教育方针和教育目的的反映。它规定了某一教育阶段的学生通过课程学习以后，在品德、智力、体质等方面期望实现的发展程度，它是确定课程内容、教学目标和教学方法的基础。每一门课程既有一般性总体目标，又有具体化的学段目标。如《全日制义务教育语文课程标准（实验稿）》明确规定了初中语文的总体目标。根据总体目标，从识字与写字、阅读、写作、口语交际、综合性学习五个方面提出了具体目标。

课程目标具有整体性、阶段性、持续性、层次性、递进性和时间性等特征。整体性指各级各类的课程目标是相互联系的，都是为了实现培养全面发展的人的教育目的服务。阶段性指课程目标是一个多层次和全方位的系统，包含小学课程目标、初中课程目标、高中课程目标。持续性指高年级课程目标是低年级课程目标的延续和深化。层次性指课程目标可以逐步分解为总目标和从属目标。递进性指低年级课程目标是高年级课程目标的基础，循序而进。时间性指随着时间的推移，课程目标会有相应的调整和变化。

教学是课程实施的重要方式，是达到课程目标的手段，是实现课程目标的基本途径。关于教学目标，第七章将有专门论述。

（二）课程目标的价值取向

课程目标是一定教育价值观（教育宗旨、教育目的）在课程领域的具体化。明确课程目标的基本价值取向，有助于提高合理制定课程目标的自觉性与自主性。

每一种课程定义，都渗透了某种哲学假设和价值取向，隐含着某种意识形态和教育信念。一般来说，社会、学生和知识是课程目标形成的源泉。但在具体的课程实践中，人们制定课程目标往往强调了其中的一个因素，从而出现了不同的课程目标价值取向。当前，影响较大的课程目标价值取向主要有三种：

知识本位的价值取向。这种取向强调学科的固有价值，把人类文化遗产中最具学术性的知识看成课程中不可缺少的因素，学术性是课程的基本特征。

学生本位的价值取向。这种取向主要强调课程促进个体成长的价值，如人本主义课程观就把情感（情绪、态度和价值观）、认知（知识和理智技能）和学生行动的整合看成是课程的核心。

社会本位的价值取向。这种取向主要强调课程的社会性价值，主张课程应该围绕当代重大社会问题来组织，帮助学生学会如何参与制定社会规划并将它们付诸社会行动。

（三）确定课程目标的依据

课程目标的确定需要考虑各种因素。一般而言，要注意三个方面：

1. 学习者的需要

课程的设置是为了学习者的学习，促进学习者的身心发展。所以，学习者的需要是课程目标确定的一个基本依据。泰勒认为，要了解学习者的学习需要就要调查其健康状况、直接的社会关系、社会公民关系，甚至生活、娱乐活动等。我们认为关键要研究学习者的学习兴趣和身心发展特点。

2. 当代社会生活的需要

当代社会生活是确定课程目标的基本来源之一。当代社会生活的需求有时间和空间两个纬度。就空间纬度来看，它指学生生活于其中的社区、民族、国家乃至整个人类的需求；就时间纬度来看，它既指当前现实的社会生活需要，又涉及社会生活发展趋势和未来需要。

3. 学科发展的需要

学科是知识的主体。学科知识及其发展也是课程目标的基本来源之一。这就要研究知识的价值、知识的组织方式。

（四）确定课程目标的基本环节

确定课程目标的过程，是根据教育目的和培养目标，结合学生、社会和学科等多方面的需求，采用恰当的目标取向，运用需要评估模式，对学校课程的要求进行分析与判断的过程。具体来说有如下几个环节：一是明确教育目的和培养目标；二是分析课程目标的基本来源；三是选择课程目标的基本取向；四是运用“需求评估模式”，了解学生的教育需求，并确定各种需求之间的先后顺序。

二、课程内容

在某种意义上说，课程问题就是内容问题，课程设计、课程目标、课程评价以及课程实施，都可以说是围绕课程内容的安排而展开的。

（一）课程内容的含义

课程内容是指根据课程目标所制定的该门学科中特定的事实、观点、原理和问题以及处理它们的方式，是一定的知识、技能、思想、情感和言语、行为、习惯的总和。理解课程内容，需要重点把握以下三个要点：

（1）课程内容是人类文明成果的精华。也就是说，课程内容是有选择性的，不可能包括人类社会的所有经验，主要指基本的社会生活规范、科学知识和活动技能。

（2）课程内容是学生学习的对象。人类文明成果往往是以知识体系、技术体系和规范体系（价值体系）的形式存在，不一定能为学生直接理解和真正掌握，只有通过加工和改造才适合学生学习。所以就要将这些知识、技能整合成便于学生学习的材料。因此，教育学、心理学等原理依据就必不可少。

（3）课程内容是影响学生发展的材料。在教育过程中，学生的主体活动主要是围绕课程内容的学习而展开，是认识课程内容、把课程内容转化为自身的知识和技能并通过这种过程提高能力和思想境界的过程。课程内容的性质和特征影响学生的身心发展。

需要注意的是，课程内容往往以教材为载体，但不能把教材和课程内容等同。

（二）课程内容的表现形式

课程对教学内容及其进程的安排要有一个从观念转化成行动的过程，这体现了课程组织结构的纵向结构，它要探讨的是怎样将宏观的课程目标具体化为微观的课程形式。我们可以从课程的文本形式、实践形式、现代表现形式来加以说明。文本形式由宏观到微观，依次包括课程计划（课程方案）、课程标准和教材。课程的实践形式，由抽象到具体，依次包括理想的课程、正式的课程、理解的课程、运作的课程和经验的课程。课程的现代表现形式指的是课程数字化。下面介绍常用的课程表现形式。

1. 课程方案/课程计划

课程方案/课程计划（programme），在欧美国家称为教育计划，在苏联称为教学计划。在我国，新中国成立后，曾长期跟随苏联称为教学计划，现在随着课程改革的发展，正在逐步改称为课程方案或课程计划。课程计划（方案），是根据一定的教育目的和学校及其专业的性质，由教育行政部门或学校机构制定的关于学校教学和教育工作的一种法规性文件，它对学校的教学教育活动作出全面而简要的总体安排，阐述课程理念，规定培养目标、课程设置、课程顺序、课时分配、学年编制和学周安排，还有课程管理体制和学校教学管理原则等，是课程标准和教学材料研制的主要依据。

2. 课程标准

课程标准，是根据课程计划，以纲要形式编制的各门课程的学科性质、教学理念、教学目标、教学要求、课程内容的指导性文件。在有些国家的中央集权制下，课程标准是控制教师和学生的正式而具有权威的工具；在有些国家的地方和学校自主制下，课程标准又是非正式文件，只起指导性作用。

在我国，现行的各科新课程标准，主要内容一般分为前言、课程目标、内容标准和实施建议，有些还有案例分析。其中，前言一般分为引言、课程性质、课程理念和课程设计思路等。课程目标一般包括总目标和具体目标。内容标准则勾勒出了课程内容的大致范围及水平要求。实施建议一般包括教学建议、评价建议、教科书编写建议和课程资源利用和开发建议等。新课程标准的基本特点是努力将素质教育的理念切实体现在课程标准的各个部分，突破学科中心，改善学习方式，体现评价促进学生发展的教育功能，为课程的实施提供更广阔的空间等。

在中小学，各科课程标准是国家对各科教学的统一要求，是编写教科书和教师进行教学的主要依据，也是衡量教学质量的重要标准。

3. 教材

教材是教师和学生进行教学活动的材料，包括教科书、讲义、讲授提纲、参考书、活动指导书以及各种视听材料。其中教科书和讲义是教材的主体部分，故人们常把教科书与讲义简称为教材。

教科书又称课本，它是根据课程计划和课程标准编写的、用于课堂教学的正规的专门用书。教科书的内容结构，一般包括目录、课文、词汇、目的、作业举例、学生练习等。教科书中的信息，在很大程度上规定教育内容和任务。教科书是教师教授、学生学习及学校开展教育活动的最重要的资源。

我国中小学教科书的组织结构一般采用直线式排列和螺旋式排列两种基本方式进行编写。其一，直线式教科书结构。这种排列方式是对一科教材内容采取环环相扣、直线推进、不予重复的排列方式。也就是说，在教材的内容排列中，后面不重复前面已讲过的内容。其二，螺旋式教科书结构。它针对学习者的接受能力，按照繁简、深浅、难易的程度，使一科教材内容的某些基本原理像螺旋一样在不同阶段重复出现，逐步扩展，逐级上升。

4. 课程的现代表现形式

课程的现代表现形式指的是课程数字化，即以网络课程资源建设为纽带，对课程内容进行数字化改造。网络课程资源是指基于 Web 的课程资源，通过网络来表现的某门学科按一定的教学目标、教学策略组织起来的教学内容和实施的教学活动的总和。网络课程资源的学习过程应体现交互性、共享性、开放性、协作性和自主性等基本特征。通过网络课程资源建设，变教材为学材，使课程资源具有适应性、可控性、可反馈性、可选择性，为学习者进行自主学习提供极大的方便，克服由别人而非学习者自己决定学习内容的现象。

三、课程评价

（一）课程评价的概念

课程评价是依据一定标准，通过系统地收集有关信息，采用各种定性、定量的方法对课程计划、实施、结果等有关问题进行价值判断并为课程决策服务的活动。理解这一概念应注意把握以下含义：

课程评价是一个价值判断的过程。价值判断要求在事实描述的基础上，体现评价者的价值观念和主观愿望。不同的评价主体因其自身的需要和观念的不同对同一事物或活动会产生不同的判断。

课程评价的方式是多样的。它既可以是定量的方法，也可以是定性的方法，教育测试或测量只是其中的一种方法，并不代表课程评价的全部。

课程评价的对象包括课程的计划、实施、结果等诸种课程要素 。也就是说，课程评价对象的范围很广，它既包括课程计划本身，也包括参与课程实施的教师、学生、学校，还包括课程活动的结果，即学生和教师的发展。

课程评价具有检查、反馈、激励、研究、定向、管理等多种功能。

（二）课程评价的基本类型

根据划分标准的不同，课程评价有多种类型。根据评价对象的不同，可将广义的课程评价分为学生评价、教师评价、学校评价、狭义的课程评价等；根据评价主体的不同，可把课程评价分为自我评价和外来评价；根据评价的目的不同，可把课程评价分为诊断性评价、形成性评价和总结性评价；根据评价的参照标准或评价反馈策略的不同，可把课程评价分为绝对评价、相对评价和个体内差异评价；根据评价手段的不同，可把评价分为量性评价和质性评价。

（三）课程评价的主要模式

1. 目标评价模式

目标（objective）评价模式首先由美国的课程专家泰勒在“评价原理”和“课程原

理”的基础上提出的。泰勒认为，教育目的在于改变学生的行为，评价就是衡量学生行为实际发生变化的程度，在实际操作中强调要陈述目标明确而具体的行为方式。这一评价模式是以目标为中心来展开的，主要是针对20世纪初形成并流行的常模参照测验的不足而提出的。由于这一模式既便于操作又容易见效，所以很长时间在课程领域占有主导地位。但由于它只关注预期的目标，忽视了其他方面的因素，因而引发了很多人的批评。

2. 目的游离评价模式

目的游离（goal-free）评价是美国教育家斯克里文针对目标评价模式的弊端而提出来的。他认为，评价者应该注意的是课程计划的实际效应，而不是其预期效应，即原先确定的目标。在他看来，目标评价模式只考虑到预期效应，忽视了非预期效应。斯克里文主张采用目的游离评价的方式，即把评价的重点从“课程计划预期的结果”转向“课程计划实际的结果”上来，评价者不应受预期的课程目标的影响。

目的游离评价存在的主要问题是，如果在评价中把目标搁在一边去寻找各种实际效果，结果很可能会顾此失彼，背离评价的主要目的。同时，目的完全“游离”的评价是不存在的。因而该模式也遭到不少人的批评。严格地说，该模式不是一个完善的模式，因为它没有一套完整的评价程序，所以有人把它当做一种评价的原则。

3. CIPP评价模式

CIPP评价模式，亦称决策导向或改良导向评价模式，是美国教育评价家斯塔弗尔比姆倡导的课程评价模式。它认为评价就是为管理者作决策和提供信息服务的过程。背景评价（Context Evaluation）、输入评价（Input Evaluation）、过程评价（Process Evaluation）、结果评价（Product Evaluation）构成了CIPP评价模式。该模式包括四个步骤：

背景评价，即要确定课程计划实施机构的背景，明确评价对象及其需要，明确满足需要的机会，诊断需要的基本问题，判断目标是否已反映了这些需要。输入评价，主要是为了帮助决策者选择达到目标的最佳手段，而对各种可供选择的课程计划进行评价。过程评价是通过描述实际过程来确定或预测课程计划本身或实施过程中存在的问题，需要对计划实施情况不断加以检查。结果评价是对目标达到程度所做的评价，包括测量、判断、解释方案的成就，确保人们的需要满足的程度等。

CIPP评价模式考虑到影响课程计划的种种因素，可以弥补其他评价模式的不足，相对来说比较全面。由于其操作过程比较复杂，一般人难以掌握。

4. CSE评价模式

CSE评价模式是以美国洛杉矶加利福尼亚大学评价研究中心（Center for Study of Elvaluation）命名的一种评价模式。该模式包括四个活动环节：

第一，需要评价。这一步就是调查人们有何种自我发展需要，核心问题是确定教育的目标。

第二，方案计划。这一步的重点是对各种备选方案达到目标的可能性作出评价，它包括对课程内容与教育目标一致性方面的分析以及对设备、资金和人员配置方面情况的研究，是计划的选择阶段。

第三，形成性评价。这一步的核心是发现教育过程中的成功和不足之处，及时修正教学活动中某些偏离预期目标的行为，从而保证发展目标的实现，是计划的修正阶段。

第四，总结性评价。这一步是指对教育质量的全面调查和判断。

四、课程开发

（一）课程开发的概念

课程开发是课程领域的一个常用的重要概念，英文表达是“curriculum development”，主要是指为使课程的功能不断适应社会、文化、科学等方面的要求，进而持续不断开发课程的活动与过程。课程开发既包括课程的编制、实验、检验，还包括通过反馈进行改进，进一步再编订、实验、检验。课程开发是一个整体的实践过程，主要包括确定课程目标、选择和组织课程内容、实施课程和评价课程等阶段。作为一种实践性工作，目前主要有中央集权机制、地方分权机制、学校自主机制等多种运作机制。

（二）影响课程开发的主要因素

课程是随社会的发展而演变的，反映一定社会的政治、经济要求，受一定社会生产力和科学文化发展水平以及学生身心发展规律的制约。因此，课程开发受社会、知识和儿童等多种因素的制约。

1. 社会政治、经济制度和文化发展水平的影响

首先，社会发展的状态和需要决定着课程的方方面面，包括课程制度、课程性质、课程目标、课程内容、课程编制、课程实施和课程评价。其中，经济发展影响着学校课程的门类，制度的发展影响着课程内容的深度和广度，社会性质决定着课程的管理和课程的方向。其次，科学技术的进步、学科知识的进步直接影响着课程的内容、种类和结构，文化中的价值观、思维方式影响着课程的内容及其表达方式。

2. 学生的年龄特征、知识和能力基础及其可接受性的制约

一方面，学生的学习发展需要制约着课程开发的方向。另一方面，课程的门类、深度、广度和编排形式等设计和开发，都要考虑受教育者身心发展程度和水平，受人的身心发展规律的制约。

3. 学科特征对课程编制的影响

学科的特征和性质决定着学科知识的选择和组织，课程开发要体现学科的性质。课程内容应反映各门学科中那些具有高度学科价值的基本理论、法则和要领。课程的编制应考虑学科体系的完整性、知识结构的内在逻辑性，反映现代科学技术发展的水平，以保证学校课程的科学性、系统性。

4. 课程理论与传统的影响

建立在不同的教育哲学理论基础上的课程论及课程的历史传统，对课程开发将产生重要的结构性影响。

（三）课程开发的几种模式

课程开发有一些基本的技术问题。最早研究课程开发的是美国学者泰勒，他在长期研究的基础上提出了课程开发的目标模式。这一理论经实践检验证明是行之有效的，被誉为课程开发的经典模式。除了该模式外，后来又形成了课程开发的过程模式和实践模式等，这些不同的模式主要是围绕目标模式的得与失开展新的探索。

1. 目标模式

目标模式（objective model），是 20 世纪初开始的课程开发科学化运动的产物。它以

实用主义哲学与行为主义心理学为指导思想，把目标作为课程开发的基础和核心，围绕目标的确定及其实现、评价而进行的课程开发模式。其代表人物是美国的泰勒，其核心是泰勒原理。该模式也被称为经典模式、传统模式。

泰勒在《课程与教学的基本原理》一书提出了课程开发的四个基本问题：

（1）学校应该达到哪些教育目标（确立教育目标）。

（2）学校应该提供哪些教育经验才能达到这些目标（选择学习经验，从已发生的事件中获取知识）。

（3）如何有效地组织学习经验（组织学习经验）。

（4）如何确定这些目标正在得到实现（评价教育计划）。

这四个基本问题后来被人们称为泰勒原理。

应用目标模式进行课程开发，需要经过：确定教育目标、选择课程内容、组织课程内容、进行课程评价四个步骤（见图 6—1）。

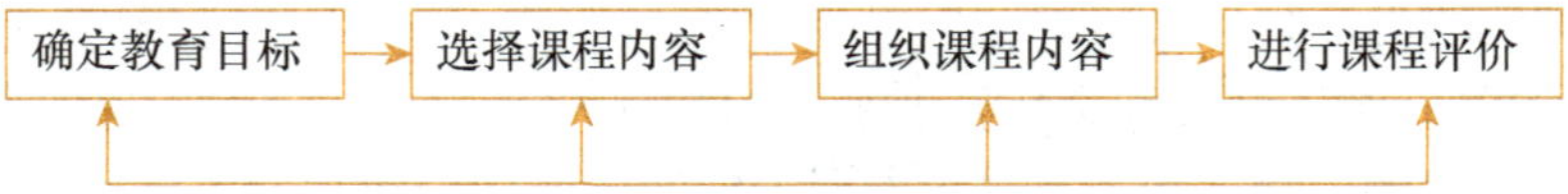

图 6—1　泰勒原理

资料来源：［美］拉尔夫·泰勒：《课程与教学的基本原理》，35 页，北京，人民教育出版社，1994。

泰勒的课程目标模式是教育评价理论发展史上第一个比较完整的评价模式，也是最有影响的模式。它以目标为依据，检查实际活动达到目标的程度，根据反馈信息修改活动方案，具有较强的可操作性，它奠定了现代课程开发研究的基础。但该模式不足之处是忽视对课程目标自身的评价，并忽视过程性评价和对学生个性化的特殊性的关注。

2. 斯滕豪斯的过程模式

过程模式是由斯滕豪斯（L. Stenhouse）在 1975 年出版的《课程研究与研制导论》中提出的，认为课程开发应从那些具有价值的知识中挑选出能够体现这些知识的内容，体现这种知识当中最重要的过程、最关键的概念和固有的标准。它不预先指定目标，而以过程或程序为核心。学生所取得的最终结果不是按照行为事先确定的，而是在事后借助那些建立在该知识形式中的标准来加以评价。

过程模式的原理如下：过程模式反对把教育作为工具，主张教育要关注具有内在价值的活动；课程评价不应以目标的实现情况为依据，而应以在多大程度上反映知识形式、实现程序原则为依据。过程模式从根本上说是一种批评模式，而不是一个评分模式。

3. 情境模式

人们认为情境模式是既能包含目标模式，又能包含过程模式的综合化课程开发模式，是一种灵活的、适应性较强的课程开发模式。该模式的理论基础是英国的劳顿（D. Lawvton）和斯基尔贝克（M. Skilbeck）提出的“文化分析”理论。劳顿特别关注公共基础文化，强调达成学科间的平衡，提出了一个建立在文化分析基础上的课程研制程序或步骤，具体包括五个阶段：（1）哲学层面分析。（2）社会学层面分析。（3）文化的选择。（4）心理学理论的运用。（5）课程计划的形成。

斯基尔贝克进而在对具体的学校情境进行微观层面分析的基础上，构建了学校本位课程研制模式，其核心在于具体的单个学校及其教师，并认为校本课程研制是促进学校获得真正发展的最有效的方式。该模式包括分析情境，目标表述，制定教学方案，阐明和实施，检查、反馈、评价和改进五个具体步骤。

4. 实践折中模式

美国著名学者施瓦布（J. J. Schwab）认为，人们以往一味地去寻找课程研制一般理论，而忽视回答实践中遇到的具体课程问题，已使这一领域误入歧途。他长期致力于课程开发模式与方向的探讨，从对理论的追求，转移至与理论有明显区别的新模式，逐步建立起了课程开发的实践折中模式。

实践折中课程开发模式，以解决课程实践的具体问题为核心，强调课程开发的目的是增强在教学情境中有效行动的能力。为此，实践折中课程开发模式并不致力于课程开发规范化程序设计，而着重解决课程探究的具体方法。因此，关于课程探究方法的思想也就构成了实践折中模式的核心内容。

实践折中课程开发模式中，审议实际上贯穿整个课程探究过程。因而，审议被置于尤为突出的位置。审议的质量决定着课程探究的最终效果，所以，施瓦布要求审议必须权衡所有的事实，在课程的各个要素之间取得平衡。施瓦布认为课程有四种基本要素，即教师、学习者、学科内容和环境，它们的相互作用具有整体性。

实践折中模式开发的方法包括实践的艺术和折中的艺术两个方面。实践的艺术主要有四个方面：一是对行为方式的规范，二是问题的发现及诊断，三是可供选择方案的预先生成，四是对方法性质的规范。折中的艺术重在阐明某一种理论不能单独成为课程开发的基础，也不能直接用于课程开发方案的确定，课程理论必须在折中的基础上才构成课程实践的依据。施瓦布提出了三种折中艺术：一是将理论观点与实际问题进行比较的艺术；二是对各种理论观点剪裁、改形、重组，使其适应实际的情境及问题解决的需要；三是以理论为基础，创造适应实际情境的新的解决问题的方法，形成可供选择的行动方案。

五、校本课程开发

（一）校本课程与校本课程开发

校本课程这一术语有多种理解。简单来说，校本课程指的是由学生所在学校的教师来编制、实施和评价的课程。校本课程又被称为学校本位课程、学校自编课程、学校课程。理解这个定义需要注意，校本课程是一种课程产品，它更多基于课程管理政策区分，在整个课程计划（国家课程、地方课程、校本课程）中占10%～25%的学校课程。

广义的校本课程开发是指以校为本的、基于学校的实际状况、为了学校的整体发展，学校自主开展的课程开发活动。它是对学校课程的整体改造，能够体现学校的价值追求和教育理想。狭义的校本课程开发特指对国家基础教育课程计划给学校预留出来的10%～25%的课程的开发。

理解校本课程开发要注意以下几个问题：

（1）校本课程开发意指参与人员主要是学校教育工作的有关人员，如教师、行政人员、学生和家长，为改善学校的教育品质所计划、指导的各种活动。

（2）校本课程开发是以学校为基地的课程开发工作，该课程开发工作大部分依赖学校教职员以及学校的现有资源，也可充分利用学校的网络资源。

(3) 校本课程开发是由学校教育人员负责学生学习方案的规划、设计、实施和评价的过程，其结果是对课程内容的选择、改编或新编，开发适合学生需要的课程，其载体可以为纸质讲义、课件、活页、网站等。

(4) 校本课程开发是学校自发的课程开发过程，在此过程中需要中央与地方教育当局对权力、责任重新分配。

(5) 校本课程开发是一种强调参与、自下而上的民主决策的课程开发口号；是一种重视师生共享决定，共同构建学习经验的教育哲学；也是一项需要课程领导与组织变革的技术。

（二）校本课程开发的意义

长期以来，国家课程与办学条件之间、国家课程与师资状况之间、国家课程与学科发展之间等方面存在不相适应的情况，校本课程开发能克服国家课程的弊端，充分发挥校本“活页课程”的优势，为教育改革服务。对我国来说，校本课程开发至少有以下几个方面的现实意义。

1. 可以弥补国家课程开发的不足

我国长期以来一直遵守自上而下的国家课程开发模式，只强调共性和统一性，忽视了地方性和个性，这一模式远远不能满足地方上的不同需要。校本课程开发，则可以更好地满足地方和学校的需要，更好地满足学生的有差异的学习需求。

2. 有助于促进教育民主化

民主至少有两个方面的重要条件：一是政府权力的下放，二是民间参与意识和能力的增强，而这两方面又是相互关联的。没有政府权力的下放，也就没有参与的机会。没有参与的机会，也就难以形成参与的意识和能力。反之，参与意识薄弱、参与能力差又会导致政府不愿意也不敢放权。校本课程开发的一个重要意义就是要促进这两者之间的积极互动。

3. 有助于推动我国素质教育改革的深化

全民教育和全方位教育是素质教育的两个基本特征。实施全民教育就必须改变过去升学教育只注意到少数考分高的学生的发展，而忽视了那些考低分和处于中间水平的大多数学生的现状。校本课程开发强调课程要适应不同学生的不同需求，要帮助那些学习困难的学生获得充分的发展，实现教育公平。实施全方位教育就要打破应试教育只重视学生智力的发展，忽视情感、态度、技能、社会交往等其他方面的发展的不良现象。校本课程开发大多数集中于体验型、表现型、实践型和操作型的课程领域，这十分有利于学生多元智能的和谐发展。

4. 有利于教师的专业发展

教师专业发展的一个重要条件就是享有专业的自主权。校本课程开发给教师松绑，让教师自主决策，这无疑为教师的专业发展提供了广阔的空间。另外，校本课程开发是一个由各方面人士参加的合作和探究的过程，在这样的过程中，教师能够在课程专家及其他相关人员的指导和帮助下，反思他们自己在教学中所遇到的问题，并找到问题的答案。这样的探究和合作显然十分有利于培养教师的专业精神，提升教师的专业技能。国内外的许多校本课程开发实践表明，校本课程开发的最大受益者是教师。

5. 有利于形成学校特色

校本课程开发强调学校利用自身的资源，自主规划、自我负责。这十分有利于学校发挥各自的优势，形成自己的特色，改变我国“千校一面”的现状。如今，只要去一些实施校本课程开发的学校看看，我们便会感叹那里的“绝”和“独”，如“和田十二创造技法”、大同中学的“知识论”课程、华东模范中学的“双通道”办学模式及课程设计、华东师大一附中的“跨学科系列学习主题”的设计、北京北方交大二附中的“环保课程”，等等。

（三）校本课程开发的基本因素

校本课程开发是一个系统工程，涉及课程目标、课程内容、教学策略、课程评价等许多因素，需要教师全面思考、精心组织。根据课程开发模式的基本原理，教师在开发校本课程时至少需要考虑八个方面的因素。

第一，课程目标。要综合考虑包括知识技能目标、能力方法目标，情感、态度、价值观目标等多方面维度的目标。目标的确定可以是教师在对学生状况进行分析的基础上的预设，而我们更提倡教师和学生共同商讨确定校本课程的目标，使目标更贴近学生的实际。

第二，课程内容和专题。内容和专题是校本课程开发的中心设计工作，以学生发展为本、注重学生差异的内容设计是校本课程开发的基本价值取向。课程内容的选取应该针对学生的实际需要和兴趣，注重学生的生活和经验。在教师引导下让学生自主确定课程内容和专题是一种可行的方式。

第三，学习材料。校本课程的学习材料比较广泛，可以是精心组织的，也可以是来源于生活和学生经验的比较原始的材料。学习材料的选取应该注重拓展学生的视野，教师需要有意识地提高学生自己寻找素材的自觉性和积极性，并对学生来源的素材给予更大的关注。具体说，学习材料可以是成形的如教科书或讲义，可以是活页的或连续的出版物，也可以是复印资料、实物、电子音像资料，等等。

第四，学习方式。学习方式的设计应该给予学生比较大的选择性和灵活性，小组合作学习、探究式学习、实践和实习等能够增加学生社会交往和亲身体验。教师要鼓励学生选择适合自身的学习方式。

第五，教学策略与组织形式。教学策略是使一门课程能够达成其目标的最重要的方法和手段，教学策略的选取不仅要根据课程的性质和学生的特点，也要根据教学目标、教学组织形式及自身特点，形成富有个性特征和感染力的教学策略。教学组织形式，要明确是个别教、班级授课，还是分组教学；是书面认知，还是活动体验。校本课程提倡具有一定灵活性的分组教学和个别化教学。

第六，评价方法。教师要考虑评价的主要方向和理念。评价的具体方法是考试还是考察，是书面考试还是成果展现。学习过程的考察如何进行，如何通过评价促进学生的发展，如何通过评价活动促进本门课程的完善，需要使用哪些新的评价方式，如何保证评价的信度和效度等。学生学习的自我评价、学生之间的相互评价应该受到足够的重视。

第七，时间安排。时间是课程设计的重要因素，课程的课时需求、课时的分配安排、是否有固定的课时表等都应在考虑之列。教师对课时的控制往往是衡量课程性质的量化因素。

第八，空间和环境。课程实施需要空间，如教室或专用教室、教室空间的分割、课程所需要的学校其他空间设施、校外实施空间。空间和环境实质上涉及本门课程的课程资源的广度。校本课程设计要求尽可能地利用社区和社会的课程资源。

教师在自己的校本课程开发方案中对上述八个因素作出合理的回答和设计，可以说基本上就勾勒了自己所要开发的校本课程的轮廓。当然，校本课程的设计具有生成性，需要教师和学生在实施过程中不断地加以完善。①

第三节 课程改革

一、国外课程改革的趋势

目前，世界各国课程改革的特点主要体现在以下几方面：

（一）课程观念的基础化和完整化

20 世纪 80 年代以来的各国课程改革，出现了“恢复基础”的倾向，这既是对“学问中心”课程高、精、难的英才教育的回归，也是对人本主义课程走向极端而导致的教育质量下降的批评。强调课程基础性的目的是关注未来公民基本素质的培养，提高未来公民的基本学习能力和适应能力。

无数的事实和经验告诉我们，只有全面和谐发展的个人，才能有效地适应快速变化的现代社会。各国在课程改革和发展的过程中都不约而同地超越了那种知识本位的课程观和智力本位的课程观，而代之以完整性的课程观，以发挥课程的整体育人功能。从 20 世纪 60 年代由知识本位转向智力本位，到 70 年代比较突出情感领域和人本关照，到 80 年代趋向于尊重人的个性和重视道德，从而逐步形成今天的世界各国课程领域对完整性人格的全面理解和追求。

（二）课程教材设置的统一化和多样化

当代课程改革发展的突出特点是：不同文化传统和体制的国家及地区在课程改革的过程中出现了相互借鉴、相互学习、取长补短的趋势。这主要表现为，有着个别化教育传统的一些欧美国家适当限制了课程设置的地方自主权，重视全国统一规定的课程，以促进学生整体的发展，提高教育质量；而集权特征明显的一些国家则在对必修课科目进行限定的同时，不断拓展选修课的多样化和灵活性，从而使课程能够满足学生个性发展的需要。

课程的多样化指课程设置的多样化和课程内容的载体即教材的多样化。课程设置的多样化是指学校课程的设置除了正式的课程以外还有非正式的课程，除了大量的必修课以外还有一定量的选修课以及专题课程（微型课程），有国家课程也有地方课程、校本课程。教材的多样化则指针对同样基础的学生有不同风格、不同体系的教材，不同经济发展区域有不同层次的教材，还有反映内容不同侧面的教材，如有的教材加强了基础知识教育课，

---

① 参见“中小学校本课程资源开发的研究与实验”课题组编著：《校本课程资源开发指南》，34～36 页，北京，人民教育出版社，2004。

有的教材增设了反映新科学技术和开发智力的课，还有一些教材开设了公民职责和生活指导课。教师可以根据需要在选修课中使用。

（三）课程编制的综合化和微型化

课程内容的综合化不仅是科学发展的需要，也是学生认识和把握科学知识基础的需要，同时也是为了避免增设新学科造成学生的课业负担。当代科学发展的特点是分化与综合并存，而传统学科课程中固守的许多分科界限已经限制了学生的视野，束缚了学生的思维，只有设置综合性的课程，才有助于为学生提供一个合理的知识结构，才能使学生的认识符合科学整体化的本来面目，而且有助于学生综合思维能力和创造力的培养。

课程的整体化与微型化并驾齐驱，是当代科学发展的又一时代特点。俄罗斯改变苏联一直长期坚持的分科编订课程的原则，制定的基础教学计划在设计教学科目时，顺应当代科学的发展趋势，把微型化和综合化结合起来。例如俄罗斯联邦中央颁行的计划在普通教育的初级阶段为综合化的“社会常识”，但到后期阶段则细分为本国史、外国史、法律常识、人与社会、现代文明基础、当代世界、公民常识、世界经济和社会地理、政治学、经济学、社会学以及其他地区和学校需要的学科。

（四）课程内容的实用化和多元化

课程内容的实用化主要是讲课程关注生活，注重实际应用。几乎所有课程都可以被归入学生中心课程、社会中心课程、学科中心课程三种形式。学科中心课程虽说考虑到儿童的发展阶段，但学科的内容是整齐划一的。因此，从 20 世纪 70 年代开始，许多国家加强课程与学生生活和现实社会之间的联系，使它们更有效地融合起来，这并不是要使课程脱离学术的轨道，而是给已经学术化了的课程增添时代的资源和活力。把中小学的通识教育和劳动技术、职业教育适度融合起来、通盘考虑，是许多国家通常采用的做法。

多元文化课程是以教育生活、参与多元文化社会中的每一个体为己任，试图提供给学生在多元文化社会中有效运作的技能。加拿大在这个方面的做法具有典型的意义。20 世纪 70 年代中期开始，加拿大注意把各民族的文学、历史、艺术等内容纳入学校课程中去，以促进教育领域的“加拿大化”。苏联解体后，俄罗斯加快了课程行政向地方和学校转移的步伐。1992 年《俄罗斯联邦教育法》认可了课程的多样化，要求俄罗斯联邦的教育机构在组织教育的过程中，采用数十种课程计划，扩大地区和学校的课程选择权利。同时，美国、德国、英国等国家也都进行了多元文化课程的尝试。

（五）课程管理主体的国家化和地方化

课程管理主体的均权化意味着中央集权的国家趋向于把课程改革的权力分散，即课程的地方化；地方分权的国家趋向于把权力集中，即课程的国家化。例如，美国 20 世纪 90 年代以来进行了一系列标准运动的课程改革。美国是地方分权制的国家，传统上公立中小学的课程一般是由州教育法规定的，州教育法规定学校开设的主要课程门类与开课最低时数。每门课程选择哪些内容，应当达到何种要求以及采用何种教材，这都是学校和教师可以自由决定的事情。近年来的改革导致全国统一课程标准的设立，其本质上是由国家机构在某些学科领域精心编制的详细的质量标准，当然美国的课程仍然不同于我们通常所说的具有强制性约束力的国家课程，但对美国来说，这无疑是在课程行政领域中的巨大变化，其影响深远，具有里程碑的意义。20 世纪 90 年代以来英国课程的改革主要是为提高学生的基础学力，另外强化国家对课程的控制，削弱教师对课程的自主权，即把教育控制权由教师手中转到国家手中。

（六）课程形式的个性化和个别化

个性化课程就是试图适应不同学生不同需要的课程设计。国外的个性化课程的教学主要通过一系列的教学方法、管理及组织形式促使学生个性的发展。充分利用现代化的教学手段——录音机、录像机以及计算机的介入使个性化课程成为可能。在联邦德国，各小学常采用独立学习、补偿制度、分组学习、不分级制度等措施来实施个别化课程。在英国的中学除提供数门选修课供兴趣、能力等个性差异较大的学生选择外，学校还根据各种能力对学生实行能力分组，然后根据学生的情况决定课程的设置情况。同样，瑞典的中小学为培养学生的个性，要求教师对学生因材施教，同时提供学生可以自由选择课程的机会。俄罗斯在课程设置上采用个性特长课，这是为发展学生的个性或爱好而为个别学生所编排的。

（七）课程手段的信息化和现代化

现代信息技术的飞速发展及其在学校教育领域广泛应用的局面给学校教育带来了发展的机遇，同时也使学校教育再次面临严峻的挑战。自 20 世纪 70 年代中期开始，以计算机为标志的技术革命蓬勃兴起，各国都积极将信息技术引入课堂，以此推动国家信息化的进程。法国、美国、日本也纷纷把计算机的使用纳入教学计划。美国政府要使所有的学校都要感受到信息时代的力量。日本在 20 世纪 80 年代末也要求中小学各科教学尽量运用电子计算机。为了保证中小学信息教育课得以落实，日本文部省从 1986 年起组织教师进行培训，开发教学软件，研制电子计算机教材。

课程的现代化同时还包括课程内容和课程观念的现代化。20 世纪 70 年代，瑞典的中小学为适应现代社会的进步，取消拉丁语，增加有时代气息的新学科。日本则从 1968 年开始把具有时代特色的教育观念融入其教学大纲之中，如将科学家式的探究过程作为学生的学习过程，以此培养学生的多种能力。至于课程观念的现代化，诸如潜在课程、个性化课程、多样化课程、多元化课程等已纳入各国课程体系之中。

另外，重视课程实施的学习化和整合化，通过课程改革培养学生的学习能力、探索精神、创新意识，以适应未来的学习化社会等，也是当代学校课程改革比较突出的特点。

二、我国基础教育的课程改革

（一）课程改革的背景

1. 基础教育课程改革的国际背景

由于当代社会高科技迅猛发展，特别是信息网络技术的发展，世界变小，成为“地球村”。在这种背景下，世界各国的经济日益趋向区域一体化和全球一体化。和平与发展、竞争与合作，成为当今世界的主旋律。为了在“和平与发展”的大环境下的竞争与合作不至于失去主动性，世界各国都在决定竞争与发展的核心因素——教育方面，特别是基础教育上下功夫，努力改革不适应当代社会生产力水平，不适应社会政治、经济制度，与主流文化有冲突的各种教育现象和问题，增加对人与环境的和谐发展的关注程度。

在信息化社会知识量快速膨胀，有所谓“知识爆炸”之说，学校教育始终滞后于知识的快速生产与传播，人必须“学会学习”，树立终身教育的理念，去迎接学习化社会的挑战。教育不再是人生有限的、局部的、阶段性的事情。在学习化社会里，教育的过程不断往两端延伸，即从胎教到临终关怀的完整的生命周期，也就是所谓的终身教育；现代社会又称可持续发展社会，这种社会追求个人和社会的和谐，创造个人自由和谐全面发展的生态空间。基础教育课程改革就是在这种国际背景下产生和深化的。

2. 基础教育课程改革的国内背景

我国是教育改革比较频繁的国家。旧中国“废科举、兴学校”，新旧社会更替，学制改革频繁且不说，新中国成立几十年来，改革几乎没有停止过。在基础教育课程和教材领域，至少进行了八次规模较大的改革。我国以往七次的课程改革，课程规划充其量不过是学科范围内的知识系统的调整，缺乏高屋建瓴的总体设计，造成分科主义课程的格局。这是因为，我们缺乏课程意识，把课程理解为少数人研制、多数人被动实施的过程，自然不需要对课程进行规划和反思。可以说，第八次课程改革在这方面迈开了回归专业的小小的一步。从纲要文本来看，体现了国际教育界倡导的教育发展的基本准则——国际视野与本土行动。

我国当前基础教育的现状可以作如下概括：第一，素质教育推进不平衡，先进地区和落后地区存在相当大的差距，片面追求升学率的现象仍然存在，有相当一部分地区升学竞争还有日益加剧的趋势。第二，竞争目标提高，从过去的能升学到现在以考取重点中学、重点大学为目标。第三，竞争重心下移，从过去的高中不断下降。第四，优质资源不足，群众对优质教育资源的竞争几乎到了白热化的程度。第五，教育目的扭曲，对教育的人文本质漠视，过分强调教育的社会功利性目的。有如下四个问题仍然影响学生的健康成长：课业负担过重仍然未能彻底扭转；青少年思想品德状况令人担忧；青少年身心素质发展不容乐观；创新精神和实践能力较为薄弱。由此看出，中国基础教育改革的目的远未达到，还要进一步推进和深化。基础教育课程改革是时代的呼唤，是中国基础教育改革的内在需要。

（二）课程改革的理念

新课程改革的核心理念是一切为了学生的发展。这里的一切指的是学校的所有教育教学方略的制定、方式方法的使用，都要建立在以人为本、促进学生健康成长的基础之上；这里的学生显然是指学校里的每一位学生；这里的发展，指的是学校的教育教学及一切课外活动，都要把目标锁定在能够有利于学生终身发展之上，有利于学生在学校获得今后走向社会所需要的基本生存能力——自主学习的能力、与人合作的能力、信息收集与处理能力、学会办事的能力、独立生存的能力，以保证我们的下一代能够在未来社会生存与发展。因此，有人干脆把这句话说成：一切为了一切学生的一切发展。总之，课程要着眼于学生的发展，面向每一位学生，关注学生全面和谐的发展。

（三）新课程的指导思想与目标

基础教育课程改革要以邓小平关于“教育要面向现代化，面向世界，面向未来”、江泽民同志“三个代表”重要思想为指导，全面贯彻党的教育方针，全面推进素质教育。

新课程的培养目标应体现时代要求。要使学生具有爱国主义、集体主义精神，热爱社会主义，继承和发扬中华民族的优秀传统和革命传统；具有社会主义民主法制意识，遵守国家法律和社会公德；逐步形成正确的世界观、人生观、价值观；具有社会责任感，努力为人民服务；具有初步的创新精神、实践能力、科学和人文素养以及环境意识；具有适应终身学习的基础知识、基本技能和方法；具有健壮的体魄和良好的心理素质，养成健康的审美情趣和生活方式，成为有理想、有道德、有文化、有纪律的一代新人。

本次课程改革的具体目标和任务：

目标之一：改变课程过于注重知识传授的倾向，强调形成积极主动的学习态度，使获得知识与技能的过程成为学会学习和形成正确价值观的过程。这是课程功能的转变——从重知识一维目标到重知识、方法、态度三维目标。

目标之二：改变课程结构过于强调学科本位、科目过多和缺乏整合的现状，九年一贯整体设计课程门类和课时比例、设置综合课程，以适应不同地区和学生发展的需求，体现课程结构的均衡性、综合性和选择性。这是课程结构的转变——从重学科本位、科目过多到九年一贯整体设计课程，体现课程结构的均衡性、综合性和选择性。

目标之三：改变课程内容繁、难、偏、旧和过于注重书本知识的现状，加强课程内容与学生生活以及现代社会、科技发展的联系，关注学生的学习兴趣和经验，精选终身学习必备的基础知识和技能。这是课程内容的转变——从重书本知识到加强课程内容与学生生活、现代社会、科技发展的联系，精选终身学习必备的基础知识和技能。

目标之四：改变过于强调接受学习、死记硬背、机械训练的现状，倡导学生主动参与、乐于探究、勤于动手，培养学生搜集和处理信息的能力、获取新知识的能力、分析和解决问题的能力，以及交流与合作的能力。这是课程实施的转变——从重接受学习、死记硬背、机械训练到自主、合作、探究学习教学方式的转变。

目标之五：改变过分强调评价的甄别与选拔的功能，发挥评价促进学生发展、教师提高和改进教学实践的功能。这是课程评价的转变——从重评价的甄别与选拔的功能到强调多元评价、发展性评价。

目标之六：改变课程管理过于集中的状况，实行国家、地方、学校三级课程管理，增强课程对地方、学校及学生的适应性。这是课程管理主体的转变——从重单一国家课程到实行国家、地方、学校三级课程三位一体的管理。

三、我国中小学的课程设置

2001 年教育部颁发的《基础教育课程改革纲要（试行）》（简称《课程纲要》）指出，基础教育课程改革的目标在于构建符合素质教育要求的新的基础教育课程体系，这个体系整体设置九年一贯的义务教育课程（见表 6—1）：

小学阶段以综合课程为主。小学低年级开设品德与生活、语文、数学、体育、艺术（或音乐、美术）等课程；小学中高年级开设品德与社会、语文、数学、科学、外语、综合实践活动、体育、艺术（或音乐、美术）等课程。

初中阶段设置分科与综合相结合的课程，主要包括思想品德、语文、数学、外语、科学（或物理、化学、生物）、历史与社会（或历史、地理）、体育与健康、艺术（或音乐、美术）以及综合实践活动。积极倡导各地选择综合课程，学校应努力创造条件开设选修课程。在义务教育阶段的语文、艺术、美术课中要加强写字教学。

高中以分科课程为主。为使学生在普遍达到基本要求的前提下实现个性的发展，课程标准应有不同水平的要求，在开设必修课的同时，要设置丰富多样的选修课程，开设技术类课程，并积极试行学分制管理。

表 6—1　　　　义务教育课程设计及比例

	年级									九年课时总计（比例）
	一	二	三	四	五	六	七	八	九	
课程门类	品德与生活	品德与生活	品德与社会	品德与社会	品德与社会	品德与社会	思想品德	思想品德	思想品德	7%～9%
							历史与社会（或选择历史、地理）			3%～4%
			科学	科学	科学	科学	科学（或选择生物、物理、化学）			7%～9%
	语文	语文	语文	语文	语文	语文	语文	语文	语文	20%～22%
	数学	数学	数学	数学	数学	数学	数学	数学	数学	13%～15%
			外语	外语	外语	外语	外语	外语	外语	6%～8%
	体育	体育	体育	体育	体育	体育	体育与健康	体育与健康	体育与健康	10%～11%
			艺术（或选择音乐、美术）							9%～11%
			综合实践活动							6%～8%
	地方与学校开发或选用的课程									10%～12%
周总课时数	26	26	30	30	30	30	34	34	34	274
学年总课时	910	910	1 050	1 050	1 050	1 050	1 190	1 190	1 122	9 522

注：1. 表格内为各门课的周课时数，九年总课时按每学年 35 周上课时间计算。
2. 综合实践活动主要包括：信息技术教育、研究性学习、社区服务与社会实践以及劳动与技术教育。
资料来源：教育部基础教育司：《走进新课程——与课程实施者对话》，24 页，北京，北京师范大学出版社，2002。

复习思考题

1. 什么是课程？简述课程理论的主要流派。
2. 简述课程内容的三种文本表现形式。
3. 什么是课程评价？课程评价的主要模式有哪些？
4. 什么是课程开发？课程开发的主要模式有哪些？
5. 如何开发和设计校本课程？
6. 简述新课程改革的基本理念与具体目标。

推荐阅读书目与访问网站

1. 李子建，黄显华．课程：范式、取向和设计．香港：香港中文大学出版社，1996
2. 黄甫全主编．现代课程与教学论学程．北京：人民教育出版社，2006
3. “中小学校本课程资源开发的研究与实验”课题组编著．校本课程资源开发指南．

北京：人民教育出版社，2004
4. 中教网“课程设计”专栏 http://www.teachercn.com/Kcgg/Kcsj/

教学案例

校本课程开发方案（重庆某小学校本课程开发方案）

一、指导思想

以邓小平“三个面向”和江泽民同志“三个代表”重要思想以及以德治国的方针为指导，以《国务院关于基础教育改革与发展的决定》为依据，全面落实全教会精神和国家课程计划，实施国家、地方、学校三级管理的新的课程管理模式，努力推进素质教育，开发和实施符合学校特点、满足学生需求的校本课程，为学校逐步构建具有自身特点的校本课程模式和学生的终身学习奠定基础。

二、开发背景

我校始终坚持全面育人的方针，以培养现代化素质人才为目标，以创新教育为方向，形成了“为人生打基础，与学生共发展”的办学理念。我校教师均有较高的理论水平和知识素养，具有一定的创新精神和科研能力，在学科教学和培养学生的个性特长方面积累了丰富的经验，这为我校校本课程的开发与实施提供了良好的保障。

校本课程是基础教育课程改革的组成部分，我校依据党的教育方针、国家课程实施计划，根据学校的办学目标，结合学生的兴趣，充分利用学校及社区资源，认真做好校本课程的开发与研究。

三、开发目标

以课改为载体，在校本课程开发、实施中，做到以师生为主体，以人的发展为核心，以培养创新精神与实践能力为目标，积极发展学生个性，全面落实素质教育，让师生与课改同成长。我校根据学校实际，根据学生个性发展需要，提出以培养学生实践能力为主的种植活动，以英语口语交际为主的英语短课，学生爱家乡、爱祖国的节日之礼作为我校的校本课程。

四、校本课程的结构与门类

（1）科学探索类：“身边的科学”。通过种植花卉、扦插、嫁接、插花、设计制作、养殖等科学探索，培养学生的科学素养、人文精神和探究实践能力。

（2）英语口语交际类：“快乐英语”。通过对英语口语交际活动的实践，激发学生口语表达的欲望、交际兴趣，增强学生与人交流，培养学生学会倾听、应对和英语表达的能力。

（3）综合类：“童眼看万州”、“成长的足迹”。“生活即教育，社会即学校”，通过“童眼看万州”校本课程开发了解万州的乡土文化、艺术文化、生态文化等，使教育回归生活，教育服务建设，培养学生热爱家乡、关爱自然、珍爱生命的积极情感。通过“成长的足迹”德育实践教材校本课程的开发，让学生从我们最熟悉的家庭、学校、社区开始，一步一步去了解、认识这个美丽的世界，用眼睛去观察、用心灵去感受、用头脑去思考。

五、开发原则

（1）实效性原则。在校本课程的开发中严格执行国家的课程政策，严格遵循课程开发的发展规律，避免盲目性和形式主义。

（2）互补性原则。校本课程的设计要充分体现出对国家课程的补充作用，发挥其自身优势，使国家课程和校本课程能相互协调地发挥整体育人功能。

（3）针对性原则。校本课程的开发要注意从学校的实际和学生的需要出发，强调有利于形成学校的特色，发展学生的个性特长和生存需要。

（4）可行性原则。校本课程的开发不能只强调“因人设课”，又不能不顾教师资源，强教师所难，勉强开设。校本课程的开发应在得到教师人力资源支持和保证的同时，也能得到必要的教育教学设备条件的保证与支持。

六、校本课程开发实施步骤

第一阶段：准备阶段（2004 年 2 月至 2004 年 8 月）

第一，成立学校课程开发组织机构。

1. 学校校本课程开发领导小组：

组　长：校长

副组长：中层领导

组　员：教研组长

2. 学校课程审议委员会：

组　长：校长

副组长：主管中层干部、家长代表

组　员：教研组长若干、家长代表、社区代表、学生代表

第二，教师校本课程知识培训和技能培训。培训内容包括校本、校本课程解读；如何撰写校本课程文本和纲要；如何评价一堂好的校本课、如何评价学生等。

第三，初步厘清开发思路，拟订开发纲要，确定开发项目。

第二阶段：实施阶段（2004 年 9 月至 2005 年 8 月）

第一，教师根据学校校本课程开放方案和自身的兴趣爱好，自由申报，选定组长，明确人员分工，拟订项目开发方案。

第二，学校课程审议委员会和课程开发领导小组审议项目开发方案。

第三，各个项目开发小组修改项目开发方案，分工协作，完成项目开发纲要的编制工作，并交学校课程审议委员会审议。

第四，修改纲要，开始撰写课程计划、文本，设计学生活动材料等。

第五，课程文本、计划和自查表报学校校本课程审议委员会审议。通过后，由学校报区课程审议委员会审议。

第六，区课程审议委员会审议通过后即开始在校内实施。

第三阶段：拓展阶段（2005 年 9 月至 2005 年 12 月）

第一，根据家长、学生、社会的需求，逐步开发新的学校校本课程项目。

第二，在使用校本课程文本的时候，根据实际情况不断调整文本内容，以满足学生和社会发展的需要。

第三，构建学校课程评价体系，开展学校课程评价研究。

第四，注重资料的收集与整理。

七、课程评价建议

新一轮课程倡导“立足过程，促进发展”的课程评价思想，它包含的是评价体系的变革和评价理念、评价方法、手段以及评价实施过程的转变。学校校本课程的价值取向在于学生的发展、教师的发展、学校的发展，因此主要围绕这三方面进行评价。

（1）对课程开发者的评价：对课程开发者的评价由校长室完成，主要看课程目标是否符合学校办学宗旨，课程内容是否适合学生的需要等。

（2）对课程指导者的评价：对课程指导者的评价由教导处、教科室完成。在评价时强调评价者与被评价者之间的互动，将评价变成自我反思、自我发展的过程。可从教学态度、教学准备、教学方式、教学效果等方面进行评价。

（3）学生课程学习的评价：对学生课程学习的评价由家长、教师、同伴共同参与评价。在评价上要全面、深入、真实地再现学生的特点和发展的趋势，整合量化评价结果，以成长记录袋等有效的形式对学生在学习过程中知识与技能、过程与方法、情感态度与价值观等方面取得的成绩作出更清晰、准确的评价。（有改动）

资料来源：“中小学校本课程资源开发的研究与实验”课题组编著：《校本课程资源开发指南》，189～194页，北京，人民教育出版社，2004。

思考题：

1. 结合案例，谈谈校本课程开发应该注意哪些问题？
2. 就近调查一所小学，并为他们设计一个校本课程开发方案。

第七章 教学理论

内容提要

教学理论是教育学的重要组成部分，它主要包括教学的本质、教学的意义与任务、教学过程的基本规律、教学原则、教学组织形式等。学习本章内容，把握教学过程的结构与本质，明确教学目标的特点与功能，掌握教学规律及原则，了解各种教学组织形式的优缺点及改革趋势，对于教师有效实施教学活动有着重要的理论意义和现实意义。

第一节　教学概述

一、教学的概念与意义

（一）教学的概念

教学的概念是从教学现象和教学实践中抽象、概括出来的，其内涵随着历史的发展而发展。

1. 从词源来看

我国早在殷商时期的甲骨文中就出现了“教”字和“学”字，而且从字形分析来看，“教”字是从“学”字派生出来的。最早将教学二字连在一起的见于《书·商书·说命下》中的“惟斅學”，“斅”古音读“xiào”，“斅學半”意思为教是学之半，即教的时候自己也能学到一半，有“教学相长”之意。《说文解字》中也有“教，上所施下所效也”。综上可见，“教”字本身就有教和学两层内涵，“教学”一词理应是以“学”为主，教学中应突出学生的“学”，即以学生为主体。又从“教导，使觉悟”，“教，上所施下所效也”可见“教”对“学”具有导向性作用，教学是以教师为主导、以学生为主体的过程，是教与学的统一。

英语中的“教学”，有很多词可以表达，如 teach，learn，instruct，teach and learn。根据胡森主编的《国际教育百科全书》中的解释：“learn”来自中世纪英文中“lernen”一词，意思是“学”和“教”，“learn”和“teach”同一词源。“teach”常指教学行为，“instruct”常与教学情境有关，强调教学过程。可见英文中“教”和“学”也是同一词源派生出来的。

2. 从已有的教学定义来看

关于教学的定义，我国学者王策三、吴也显、黄甫全、施良方，日本教学论专家佐藤正夫，美国教育家布鲁纳等都有自己的界定。[①] 不同的教学定义，反映出价值取向演变和认识变化发展的历程。有学者专门回顾了长期以来教学定义见仁见智的状况，理出了“内涵指称差异”和“逻辑归属差异”。[②] 从内涵指称看，已有的教学定义存在“突出‘教’的含义”、“重视‘学’的含义”、“强调‘教’与‘学’相统一的含义”、“揭示‘教学生学’的含义”四种不同的指称。从逻辑归属上看，已有的教学定义存在“教育活动”、“认识活动”和“交往活动”三种不同的定位。

3. 教学定义的界定

关于教学的内涵指称。从词源来看，“教学”一词是“教”和“学”的统一，教学是以“学”为主，以“教”为导的过程。从汉语词源的字形分析来看，偏向于先有“学”后有“教”，“教”中包含学，“学”则由“教”来组织、引导。可见“教”与“学”之间的本质属性是引导。

关于教学的逻辑归属范畴。从某种角度来说，教学是一种特殊的认识活动，教学作为文化传承过程，主要是一个认识过程，但教学并不只是通过特殊认识来掌握知识和技能，还可以通过体验和交往形成一定的态度和价值观，养成一定的道德规范、发展个性化的学习习惯等。因此，教学虽然具有认识活动的性质，但不能完全归属为认识活动。教学活动不同于教育活动，但是如果说教学活动归属教育活动是没问题的，而且教学活动处处离不开交往，交往贯穿教学的全过程。可见，教学应归属为教育活动，但过程要突出交往。

综上分析，我们认为：广义的教学是指教的人指导学的人以一定文化为对象进行学习的活动。狭义的教学是在一定教育目的规范下，教师有组织、有计划地引导学生积极主动地参与学习过程，掌握系统的科学文化基础知识、基本技能与方法，获得身心（能力、体质、品德、情操、个性等）全面发展的教育活动。它是教师教与学生学的互动活动。

（二）教学的意义

教学是学校教育中最基本的活动，不仅是智育的主要途径，也是德育、体育、美育和劳动技术教育的基本途径，在学校教育体系中居于中心地位。

教学是培养学生个体全面发展的重要环节。教学能为学生个体的全面发展提供科学的基础和实践，使个体的认识突破时空和直接经验的局限，能扩大学生个体的认识范围，加快认识速度，并使个体的身心发展建立在科学的基础上，在一个统一的过程中实现德、智、体、美、劳诸方面和谐发展。也就是说，教学能使学生具有社会责任感、健全人格、创新精神和实践能力等适应工业化社会、科技、经济发展所必备的素质。

---

① 参见陈旭远主编：《课程与教学论》，39～41 页，长春，东北师范大学出版社，2002。

② 参见李定仁、徐继存主编：《教学论研究二十年》，51～59 页，北京，人民教育出版社，2001。

教学是解决个体经验与人类社会历史经验之间矛盾的有效手段。教学作为一种专门组织起来传递人类知识经验的活动，能便捷地将人类积累的科学文化知识转化为学生个体的精神财富，使他们在短时间内达到人类认识发展的一般水平。通过教学，不仅能促进个体实现社会化的进程，而且可以使人类文化一代代地继承和发展。因此，教学是社会历史经验得以再生产的主要手段。

教学是学校教育的主体部分和基本途径。学校工作应坚持以教学为主的原则，这是提高教学质量、培养人才的有效保证。但教学必须与其他教育形式相结合，必须联系学生的生活实践。因此学校应妥善安排教学与其他活动，建立正常的教学秩序。

二、教学的任务

教学任务是学校教育目的的具体体现，是由人们追求的教学价值取向决定的，一般受教育目的、学生年龄特征、学科特性以及教学时空条件等因素的制约。

（一）引导学生系统地掌握科学文化知识、基本技能与方法

知识是人类历史实践经验的概括和总结，教学所传授的科学文化知识是指形成各门学科的基本事实，相应的基本概念、原理、公式及其系统。它是组成一门学科的基本结构，揭示了学科研究对象的本质及发生变化的规律，反映了科学文化的发展水平。技能是指学生在已有知识经验的基础上，通过练习形成的执行某种任务的比较稳定的活动方式。基本技能是指各门学科中最主要、最常用的技能，是最基本的学习工具，如阅读、写作、计算、问题解决，以及理、化、生物科的实验技能等。技能一般分为智力技能和操作技能，技能通过多次操作，可以发展为技巧。方法是学生进行各科学习的主要工具，掌握良好的学习方法和习惯是教学的重要任务之一。

教学的首要任务是将储存在书本或其他信息载体中的物化知识作为学生认识的客体，经过有指导的学习活动，将人类总体的知识转化为学生个体的内在知识结构，并在此基础上形成技能技巧，渗透各科学习的基本方法，进而使学生学会学习、学会做事、学会生活、学会生存。

（二）发展学生的智力、体魄和能力，促进其个性健康发展

教学的主要任务是发展智力。智力一般指认识能力，即认识客观事物的基本能力，是人们认识活动中表现出来的稳定的心理特征，主要包括注意力、观察力、记忆力、思维力和想象力，其中记忆力是基础，思维力是核心。健康的体魄不仅能保证学生顺利完成在校期间的学习任务，而且能为其终身的事业发展和生活幸福打下良好的基础。学校教学要注重教学卫生（正确的坐姿、良好的视力），要通过体育教学和其他教学培养学生的卫生习惯和健康意识。中小学教学中应培养的能力主要包括语言表达能力、动手操作能力、人际交往能力、自学能力和创造能力，其中创造能力和自学能力是中小学培养的核心。学生的创造才能主要指他们能够运用自己已有的知识和智能去探索、发现和掌握未知知识的能力。它是学生个人的求知欲望、进取心、首创精神、意志力与自我实现的综合体现。

现代社会不仅需要人具备较高的智力和能力，拥有健康的体魄，还需要具备完善的人格和健康的个性。个性是指个人稳定的心理特征，如性格、兴趣、爱好、特长、情绪情感等，是在个人生理素质的基础上，通过实践活动形成和发展的。促进学生个性健康发展是学校教学的重要任务之一。

（三）培养学生的品德和审美情趣，为其奠定科学的世界观

世界观是人们对世界总的看法和态度。科学世界观的形成，必须建立在掌握科学知识的基础之上。青少年的品德、审美情趣和世界观正处在急速发展和逐步形成的重要时期，教学在使学生形成科学的世界观、培养优秀的道德品质方面起着重要作用。原因在于，教学始终具有教育性。学生在教学中进行的学习和交往，是他们生活中认识世界和进行社会交往的组成部分。他们在掌握自然科学、社会科学知识和联系实际的过程中，将提高自己的道德修养和审美情趣；他们在班级的集体教学活动中，将依据一定的规范和要求来调节自己的思想和行为。这都为学生形成科学的世界观提供了坚实的基础。

上述三项任务都交织在学生个体的学习活动之中，各门学科由于承担的教学任务不同，各有侧重。

三、教学目标

（一）教学目标及其分类

1. 教学目标的含义

教学目标是教学双方活动的准绳，也是衡量教学质量的尺度，它对教的方式和学的方式起着明确的制约作用。教学目标与教学目的既有联系又有明显的区别，目的是应然的，目标是实然的，教学目标是教学目的的下位范畴，是教学目的的具体化和学科化，是各科教学所要达到的具体目标。具体地说，教学目标是指教学活动主体预先确定的，在具体情景下学生学习或行为所要达到的、利用现代技术手段可以观察测量评价的结果。它是学生学习成果及终结行为的具体描述，是师生双方的共同目标，它着眼于教而落脚于学。教学目标作为一个整体，是由教学总目标、学校教学目标、课程目标、单元目标和课时目标组成的具有递进关系的系统。

2. 教学目标的分类理论

研究教学目标是现代教育评价学的需要，首先提出教学目标这一范畴并进行研究的是美国芝加哥大学教授布卢姆，他于 1956 年出版的《教学目标分类学》一书，第一个把分类学的理论运用于教学领域，认为教学目标可分为以下三大领域。第一，认知领域目标：知识、领会、运用、分析、综合和评价。第二，情感领域目标：接受或注意、反应、价值评价、价值观的组织、价值体系的形成。第三，动作技能领域目标：知觉、准备、有指导的反应、机械动作、复杂的外显反应、适应、创作。① 布卢姆的理论较有成效地解决了测量与评价目标由简单到复杂的等级分类问题。

随后，世界各国教学论研究者和心理学家根据自己的教育目的和分类方法，也提出了各种不同的分类设想。美国当代教育心理学家加涅在其《学习的条件》一书中认为，学习的结果或者教学活动所追求的目标，就是形成学生的五种能力，即智力、认知策略、言语信息、运动技能和态度。他又将智力技能分出五个附属范畴，即鉴别作用、具体概念、为概念下的定义、规则和高级规则。② 苏联著名教育家巴班斯基根据总的教育教学目的，提

---

① 参见黄甫全、王本陆主编：《现代教学论学程》，147～148 页，北京，教育科学出版社，1998。

② 参见［美］罗伯特·M·加涅：《学习的条件》，53 页，北京，人民教育出版社，1985。

出“综合规划和具体确定课堂教学任务”的课题，认为教学过程必须执行三种任务，并对具体的任务作了分类，即教养任务（形成理论知识所特有的专业技能技巧）、教育任务（世界观、劳动教育、道德教育、美育和体育）、发展任务（发展学生的智力、意志、情感和动机）。日本教育家梶田壑一结合东方人的意识，从目标实现的形态角度把各个领域的目标又分为基础目标、提高目标、体验目标三大类①，具体组合见表7—1：

表7—1　梶田壑一的教学目标分类表

目标形态 / 目标内容	基础目标	提高目标	体验目标
认知领域	知识、理解等	逻辑思维能力、创造力等	发现等
情感领域	兴趣、关心等	态度、价值等	交往、感动等
运动技能领域	技能、技术等	熟练等	技术性完成等

3. 三维目标

根据以上教学目标分类理论，结合我国的教育教学实际，新课程将教学目标分为知识与技能、过程与方法、情感态度与价值观三个维度。三维教学目标不是三个目标，而是一个问题的三个方面。它集中体现了新课程的基本理念，集中体现了素质教育在学科课程中培养的基本途径，集中体现了学生全面和谐发展、个性发展和终身发展的客观要求。

知识与技能目标：知识主要包括人类生存所不可或缺的核心知识和学科基本知识；基本能力包括获取、收集、处理、运用信息的能力，创新精神和实践能力，终身学习的愿望和能力。

过程与方法目标：主要包括人类生存所不可或缺的过程与方法。过程指应答性学习环境和交往、体验。方法包括基本的学习方式（自主学习、合作学习、探究学习）和具体的学习方式（发现式学习、小组式学习、交往式学习）。

情感态度与价值观目标：情感不仅指学习兴趣、学习责任，更重要的是乐观的生活态度、求实的科学态度、宽容的人生态度。价值观不仅强调个人的价值，更强调个人价值和社会价值的统一；不仅强调科学的价值，更强调科学的价值和人文价值的统一；不仅强调人类价值，更强调人类价值和自然价值的统一，从而使学生内心确立起对真善美的价值追求以及人与自然和谐和可持续发展的理念。

三维教学目标应是一个整体，知识与技能、过程与方法、情感态度与价值观三个方面互相联系，融为一体。在教学中，既没有离开情感态度与价值观、过程与方法的知识与技能的学习，也没有离开知识与技能的情感态度与价值观、过程与方法的学习。新课程背景下的课堂教学，要求根据各学科教育的任务和学生的需求，从知识与技能、过程与方法、情感态度与价值观三个方面出发设计教学目标，把原来目标单一的课堂转变为目标多维的课堂。

（二）教学目标的特点

1. 预期性和规范性

教学目标是师生在教学活动中预期达到的教学结果，教学之前的预期教学目标是否明确、具体、科学，直接影响教学的有效性。教学目标可以规范教学活动的范围和途径，引

---

① 参见钟启泉编：《现代课程论》，359～360页，上海，上海教育出版社，1989。

导师生在一定时间内达到预期的教学结果。

2. 联系性和渐进性

教学目标是一个由若干相互联系的具体教学目标组成的整体，具体教学目标之间是一个有机联系的网络，每个具体教学目标都不是孤立的，应在一个相互联系的体系中恒定它的地位和价值，而且各具体教学目标按顺序是连续递增的渐进关系，各项教学目标的实现要遵循从易到难、从简到繁、渐进发展的过程。

3. 可操作性和灵活性

一般来说，教学目标都是具体、明确、可操作的，好的教学目标必须具有可操作性。另外教学目标一般因校、因课、因班级学生的实际编制，其内容和水平应有一定的弹性和灵活度，教学目标的灵活性是由教学活动的复杂性决定的，它为教师创造性开展教学提供了可能性。

（三）教学目标的功能

1. 定向功能

教学目标是教学活动的预期结果，在一定程度上制约着教学设计的方向，对教学过程起着导向作用，是教学中师生学习的共同目标，直接影响教学效果，是教学设计的首要环节。

2. 激励功能

正确的教学目标能激发学生的内部需要，激励学生的参与行为。教学前向学生提出明确具体的教学目标，能激发学生学习新知识的欲望，调动其学习积极性。

3. 评价功能

教学效果的测定、评价都是参照教学目标进行的。教学目标是否合理、客观是进行科学评估的基础。

4. 聚合功能

教学目标是教学系统内各组成要素的核心，对其他要素有支配、聚合、协调的作用，教学内容、教学方法、教学环境都是为既定的教学目标服务的。教学目标使教学活动的各个要素聚合在一起，并有效运行。

第二节　教学过程

教学过程是教师根据教学目的、任务和学生身心发展的特点，通过指导学生有目的、有计划地掌握系统的文化科学知识、基本技能与方法，发展学生智力和体力，培养良好的道德品质，形成科学的世界观及健康个性的过程。

一、教学过程的结构

（一）教学过程的纵向结构

关于教学过程的基本结构，历代中外教育家曾以不同的观点、从不同的角度作过种种探索，并提出各自的见解。

早在公元前6世纪，我国伟大的教育家孔子在丰富的教学实践基础上，把学习过程概括为学、思、行的统一过程。后来的儒家思孟学派进一步提出“博学之，审问之，慎思之，明辨之，笃行之”（《礼记·中庸》）的学习过程结构理论。在西方，关于教学过程的结构不同时期有不同的见解。古罗马学者昆体良曾提出模仿、理论、练习三阶段说；捷克教育家夸美纽斯提出过感知、记忆、理解、判断四阶段说；德国教育家赫尔巴特把教学过程分为明了、联想、系统、方法四个阶段；美国实用主义教育家杜威提出了学习过程的五个阶段——疑难、问题、假设、验证、结论。① 20世纪上半叶，苏联教育家凯洛夫强调教学过程应发挥教师的主导作用，提出了诱导、感知理解、巩固、运用、检查五个教学阶段。② 我国学者王道俊、王汉澜与凯洛夫有类似的见解，指出教学过程应分为六个阶段——引起求知欲，感知教材，理解教材，巩固知识，运用知识，检查知识、技能和技巧。③

目前，一般认为现代教学过程应包括七个基本环节④：

（1）明确教学目标。教学目标是师生双方根据一定的要求预先设想和确定的学习结果。对教师而言，就是要在课堂上提出适合学生身心发展水平的具体目标和任务，激发学生的内心需要，使他们想学、愿学，教师可以通过创设问题情境的方法使教学目标表现出来，对学生而言，就是要在问题情境中明确学习目标，产生求知欲。

（2）激发学习动机。学习动机是推动学生学习的一种内部动力。学习动机往往与兴趣、求知欲和责任感联系在一起。教师要使学生明确学习目的，启发学生的责任感，激发学生学习的积极性。

（3）感知教学材料。教师要引导学生通过感知形成对教学材料的清晰表象和鲜明的观点，为理解抽象概念提供感性知识并发展学生相应的能力。感知的来源包括学生已有的知识经验，直观教具的演示、参观或实验，教师形象而生动的语言描述和学生的再造想象以及社会生活实践。

（4）理解教学材料。教师引导学生在感知的基础上通过分析、比较、抽象概括以及归纳演绎等思维方法的加工，形成概念、原理，真正认识事物的本质和规律。理解教材可以有两种思维途径：一是从具体形象思维向抽象逻辑思维过渡；二是从已知到未知，不必都从感知具体事物开始。

（5）巩固知识经验。通过各种各样的复习，对学习过的材料进行再记忆并在头脑中形成巩固的联系。巩固知识往往渗透在教学的全过程，不一定是一个独立的环节。

（6）运用知识经验。学生掌握知识的目的在于运用，教师要组织一系列的教学实践活动引导学生动脑、动口和动手，以形成技能技巧，并把知识转化为能力。

（7）测评教学效果。检查学习效果的目的在于使教师及时获得关于教学效果的反馈信息，以调整教学进程与要求，帮助学生了解自己掌握知识技能的情况，发现学习上的问题，及时调节自己的学习方式，改进学习方法，提高学习效率。

---

① 参见黄甫全主编：《现代课程与教学论学程》，下册，664～665页，北京，人民教育出版社，2006。

② 参见［苏］凯洛夫主编：《教育学》，131～145页，北京，人民教育出版社，1957。

③ 参见王道俊、王汉澜主编：《教育学》，198～204页，北京，人民教育出版社，1999。

④ 参见黄甫全主编：《现代课程与教学论学程》，下册，666～669页，北京，人民教育出版社，2006。

教学过程的纵向结构指教学进程的基本阶段，学科性质不同、教学目的任务不同和学生的年龄阶段不同，教学过程的展开、行进和发展的程序是不完全一样的，教学过程没有一成不变的程式，且呈现多样综合的特点。

（二）教学过程的横向构成要素

关于教学过程的构成要素，研究者们存在不同看法，其中以“三要素”论、“七要素”论和“三加六要素”论最具代表性。

（1）“三要素”论。这种观点认为教学过程是由三个最基本的要素，即教师、学生和教材构成的。

（2）“七要素”论。这一观点是从“四要素”（教师、学生、教材、教学环境）、“五要素”（教师、学生、教材、教学方法、教学环境）、“六要素”（教学目标、教师、学生、课程、教法、教学环境）的基础上发展而成的。我国学者李秉德指出，教学活动是由学生、目的、课程、方法、环境、反馈和教师七个要素组成的。强调用我们自己的眼睛看教学现象，并且用我们自己的头脑来对之进行分析。①

（3）“三加六要素”论。苏联教育家巴班斯基指出，教学是人类的一种活动，它具有双边的性质，它必然是教师和学生在一定条件下所产生的相互作用。关于教学过程他认为教师、学生、条件是系统的成分，还应包括教学目的、激发动机、教学内容、操作活动、控制调节、评价结果六个要素。②

“三要素”论确定了构成要素，但却忽略了教学过程的影响因素，虽然简约，但并不全面；“七要素”论既关注了构成要素，也关注了影响因素，虽然相对完美，但缺乏层次；“三加六要素”论基本弥补了这些不足。

二、教学过程的本质

教学过程的本质是指教学过程内在的、能被人的思维所把握的基本关系和属性。近年来由于国外教育理论的影响和国内教学改革的需要，我国教育界对教学过程的本质问题开展了长期讨论，出现了许多不同见解，其中影响较大的有特殊认识说、儿童发展说、交往说、认识—发展说、多本质说。③

（一）特殊认识说

认识过程是一个由感性认识发展到理性认识再到实践的复杂曲折的过程，教学过程同样如此。人类通过认识过程不仅改造着客观世界，同时也改造着自己的主观世界，教学过程中师生同样是在传授、接受知识的过程中去认识客观世界，并同时发展自身的各种能力和素质。因此，教学过程本质上是一种认识过程，但这种认识又不同于一般认识或其他形式的认识，具有自身的特殊性。

1. 教学认识过程的特点

教学活动受间接经验、教师参与、学习者年龄特征和教育目的的制约，所以，教学

① 参见李秉德：《对于教学论的回顾与前瞻》，载《华东师范大学学报》，1989（3）。

② 参见［苏］巴班斯基主编：《教育学》，157～159页，北京，人民教育出版社，1986。

③ 参见黄甫全主编：《现代课程与教学论学程》，下册，669页，北京，人民教育出版社，2006。

认识的特殊性包含间接性、简捷性。间接性表现为，教学过程主要是学生掌握人类长期积累起来的基础科学文化知识，并以此为中介间接地认识客观世界。简捷性表现为，教学认识有着一条认识的捷径，避免了一般科研认识过程中的无数次尝试、失败和曲折。

2. 教学认识与科学认识的区别

教学中的认识尽管主要是间接经验，但是也包括一定的直接经验，在现代教育思想指导下，特殊认识说强调直接经验的重要性，要求在教学中增加研究和创造成分，渗透科学研究和艺术创作活动，以培养学生的独立、探索和创造能力。但教学过程不等同于科研过程，两者之间的主要区别表现为“短期—漫长”“接受—创新”和“教育—认识”等。

（二）儿童发展说

这种观点认为，教学过程本质上是培养人，促进学生德、智、体全面发展的过程。学生智能和品德的发展，虽然是在认识过程中实现的，但发展高于认识。

20 世纪人们逐渐认识到掌握知识是重要的，但这不是教学的本性所在，教学的本性是儿童的生长与发展。知识是智力的母体，是发展的必要条件。智力的发展离不开知识的掌握，知识的掌握依赖于智力的发展，发展智力与掌握知识互为条件。20 世纪 50 年代，赞科夫提出，要通过对整个教学结构的改革来促进学生的一般发展，包括身体发展和心理发展，不仅发展学生的智力，而且发展情感、意志品质、性格与集体主义思想。在一般发展中，智力的发展是核心，教学是发展性教学。同时期的布鲁纳也提出，通过对知识结构的课程改革来促进学生的发展，改革的目的是发展智力，使教学过程成为发展智力的过程。教学既要传授知识，又要促进发展。

（三）交往说

这种观点认为，教学是教师教与学生学的统一，其实质是交往，教学是一种交往活动，是师生间、学生间的交往，是师生以课堂为渠道共享知识、精神、智慧的交往过程。交往是人与人之间在共同活动中发生相互作用和联系的基本方式，也是社会群体赖以生存、发展的必要条件。教学活动是一种社会性交往活动，是发生在师生、学生间的一种特殊的交往活动，具有鲜明的社会性。通过教学交往，可以克服个体的种种偏见、差异，使学生获得在直接经验范围内难以获得的新信息、新知识、新方法和新观念，使信息得以整合、共享。因此，学生的认识离不开师生间的特定情境和为特殊目的进行的交往，只有通过交往，在交往中，学生才能得到真正的发展。

（四）认识—发展说

认识—发展说指出，“认识说”和“特殊认识说”忽视了教学过程中人的生理发育和心理发展的事实，而“发展说”则消解了教学过程中新生一代接受已有知识而在一定程度上认识客观世界的事实。

教学过程中，一方面，在教师引导下，学生通过学习，把从人类文化中选取的知识经验内化为自身的知识和经验，实现着对客观世界的认识和把握，这显然是一个认识过程；另一方面，学生在学习掌握知识经验的同时，实现着自己的身心发展，实现着认知、情意、技能和能力的发展，这显然是一个发展过程。所以，教学过程实质上是学生认识与发展相统一的过程。在教学过程中，客观地存在着个体认识与发展相统一的文化机制。[①] 在已有的整个社会历史过程中，人类认知、情感、技能和能力历经从简单到复杂、从低级到高级的发展，这样的发展成果凝结在文化的内核之中。正是由于文化的内核凝结着人类发展的成果，而教育教学内容是一种教育化的文化，学生个体通过教学过程，在完成掌握特定文化内容的特殊认识活动的同时，将凝结在文化中的人类认知、情感、技能和能力内化为自身的东西，从而实现着自身的发展。这就是教学过程中认识与发展相统一的机制。

（五）多本质说

多本质说指出，教学是一个多层次、多方面、多形式、多序列和多矛盾的复杂过程，所以教学过程的本质也是多层次和多类型的。从认识论看，教学过程是特殊的认识过程；从心理学看，教学过程是人的发展过程；从生理学看，教学过程是儿童的发育成熟过程；从经济学看，教学过程是人的再生产过程；从伦理学看，教学过程是培养道德品质、思想意识和行为习惯的过程；等等。

三、教学过程中的基本规律

教学过程内部各种因素相互依存、相互作用便形成了一些必然的、稳定的、普遍的联系，这是教学过程规律性的体现，主要包括以下几种联系：

（一）间接经验与直接经验的统一

每个个体的认识都有直接经验和间接经验两种基本来源。直接经验是个体在认识、探索和改造世界的过程中，通过亲身活动体悟、感知和概括出来的经验，这是个人的经验。间接经验则是人类在文明史的演进历程中所积累起来的经验，主要体现为自然科学、社会科学、文学艺术等文化成果，是个人通过交往等活动获得的前人、别人的经验。教学过程是间接经验与直接经验相统一的过程，反映了教学中传授系统科学文化知识与丰富学生感性知识的关系、理论与实践的关系、知与行的关系。

1. 学生以学习间接经验为主

教学中学生学习的主要是间接经验，并且是间接地学习。首先，在学习内容上，学生学习的内容是经过系统选择、精心加工，简约化和典型化的人类文明经验的精华。其次，在认识方式上同样表现出间接性，学生主要是通过“读书”接受现成的知识，然后再去“应用”和“证明”，这是一条认识的捷径，可以避免人类曾经经历过的曲折和失败，使学生能用最短的时间掌握大量的系统的文化科学基础知识，同时，还可以使学生在新的起点上继续认识客观世界，继续开拓新的认识领域。

2. 学生学习间接经验要以直接经验为基础

要使人类的知识经验转化为学生真正理解掌握的知识，必须依靠个人以往积累的或现时获得的感性经验为基础。原因在于，学生学习的书本知识是以抽象的文字符号表示的，是对前人生产实践和社会实践的认识和概括，而不是来自学生的实践与经验。教学中应积极创造条件，引导学生质疑、调查、探究，在实践中学习。需要指出的是，教学中学生直接经验的获得，与人类实践活动中直接经验的获得方式不尽相同。教学中往往将直接经验

---

① 参见黄甫全：《课程本质新探》，载《教育理论与实践》，1996（1）。

典型化、简约化，主要方式是实验、演示、教学录像，让学生在一定的生产劳动、社会调查、模拟的生活情境中去体验。

（二）掌握知识与发展智力、能力的统一

掌握知识与发展智力、能力相互依存、相互促进，二者统一在同一教学活动之中。现代教学论认为，教学不仅要使学生掌握知识、技能，而且要发展学生的智力和能力（包括一般认识能力和特殊能力），重视教学的发展性。

1. 掌握知识是发展能力的基础

学生认识能力的发展有赖于知识的掌握。知识为能力提供了广阔的领域。向学生介绍关于归纳、演绎、解决问题等思维方法的知识，就是把心智操作的方式教给学生，掌握知识的过程必然要求学生积极进行认识、思考和判断等心智活动，只有在心智操作的活动中才能发展认识能力。

2. 智力、能力的发展是掌握知识的重要条件

学生掌握知识的速度与质量，依赖于学生原有智力水平的高低。认识能力具有普遍的迁移价值，它不但能有效地提高学生的学习效率和知识质量，推动学生进一步掌握知识，而且有利于促使学生将知识应用于社会实践活动，从而获得完全的知识。目前教学中要特别强调学生实践能力与创新能力的培养，注重过程与方法，培养学生的自主性、主动性和创造性。

3. 掌握知识与发展智力相互转化的内在机制

知识不等于智力，学生掌握知识的多少并不完全表明其智力的高低，而发展学生的智力也不是一个自发的过程。必须探索二者之间的差异以及相互转化的过程和条件，以引导学生在掌握知识的同时，有效地发展他们的智力和能力。知识与能力的转化，应注意以下条件：第一，传授给学生的知识应该是科学的规律性的知识。只有掌握了规律性的知识才能举一反三、触类旁通，才能实现知识的迁移。也只有规律性的知识，才需要理论思维的形式。第二，必须科学地组织教学过程。启发学生独立思考、探索发现，鼓励学生选择不同的学习方法和认知策略去解决问题，学会学习，学会创造。第三，重视教学中学生的操作与活动，培养学生的参与意识与能力，提供学生积极参与实践的时间和空间。第四，培养学生良好的个性品质，重视学生个性差异。

案例 7—1

从“画苹果”看中日美三国的教学

中国老师走进教室：“同学们，上一节美术课，我们学习了画水杯，这一节课我们学习画苹果。大家先观察我是怎样画的。注意，先画一个正方形，注意，这个正方形要画得轻一些，因为最后要擦掉……好了，老师画完了。现在请大家拿出美术本开始画，注意，我是怎么画的。”——中国学生一次就画出了最像苹果的“苹果”。

日本老师手里拿一只苹果走进教室：“同学们，这是什么？……对，这是苹果，大家喜不喜欢？如果喜欢，我可以拿到大家面前，大家可以看一看、闻一闻、摸一摸……但是这个苹果不能吃，因为只有一个苹果，而且我们这一节课要学习画苹果。”然后将

苹果放在讲台上。“现在，大家可以画苹果了。”——苹果还在，学生有了观察的对象，第一次可能画得像梨，第二次画得就有点像苹果了。

美国老师提着一篮子苹果进教室：“同学们，这是什么？……对，这是苹果。大家喜不喜欢？如果喜欢，大家可以上来拿一个。”同学们各自上来拿了一个苹果，老师接着说：“大家可以看一看、闻一闻、摸一摸、玩一玩……另外，这些苹果老师都洗干净了，如果喜欢，还可以把它吃掉。”一段时间过去，许多学生已经吃掉了苹果，这时老师开始布置任务：“同学们，我们这一节课要画苹果，现在请大家在自己的本子上画上苹果。”——苹果已经吃掉了，学生第一次可能画得像南瓜，第二次可能像梨，第三次画得才有点像苹果。

资料来源：《从画苹果看中日美三国老师的课程文化差异》，载《中国教师报》，2004-02-04。

用中美日三国教师教画苹果的不同方法，反映了三个国家教师对学生掌握知识与发展智力、能力关系的不同教学策略。中国老师秉持知识本位，注重预设和控制，强调“教”的过程，关注学习结果，凸显的是接受性学习，使学生“一次就画出了最像苹果的‘苹果’”，隐喻中国老师教出来的中国学生基础知识扎实，但能力不足。美日老师秉持以儿童为中心，以学生为主体，不关注学习结果，实施自主学习及个性化学习，其中美国更为开放。隐喻美日老师在教学中不十分重视学生的基础知识，但学生的能力却很强。因此，在教学过程要遵循掌握知识与发展能力、智力相统一规律，就必须以学生为本，改变传统的知识观，树立新课程所倡导的多元知识观，科学组织教学过程，实施个性化学习。

（三）教师主导作用与学生主体的统一

教学活动是教师的教和学生的学组成的交往活动，如何处理好教与学的关系一直是教育史上的一个重要的理论和实践问题。现代教学论强调，教学是教师教学生去学，学生是教师组织的教学活动中的学习主体，教师对学生的学习起主导、指导作用。教学过程是教师主导和学生主体相统一的过程，是师生共享教学经验、明确教学目标、交流思想情感、实现培养目标的过程。

1. 学生是教学过程中的学习主体

这是由学生的主观能动性决定的，教学过程受学生本人的兴趣、需要以及所接受的外部要求的推动和支配，学生对外部信息选择的能动性、自觉性，受学生原有知识经验、思维方式、情感意志、价值观等制约，学生对外部信息进行内部加工具有独立性、创造性。这里需要说明的是，学生的主体地位是在教师的主导下逐步确立的。

2. 教师在教学过程中处于主导地位

教师是对教学工作全面负责的人，他代表社会并依据人的发展规律来具体设计教学的目标、内容、形式和方法，组织实施教学过程，评估学生学习的结果。教师的指导决定着学生学习的方向、内容、进程、结果和质量，起引导、规范、评价和纠正等作用。教师教的方式还影响着学生学的方式以及学生学习主体积极性的发挥，影响着学生个性及人生观、世界观的形成。

（四）掌握知识与提高思想的统一

知识与思想统一于学习内容之中，掌握知识是提高思想的基础，提高思想以掌握知识为依托。人们的思想观点和世界观的形成离不开认识，都需要以一定的经验和知识为基础，但知识的掌握并不一定能够提高思想。教学中教师不仅要使学生深刻领悟知识，而且要善于引导和激发学生对所学知识的社会意义产生积极的态度，在思想深处产生共鸣，受到熏陶与感染，形成自己的善恶观念、爱憎情感和价值追求。同时，学生思想的提高又能推动他们积极地学习知识，学生掌握文化科学知识的过程是一个能动的认识过程，他们的思想状况、学习动机、目的与态度，对其学习起着十分重要的作用，能给学习以正确的方向和巨大的动力，能推动他们自觉地、主动地进行学习。需要注意的是，教学中不能脱离知识而另搞一套思想教育，不能使思想教育成为无本之木，这样不仅不利于学生思想的提高，而且有害于系统的文化科学知识的教学。

（五）智力活动与非智力活动的统一

在教学中，学生的认识活动，不仅有智力活动，而且伴随着非智力活动。学生的智力活动主要指为认知事物、掌握知识而进行的观察、思维、记忆和想象等心理因素活动。学生的非智力活动主要指在认知事物、掌握知识过程中的兴趣、情感、意志和性格等心理因素活动。在学生认识世界、学习知识的过程中，两种活动都同时存在，并相互作用、相互渗透。一般来说，在教学中非智力活动依赖于智力活动。因为智力活动是非智力活动的基础，学生的兴趣、情感、意志、性格是在认知事物、掌握知识的过程中产生和发展的。同时，非智力活动又积极作用于智力活动。因为学生是有能动性的人，他们已有的兴趣、情感、意志、性格等心理因素，常表现为内驱力作用于智力活动，对学生的学习产生巨大影响。因此，教学中不仅要发展学生的智力，而且要关注非智力因素的发展，要通过改进教学本身，使教学内容和过程都富有知识性、趣味性、启发性、民主性，适合学生年龄特征，具有吸引力，以便引起、保持学生的求知欲、毅力、信心、抱负，养成良好的非智力因素品质。

第三节　教学原则

教学原则是根据一定的教学目的和对教学过程规律的认识而制定的、指导有效教学的基本准则和要求。它既指导教师的教，也指导学生的学，应该贯彻于教学过程的各个方面和始终。一般认为，中小学常用的教学原则主要有以下几条：

一、科学性与思想性统一原则

科学性与思想性统一原则是指教学要向学生传授真正反映客观事物真理的知识，使教学内容具有严密的科学性，并结合知识的传授，对学生进行思想品德教育，使教学具有教育性。这一原则的实质是要求在教学活动中把教书与育人有机地结合起来。在教学中，贯彻这一原则的基本要求是：

1. 保证教学的科学性①

教学的科学性是思想性的前提。学生只有真正地掌握科学知识，才能正确地认识客观事物及其规律性，树立科学的世界观和人生观。教师在教学中要严肃认真地把本门学科课程标准和教材所定的基本知识和基本技能传授给学生，要做到对教材的分析、概念的表述要准确，原理论证要充分，逻辑推理要严密，列举事例要真实，技能训练要严格，教学的组织形式和方法要科学。一句话就是教学首先要真，教学贵真。

2. 发掘教材内容的思想性，对学生进行思想教育

思想性是教学的灵魂，教书的根本的目的在于育人，千教万教教人求真。为此，教师要深入钻研教材内容，在传授知识的同时对学生进行思想教育，教会学生做人、做事。

3. 通过教学活动的各个环节对学生进行思想教育

除上课外，教师还要注意通过作业、课外辅导、考试等环节，对学生提出严格要求。培养学生自觉、主动、认真负责的学习态度，勤奋学习、一丝不苟等良好习惯，不怕困难、勇于克服困难的坚强毅力。

4. 教师要不断提高专业水平和思想修养

教学的科学性和思想性能否得到统一，发挥出最大的效果，取决于教师的业务能力和思想水平。教师的思想面貌、知识修养、对待科学的态度和思想方法，都会对学生产生潜移默化的影响。教师必须不断地更新知识，提高专业水平和思想修养，才能确保科学性和思想性的统一。

二、理论联系实际原则

理论联系实际原则要求教师在教学中要处理好理论知识与客观实际的关系，加强教学与现实生活的联系。贯彻这一原则的基本要求是：

1. 重视书本知识的教学，使学生获得系统的知识

搞好基础知识的教学，首先要求教师根据学科标准确定学生应掌握的基础知识；其次，要使学生形成正确的概念，这是掌握基础知识、联系实际的前提。讲清概念可以从实际事例或学生已有的知识出发。对于易混淆、学生难以理解的知识，要引导他们通过分析、综合、比较、判断、推理来掌握客观事物的内在规律，为联系实际、培养能力作好充分的准备。

2. 在传授知识的过程中注意联系实际

联系生活实际是一种有效的教学策略，如小学语文课文《锡林郭勒大草原》中有这样一句："高低不平的草滩上，嵌着一洼洼清亮的湖水。"为理解"嵌"字的意思，教师可以这样引导："生活中你见过哪些东西是嵌着的？"（学生："照片嵌在镜框里，钻石嵌在戒指上。"）从而让学生感受并正确地理解"嵌"字的意思。

教学中联系实际主要有以下几个方面：一是联系学科知识在社会主义现代化建设和社会生活中运用的事迹；二是联系学生的生活经验，已有的知识和思想实际；三是联系当前最新科学技术成就的事迹；四是联系国外的历史和现实。只有这样，才能使抽象的书本知

① 参见王道俊、郭文安主编：《教育学》，212 页，北京，人民教育出版社，2009。

识为学生理解、内化到他们已有的知识结构之中。

3. 加强教学的实践性环节

首先，要重视教学实践，如练习、实验、实习等活动，这是教学中引导学生联系实际的主要方面。其次，教师应根据教学的实际需要组织学生进行参观、访问、社会调查、科技小组、生产劳动等活动。这样，把知识运用于实践、丰富和补充书本知识，有助于提高学生实际操作的能力。

4. 补充乡土教材

根据教学内容的特点，将所在区域的历史文化、风土人情等实际情况补充到教学中，使教学不脱离区域实际，为地区的经济发展服务。

三、直观性原则

直观性原则是指教学中要关注学生的直观感受，要通过再现直观情境，引导学生形成对所学事物及过程的清晰印象，丰富他们的感性知识，从而使他们能够正确理解书本知识、发展认识能力。乌申斯基对这一原则作了深刻的论证，他指出："一般说来，儿童是依靠形式、颜色、声音和感觉来进行思维的。"① 贯彻直观性原则的基本要求有以下几点：

1. 正确选择直观教具和现代化教学手段

在教学中，要根据教学目标、内容和学生年龄特征正确选用直观教具，以获得最佳的直观效果。直观教具一般可分为两类，一类是实物直观，包括实物、标本、实验、参观等，一类是模象直观，包括图片、模型、影视等。

2. 直观要与讲解相结合

学生要在教师的指导下有目的地观察，教师要通过提出问题引导学生把握事物的特征，发现事物之间的联系，并通过讲解解答学生观察中的疑难问题，使学生获得较全面的感性认识，深刻地掌握知识。

3. 运用语言直观

教师生动形象的描述，能使学生对所学内容形成生动的表象或想象，但是这种想象和表象的形成要借助学生已有知识经验才能形成，因此学生年级越高，效果可能会越好。

例如，某教师在讲解《枫桥夜泊》时，在理解诗意、体会诗情后，曾用语言创设情境指导朗读："在这个寂寞难眠的夜晚，月亮西沉，乌啼声声，霜气布满了整个天地；江枫凋零，渔火点点，充满愁思的张继面对此情此景，不由得从心里轻轻地吟诵起这忧愁的诗句，那么同学们，你们谁能将这种感受读出来？"学生在教师创设的情境中读得声情并茂，不仅体会到了诗的意境美，也感受到了诗的语言美。

四、启发性原则

启发性原则，是指在教学中教师要激发学生的学习主体性，注意调动他们的学习主动性，引导他们独立思考与积极探索自觉地掌握科学知识，提高分析问题能力，树立求真意识和人文情怀。启发性原则反映了学生的认识规律。学生的认识过程是在教师指导下进行

---

① 转引自曹孚编：《外国教育史》，255～256页，北京，人民教育出版社，1979。

的能动认识过程。中外教育家都很重视启发教学。孔子提出了“不愤不启、不悱不发”的著名教学要求，这是“启发”一词的来源。在西方，苏格拉底重视启发教学，他善于用问答的方式来激发和引导学生自己去寻求正确答案，这种苏格拉底式的方法被称为“产婆术”。文艺复兴后许多教育家都重视调动学生的主动性，强调启发教学，第斯多惠曾说：“一个坏的教师奉送真理，一个好的教师则教人发现真理。”① 贯彻启发性原则的基本要求如下：

1. 调动学生学习的主动性

这是解决学生的内在动力问题，如果学生的学习只靠外力来强迫命令，而没有内在的动力，则很难持久。所以，调动学生的学习主动性是启发的首要问题。

2. 启发学生独立思考，发展学生的逻辑思维能力

使学生的思维积极活动起来，向纵深发展，这是启发的关键。教师在启发学生思考的过程中，要有耐心，给学生以思考时间；要有重点，问题不能多，不能蜻蜓点水、启而不发；要深入下去，提出补充问题，引导学生去获取新知。不仅要启发学生理解知识，而且要启发学生理解学习的过程，掌握获取知识的方法，培养独立解决问题的能力。

3. 发扬教学民主

教学中要建立民主平等的师生关系和生生关系，创造民主和谐的教学气氛，鼓励学生发表不同见解，允许学生向教师提问质疑等，这是启发教学的重要条件。

五、循序渐进原则

循序渐进原则是指教学要按照学科的逻辑系统和学生的认识发展的顺序进行，使学生在渐进中系统地掌握基础知识和基本技能。贯彻该原则的基本要求是：

1. 严格按照教学内容的系统性进行教学

系统性是指学生知识和技能的掌握要有系统、有条理。教师要认真分析教材，了解教材的编排结构，明确各单元教学的重点难点，引导学生掌握单元内部及单元之间的逻辑联系，要在遵循课本知识体系的前提下，促进学生认知能力的发展。

2. 教学内容和方法的呈现要循序渐进

教学中无论是教学内容的安排，还是教学方法的呈现，都需要做到由浅入深、由易到难、由简到繁，这些循序渐进的原则是由学生的认知规律决定的。

3. 学生学习习惯的养成和方法的习得也要遵循一定的系统，并体现循序渐进

在学习中，如“预习—提出问题—解决问题”是一个相对的系统，再如“自主学习—合作学习—探究学习”也是一个相对的系统。教学中教师要遵循其内在的系统性，循序渐进地培养学生的学习习惯与方法。

六、巩固性原则

巩固性原则是指教师要引导学生在理解的基础上牢固地掌握所学知识和技能，并能根据需要迅速再现，加以运用。贯彻该原则的基本要求是：

---

① 转引自张焕庭：《西方资产阶级教育论著选》，367 页，北京，人民教育出版社，1964。

1. 教师要引导学生在理解的基础上内化知识

教学中，教师的讲授必须清晰而深刻，使学生充分感知、理解课本知识，从而牢固地掌握基本知识和技能。

2. 明确理解与记忆的关系

人的记忆与感知、理解是紧密联系的心理过程，感知、理解是记忆的前提，而记忆又有助于加深理解。“所有的专家都认为：应该从幼年开始就训练记忆能力，而且在学校中取消一些被看做使人厌倦的传统训练是不当的。”① 要引导学生在理解的基础上记忆。

例如，教学生识字有很多技巧，有一位小学教师告诉学生如何区别“买卖”两个字时说：“多了就卖，少了就买。”学生很快记住了这两个字。还有的学生把“干燥”写成“干躁”，把“急躁”写成“急燥”，老师就教学生记住：“干燥防失火，急躁必跺足。”从此以后，学生对这两个字再也不混淆了。这些教法的心理学依据是：凡是有意义的材料，必须让学生学会积极开动脑筋，找出材料之间的联系；对无意义的材料，应尽量赋予其人为的意义，在理解的基础上进行识记，记忆效果就好。简言之，教师应教学生进行意义识记。②

3. 组织有效复习，巩固知识

复习可以加强学生对知识的理解，教学中教师应根据需要采取有效的方法及时引导学生复习，要通过设计各种作业和练习使学生学会运用所学知识解决具体问题，从而巩固已有知识。

七、因材施教原则

因材施教原则是指教学既要从学生的实际需要出发，关注学生的个别差异，有的放矢地进行有差别的教学，以便发挥每一个学生的积极性和特长。贯彻该原则的基本要求是：

1. 要坚持课程计划和学科课程标准的统一要求

我国的课程计划和学科课程标准对学生德、智、体等方面都提出了明确的要求，体现在要具有良好的政治思想品质、扎实的文化科学基础知识、必备的基本能力和健康的身体素质。教学必须努力实现这些要求，这是学生发展的必要的基础。

2. 了解学生，从实际出发进行教学

教师要深入了解学生的年龄特征、知识水平、个人的能力、兴趣和爱好，这是因材施教的前提，只有了解了自己的教育对象，才能确定教学的起点、要求和方法。在了解的基础上，教师要面向中间、兼顾两头，即在教学的速度、难度等方面应以中等学生的水平和能力为依据，同时对优等生和后进生给予个别指导。

3. 正视个别差异，注意培养学生的特长

教师要善于发现每个学生的兴趣、爱好，创造条件，如组织各种校外、课外小组活动、开设选修课等，尽可能使每个学生的不同特长都得以发挥。

---

① 联合国教科文组织编：《教育——财富蕴藏其中》，78页，北京，教育科学出版社，1996。

② 见 http://page.renren.com/601101690/note/790226729。

以上原则反映和解决的教学矛盾各有侧重，各原则不是单独存在的，而是彼此密切联系、相辅相成的，教学中只有灵活、综合地运用各原则才能发挥整体效应，提高教学的有效性。

第四节 教学组织形式

在教学活动中，教学任务的完成、教学过程的实施、教学方法的运用、课程的开设等，都必须凭借和运用一定的组织形式来落实。学校教学活动要顺利实施，必然要以一定的形式来安排教师、学生、教学内容以及环境等因素之间的关系结构，这就形成了教学组织形式。

一、教学组织形式及其历史发展

（一）教学组织形式的含义

教学组织形式是指为完成特定的教学任务，教师和学生按照一定的要求组合起来进行活动的结构。主要研究教师是如何把学生组织起来进行教学活动、如何分配教学时间、如何利用教学空间等问题。教学组织形式直接影响教学质量，对学生个性形成也会产生一定影响。

教学组织形式主要与以下三方面的要素相关：(1) 师生互动关系。教学过程中的师生互动、生生互动是教学组织形式的实践形态，各环节师生互动的形式不同（个体、小组、班级），决定教学组织形式的不同。(2) 时空环境安排。教学活动是在一定的时空背景下完成的，课时是现代教学组织的基本时间单位，教室是现代教学组织的基本空间单位。不同的教学时间分配和空间组合，形成不同的时空环境，进而导致教学组织形式的相应变化。(3) 教学因素组合。教学组织形式是教学各因素的配置系统，教学目标、内容、方法、手段等因素在教学中的特殊组合，直接影响教学组织形式的呈现方式。

（二）教学组织形式的分类

教学组织形式的分类有多种标准，但必须从其内涵中去寻找，通常将教学单位的规模和师生交往互动程度作为教学组织形式的分类标准。根据教学单位规模大小，可分为个别教学、小组教学、班级授课（含小班教学、大班教学和复式教学）；根据师生交往程度，可分为直接的教学组织形式（包括个别教学、小组教学、班级授课）和间接的教学组织形式（包括自学、合作学习、广播电视教学、网上教学等）。还可以按教学组织形式的基本要素——教师和学生来进行分类。按学生的组织分类，可分为个别教学、群体教学、班级教学、分组教学、分层教学、开放教学、单式教学、复式教学等；按教师的组织分类，可分为包班制、科任制和小队教学。也可以按空间组织分类，如课堂教学、课外活动、现场教学等。

（三）教学组织形式的历史发展

教学组织形式是随社会生产力的发展和科学技术的进步，依据社会对人才培养的要求，以及教学内容、教学手段等条件的变化而不断发展的。

1. 个别教学

古代社会生产力水平低下，教育被统治阶级垄断，受教育的人数不多，学校教育普遍采用个别教授形式，由一个教师对一两个或几个学生进行教学，不定修业年限和教学时间，不分年级和学科，年龄和文化程度参差不齐。我国商、周至隋唐时期的各级官学和私学，古希腊罗马时代的各类学校以及西欧中世纪的教会学校和宫廷学校等，均采用这种耳提面命、手把手的个别形式进行教学。个别教学最显著的优点在于教师能根据学生的特点因材施教，使教学内容、进度适合每一个学生的接受能力，但因难以系统化、集中化，因而速度慢、效率低，只能适应当时学生人数不多且教学内容比较简单的情况，带有“师徒相授”的性质。

2. 班组教学

个别教学发展到后期出现了一种与个别教学不同，也与班级授课制相异的教学组织形式，称为班组教学。它存在于欧洲中世纪末期至文艺复兴时期，我国宋、元、明、清各代的官学和书院中也曾有过这种教学组织形式。班组教学中教师教的不再是一两名学生，而是很多学生，学生面对的也不再是一名教师讲授，而是多名教师合教。这种教学组织形式是集体教学制的萌芽，但由于没有明确的班级组织，且学生年龄、知识程度相差很大，因此和班级授课制有本质区别。

3. 班级授课制

随着欧洲资本主义工商业的兴起和近代科学技术的发展，原有的个别教学组织形式已不能满足社会的要求，于是在16世纪的欧洲学校里开始出现了编班上课的新尝试。17世纪捷克著名教育家夸美纽斯在《大教学论》等著作中对班级授课这种新的教学组织形式进行了研究，确定了班级授课制的基本轮廓。后来，德国教育家赫尔巴特提出了教学过程的形式阶段论，即明了、联想、系统、方法，班级授课得以进一步完善而基本定型。最后，以苏联教育家凯洛夫为代表，提出了课的类型和结构的理论，使班级授课这种组织形式形成了完整的体系。我国采用班级授课始于清代（1862年），即北京开办的京师同文馆。

随着科学技术的进一步发展和资本主义民主化运动的兴起，班级授课制压抑学生个性等局限和弊端日渐突出，改革传统班级授课制的呼声日益高涨，随后出现了种种探索和尝试。

4. 道尔顿制

1920年，美国的H. H. 柏克赫斯特在马萨诸塞州的道尔顿中学创建了一种新的教学组织形式，人们称之为道尔顿制。教师上课不再向学生系统地讲授教材，而只为学生分别指定自学参考书、布置作业，由学生自学和独立作业，有疑难时才请教师辅导。学生完成一定阶段的学习任务后，向教师汇报学习情况并接受考查。由于每个学生的能力和志趣不同，他们各自的学习任务和内容当然也就不同，甚至彼此不相干，学习任务按月布置，完成之后再接受新的学习任务。道尔顿制最显著的特点在于重视学生的自学和独立作业，有利于调动学生学习的主动性。因此，这种教学组织形式曾经得到杜威的肯定和赞赏，一度在美国流行，并在20世纪20年代初传入我国。实践证明，这种否定教师主导作用的教学组织形式不利于教学效果的提高。随着进步主义教育的衰落，道尔顿制也就逐步销声匿迹了。

5. 文纳特卡制

文纳特卡制是由美国人华虚朋于1919年在芝加哥市郊的文纳特卡镇公立中学实行的一种教学组织形式。在文纳特卡制中，课程被分为两部分：一部分按照学科进行，由学生个人自学；另一部分通过音乐、艺术、运动、集会以及开办商店、组织自治会等来培养和发展学生的“社会意识”。前者通过个别教学进行，后者通过团体活动进行。这种教学组织形式的特点是：第一，有具体的学习目标和内容，对每个单元都有非常细致的规定和小步子的自学教材。第二，应用各种诊断法测验检查学生每个单元的学习情况。第三，通过自学及诊断测验后，方可学习下一单元的教学内容。第四，教师经常深入学生中间进行个别指导。

6. 分组教学

分组教学最早出现于19世纪末20世纪初，其目的是为了克服班级授课制难以做到适应学生个别差异、不利于因材施教等缺陷。分组教学是指按照学生的学习能力或学习成绩，把他们分为若干水平不同的小组进行教学，分组的依据不再是年龄，而是学习能力或学习成绩。分组教学最显著的优点在于它比班级授课更切合学生个人的水平和特点，便于因材施教，有利于人才的培养。但它仍然存在一些问题：一是很难科学地鉴别学生的能力和水平；二是在对待分组教学上，学生、家长、教师的意愿常常与学校的要求相矛盾；三是分组后造成的副作用很大，往往使快班的学生容易产生骄傲，使普通班、慢班学生的学习积极性普遍降低。

7. 特朗普制

特朗普制出现于20世纪50年代的美国，由教育学教授劳伊德·特朗普创立。这种教学组织形式试图把大班上课、小班讨论和个人独立研究结合在一起，并采用灵活的时间单位代替固定划一的上课时间，以大约20分钟为计算课时的单位。大班上课时，把两个或两个以上的平行班结合在一起，讲课时应用现代化的教学手段，由出类拔萃的教师担任；小班讨论时，每个班20人左右，由教师或优秀生领导，研究、讨论大班的授课材料；个人独立研究时，主要由学生独立作业，部分作业指定，部分作业自选，以促进学生个性的发展。在教学活动中，大班课、小班课和个人独立研究穿插在一起，各自所占的教学时间为：大班上课占40%，小班讨论占20%，个人独立研究占40%。采用特朗普制进行教学，上大班课的教师必须充分备课，负责小班的教师也需随时指导，教师仍然起着重要的作用。而且，由于学生有一定时间的自学、讨论和独立钻研，因而有利于培养学生思考问题、解决问题以及独立研究的能力，有利于学生获得多种渠道的信息。

8. 小队教学

小队教学又称协同教学，是对教师的组织结构进行改革的一项尝试，旨在发掘教师个人的特殊才能，提高他们的教学效果。小队教学是采取两名或两名以上的教师合作施教，根据他们的能力和特长组成“互补性”的结构，通过分工协作，在教学工作中分别承担不同的任务，共同负责一个班或几个平行班的教学工作。小队教学具有以下几个特征：（1）

教学组可以分为大组和小组两种，大教学组由 5～6 名教师组成，小教学组由 3 名教师组成。(2) 小组组长和高级教师主持教学组的工作并负责上大课，其他教师则负责小班或小组教学、讨论及个别辅导等。(3) 在教学组中，教师按课业需要和个人专长轮流进行教学。

9. 合作学习

20 世纪七八十年代以来，西方对合作学习展开了广泛的探讨，合作学习理论认为，在班级教学中，学生群体的组织形式有三种，即合作的、竞争的和不相干的，只有合作的群体结构才能改善教学工作的整体效益。小组合作学习的主要特征是：(1) 组内异质，组间同质。组内异质为学生间的互助合作奠定了基础，而组间同质又为全班各小组之间展开公平的竞争创造了条件。(2) 任务分割，结果整合。小组成员在学习内容和学习结果上有很强的相互依赖性，各小组分担课题，然后全班汇总，能有效调动学生的积极性，实现资源共享。(3) 个人计算成绩，小组合计总分。学业较差的学生将在其他同学的帮助和个人努力下，不再拉后腿。(4) 公平竞赛，合理比较。取消常模参照评价，根据学生的学业成绩，优等生与优等生一起分组测验，差生与差生一起分组测验。各测验组每个成员的表现与原属合作小组团体总分挂钩，优生组第一名与差生组第一名均为各自原来的小组赢得相同的积分点数。这种各人在原来起点进行合理竞争、公平评价其贡献的做法，可使每个学生无一例外地受到激励。(5) 分配角色，分享领导。在小组合作学习中，分别指定协调员、读题员、记录员、操作员、计算员、报告员等，在不同学习任务中，角色可能轮流互换，这样既保证了小组合作学习分工明确、秩序井然，又能使个人的特长得以充分利用和彼此协调。

二、常见的教学组织形式

(一) 基本教学组织形式

1. 班级教学及其基本特征

所谓班级教学，是指根据年龄或学习程度，把学生编成有固定人数的班级，由教师按照教学计划统一规定内容和时数并按课程表进行教学的组织形式。

与个别教学组织形式相比，班级教学具有以下基本特征：第一，以“班”为人员单位，把学生按照年龄和知识水平分别编成固定的班级，即同一个教学班学生的年龄和学习程度大致相同。第二，以“课时”为单位，把每一“课”规定在统一而固定的单位时间里进行，教师同时面对全班学生上课。第三，以“课”为活动单位，把教学内容以及传授这些内容的教学方法、教学手段综合在“课”上，把教学活动划分为相对完整且互相衔接的各个教学单元，从而保证教学过程的完整性和系统性。

2. 班级教学的优点与局限性

(1) 班级教学的优点：第一，班级教学能够大规模地面向全体学生进行教学，有助于提高教学效率。第二，能保证学习活动循序渐进，使学生获得系统的科学知识。第三，能充分发挥教师的主导作用。第四，有利于学校合理安排各科教学的内容和进度并加强教学管理。第五，学生在班集体中学习，能相互增加信息来源或教育影响源。第六，有利于学生多方面的发展。班集体内的群体活动和交往有利于学生互助友爱、公平竞争的态度及健康个性的形成。

（2）班级教学的局限性：第一，学生的主体地位或独立性受到一定的限制。第二，学生动手机会少，实践性不强。第三，学生的学习主要是接受现成的知识，不利于培养学生的探索精神和创造能力。第四，难以照顾学生的个别差异，不利于因材施教。第五，教学内容、时间和进程程序化、固定化，难以在教学活动中容纳更多的教学内容与方法。第六，以“课”为活动单元，往往将某些完整的教学内容和教学活动人为地分割。第七，缺乏真正的集体性。在班级教学中，每个学生独自完成学习任务，学生与学生之间并无分工合作，彼此不承担任何责任，无必然的依存关系。

（二）辅助教学组织形式

1. 个别教学

个别教学是教师在课堂教学的基础上针对不同学生进行个别辅导的教学组织形式。个别教学根据其内容不同可分为两大类：一类是基础性知识辅导，包括复习和预习中的问题，另一类是对学科内容中疑难问题的辅导，前者关注学生的基础，后者是为了拓宽学生的视野，发展学生的思维。个别教学中应注意以下问题：一是重视解决疑难，教师不应在个别辅导时重述课堂教学内容。二是重视学生独立学习能力的培养，要以学为主、以教为辅。三是不仅对学生知识技能问题给予帮助，更重要的是要指导学生学习和思考的方法。四是平等对待每一位学生（包括成绩好的和成绩差的）。个别教学能弥补班级授课制的缺陷，促进学生个体充分发展，学生在受教师重视、关心的情况下，学习的积极性和主动性会大为增强。

2. 现场教学

现场教学是指根据教学任务的需要，组织学生在自然或社会现实活动中进行教学的一种辅助教学形式。根据现场教学的目的和任务，可将现场教学分为两类。一类是根据学习某学科知识的需要，组织学生到有关现场进行教学。另一类是学生为了从事某种实践活动，需要到现场学习有关知识和技能（多见于一些与生产劳动密切联系的教学中）。现场教学能弥补班级授课重理论、轻实践的不足，有利于学生获得直接经验，深刻理解理论知识；有利于加深学生对自然、社会的直接体验，丰富学生的情感世界；能有效提高学生解决实际问题的能力。

教师组织现场教学应注意以下问题：（1）准备要充分。这包括明确任务，引导学生做好知识储备，使学生了解注意事项、安全措施等。（2）重视现场指导。教师要引导学生从多角度，充分感知感性材料，并有针对性地与理论知识相结合，或深化理性认识，或鼓励学生动手操作。（3）及时交流总结。现场教学要在必要和适当的时候及时交流总结，可以在现场进行或回学校开展，总结方式可以是教师讲解也可以是学生分组座谈或写心得体会。

3. 复式教学

复式教学是把两个或两个以上年级的学生编在一个班里，由一位教师分别用不同程度的教材，在同一节课里对不同年级的学生采取直接教学和自动作业交替的办法进行教学的组织形式。它可以节约师资力量、教室和教学设备等。复式教学对经济和文化落后地区普及教育有着重要的意义。

案例 7—2

汪来九复式教学

他将毛田小学 1—6 年级的学生和学前班幼儿合在一个教室上课，每天先教高年级学生上课，然后让他们自习或写作业，再教中年级，等布置好作业后，再教低年级和幼儿班的学生。接着再从高年级开始，检查作业和讲解习题，依次循环。在课堂上，教师要求同年级合作，相互启发；异年级合作，由高年级学生帮带低年级学生；优困合作，成绩好的学生带成绩差的学生；干群合作，班干部带动一般学生。

资料来源：《35 年的无悔选择——记深山教育守护者汪来九》，见中安在线网，2006-08-15。

在复式教学中教师要注意处理好以下几种关系：（1）必须处理好复式班里各个年级之间的直接教学和自动作业的交替穿插。（2）必须注意突出重点，以新授课的年级或讲授难度较大的年级为重点，合理选择内容并精心设计自动作业。（3）要注意照顾全面，避免年级之间相互干扰。（4）复式教学中通常使用助手，像汪来九就采用了这种方式，助手的参与可以减轻教师的负担，同时还能培养学生独立工作的能力和为集体服务的品质。但必须明确助手只是起辅助作用，教师才是教学中的主导。

三、当代教学组织形式的改革趋势

（一）教学单位合理化

班级规模的大小是影响课堂教学及其管理的一个重要因素，这种影响主要表现在人际关系、情感交流、参与程度、学业成绩等诸多方面。一般来说，小班制的教学要比大班制的教学有效。班级规模过大，往往会限制师生交流和学生参与课堂活动的机会，阻碍课堂教学的个别化，导致较多的纪律问题，从而间接地影响学习成绩。当前小班化教学已成为当代教学组织形式改革和发展的基本趋势。以美国为例，1999 年联邦政府正式启动“缩小班级规模计划”，将各年级的班级学生人数从平均每班 23 人减少至 18 人。① 我国当前班级规模普遍较大，而且远远超出每班 45 人的标准，极大地影响了教师与学生的情感交流和课堂教学质量的提升。为此，上海、北京等地积极进行“小班化教育”实验，北京一般班级控制在 20～30 人，上海班级控制在 25～30 人。小班化教学不仅是以班级规模的“小”为显著特征，更应注重研究教学组织形式的改变，实现相应教学理念的革新。

（二）教学组织形式综合化

任何教学组织形式都各有利弊，要使课堂教学的优越性得到最大程度发挥，必须对各种教学组织形式有机整合并综合运用，如班级授课与个别教学、分组教学相结合，课堂教学与课外现场教学相结合等，这种综合化已成为世界各国教学组织形式发展的趋势。前面提及的特朗普制是注重大集体、小集体、个人自学相结合；我国上海、江苏、浙江、安徽等地的一些小学进行的“分层递进教学”研究与试验，是将全班教学、分层教学、个别教

① 参见黄甫全、王本陆主编：《现代教学论学程（修订版）》，366 页，北京，教育科学出版社，2003。

学相结合；江苏省溧阳市溧城中心小学实行的“分层异步教学”，是将班级学生按程度分为甲乙两大组，采用分合式教学法进行施教，教学目标、教学内容、教学方法都有同有异。①

（三）座位排列多样化

座位排列形式对学生学习态度、参与度、学业成绩等都会产生一定的影响，同时也制约着师生、生生之间的交往范围、互动形式与效果。

传统的课堂座位排列形式是“秧田式”，即教师处在讲台、黑板处，学生座位排列成直行，类似于“秧田”。这种形式的优点是学生之间干扰少，便于教师观察控制，适合于集体讲授，但不利于学生之间的互动。

当前座位排列趋向于动态性和多样性，具体有以下几种：

“马蹄形”座位排列：教师位于“U”形开口处，这种排列方式既有助于增进师生间的交流，又有助于问题讨论和实验演示，还可以突出教师对课堂的控制，发挥教师的主导作用。但紧邻教师而坐的两侧的学生易被教师忽视，且这些学生发言或活动时，由于空间位置距离教师太近，心理上易产生紧张感。

“圆形”座位排列：教师的位置可以设在圆圈外面，也可以设在圆圈中心。这样的排列方式不仅适合课堂讨论与师生交流，还从空间上消除了座位的主次之分，有利于师生民主平等关系的形成。

一般的“马蹄形”和“圆形”座位排列适合班级规模不超过 25 名学生的情况。如果学生人数多，可采取“双矩形”、“同心圆形”、“双马蹄形”或“w”形。

“模块形”座位排列：这种排列方式适合于小组活动，每位学生都有自己的活动空间，便于走动而不会导致相互干扰，有利于小组成员进行相互交流与合作，使小组成为真正意义上的“功能群体”。

教学中，教师应根据具体的教学需要、学生特点、人数和教师的控制能力来选择和设计座位安排形式，可选其中一种，也可选两种或两种以上的混合型。

复习思考题

1. 什么是教学？它有哪些任务？
2. 什么是教学目标？简述教学目标的特点与功能。
3. 教学过程的结构是怎样的？谈谈你对教学过程本质的认识。
4. 教学过程中的规律有哪些？掌握这些规律对教学工作有何意义？
5. 中小学常用的教学原则主要有哪些？对你启发最深刻的教学原则是什么？为什么？
6. 历史上先后运用过哪些主要的教学组织形式？各有何特点？
7. 为什么班级上课今天仍是教学的基本组织形式？它有何优缺点？应做哪些改进？

① 参见胡兴宏：《分层递进教学策略在课堂教学中的运用》，98 页，上海，中国纺织大学出版社，1998。

推荐阅读书目与访问网站

1. 黄甫全主编．现代课程与教学论学程．下册．北京：人民教育出版社，2006
2. 陈旭远主编．课程与教学论．长春：东北师范大学出版社，2002
3. 李定仁，徐继存主编．教学论研究二十年．北京：人民教育出版社，2001
4. 吴文侃主编．比较教学论．北京：人民教育出版社，1999
5. 中小学教育教学网 http://www.zx123.net/Index.html
6. 中小学教学资源网 http://www.i3721.com/

教学案例

讨论《穷人》

师：大家读书都读得很认真。通过预习课文，桑娜给你留下了怎样的印象？

生：桑娜很勤劳，她把家里收拾得干干净净。

生：桑娜很善良，再苦再累也要把西蒙的两个孩子抱过来。

师：同学们真会读书。让我们再次走进课本，在字里行间去感受桑娜的勤劳与善良。

生：老师，我还觉得桑娜是个多虑的人。

师：说说看。

生：她一会儿为丈夫担心，一会儿为邻居西蒙担心，一会儿又为自己担心，一会儿又为今后的生活担心。

生：是的。（一部分学生表示赞成）

师：看来，桑娜真的是个“多虑”的人啊。桑娜为丈夫担心的是什么？

生：开始是担心丈夫葬身大海，再也回不来了。

师：有这种可能吗？

生：有。课文中写到天气很恶劣：“屋外寒风呼啸，汹涌澎湃的海浪，溅起一阵阵浪花。海面正起着风暴，外面又黑又冷……”

生：还有，丈夫清早驾着小船出海，到晚上十一点钟还没有回来。

师：如果丈夫真的出事了，那就意味着什么？

生：五个孩子连吃的都没有，没有办法活下去。

师：这种担心是多余的吗？

生：不是。从桑娜对丈夫的担心中我体会到桑娜爱丈夫、爱孩子、爱家庭。她是一个心地善良的人。

师：多虑往往是指不必要的操心。这样看来，桑娜是多虑吗？

生：不是的。这种担心正好说明桑娜很善良。

师：那么，桑娜后面几个担心是多虑吗？请大家讨论讨论。

生：桑娜担心邻居西蒙也是有原因的……这里也可以看出桑娜心地善良。

生：桑娜担心自己也是有道理的，从中我也体会到桑娜很善良。

师：看来，多虑只是表面现象，善良才是桑娜的本性。

资料来源：但武刚主编：《教育学案例教程》，44～47页，武汉，华中师范大学出版社，2007。

思考与讨论：

1. 教师开始是想引导学生在字里行间感受桑娜的勤劳和善良，但因一位学生说“我还觉得桑娜是个多虑的人”，于是全班便围绕“多虑”读文了。你同意执教老师的做法吗？为什么？

2. 结合案例说说教学过程的本质是什么？

3. 以案例中具体内容为例，谈谈该教师遵循了哪些教学原则？

第八章 教学实施

内容提要

教学实施是教学理论的物质表现形式，集中体现为教师的一系列教学活动和行为，解决“怎样教学”和“怎样进行有效教学”的问题，体现为教师教学方法的优化、教学设计的策划和教学评价的进行等知识经验。本章有五节内容，教学方法是实现教学目标采用的方式和手段的总称；教学设计是实现有效教学的系统策划过程，是提高教学质量的基础；教学评价是依据一定标准和科学手段对教学活动的过程和结果进行价值判断；课堂教学管理是教师为了保证课堂教学的秩序和效益，运用一定策略协调课堂中人、事、时间与空间等各种因素及其关系，引导学生进行高效学习的过程；教师从事教学工作的基本环节，主要是备课、上课、课外辅导、作业的布置与批改和学生学业成绩的检查与评定。

第一节 教学方法

教学方法是教学实施的主要内容之一，教师对教学方法的选择与运用直接决定着教学实施的效果。

一、教学方法的含义和作用

方法一词，源自古希腊语“metodos”，指人们做事的步骤或手续。在哲学中，方法指根据研究对象的运动规律从实践上和理论上掌握现实的一种形式与程序。一般说来，方法具有主观性，是人们认识世界与改造世界的工具和手段。它分为认识世界所采用的方法，如认识方法或思想方法等；改造世界所采用的方法，如工作方法或行动方法等。在教学活动中，教学方法是教师与学生在教学过程中为了完成教学任务、实现教学目标所采用的一系列具体方式和手段的总称。

教学方法的定义揭示出它具有以下特征：一是目的性。它产生于实现教学目的、完成教学任务或解决教学问题的活动中，是为了目的、任务服务并受其制约的，体现在受特定的教育和教学的价值观念、教学内容及具体的教学组织形式的影响和制约。二是双边性。教学是由教与学两方面统一组成的双边活动，因而教学方法也具有双边性。组织教师与学生为传授知识、探索真知而共同进行的教与学的双边互动的交往活动，这是教学方法特有的本质。三是多样性。教学方法的种类、形式是多种多样的，每种方法都有自己的独特功能，适用于所有教学条件的单一方法、万能方法是不存在的。只有多样化的教学方法才能帮助师生顺利达成教学目的。

教学方法是教学系统中的主要因素之一，是联系教师与学生及其与教材的中介和桥梁。选择与运用教学方法是优化教学的重要标志，对于实现教学目的、完成教学任务、提高教学效率和质量、减轻学生的学习负担，都具有十分重要的意义。

二、中小学的基本教学方法及其运用

在长期的教学实践中，人们积累了多种教学方法。根据教学活动中学生的不同认识方式，可将我国中小学常用的教学方法分为以下五大类型：

（一）以语言传递为主的教学方法

以语言传递为主的教学方法是指以教师和学生口头语言活动以及学生独立阅读书面语言为主的教学方法。语言是交际的工具，它在教学过程中是一种非常重要的认识媒体。教育者和受教育者之间信息的传递，是大量靠书面语言和口头语言来实现的。

在教学过程中，讲授、谈话、讨论和读书指导等属于以语言为主要传递形式的教学方法，它的教学效果主要取决于教师是否具有良好的口头表达能力和学生是否具有较强的阅读书面语言的能力。正如苏霍姆林斯基所讲：“教师的语言修养在极大的程度上决定着学生在课堂上的脑力劳动的效应。我们深信，高度的语言修养是合理地利用时间的重要条件。”①

1. 讲授法

讲授法是指教师运用口头语言系统地向学生传授知识、发展能力，进行思想品德教育的一种方法。它包括讲述、讲读、讲解、讲演等方式。

讲述，一般用于向学生叙述事实材料或描述所讲的对象。此方法更广泛应用于语文、历史等学科的教学中。讲读是指教师通过对教材内容阅读和理解，传授知识，把讲、读、练的活动结合起来。此方法广泛应用于语言学科的教学之中，如语文、外语等学科。讲解是教师向学生说明、解释或论证原理、概念、公式时经常采用的方法。此方法更广泛应用于数学、物理、化学等学科的教学中。讲演主要是在教师深入分析和论证实施，得出科学结论时采用的方法。它与讲述、讲解的不同之处在于它涉及的问题比较深入广泛，所需的时间比较长。

讲授法可以使学生在教师的指导下在短时间内获得大量系统的科学知识，有利于发展

① ［苏］苏霍姆林斯基：《和青年校长的谈话》，78页，上海，上海教育出版社，1983。

学生的智力，有利于系统地对学生进行思想品德的教育。但这种方法没有充分的机会让学生对所学的内容及时作出反馈，学生的主动性、积极性不易发挥。

运用讲授法的基本要求：

（1）讲授内容要有科学性、系统性、思想性、启发性、趣味性。做到条理清晰，内容正确，难点明确，重点突出。

（2）讲授方式要注意多样性与有效性。除了要考虑是采用讲读、讲述，还是采用讲解、讲演的方式外，还要对讲授策略与方式作更为深入的研究与决断，提高讲授效果。

（3）讲授语言要有感染力与艺术性。讲授的语言要“约而达”，简练准确、通俗易懂、形象生动、富有文采，还要清晰悦耳、流利畅达、抑扬顿挫。

（4）恰当地“以姿势助说话”，以板书和现代教育技术配合讲授。

2. 谈话法

谈话法又称问答法和提问法，是指教师根据学生已有的知识经验，提出问题，并通过问答、对话的形式引导学生在独立思考的基础上获取新知识或巩固旧知识的教学方法。它一般包括四种类型：启发式谈话，主要用于传授新知识；问答式谈话，主要用于复习旧知识、检查对所学知识的掌握程度；指导式谈话，主要用于参观、访问、调查、实验、练习等教学活动之初；总结式谈话，一般用于教学活动结束后，由教师结合活动的实际情况，作出简要的总结，以便于及时总结经验、巩固成绩、克服不足。

谈话法能充分激发学生的思维活动，有利于发展学生的语言表达能力。对教师来说，通过谈话可直接了解学生的学习进度，及时检验自己的教学效果，从而提出一些补充措施来弥补他们的知识缺陷和开拓他们的思路，易于使学生保持注意和兴趣，并有利于照顾到每个学生的不足，进行因材施教。

运用谈话法的基本要求：

（1）教师要作好充分准备，对谈话的中心、要求、提问的对象等都要周密准备，并拟定谈话提纲。

（2）提出的问题要明确、具体。难易程度要符合学生已有的知识和经验，问题要有启发性，形式要多样化。

（3）谈话时，教师的提问要面向全体学生，应给学生思考的余地。

（4）谈话结束后，应结合学生回答问题的情况进行小结，提出问题的正确答案，指出谈话过程中的优缺点。

3. 讨论法

讨论法是在教师的指导下，由全班或小组成员围绕某一个新问题发表自己的看法，从而进行相互学习的一种方法。学生通过对所学内容的讨论，可以集思广益、互相启发、加深理解、提高认识，同时还可以激发学习热情、培养对问题的钻研精神，并训练语言表达的能力。运用讨论法，需要学生具备一定的基础知识、一定的理解能力和独立思考能力。因此，讨论法一般在高年级运用得比较多。

运用讨论法的基本要求：

（1）讨论前，教师应提出讨论的题目和讨论的具体要求，指导学生收集有关资料。

（2）讨论时，教师要引导学生围绕中心问题、联系实际进行探讨，要让学生普遍有发言的机会。

（3）讨论结束时，教师要进行小结，并提出需要进一步思考的问题。

4. 读书指导法

读书指导法是指教师指导学生通过阅读教科书和其他参考书，培养自学能力的一种方法。指导学生读书，包括指导学生阅读教科书、使用工具书和阅读课外书籍几个方面。

在指导学生阅读教科书方面要注意：课前指导预习阅读，它是指学生在课前自己阅读教材。预习的作用在于为上课创造有利的学习状态，打好注意定向的基础，把注意力集中在主要问题上。预习前，教师要根据年级的高低、科目的性质和学生自学能力的水平等对预习提出不同的要求。教师还要对预习进行检查。此外，教师还要指导学生学习使用各种工具书，使学生自己利用这些工具书来扫除学习上的障碍。课后指导复习阅读，这是学生及时消化、巩固知识，并使之系统化、条理化的一种学习方法。教师要加强对复习方法的指导。

在指导学生阅读课外书籍方面要注意：首先，教师要指导学生选择书籍。其次，要教给学生阅读课外书籍的方法，主要包括泛读和精读两种方法。泛读是要求学生从跳跃式的阅读中把握材料的中心思想和主要词句；精读要求学生对材料反复阅读。最后，要培养学生良好的读书习惯。这主要是读书时要专心致志、持之以恒；要善于使用工具书；要养成写读书笔记的习惯。

运用读书指导法的基本要求：

（1）要提出明确的目的、要求和思考题。

（2）指导学生掌握阅读的方法。

（3）引导学生课外阅读。

（4）要加强辅导，避免流于形式。

（二）以直观感知为主的教学方法

以直观感知为主的教学方法主要是指教师通过对实物或直观教具的演示，组织教学性的参观等，给学生提供丰富的感知材料，使学生形成正确认识的方法。它的优点是形象性、具体性、直接性和真实性，缺点是只能直接给人以形象（现象），不易教学生直接掌握概念。在运用以直观感知为主的教学方式时，最主要的是要指导学生观察，培养学生观察的能力。这类方法主要有以下两种：

1. 演示法

演示法是指教师把实物、教具展示给学生看，或通过示范性的实验来说明和印证，以使学生掌握知识的一种方法。演示法可以广泛地在各门学科中使用。它通常是作为辅助的方法，配合讲授法、谈话法进行的。

演示法的优点：直观性强，能使学生获得丰富鲜明的感性材料，把书本知识和实际事物联系起来；能引起学生的学习兴趣，集中学生的注意力，激发学生积极思维；能使学生对所学知识印象深刻，易于知识的巩固；有利于发展学生的观察力。

演示所使用工具的分类：实物、标本、模型、图片的演示；图表、示意图、地图的演示；实验演示；幻灯、电影、录像等的演示。

运用演示法的基本要求：

（1）演示前，教师要根据学科课程标准和教材，弄清演示的目的，选择好演示的教具，明确演示的关键。

（2）演示时，要结合讲授进行。演示必须精确、可靠，操作规范；要尽量使全体学生都能观察到演示活动；演示过程中要引导学生注意观察。

（3）演示后，教师要引导学生分析观察到的结果以及各种变化之间的关系，通过分析、对比、归纳、综合得出正确结论。

2. 参观法

参观法是教师根据教学目的和要求，组织学生到社会场所，如工厂、农村、展览馆、教育基地等参观，使学生通过对实际事物或现象的观察而获得新知识的方法。这种方法被广泛运用于各门学科。

参观法的优点：能使教学和实际生活联系起来，激发学生对知识的渴望和兴趣，拓宽学生的视野；能使学生在接触社会中受到教育，也可以培养学生观察事物的能力和习惯。

参观法的三种类型：第一，准备性参观。它是在讲授某一课题前组织学生参观有关事物。第二，并行性参观。它是在学习某课题过程中，为使理论与实际相结合而进行的参观。第三，总结性参观。它是在讲完某课题后，组织学生参观已讲过的东西，巩固和加深课堂上已经学过的知识。

运用参观法的基本要求：

（1）做好参观的准备工作。教师要根据教学目标和要求，选择参观的项目和地点，规定参观的步骤，确定参观的计划。要事先向学生说明参观的要求和注意事项。

（2）参观时要引导学生收集资料，作必要的记录，也可以请有关人员进行讲解或指导。

（3）参观后要组织学生讨论参观的收获，及时进行小结；要引导学生把收集到的材料进行分析研究，得出结论，形成体会或报告。

（三）以实际训练为主的教学方法

以实际训练为主的教学方法是指以形成技能技巧，培养行为习惯和发展能力为主的教学方法。它的特点是通过实践活动，学生不仅动脑，而且动口、动手，在知识运用的过程中形成技能技巧，培养学生分析问题和解决问题的能力，使其养成良好的行为习惯。这类方法主要有以下几种：

1. 练习法

练习法是在教师指导下学生巩固知识，培养各种技能和技巧的基本方法，它是中小学各科教学普遍采用的教学方法。

练习法的优点：应用知识形成技能技巧，达到学了会用的目的；同时能加深理解、巩固知识，有助于发展学生的认知能力和创造才能；对培养学生的顽强意志和品质也有重要作用。

练习法的基本步骤：教师提出练习的任务时，要说明练习的意义、要求和注意事项，并作出示范；学生在练习时，教师要巡回辅导；练习之后教师要进行系统的分析和总结。

练习法的种类有：说话的练习，解答问题时的练习，绘画、制图的练习，作文和创作的练习，运动与文娱技能、技巧的练习。

运用练习法的基本要求：

（1）要使学生明确练习的目的。

（2）练习的题目一定要注意基础知识和基本技能相结合。

（3）教师要教给学生练习的方法。

（4）教师对学生的练习要及时检查，要注意培养学生自我检查的能力和习惯。

2. 实验法

实验法是在教师的引导下，学生使用一定的仪器和设备，进行独立的操作，引起某些事物和现象产生变化，以获得直接经验，培养学生技能和技巧的方法。这种方法是物理、化学、生物等自然学科教学时常用的方法。

实验法的优点：可以使理论与实践相结合；有利于培养学生独立运用仪器进行科学实验的基本技能；可以激发学生求知的欲望；可以培养学生科学研究的方法、严谨的科学态度和扎实的学习习惯。

运用实验法的基本要求：

（1）实验要有计划。

（2）实验前，教师要对学生进行分组，并提出要求。

（3）在实验过程中，教师要巡回指导。

（4）实验后，教师要对实验进行总结。

（5）指导学生写出实验报告。

3. 实习作业法

实习作业法是指根据学科课程标准的要求，教师要指导学生运用所学的知识从事一定的工作或操作，将书本知识运用于实践的教学方法。这种方法在自然学科的教学中占有重要的地位，如数学课的测量练习、生物课的植物栽培和动物饲养等。

实习作业法的优点：有利于理论与实践的结合，对于培养学生运用书本知识从事实际工作的能力有重要的意义。

运用实习作业法的基本要求：

（1）要在教师指导下有目的、有计划、有组织地进行。

（2）要对学生进行分组，明确实习的目的、任务，讲明注意事项。

（3）实习后，教师要指导学生写出实习报告或体会，并进行评阅和评定。

（四）以引导探究为主的教学方法

以引导探究为主的教学方法，是指教师组织和引导学生通过独立的探索和研究活动而掌握知识、培养能力、开发潜力、形成研究意识和探究精神的方法。这类方法的特点在于学生具有较大的活动自由，由学生积极主动地研究问题、探索解决问题的方法，学生的主体性得到充分彰显，学生的独立性得到高度发挥。教师的地位与前几类方法中的情况有所不同，教师成为学生的咨询者、指导者、合作者、研究伙伴或助手。以引导探究为主的教学方法主要有发现法和讨论法。

发现法又称探索法、研究法，是由美国认知主义心理学家布鲁纳（Jerome S. Bruner）在《教育过程》一书中提出的，是指学生借助于教师提供的适宜进行“再发现”的问题情境和学习内容，积极开展独立的探索、研究和尝试活动，以掌握认识和解决问题的方法和步骤，研究客观事物的属性，发现相应的原理或结论，培养创造能力的方法。发现法的基本过程是创设问题情境、提出假设或制定设想、从理论上或实践上检验假设、发现和总结。

发现法对于激发学生学习的兴趣，培养学生分析问题、解决问题的能力，形成敏锐的洞察力，发展创造性的思维品质和积极进取、勇于探索的精神有较大的优越性。但是它对教学时间、教学条件、学生的知识经验和思维发展水平、教师的专业素养都有非同一般的要求，这也是不争的事实。

（五）以情感陶冶（体验）为主的教学方法

以情感陶冶（体验）为主的教学方法是指教师根据一定的教学要求，有计划地使学生处于一种类似真实的活动情境之中，利用其中的教育因素综合地对学生施加影响的一种方法。

这种方法的特点是使学生在不知不觉中受到教育。它的关键在于创设特定的情境，这需要教师进行大量细致而复杂的工作，对教师的事业心、教学艺术、教育机智等方面都提出了较高的要求。这种方法运用得好，对克服传统教学重认知、忽视情感的弊端，对培养学生的学习动机，丰富学生的各种生活体验，发展创造能力，培养高尚的道德和审美情感都有重要的作用。其局限性是应用的范围有限，有些抽象的知识不能用此类方法来掌握。因此，它更多的是作为一类辅助的方法来使用。以情感陶冶（体验）为主的教学方法，主要包括欣赏教学法和情境教学法。

1. 欣赏教学法

欣赏教学法是指在教学过程中，教师指导学生体验客观事物的真善美的一种方法。它寓教学内容于各种具体的、生动形象的、有趣的活动之中，唤起学生想象，以加深他们对事物的认识和情感上的体验。

欣赏教学法一般包括对自然的欣赏、人生的欣赏和艺术的欣赏等。

2. 情境教学法

情境教学法是指在教学过程中，教师有目的地引入或创设以具有一定情绪色彩的形象为主体的生动具体的场景，引起学生一定的情感体验，从而帮助学生理解教材，并使学生的心理机能得到发展的方法。它的特点是重视学生的主体作用，使认知与情感、活动与环境、学习与应用有机地结合起来。

教师创设的情境一般包括生活展现的情境、图画再现的情境、实物演示的情境、音乐渲染的情境、语言描述的情境等。

三、当代国内外教学方法改革

最近几十年，国内外进行了许多各具特点的教学方法改革的尝试，取得了较好的效果。下面主要介绍几种有代表性的教学方法改革。

（一）六步教学法

这是我国著名教育改革家、全国特级劳动模范、优秀班主任魏书生在语文教改实践中在以培养学生自学能力为核心的教学思想指导下创立的一种教学方法。六步教学法重在组织学生自学，充分发挥学生学习的主体作用。

六步教学法的基本内容是：

（1）定向，即由教师确定一节课的重点和难点。

（2）自学，根据定向确定学习的内容，学生自己学习。

（3）讨论，学生四人一组，把自学后不懂的地方提出来，互相讨论，提出尚未解决的问题。

（4）答题，先由学生自己解答疑难问题，每个小组承担问答的一部分，最后由教师解答学生解答中尚未解决的问题。

（5）自测，根据定向指出的重点、难点，以及学习后的自我理解，由学生拟出一组十分钟自测题，全班学生回答后，自己评分，自己检查学习效果。

（6）总结，下课前，学生自我总结学习的收获。

（二）导学式教学法

这是我国许多教育工作者共同创造的一种新的教学方法，其主导思想是教师的任务是“导”不是“讲”，学生的任务是“学”不是“听”。通过教师的巧妙引导，促进学生主动学习。对教师的要求是在教学活动的不同阶段导得要精、导得有序、导得灵活。学前导兴趣，善设情境，激发学习动机；学中导思路，因势利导，启发开拓思路；学完导结论，善于总结概括，使认识升华，获得明确结论。导学式教学法的实质是在教师启发下学生通过自学获得知识技能的一种教学方法。它从克服注入式、实行启发式的教学思想出发，提出课堂教学的基本要求，没有具体框架，对任何学科的教学都适用。

（三）快乐教学法

这是我国小学教学中出现的一种教学方法，其目的在于减轻学生课业负担，培养学生愉悦的学习情绪，使学生在快乐中进行学习，从而提高学习效果。

快乐教学法的实施途径和基本要求：

（1）创设快乐的环境，它包括愉悦的学习环境、丰富的心理环境、友爱和谐的师生人际关系和文明优雅的校园文化环境。学生在这样的环境中会感到学习之乐趣。

（2）激发学习动机，促使学生主动学习。根据教材特点，采用游戏等多种生动活泼的方式进行教学。

（3）重视帮助学生获得学习成功的情感体验。教师要根据学生个别差异，选取不同的活动方式，使他们都有所进步，在心理上产生愉快的情绪体验。

快乐教学法符合小学生天真、活泼、好动的心理特征，有利于促进学生德、智、体诸方面的发展。

（四）“掌握学习”教学法

20世纪60年代，美国北卡罗来纳大学的卡罗尔（J. B. Carroll）首先提出“掌握学习法”，他认为学生的学习进度有快慢之分，组织教学时如果有足够的时间，几乎每个学生都能学会、掌握课程要求的各项教学内容。后经芝加哥大学教授布卢姆发展创立“掌握学习”教学法。其基本指导思想是：只要有合适的教学条件，每个学生的智力都可以达到很高的水平，每个学生都可以完成学习任务的。

教学的具体步骤是：

（1）确定教学内容和要求。

（2）实施教学计划。

（3）测定学生是否掌握了学习内容。

（4）根据学生存在的问题，给学生第二次学习的机会。

（5）有针对性地再讲述有关内容，即对已确定的教学目标再进行一次强化。

（五）暗示教学法

这种教学方法又被称为“启发式外语教学法”，是保加利亚心理学家乔治·洛扎诺夫（Georgi Lozanov）创造的。它是指教师依据心理学、生理学、精神治疗学的原理，通过暗示、联想与想象、智力活动、体力活动、练习、音乐等方式的综合应用，精心设计教学情境，调动潜意识积极作用，使学生处于一种舒适、富有乐趣的情境里，轻松愉快，有意或无意地学习知识，发挥人的潜力的一种教学方法。

暗示教学法的原则：愉快而不紧张的原则；有意识和无意识相统一的原则；暗示相互作用的原则。

暗示教学法的步骤：教师说明新课文；教师用不同的声调朗读课文三遍；教师按照播放音乐的节奏，再把课文连续读三遍；学生分组扮演不同的角色，利用新学的语言，进行对话；学生再把课文读一遍；重新读所学课文；全体用新学的语言唱歌，做游戏或演戏。

（六）纲要信号图示法

纲要信号图示法是苏联教师沙塔洛夫在自己 30 多年的教学实践基础上创立的。所谓纲要信号图示是一种由字母、单词、数字或其他信号组成的直观性很强的图表，是教学辅助工具。它通过各种信号提纲挈领，简明扼要地把需要重点掌握的知识表现出来。

这种图示法形象、简明、直观性很强，既能帮助学生记忆，又能使学生把握知识的整体，在各科教学中都使用。例如《詹天佑》一文，可以根据文章逐步展示人物品质的特点，引导学生读课文，回答如下问题：（1）课文写了詹天佑的一件什么事？（2）詹天佑碰到哪些困难，他是如何对待的，结果如何？（3）詹天佑是怎样一个人？围绕这三个问题，设计纲要信号，揭示文章思路（见图 8—1）。

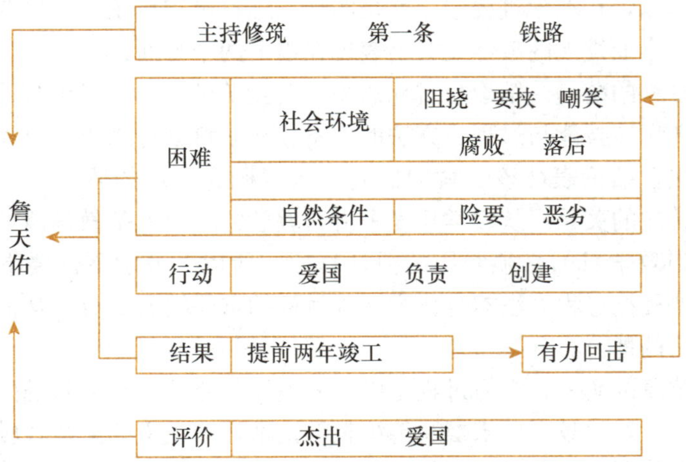

图 8—1 《詹天佑》纲要信号图示法图

纲要信号与文字信号相比，前者只是关于概念本身的信息，后者却是除概念本身的意义之外，还有关于如何表达方面的信息，即含有大量的干扰信息，因此，后者的信息量要大得多。另外，纲要信号中所使用的符号少，而且其中的大部分信息是用来表达教育内容的。这就是纲要信号比文字描述更能节省学生精力、提高学习效率的原因。数学符号、图形、表格、图示等都属于纲要信号，都具有干扰信息少、使人一目了然的特点。因此，教科书设计中应适当添加图示、表格、符号等纲要信号。

采用纲要信号图示法的一般步骤是：由教师详细讲解教学内容，出示纲要信号图表；然后教师再次讲解，抓住主要问题，突出重点。图表既可以按内容的主次涂上颜色，也可以要求学生把纲要信号画在笔记本上，还可以分发给学生便于课后复习巩固之用。

四、我国当前教学改革的主要观点与趋势

教育要发展，根本在改革。没有中小学教学改革，教育就没有活力，也就没有创新与发展。教学改革是教育事业科学发展的根本途径和强大动力，是教学实施的重要组成部分。中小学教学改革就是教育工作者依据教学规律，为了优化教学生态，提高教学质量，对中小学教学中存在的问题所进行的更新与创造活动。这种更新与创造活动包括改掉现有教学中存在明显问题的、不合理的、落后的、严重影响教学发展的部分，使之更加合理完善。教学改革是一项系统工程，涉及教学因素的方方面面。这里主要就我国当前教学改革的主要观点与发展趋势作简要分析。

（一）我国当前教学改革的主要观点

教学改革的首要任务就是确立新的教学观。教学观念不转变，教学改革就无从谈起。新世纪以来，新课程的教学改革要求我们首先确立起与新课程相适应的体现素质教育精神的教学观念。

1. 全面发展的教学观①

针对传统教学以知识为本位的不足，现代教学倡导以人为本位，促进人的发展。为此，新课程把发展的内涵界定为知识与技能、过程与方法、情感态度与价值观三者（三维目标）的整合。所以，在教学过程中，就是实现三维目标有机统一、融为一体，促进学生全面发展的过程。全面发展的教学观突出表现在以下两个方面：

一是结论与过程的统一。结论与过程的关系是教学过程中一对十分重要的关系，它反映的是学科内部知识、技能与过程、方法的关系。从学科本身来讲，过程体现该学科的探究过程与探究方法，结论表征该学科的探究结果（概念原理的体系）。二者是相互作用、相互依存、相互转化的关系。从教学角度来讲，教学的结论就是教学所要达到的目的；教学的过程就是达到教学目的必须经历的活动程序。所以，教学不仅要重结论，更要重过程。基于此，新课程把过程方法本身作为课程目标的重要组成部分，从而从课程目标的高度突出了过程方法的地位。

二是认知与情意的统一。学习过程是以人的整体的心理活动为基础的认知活动和情意活动相统一的过程。现代教学要求摆脱传统教学论唯认知主义的束缚，驶入认知与情意和谐统一的轨道。在新课程的背景下，教学中的情意因素被提高到一个新的层面来理解。第一，内涵变得更丰富。认为情感不仅指学习兴趣、学习热情、学习动机，更是指内心体验

① 参见余文森：《论新课程背景下的教学观》，载《福建师范大学学报（哲学社会科学版）》，2006（6）。

和心灵世界的丰富。第二，情感、态度、价值观本身成为课程目标的重要组成部分。第三，情感、态度、价值观必须有机地渗透到课程教学内容中去，使教学过程成为学生一种愉悦的情绪生活和积极的情感体验，成为学生一种高尚的道德生活和丰富的人生体验。

2. 交往与互动的教学观

教学是教师教和学生学的统一，统一的实质是交往、互动，没有交往和互动就没有真正的教学发生。交往是教学的本质。在教学中师生积极交往、互动，双方相互交流、启发、沟通、补充、完善，不断生成新知，并伴随着师生之间情感的交融和对获取知识的体验，实现教学相长、共同发展。

与一般交往相比，教学中的师生交往具有以下属性：师生交往的本质属性是主体性，交往论承认教师与学生都是教学过程的主体，都是具有独立人格价值的人，两者在人格上完全平等，即师生之间只有价值的平等，而没有高低、强弱之分。交往使教师与学生之间形成真正的人与人的关系，只有在这样的师生关系中，学生才会体验到平等、自由、民主、亲情与关爱，同时得到激励、鞭策、鼓舞、感化、召唤、指导和建议，形成积极的、丰富的人生态度与情感体验。师生交往的基本属性是互动性和互惠性，师生间、学生间通过信息交流实现相互沟通、相互影响、相互补充，从而达到共识、共享、共进。这是教学相长的真谛。以交往与互动为特征的教学，常常要借助“对话”来实现。

3. 开放与生成的教学观

开放对应于封闭，生成对应于预设。教学是预设与生成、封闭与开放的矛盾统一体。预设是教学的基本要求，教学是有目标、有计划的活动，教学的运行也需要一定的程序，并因此表现出相对的封闭性。传统教学过分强调预设和封闭，从而使课堂教学变得机械和程式化，缺乏生气和乐趣，使师生的生命力在课堂中得不到充分发挥。封闭导致僵化，只有开放，才有可能使教学充满活力。

从内容角度看，开放意味着科学世界（书本世界）向生活世界的回归，生活世界是科学世界的基础，是科学世界的意义之源，教育必须回归生活世界，回归儿童的生活。从过程角度看，人是开放性的、创造性的存在，教育不应该用僵化的形式作用于人，否则就会限定和束缚人的自由发展。开放的最终目的是为了生成，每节课都要让学生有实实在在的认知收获，同时也要有或多或少的生命感悟，使课堂“活”起来。

课堂生成从内容来看，既有显性生成，又有隐性生成；显性生成是直接的、表层的，隐性生成是间接的、深层的。从生成的本义来说，生成主要指隐性生成，隐性生成最具有发展的功能。从生成主体来看，课堂生成有学生生成，也有教师生成，即课堂教学不仅要成全学生，也要成全教师。课堂教学要成为教师自我提高、自我发展、自我完善、自我实现、自我欣赏的一种创造性的劳动，师生幸福人生的共同源泉。

除上述三种教学观点外，指导我们开展教学改革的主要观点还有：民主教育的教学观，主体教育的教学观，进一步优化教学结构，教学内容的现代化、人本化，终身发展的教学观，等等。

（二）我国当前教学改革的主要趋势

1. 关注先进教学理论的先导作用

先进教学理论是第一教学力量。要提高教学质量，培养全面发展的幸福公民，就必须要适应学生天性和遵循教学规律，就必须以先进的多元智能理论、建构主义教学理论、人本主义教学理论为指导来进行教学改革与活动。

教学的改革实践需要教学理论的充分支持。《国家中长期教育改革和发展规划纲要（2010—2020年）》明确了使每个学生都得到发展的素质教育基本理念，这实际上意味着教学理念和教育生产方式的转型：由精英教育转向大众教育。大众教育有哪些具体指标？如何准确解读？这些任务就落在教学理论研究者身上。

教学改革必须“理论先行”。我国当前的基础教育教学改革所需要的理论应当是源于实践，而又能够指导实践的理论。这种理论的形成需要我们改变传统的研究和思维方式。教学研究必须“贴近学术前沿”，与国际接轨；必须“贴近改革前沿”，与实践接轨。只有这样，教学理论才能指导我们的教学改革。

2. 课程组织日趋统整与衔接

所谓课程组织要素，是指根据课程标准将课程要素（如概念、法则、技能、价值等）和课程内容妥善加以设计与编排，以形成课程的类型和结构的过程。课程组织主要包括两个层面：课程内容的组织与学习经验的组织。在新课程改革中，注重统整性原理与衔接性原理是我国课程组织的基本趋势。其特点是关注学科间的统整、关注学科内的统整、关注学科观的转变等。

3. 教学模式趋向多样性

教学模式改革是当代教学改革的重点之一。在新的教学理念推动下，新的教学模式不断涌现，如自主探究模式、研究性教学模式、问题解决教学模式、自学—辅导教学模式等。这些模式与传递—接受式、示范—模仿式等传统模式形成了多样化的局面。纵观我国教学模式发展的过程，现阶段教学模式发展呈现出由单一到多样、由单维构建到整体构建、由刻板到灵活、由主动到主体性、由传统方法到现代技术手段等特征。同时，在教学设计理论的指导下，教学设计也由过去的随意性逐步走向规范化、程式化。

4. 现代信息技术与学科教学日趋整合

信息技术与课程整合是指在教学过程中把信息技术、信息资源、信息方法、人力资源和课程内容有机结合，共同完成课程教学任务的一种新型的教学方式。信息技术与课程整合是21世纪基础教育教学改革的新视点，是与传统的学科教学有着密切联系和继承性，又具有一定相对独立性特点的新型教学类型，它的实施将对发展学生主体性、创造性和培养学生创新精神和实践能力具有重要意义。这种整合的结果，表现在教学与学习方式的变化就是网络学习的突起。网络学习（E-learning）又称在线学习，即在学校建立互联网平台，学习者通过网络进行学习的一种全新的学习与教学方式。现在，网络教学越来越成为各学校现代又高效率的教学方式。

5. 关注学法研究，教法与学法趋于统一

为了克服传统的教学方法中重视教师教的方法、忽视学生学的方法，把教学方法中教与学的活动割裂开的现状，当前教学方法的改革以“教会学生学习”为重心，不仅强调教与学活动的辩证统一，而且从学生是学习的主体这一原理出发非常重视研究学生的学习方法，注意培养学生的自学能力，并把它作为创立当代教学方法完整体系的前提条件。如我国创设的六课型单元教学法，要求教学必须以学生的“最优学情”为基础 ，使学生掌握最优的学习方法，培养最高的自学能力。其他诸如问题教学法、自学辅导教学法、八字教学法、六步教学法等，都体现了在教师引导下学生独立获取知识的特点。

6. 课堂教学评价趋于多元化

在全面发展的教学观的指导下，课堂教学评价也由过去以分数为核心的评价模式逐步转向关注课堂教学目标价值取向的多元化。把学生作为一个生命发展的整体来对待，不仅要学生掌握科学知识，具备读、写、算的基础学力，具有主动学习、不断更新知识的学习能力，同时还具有正确的价值观、情感态度以及社会责任感。关注学会生存、学会关心、学会发展等相关指标，使其真正成为课堂教学改革评价指标的本质要求。

7. 教学改革的整体性进一步加强

如上所述，新课程改革的实施使这一时期的教学改革被放在课程体系中进行，于是教学改革的整体性进一步强化。在这一时期，教学改革不仅关注教学本身，还关注制约教学的课程体系，关注教师素质和学校文化对于教学改革的影响等。

8. 关注教师的专业发展

为了深化课程改革，关注教师专业发展问题成为改革的焦点。关注角色转变，由传授者转化为促进者、由管理者转化为引导者、由居高临下转向“平等中的首席”，注重教学行为的转变，强调教师之间的合作交流、不断改善知识结构，倡导能力的提高，提高课程开发的能力，提高对教学的整合能力等。

总之，随着课程改革的深化，素质教育思想的内涵得到了进一步的挖掘，以人为本，关注生命价值成为我国当前教学改革的重要思想。以生为本、以学定教、先学后教、少教多学，由教师的“教”转向学生的“学”，成为这一时期教学改革的时代走向。

第二节 教学设计

一、教学设计概述

（一）教学设计的含义

教学设计是运用现代学习与教学心理学、传播学等理论与技术，来分析教学中的问题和需要，设计解决方案、试行解决方案、评价试行结果，并在评价基础上改进设计，实现教学过程最优化的一个系统策划过程。教学设计过程的具体产物是经过验证的教学系统实施方案，包括教学目标和实现教学目标所需要的全部（印刷的或视听的）教材、学习指导、测试题、教师用书等，以及对所有教与学的活动和教学过程中所需要的辅助工作做出具体说明的教学实施计划。这样不仅可以保证教学活动的顺利进行，而且教师还可以有效地把握学生学习的开始状态和学习后的状态，从而及时调整教学方案，采取必要的教学措施，为下一环节的教学奠定良好的基础。它与其他教学活动相比有指导性、整合性、操作性、预演性、创造性等特征。

进行教学设计我们应该坚持以人为本的原则，把促进学生的发展作为一切设计的出发点与归宿，心中要有每一个鲜活的人。坚持最优化原则，充分利用一切资源，调动一切积极性，以最少的投入取得最大的教学效果。坚持情境性原则，教学设计的核心在于如何创设多种情境让学生进行自我学习。坚持整体性原则，教学设计它不是一种片段，是一种整体的设计，它不是写在我们纸上的一种文本，而是我们教师对自己和学生所持的一种整体的目标。坚持生成性原则，教学设计的完善是在教学活动中不断改进与修订的，由于教学设计永远只是教学过程的一种预期，而实际的教学活动只有发生了，才会知道结果，这或许是教学的魅力所在。在现实中，没有任何一件事情是丝毫不差地按照预先设定的计划来进行的，学生的思维可能还停留在你认为根本不重要的或者说可能你在教学设计过程当中没有关注到的问题上，有时也会以你几乎不能想象的方式来理解某些概念，当教学活动受到影响的时候，你必须要放弃你原来的一些设计，也就是说会产生一些生成性问题。

凡事预则立，不预则废。一切有效的教学都需要教师在教学活动前，进行细致周到的教学设计。因此，具备教学设计能力是教师开展教学的基本素养，对于提高教学质量具有重要意义。

（二）教学设计的理论基础

1. 系统科学理论

控制论、信息论、系统论统称为系统科学。近几年来，三论的许多原理被广泛地运用在教育系统分析，课堂教学的信息加工、反馈与控制等方面。这些研究使人们对复杂的教学过程的信息加工、反馈与控制等问题有了新的认识。系统科学认为，任何系统都包括人、物、过程、外部限制因素和可用资源五个要素，而这五个要素之间又存在着三种联系形式——过程的时间顺序、各因素间数据或信息流程、从一个系统中输入或输出的原材料（人或物）。对系统的设计离不开这五个因素及三种联系形式的分析与综合。任何一个因素或联系形式的差异都会造成系统设计的变化。教学是一个由教师、学生、教学内容、教学条件等因素组成的系统，是一个由输入（建立目标）—过程（导向目标）—输出（评价目标）组成的完整过程，它要求人们从系统的整体出发，从环境分析入手，制定教学目标，发展教学计划，进行教学传递、评价，并有效运用系统反馈进行教学设计修正，从而达到教学系统的整体优化。

2. 传播理论

教学作为一种认知发展过程，是教育信息的有效传播。信息传播是在有干扰的环境中运行，并由信息源、信息渠道和信息接受者三者为主要成分构成的系统。为此，教学传播必须充分考虑信息编码的准确性与有效性、传递通道的畅通性和信息密度的适度性及信息接受和选择的正确性和高效性。

3. 学习理论

为人类寻求最佳的学习途径而进行的谋略与筹划是教学设计的根本目的，而学习是学习者通过经验而引起的知识或行为的相对持久的变化。行为主义的学习理论、认知主义的学习理论及建构主义的学习理论等为教学设计奠定了一定的理论基础。

4. 视听理论

视听理论产生于20世纪40年代，比较成熟的是美国视听教育家戴尔的“经验之塔”理论，他将学习分为活动的（直接经验的）学习模式、图像的（模糊经验的）学习模式、符号的（高度抽象经验的）学习模式三种类型，并按由具体到抽象排成一个塔状①，形成了从实际活动到观察、再到抽象的完整过程。

戴尔的“经验之塔”理论，对教学设计是很有启发的。首先，教学设计应从具体经验入手，随着学生知识和年龄的增长逐步走向抽象。抽象的概念，应以具体经验为基础。其次，塔中的视听教具比语言更具体和易于理解，而且其能冲破时空的限制，弥补学生的经验不足，所以教学中应大力提倡利用各种媒体进行教学。

二、教学设计的步骤

教学设计作为对教学活动系统策划的过程，它涉及许多因素，其中包括学习需要、教学目标、教学内容、教学策略与教学媒体、教学评价五个因素，这是教学设计的基本要素。围绕这五个基本要素如何进行教学设计，在教学实践中产生了许多设计模式。我们认为，在通常情况下一个完整的教学设计活动包括以下步骤：

（一）分析学习需要

从分析学生的学习需要开始，了解教学中存在的问题及学生的实际情况与期望水平之间的差距，这样可以解决“为什么”及“学什么”和“教什么”的问题。分析学生的需要包括教学内容分析与学生特征分析。分析教学内容就是确定教学内容的结构及各个知识点之间的关系，梳理重难点。学生特征包括学生已有的知识与经验、学习习惯、心理特征、对所学内容的兴趣和态度等。教师对学生了解程度越深，教学的针对性就越强，就越能促进学生的学习。

（二）确定教学目标

在分析学习需要与教学内容的基础上，设计具体某个单元、某节课学生所应掌握的知识和技能、达到的学习结果与行为变化。只有对教学内容有了准确清楚的把握，我们才能制定出明确的教学目标。

（三）优化教学策略

考虑如何实现学习目标或教学目标的途径、方式、方法，解决“怎么学”和“怎么教”的问题，以提高学习者的学习兴趣为核心，考虑教学方法、教学媒体的选择和应用，根据不同的情况选择不同的教学媒体或教学资源，创设不同的教学情境。

（四）设计教学流程

教学流程是教学活动的组织顺序。设计教学流程就是根据教与学的规律，按照一定的组织顺序，系统地安排各种教学活动的工作。它包括设计教学流程图和对流程图的详细说明两部分。

（五）设计教学评价方案

教学评价是指收集教学系统（教学系统是由教师、学生、教学媒体和教学内容四个基本因素及其相互联系、相互作用而构成的一个完整的系统）各方面的信息，并依据一定的标准对学和教的行为做出客观衡量和科学判定的过程。在行为评价时，一方面要以目标为标准进行评价；另一方面由于评价提供了关于教学效果的反馈信息，从而可以对模式中所

① 参见尹俊华等编著：《教育技术导论》，18～20页，北京，北京师范大学出版社，1992。

有步骤作重新审查，特别应检验目标和策略方面的决定，使教学过程朝着预定的教学目标进行。

（六）编写教学设计方案

教学设计方案是实施教学的计划书或文本形式，它全面反映了教学设计过程中每个环节的工作结果。

教学设计包含以下几个方面的内容：课题、教材版本、年级、课时、执教者（或设计者）、教材分析、学情分析、教学目标、教学重难点、教学准备、教学过程（包含设计意图）。

（七）实施教学设计方案并修订方案

实施预先设计好的教学设计方案，根据教学评价方案，评价实施中教与学的效果，为修订与完善教学设计提供依据。

三、教学设计的基本内容和方法

（一）教学目标设计

教学目标设计是对教学活动预期所要达到的结果的规划，它是教学设计的重要环节。教学目标设计的步骤，可以分为：钻研课程标准，分析课程内容；分析学生已有的学习状态；确定教学目标分类；列出综合性目标；陈述具体的行为目标。在我国基础教育课程改革中，课程标准把教学目标分为知识与技能、过程与方法和情感态度与价值观三维目标，这是我们确定教学目标的理论依据。

教学目标确定后，必须用规范、明确的语言表述，应当包含以下四个要素①：

（1）行为主体。行为主体指的是学习者，因为行为目标描述的是学生的行为，而不是教师的行为。

（2）行为动词。行为动词用以描述学生所形成的可观察、可测量的具体行为。

（3）情境或条件。这是指影响学生产生学习结果的特定的限制或范围，主要说明学生在何种情境下完成指定的操作，对条件的表述有四种类型：一是使用手册和辅助手段或者不允许使用。二是提供信息和提示。三是使用工具和特殊设备或者不用。四是完成行为的情境。

（4）表现水平或标准。这是指学生对目标所达到的最低表现水准，用以评量学习表现或学习结果所达到的程度。

（二）教学起点设计

任何一种教学设计的基本前提都是为学习者的学习服务，因此，学习者分析在教学设计中非常重要。学习者分析通常包含两方面内容：学习者的当前状态（知识、技能、态度、心理状态等）和学习者的特征。学习者的当前状态与目标状态的差异构成了学习需要，从学习需要出发设计教学过程“意味着对进入某一教学活动时的起点行为进行细致分析。当学习是一个连续环节时，学生的起点行为实际上就体现为对新任务完成起重要影响的先决智能和情感条件”②。学习者的起点行为是确定教学起点的基本依据之一。学习者

---

① 参见傅道春：《教师技术行为》，153～154页，哈尔滨，黑龙江教育出版社，1994。

② 盛力群：《简论系统教学设计的十大特色》，载《课程·教材·教法》，1998（5）。

特征的分析是确定教学起点的又一基本依据，教学设计者需要关注的学习者的特征包括年龄、性别、认知成熟程度、学习动机、个人对学习的期望、焦虑程度、学习风格、经验背景、社会文化背景、以学习为目标的人际交流，等等。

（三）教学内容设计

教学内容设计是教师认真分析教材、合理选择和组织教学内容以及合理安排教学内容的表达或呈现的过程。它是教学设计的主要环节与主体部分，其质量高低直接影响教学活动的成败。

有关研究表明，识别不同类型的知识并针对不同类型的知识特点进行教学设计，是教学内容设计的重要方面。从教学设计的角度考虑，一般将知识分为三类①：

1. 陈述性知识及其教学设计

陈述性知识，主要是有关“是什么”的知识。这类知识可分为：（1）有关事物的名称或符号的知识；（2）简单命题知识或事实知识；（3）有意义命题的组合知识，即经过组织的言语信息。中小学各个学科中的部分知识，如数学、物理中的基本事实、概念、命题、原理等，化学中的元素符号、分子式、化学反应方程式等，体育中的动作要领等，历史、地理中的人物、事件、地点、时间等，都属于陈述性知识。

在陈述性知识的教学设计中，要将设计的重点放在如何帮助学生有效地理解、掌握这类知识上，注重学生对其符号或词语意义的获取。教师在具体设计中应注意：（1）找出新知识与原有相关知识的结合点，讲清二者间的相互联系，以帮助学生在理解的基础上有效吸收、同化新知识。（2）对学生的学习准备状况作认真分析，除了解学生的一般学习状况外，还应对学生已有的知识准备、知识结构、学习动机和学习习惯作深入分析。（3）恰当引入教学媒体，如教具、学具的使用，教材呈现手段的变化等。

2. 程序性知识及其教学设计

程序性知识是有关“怎么办”的知识，是关于方法和应用的知识。语文中的句子规则，数学、物理、化学中的大部分知识，体育中的动作技能等都属程序性知识。

程序性知识的教学设计应确定的教学目标，主要就是帮助学生形成运用概念、规则和原理解决问题的能力。为达成这一目标，程序性知识教学要有充分的练习设计。在设计概念练习时，应注意充分应用正反例。呈现正例有助于概括和迁移，但也可能导致泛化；呈现反例有助于辨别，使概念精确。规则的学习掌握也应配一些练习，及时引导学生将新学习的规则应用于解决问题的情境中，一遇到适当的条件便能立即作出反应。对于这类知识的教学设计，教师对讲授与练习的时间要合理规划，使规则、概念的掌握与解决问题的技能的形成在课堂教学中都能得到有效保障。

3. 策略性知识及其教学设计

策略性知识也是回答“怎么办”问题的知识，它与程序性知识的主要区别在于它所处理的对象是个人自身的认知活动和个体调控自己认知活动的知识。这类知识是渗透在各科学习之中的，没有专门和具体的学科内容。

策略性知识分为两级水平：较低级的为一般学习活动的策略知识，如控制与调节注意

---

① 参见傅道春：《教师技术行为》，149～152页，哈尔滨，黑龙江教育出版社，1994。

的策略、记忆的策略和提取的策略等；较高级的为创造思维策略知识，这类策略往往是因时、因人、因内容而异的一个推理过程，难以程式化，目前尚未明确分类。根据策略性知识的特点进行教学设计，需要解决三个难题：（1）课程问题。传统的课程没有把认知策略的训练作为一个重要目标，教材中缺乏相应的内容。（2）教师问题。策略活动是一种内在的思维活动，怎样使这种内隐的活动让学生仿效，关键是教师要善于描述其内在思维，使学生可以想象。（3）学生问题。学生的认知策略制约着策略性知识的教学，因而注重对学生进行认知策略训练，是教学设计的一个重要部分。例如，通过探究问题转移学生的注意力，使之逐步由他控型变成自我控制型；教会学生在听课和看书时如何做笔记；还可以教会学生如何将知识加以组织与意义加工，以促进和便于回忆、积累知识等。教学中，教师首先要学习和掌握有关学习策略、认知策略方面的知识，加强策略教学的训练，同时注意挖掘课程中的策略性知识内容，在此基础上根据策略性知识的特点和学生学习的特点进行有针对性的教学设计，是搞好策略性知识的教学设计的前提。

在上述三种类型知识的设计过程中，要遵循以下要求：

（1）内容选择要适宜贴切。其一，与目标无关或关系不大的内容必须删除；其二，所选内容在学生的“最近发展区”内，既以学生的心理水平为基础，又有发展性；其三，所选内容具有启发性，能锻炼学生的思维，启迪其心灵。

（2）内容组织要把逻辑顺序和心理顺序相结合。逻辑顺序即知识系统的内在逻辑性，心理顺序即学生学习活动内在的认知规律。因为两者在很多情况下不一致，例如细胞是逻辑上单纯的知识，但是学生理解起来远比理解复杂的高等植物和动物要困难，所以，教学内容时必须考虑两者的顺序。

（四）教学时间设计

学校教学活动总是在一定的时间内进行的，教学时间是影响教学活动的一个重要因素，控制和改变教学时间在一定程度上也就意味着控制和改变教学活动。

设计教学时间主要有以下几方面：

（1）把握好整体时间分配。这主要指教师在设计教学时，首先应对一学期甚至一学年教学时间的总体分配情况做到心中有数，要依据课程标准的规定和教学的实际需要对整体教学（一般以学期为限）作出合理规划，制定出教学日历。

（2）保证学生的实际学习时间。教师应通过加强管理，尽可能减少学生的迟到、早退及无故缺勤现象，同时也避免自身缺课。

（3）科学规划单元课时。教师在进行单元课时设计时，应分析学生已有的知识准备状况，找出单元内容包含的知识点以及重点、难点，在此基础上确定每个单元所需的教学时间。

（4）注意学生的专注学习时间。研究表明，学生的学习能力每天都有高低变化，每天学习能力最强的时间是上午二三节课期间，较差的时间是下午第一节课。此外，学生的年龄不同，学习的有效持续时间也不相同。根据测量研究表明，学生不产生疲劳的适当学习时间是：6～8岁为30～40分钟，9～12岁为40～50分钟，13～15岁为50～60分钟。

（5）防止教学时间的隐性流失。教师在教学设计过程中一定要把握好每个环节，精心设计好每项内容，同时又要对课堂上可能出现的问题及处理办法有一定预测和心理准备，只有这样，在课堂上才有可能避免教学时间流失现象的发生。

（五）教学措施设计

1. 教学方法的选择与设计

教师在选择教学方法时要遵循以下一些步骤和要求：一是明确选择教学方法的标准。一般的选择标准主要有：(1) 根据具体的教学目标、教学任务、教学进度和教学时间选择教学方法。(2) 根据学生的学习特点选择教学方法。(3) 根据教师的特点选择教学方法。(4) 根据现有的教学条件选择教学方法。二是尽可能广泛地了解新的教学方法，以供自己选择。三是对各种可供选择的教学方法进行比较，主要比较它们之间的特点、适用范围、优越性和局限性等。

2. 教学媒体的选择与设计

教学媒体包括传统教学媒体与现代教学媒体，是提高教学质量的物质基础。要想使教学媒体发挥出应有的作用，在媒体的选择与设计上应注意以下几点：

(1) 依据教学目标选择教学媒体。在选择教学媒体时，应首先考虑媒体的使用是否有利于达成特定的教学目标，是否符合具体教学任务的实际需要，是否切合教学内容的性质和特点。

(2) 依据教学对象的特点选用教学媒体。选用教学媒体时必须考虑学生的年龄特点和学习的实际需要，以最充分地利用媒体的优势激发学生的学习兴趣，发展他们的学习潜能。

(3) 依据媒体的技术特性选择教学媒体。具体有两方面要求：一要考虑各种媒体的技术特点和功能。二要考虑教师能否熟练地操作所选媒体，以及运用媒体是否有助于发挥自己教学的特长。

(4) 依据经济条件选择教学媒体。媒体的选择要本着经济有效、量力而行的原则行事，在尽可能满足教学需要的同时也要注意节约，不要造成教学资源的浪费。

3. 课堂教学结构的确定

在确定了具体的教学目标、内容、方法和媒体后，如何将这些因素有效地组织在教学过程中，就需要从教学结构的角度加以设计。应遵循三个步骤：(1) 选取教学环节。一般的教学环节包括明确教学目标，阅读感知教材，教师讲授和解疑，学生讨论、演练、复习，系统小结等。(2) 设计课堂教学各环节的组织，即将各教学环节进行有机组合，安排各环节的先后顺序，使之前后连环，成为一个适于教学的整体结构。(3) 对各教学环节的设计进行统调，使各部分教学内容的组织有机协调，做到重点突出、兼顾全面，以保证整体功能大于各部分之和，保证教学目标的实现。

由于学科性质不同、教学目标不同、课的类型各异，课堂教学结构在实际教学中也就存在着多种不同的形式。

第三节　教学评价

教学评价是教学工作中的一个重要环节，在教育研究领域也越来越受到重视。教学评价主要包括学生学业成就评价和教师教学工作评价。

一、教学评价的概述

（一）教学评价的产生与发展

教学评价是根据一定的教育价值观或教学目标，运用可操作的科学手段通过系统搜集信息、资料，分析、整理，对教学活动的过程和结果进行价值判断，从而为不断完善自我和教学决策提供可靠信息的过程。

有教学活动的地方，就会涉及评价问题。因此，教学评价的历史可谓源远流长。但真正把教学评价当成教育学中的一个研究领域，则始于 20 世纪前期，至今不足 100 年。

1929 年，美国的拉尔夫·泰勒（Ralph W. Tyler）主持俄亥俄州立大学教育研究所成绩测验工作，他受命运用测量的手段帮助教师改进本科教学。泰勒在工作中发现，教师对评价工作各执一词，很难达成共识，泰勒由此认识到，为课程和教学确定明确细致的目标非常重要，并要通过测验才能判断学生达到这些目标的程度。泰勒提出了一套编制测验工具的理论和技术，对教学评价的科学研究由此产生。

1930 年，美国进步教育协会在第十届年会上正式讨论了协调中学与大学关系的主题，并成立了“中学与大学关系委员会”，从而拉开了“八年研究”的序幕。委员会经过调查研究和广泛征求意见，详细制定了一项由合作中学和大学共同参与的为期八年(1934—1942 年)的教育实验研究，并对 1 475 对大学生（每对包括一个进步主义学校毕业生和一个传统学校毕业生）从年龄、性别、种族、学术倾向、职业兴趣、家庭、社会背景，尤其是在大学的学习成绩与进步等方面作了详细的比较。作为“八年研究”的主要参与者，泰勒在研究中进一步发展了他的评价理论，他的评价方法和技术得到了广泛的认可。其后的二三十年中，美国联邦政府加大了教育改革的力度，教学评价工作也迅速得到扩展，政府对教学评价研究给予了大量资助。人们在泰勒的基础上，又发展出 CIPP 评价模式、消费者导向评价模式、目的游离评价模式、应答评价模式等。到 20 世纪 70 年代，教学评价开始成为一个独立的研究领域。

（二）教学评价的功能

教学评价的基本功能包括诊断功能、甄别功能、激励功能、导向功能和改进功能等。

1. 诊断功能

在教学评价活动中，评价者有意识地全面搜集能够反映被评价者的优点及缺点的各种信息，从而了解被评价者的特点，诊断出被评价者还存在的问题，例如，在教学方案、课程计划、教学方法、学习过程等诸多方面，都可以通过评价得到诊断。当然，为了更好地实现评价的诊断功能，评价者在搜集信息时可以侧重于搜集某一方面的信息，从而让诊断更加切合实际。

2. 甄别功能

教学评价不但能够诊断出被评价者存在的问题，它还可以根据社会需要甄别和选拔出需要的人才。例如，我国当前的高考，就是通过考试选拔出适合接受高等教育的一部分学生。尽管人们对于教学评价的这一功能诟病较多，但在一定的历史条件背景下，教学评价的甄别功能是有价值的。只是，我们在使用教学评价的这一功能时，不应过于强调，从而忽视了其他方面。

3. 激励功能

由于教学评价常常会区分出被评价者的水平、等级、成绩等，而这些结论又会影响到个人的形象、声誉甚至利益，因此，通过教学评价，往往能够激发出被评价者的成就动机，鼓励个人获得更好的评价结果，因而会付出更多努力去追求成功。在教学评价的过程中，尤其要注意对被评价者进行纵向的比较，即他与原来相比取得了怎样的进步，而不仅仅是看其与他人相比的结果。

4. 导向功能

教学评价总是依据一定的评价标准进行的，而任何评价标准又总是体现出一定的价值取向。作为一种价值判断活动，教学评价者常常要根据一个国家、社会以及学校的需要来设计出评价指标体系，被评价者为了获得更好的评价结果，往往会按照指标体系的要求来开展教学与学习活动，评价指标体系因而扮演了指挥棒的角色，它引导着被评价者朝着社会期望的方向发展，这就是教学评价的导向功能。

5. 改进功能

早在 1963 年，克隆巴赫（L. J. Cronbach）就提出了“通过评价改革教程”的设想，教学评价的改进功能是教学评价的一个重要功能。评价不仅能够发现问题与不足，而且在此基础上，还能对改进这些问题和不足起到积极的作用。一个有问题的教学设计、不完备的课程方案或教学计划，通过评价可以知道其问题在哪里、不完备之处是什么，从而有针对性地对改进这些方案、计划提出合理的建议。

（三）教学评价的基本过程

组织开展教学评价工作，没有固定的模式。一般来说，在进行教学评价的过程中，需要经历下列环节：

1. 建立评价组织

开展教学评价活动，首先要建立评价组织，有时候评价活动也可以委托给已有的组织。教学评价的专业性比较强，评价人员需要具备一定的教学评价理论知识和实践经验，要能够熟悉教学工作的各个环节。教学评价需要借助一定的评价指标和评价工具，这些指标和工具是客观的，但在评价过程中，如何使用这些工具、如何理解数据，还是具有主观性的，因此以工作小组的形式来组织评价，会更加客观。例如，当前在高考阅卷过程中，对主观题的评价尽管有评分标准，但为了让分数更加趋于客观，一般都需要三个人来独立评价，然后综合其评价结果来最后给定结论。

2. 确定评价目标

任何一项教学评价工作都是有目标的，也就是说，开展一项教学评价究竟是为了什么，这是评价者在评价之前就要设想好的，因为评价目标会直接影响评价指标体系的确立、影响评价工具的选择以及评价方式等。如果主要是为了甄别和选拔，那么评价就应该能够选拔出合适的人才；如果主要是为了诊断，那么就要全面了解被评价者的状况。因此，评价者需要有明确清晰的目标。

3. 制定评价指标

确定评价目标以后，就应该着手制定评价指标体系，也就是从哪些方面来进行评价。

确定指标体系是一个非常复杂的过程，评价指标体系往往需要经过数次的修订，并要征集不同主体的意见，尤其要听取被评价者的意见。

4. 选择评价工具

收集评价信息需要采用一定的评价工具，例如问卷、量表、访谈的提纲、对作品和表现评判的维度等。要获得有效的评价信息，首先要有有效的评价工具，但评价工具并不是那么容易就能制定出来的。在设计评价工具时，需要考虑到评价的目的是什么、评价的项目有哪些、评价的指标有什么要求、评价工具的信度和效度等。另外，还要考虑这样的评价工具是否适合被评价者。例如，对低年级小学生进行评价，就不宜使用问卷，因为他们连汉字都还认不全，而采用表现性评价工具则更为恰当。

5. 收集评价信息

评价者通过使用问卷、量表、访谈提纲等，获取评价信息将直接决定评价的结论是否可靠。如果收集到的信息不全面，那么评价结果就不可信。在这个过程中，除了评价者自身的因素和水平之外，被评价者的心理和情绪也会影响评价结果，如果被评价者带着“对抗”情绪参与到评价之中，那么依据这样的信息来进行评价就会不准确。因此，在收集评价信息的过程中，应该尽量消除外在因素的不利影响。

6. 整理分析资料

在收集信息的过程中，评价者获得的信息通常是繁杂且没有条理的，从这样的信息中并不能直接得出评价结论，需要对这些信息进行梳理和抽象，使其变得简明、有条理、全面，且要具有可对比性。统计只是一个程序性的步骤，相对简单；对这些信息进行真伪辨别，区分信息的质量，则要难得多，这一过程需要有深厚的功底。只有对整理过的评价信息进行分组和归类，才能得出科学的结论。

7. 撰写评价报告

撰写评价报告是教学评价的最后一个环节，也是一个总结性的环节。评价报告应该体现出评价的基本设想、评价的过程以及评价的结论等，并且要尽量做到满足评价发起者的需求，为其提供有价值的结论。在很多时候，评价结果还需要反馈给被评价者，让其知道自己的教学或学习水平处在什么状态，应如何改进等。

二、学生学业成就评价

（一）学生学业成就评价的内涵

学生学业成就评价是以国家课程标准为基本依据，运用科学、有效的工具，系统收集学生在各门学科学习中知、情、意、行等诸多方面发生变化的信息和证据，并对学生的知识获得、能力变化、价值观和态度转变等进行价值判断的过程。

对学生进行学业成就评价需要有一个基本依据，这个依据就是国家课程标准。我国中小学各个学科的课程标准是规定学生所必须达到的学习底线，因此，对学生进行学业成就评价，就是要在课程标准的基础上设计评价指标体系，这既是国家对教育质量进行控制的必要手段，也是国际上学业成就评价改革的基本趋势。

想要获得有效的评价数据，必须设计和采用科学有效的评价工具。我们常用的学业成就评价工具包括各种智力测验的量表、学科学习成就测验的试卷、体育锻炼达标的标准、心理健康测验的量表等。每一种工具都有其特定的使用范围，在收集数据的过程中，应根据需要和实际情况进行选择。

由于学习是一个多元的过程，课程标准中对学习目标的设计是从知识与技能、过程与方法、情感态度与价值观三个层面展开的，因此，对学生的学业成就评价不应该仅从知识掌握情况进行判断，否则就会强化应试教育、唯知识论，而应该在关注知识掌握的同时，关注学生的技能、学习方法、价值观的变化，从而更加全面地判断学生所取得的学业成就。

（二）学生学业成就评价的基本类型

1. 相对评价

相对评价是通过把个体的成绩与团体的平均成绩或者常模进行比较，从而确定其成绩等级的评价方法。这种评价注重学生所取得的成绩在总体中所处的位置，对于选拔优秀和鉴定等级是非常有用的。但这种评价的主要缺陷是，它没有关注到个人的努力情况和进步程度。

2. 绝对评价

绝对评价是通过把个体的成绩与他们需要达到的客观目标和要求进行比较，从而判定学生取得的学业成就情况的评价方法。绝对评价是当前中小学使用最多的一种评价方法，教师常常把 60 分作为及格线。这种方法有利于鉴定学生对知识掌握的程度。

3. 个人内差异评价

个人内差异评价是对学生在不同学科间的成绩与能力差异进行横向比较，以及对个体不同时间段的成就表现进行纵向比较的评价方法。例如，通过对某学生在语文、数学、英语、体育、美术、音乐等各学科的成绩进行横向比较，从而确定该学生的优势、不足，综合判断其总体发展水平；再如，对于某学生在学期中期的数学成绩和学期末的数学成绩进行纵向比较，判断该生的数学学习是进步了还是退步了，并找出其中的原因。个人内差异评价的主要价值在于它可以判断个人的学习情况，为教师做好个别教育提供有价值的信息。

三、教师教学工作评价

（一）教师教学工作评价的内涵

教师教学工作评价是指，根据学校教育目标和教师的工作任务，运用恰当的评价工具，有效收集相关信息和证据，对教师的教学工作进行价值判断的过程。

教师教学工作评价对于教学工作有着非常重要的作用，客观、公正的教学评价可以提升教学工作水平，而不公正的教学评价会阻碍教学水平的提高，也会引起教师对教学评价的对抗和抵触情绪。在教学工作评价的过程中，学校应该提供翔实具体的信息，帮助教师形成稳定的教学风格，同时要把不足之处以及如何改进不足的具体建议提供给教师，其目的应该是促进教学水平的提高。

（二）教师教学工作评价的主要问题

当前教师教学工作评价还存在很多问题，我们从一个案例看起：

某小学制定的《教师发展性评价及岗位目标考核方案》中，对教学工作评价的细则包括：

（1）师德与育人（120 分），由政治学习与笔记（10 分）、政治思想与总结（10 分）、师德表现（80分）、合作育人（20分）组成。

（2）教学常规（320分，音体美200分），由教学计划（10分）、备课（70分）、课堂教学（100分，音体美120分）、作业（70分）、集体教研（30分，音体美40分）、听课评教（20分，音体美40分）、测试工作（20分）组成。

（3）教师素养（210分），由理论学习与测试（80分）、教育科研（80分）、教学基本功（40分）、专业成长档案（10分）组成。

（4）教学实绩（300分），由期中期末考试（260分）、辅导学困生（10分）、分项测试（30分）组成。

（5）出勤（50分）。①

据悉，该方案在制定的过程中，曾多次征求教师意见，最终通过教代会审议通过，因此教师对其是比较认可的。但即便如此，该方案的问题还是非常明显：评价内容强调教师的素质、常规和成绩，而师德以及合作育人等所占比重则较低，且评价标准模糊，操作性不强。这种方案可以看作当前教师教学评价的一个缩影，方案背后所揭示的则是人们对教学工作评价的基本趋势，那就是在强化教学成绩和教学能力的同时，弱化师德、师生关系等。这种评价方案在暗示教师：教出来的学生考得好，才是最主要的。

基于以上案例的分析，我们可以看出，当前在教师教学工作评价中，存在的问题主要包括评价目的异化、评价内容片面、评价主体迷失、评价方法单一、评价过程简单等。

（三）教师教学工作评价的基本策略

1. 转变评价观念

正确的评价观念是正确的教学评价的前提。评价者应认识到教学工作评价的重要性，片面强调考试成绩，甚至将考分作为评价教师工作的唯一标准，是极不合理的，必须强调从多个维度、多个层面对教学工作进行评价。

2. 丰富评价内容

在评价内容上，要克服单一化倾向，考察教学业绩的同时，应该看到师德、师生关系、教学常规等对于反映教师教学工作的重要性。评价具有导向作用，只有不断丰富评价内容，才能将教师塑造成师德高尚、善于处理师生关系、遵守教学常规并在此基础上形成独特教学风格的教师。

3. 明确评价主体

从评价主体来说，要避免学校领导作为单一评价主体的做法。在评价过程中，要充分发挥被评价者的作用，倾听被评价者的声音，在被评价者自评的基础上，听取同伴的意见和学生的声音。由此，各利益相关者都能参与到评价之中，这对于提供更加全面的信息，作出更加合理的判断是有益的。

4. 科学使用方法

在对教师教学工作进行评价的过程中，为了收集到全面、客观的信息，应使用科学的评价工具和评价方法，尤其应注重量化评价和质性评价相结合。量化评价只能提供一个分

---

① 参见高秀玲：《小学语文教师教学评价导向性研究》，25页，济南，山东师范大学教育硕士学位毕业论文，2009。

数，而质性评价则能描述教师教学中的优点和不足，更为具体。因此，把两者结合起来使用，效果会更好。

5. 注重差异评价

不仅学生存在个体差异，教师同样存在个体差异，教师所具备的知识是一种个人化的知识，教师拥有独特的成长经历，教师的教学经验和教学风格也存在差异。因此，用统一的评价标准来评价教师的工作，显然是不合理的。在评价中，需要根据教师的个人特点，注重对教师进行差异性的评价，发现每一个教师的独特性和个体特质，从而通过评价让教师获得更好的专业成长。

第四节 课堂教学管理

课堂教学管理是学校教育管理的重要组成部分，是开展教学活动、完成教学任务、实现教学目标、提高教学质量的保证。它贯穿于整个课堂教学过程中，需要教师运用一定的课堂管理策略，掌握相应的技能和方法。因而，如何进行课堂教学管理便成为教育学家、教学一线工作者普遍关注的现实问题。

一、课堂教学管理概述

实践表明，有效的课堂教学管理不仅有助于维持良好的课堂教学秩序，约束和控制有碍学习的问题行为，而且有助于激励学生潜力的释放，引导学生从事积极的学习活动，提高学生的学习效率。

（一）课堂教学管理的含义

过去，人们一直把课堂教学管理集中在控制学生的问题行为、处理学生的消极行为上。然而事实上，这样的课堂教学管理，不但不能减少课堂上的问题行为，反而使课堂问题越来越多，越来越严重。近年来，随着课堂教学管理研究的深入及现代课堂教学管理理念的变化，许多教育家、教育管理者提出，课堂教学管理应该创设鼓励学生积极学习行为的教学环境，预防问题行为的出现。

综合目前有关课堂教学管理概念的诸多理解与思考，本书中课堂教学管理主要是指教师为了保证课堂教学的秩序和效益，协调课堂中人、事、时间与空间等各种因素及其关系，激发学生学习积极性的过程。

（二）课堂教学管理的原则

课堂教学管理不是简单的监督和控制可以达到目的的。基于发展为本、积极促进、预防为主的管理理念，课堂教学管理一般应遵循以下原则：

（1）了解学生的需要。了解学生的各方面需要，特别是心理需要，是课堂管理的重要依据。只有了解学生的各种需要，才能根据学生的需求调动学生的积极性，激发学生学习的自觉性，使其积极参与教学活动，从而保证教学任务的完成。

（2）建立积极的师生关系和同伴关系。愉快、和谐的课堂气氛，良好的师生关系和理性的教师权威，不仅有助于教师传授知识，而且有助于学生的学习。良好的学生群体，可以为教与学创造一种积极向上的群体气氛，对于促进学生的学习效率及形成良好品德都有很大的促进作用。

（3）实施有效的教学措施，促进学生学习。采取有效的教学措施把学生的行为引导到教学活动中来，课堂上的学习行为就会增多，问题行为就会减少。为此，教师必须对学生进行有效的指导，使用难度适当的教材和教学方法。同时，教师还应对学生的学习结果进行评价，以鼓励学生不断获取学业成就，增强他们学习的主动性。

（4）建立教学常规。教学常规是保证教学能够顺利进行的行为准则。规则是维持课堂秩序的准则，也是课堂教学管理的依据。因此，从学生入学开始，就应当建立教学常规，使全体学生认识到，这是学生在教学活动中必须遵守的行为准则。

（三）课堂教学管理的影响因素

良好的课堂教学管理不仅与正确的管理指导思想和恰当的管理方法密切相关，而且还要受到多种因素的影响。认识和分析这些因素，发挥其积极作用，对于课堂教学管理是具有指导意义的。归纳起来，课堂教学管理的影响因素主要有以下几个方面：

（1）背景情况：这是影响课堂教学管理的重要因素，其主要包括课堂文化和课堂设计的状况以及既有的师生关系。

（2）教学目标：这是关于课堂教学管理与教学的总方向的决定因素，集体目标与学生个体目标间达成协调与融洽。

（3）课堂规模：这是影响课堂教学管理行为有效性的直接因素。规模越大，对教师要求就越高，对学生的自我约束要求就越高，课堂规则越需正式。反之，规模越小，越便于教师有效调控。

（4）凝聚力：这是对课堂教学管理行为的效果产生重要影响的因素之一，常表现为成员集聚在一起的愿望和承诺，它是班级中和谐关系、良好班风的反映。

（5）课堂规范：这是被课堂中所有人所接受和期待的行为准则和模式，能使人的行为易于预测，避免尴尬的人际关系，便于教师控制指导学生的课堂行为。

（6）教师领导：这是指教师作为课堂领导者对课堂的全面影响，包括对课堂进程与发展的影响力，以及对学生的思想与感情发展的影响。

（四）如何进行有效的课堂教学管理

课堂是学校最基本的教学单位，它是一种有组织、有领导的师生共同进行的教与学的双边活动。为了建立有利于教与学的积极的课堂气氛，教师可以采用以下方法进行课堂教学管理：

（1）以情唤情。课堂上学生出现思想不集中、低声讲话或做小动作，在所难免，这是由学生阶段生理心理特征所决定的。这种情况产生的原因很复杂，但最主要的还是缺乏一个“情”字。以情感人，以情管人，是解决上述问题的好办法。另一方面，对学生处理，更少不了一个“情”字领先，从语意到行为都要使学生感到教师是在关爱他，使其主动配合教师的课堂管理。

（2）诱导影响。教师在教学过程中把声音的音质、音量和节奏等加以组合变换，把声音的声、色、情融为一体，运用到语气上，用含蓄的方法对学生出现的违纪行为进行诱导和影响。

（3）目光暗示。教师可在课堂上用目光传递信息，促进学生专心听讲。偶尔有学生面朝窗口，教师可运用目光注视，将自己的愿望、态度和言语迅速传递给学生。教师不论是提出问题或启发释疑，都要用期待的目光，尽可能去平视或环顾大多数。

（4）旁敲侧击。课堂上学生出现做小动作、接话茬、喧闹、放肆等违纪现象，教师理应当机立断处理。但是，教师也应慎重地考虑学生的情感和自尊心，采用旁敲侧击的方式，使对方知道他的行为已被老师注视而应立即改正。

（5）环境熏陶。环境的影响是隐形的，却是有力的。它可以避免学生产生反感情绪，容易激发学生心理潜能。教师应尽力创造一个良好的班级环境。此外，教师还应当注意课堂客观环境的创设，如教室的布置要注意颜色的选择和光线的处理。

二、良好课堂气氛的营造

（一）课堂气氛及其类型

课堂气氛主要是指课堂里某些占优势的态度与情感的综合状态。我国有学者将课堂气氛划分为积极的、消极的和对抗的三种类型。

1. 积极的课堂气氛

积极的课堂气氛是恬静与活跃、热烈与深沉、宽松与严格的有机统一。

2. 消极的课堂气氛

消极的课堂气氛常常表现为学生的紧张拘谨、心不在焉、反应迟钝等特征。

3. 对抗的课堂气氛

对抗的课堂气氛实质上是一种失控的课堂气氛。其表征是教师失去了对课堂的驾驭和控制能力，学生在课堂学习过程中各行其是，教师因此有时不得不停止讲课来维持课堂秩序。

（二）课堂气氛的影响因素

课堂气氛的影响因素有很多，其中主要的因素可以归为以下三个方面：

1. 教师的因素

教师在课堂中起着主导作用，教师的领导方式、教师对学生的期望以及教师的情绪状态是影响课堂气氛的主要因素。一般情况下，教师期望通过四种途径影响课堂气氛：

一是接受。教师通过接受学生的意见的程度，为不同学生创造不同的课堂情绪气氛。

二是反馈。教师通过输入信息的数量、目光注视、赞扬等向不同期望的学生提供不同的反馈。

三是输入。教师为不同期望的学生提供难度不同、数量不等的学习材料，对问题作出程度不同的说明、解释或暗示。

四是输出。教师是否允许学生提问和回答问题等，都会对课堂气氛产生不同的影响。

2. 学生的因素

学生是课堂活动的主体，学生的因素对课堂气氛的影响也是极其重要的。首先，学生对集体目标的认同是良好课堂气氛形成的必要前提。其次，学生自觉遵守课堂纪律，具有良好的品德和学习习惯，有利于良好课堂气氛的形成。最后，课堂中学生之间的合作与竞争关系，也会影响到课堂气氛。

3. 课堂物理环境因素

课堂物理环境因素主要是指教学时间和空间因素构成的特定的教学环境，包括教学的时间安排、班级规模、教室内的光线、座位编排等。实践证明，舒适的课堂物理环境，有利于良好课堂气氛的形成和维持。

（三）良好课堂气氛的营造

课堂教学的效果不仅取决于教师怎样教，学生怎样学，而且还取决于一定的课堂气氛。课堂气氛是在教学过程中，师生相互作用而产生和发展起来的，是由大多数学生的共同态度和情感的优势状态形成的。它是课堂学习赖以发生的心理背景。良好课堂气氛的营造应从以下几个方面着手：

（1）教师要提高课程运作的能力。教师要注重课堂中有效管理与有效教学之间紧密的联系，即教师在教学的同时，能注意到课堂内发生的所有情况，并用语言或非语言予以适当的处理的能力。

（2）教师应具备在一段时间内能注意或处理两个以上教学事件的能力。如果把握不好，有的教师往往会因为处理个别学生的问题而拖延时间过久，使大多数学生精神涣散而影响学习。

（3）创设生动活泼、多样化的教学情境。现代教学有许多现代化的教学手段，如多媒体等，可使教学内容更加直观、生动活泼，对于提高教学质量、改进教学方式、激发学生学习的兴趣都有一定的效果。

三、课堂纪律与课堂问题行为

（一）课堂纪律

1. 课堂纪律的含义

课堂纪律是指为了维持正常的教学秩序，协调学生行为，不干扰教师上课，保证课堂目标的实现制定的要求学生共同遵守的课堂行为规范。就个体而言，课堂纪律是对学生行为所施加的外部准则与控制，当它们逐渐被学生接受或内化时，就可以称之为纪律。

2. 课堂纪律的类型

根据课堂纪律形成的原因，可能把课堂纪律划分为四种类型：

（1）教师促成的纪律。

教师促成的纪律是指在教师的操纵、组织、安排、规定和维护的基础上所形成的纪律。它通过教师的指导、监督以及奖惩得以实现。

（2）集体促成的纪律。

集体促成的纪律是同伴集体形成的行为规范与准则要求。

（3）任务促成的纪律。

任务促成的纪律是指由于某一特定任务的需要而提出的纪律要求。

（4）自我促成的纪律。

自我促成的纪律实际上是学生自律的形成过程，是学生认识到学习对于自己和社会的意义的时候，会将课堂纪律内化为自我意识，使其成为约束自我的行动准则。这种内化于学生意识之中的纪律与客观的纪律可能会存在一定的不同，会引发内在纪律的产生。

3. 课堂纪律的影响因素

学生、学习过程和学习情境是课堂的三大要素，这三大要素的相对稳定的组合模式就是课堂结构，它包括课堂情境结构与课堂教学结构，课堂结构是影响课堂纪律的重要因素。

（1）课堂情境结构。

一是班级规模的控制。一般而言，班级过大容易限制师生交往和学生参加课堂活动的机会，阻碍课堂教学的个别化，有可能导致课堂出现较多的纪律问题。

二是课堂常规的建立。课堂常规是每个学生必须遵守的最基本的日常课堂行为准则，它们赋予学生的课堂行为以一定的意义，使学生明白行为所依据的价值标准，具有约束和指导学生课堂行为的功能，从而使课堂行为规范化。

三是学生座位的分配。学生座位的分配，一方面要考虑课堂行为的有效控制、预防纪律问题的发生；另一方面又要考虑促进学生间的正常交往、形成和谐的师生关系，并有助于学生形成良好的人格特征。

（2）课堂教学结构。

课堂教学结构是在一定的教育思想的指导下为完成一定的教学目标，对构成教学的诸因素在时间、空间方面所设计的比较稳定的、简化的组合方式及其活动程序。

课堂教学结构的安排要考虑以下几个方面：

一是教学时间的合理利用。课堂活动分为学业活动、非学业活动和非教学活动三种类型。一般情形下，学业活动用的时间越多，学生学习成绩就越好。

二是课程表的编制。课程表是课堂教学顺利进行的保证。在编制中应注意：尽量将核心课程安排在学生精神最充沛的上午，而将音乐等技能课安排在下午。文科与理科、形象性与抽象性学科应交叉安排，避免学生产生疲劳和厌倦的情绪。

三是教学过程的规划。实践表明，很多纪律问题是因为教学过程规划不合理引发的。所以，教师应认真对待教学目标的设立、教学内容的组织、教学方法的选择等。

4. 维持课堂纪律的策略

课堂纪律不仅有助于保证课堂教学正常进行，而且有利于培养学生良好的个性品质，促进学生的社会化。维持课堂纪律的策略主要有：

（1）建立积极有效的课堂规则。

课堂规则是课堂成员应遵循的课堂基本行为规范和要求。积极、有效的课堂规则有以下特点：第一，由教师与学生充分讨论，共同制定；第二，规则少而精，内容表达多以正面引导为主。

（2）合理组织课堂教学。

首先，教师要增加学生参与课堂的机会；其次，要保持紧凑的教学节奏，合理布置学业任务；最后，处理好教学活动之间的过渡。

（3）做好课堂监控。

教师应能及时预防或发现课堂中出现的一些纪律问题，并采取言语提示等方式提醒学生注意自己的不当行为。

（4）培养学生的自律品质。

促进学生形成和发展自律品质，是维持课堂纪律的最佳策略之一。为此，教师应做到：首先，对学生提出明确的要求，加强课堂纪律的目的性教育；其次，引导学生对学习纪律持有正确、积极的态度，产生积极的纪律情感体验，进行自我监控；最后，集体舆论和集体规范是促使学生自律品质形成和发展的有效手段，教师应对其加以有效利用。

（二）课堂问题行为

课堂问题行为是指在课堂中发生的，违反课堂规则、妨碍及干扰课堂活动的正常进行或影响教学效率的行为。事实上，无论什么课堂，问题行为都是难以避免的。课堂问题行为一旦产生，又很容易诱发许多类似或其他的问题行为。如果处理不当，不仅容易引起教师与学生之间的冲突和课堂纪律问题，影响课堂教学活动的正常进行，而且还会影响学生的身心健康，甚至影响学生人格的发展。

1. 课堂问题行为的特性

首先，课堂问题行为具有普遍性，不仅后进生有问题行为，优秀生也会有问题行为。只是他们在数量多少、发生频率和程度轻重等方面不同而已。其次，课堂问题行为的轻重程度是不同的。研究表明，课堂问题行为以轻度为主。我国对中小学课堂违纪行为的调查资料显示，轻度的占 84%，比较严重的占 14%，非常严重的仅占 2%。

2. 课堂问题行为的类型

由于人们对问题行为的认识不尽相同，因而对问题行为的分类也不尽一致。我国有学者将课堂问题行为分为行为不足、行为过度和行为不适三种类型。也有学者把课堂问题行为分为六种，即隐蔽性违纪行为、轻度矛盾冲突、不遵守作息制度、不服从教师、扰乱性行为和恶作剧。[①] 还有心理学专家认为，根据学生行为表现的主要倾向，课堂问题行为可以分为两大类：一类是外向性问题行为，一类是内向性问题行为。

3. 课堂问题行为产生的原因

学生的问题行为是其学习、生活环境、社会风气等有关因素相互作用的结果，是各种问题的综合反映，而不是由某种单一因素造成的。综合起来，学生课堂问题行为的产生主要有三方面的原因：

（1）教师的教育失策。

学生的课堂问题行为的产生与教师的教育失策直接相关，甚至有些问题行为还可能是教师直接造成的。教师的教育失策主要表现为：

一是教学的偏差。教师不认真备课或根本不备课；教学方法呆板，不善于激发学生的积极性；对学生缺乏了解，教学内容过难或过易，讲课速度过快或过慢；表达能力较差，语言和要求含糊不清；等等，这些教学上的偏差很容易导致教师在学生心目中的威信降低，引起课堂问题行为。

二是管理的失范。教师在课堂中缺乏适当的管理，是引发学生课堂问题行为的重要因素。主要表现在两方面：一方面，教师放弃管教的责任，采取不闻不问的立场，放任学生，使课堂未能形成良好的课堂气氛和教学环境，学生也因缺乏指正的机会而出现违反课堂规则的行为；另一方面，教师对学生的问题行为作出过敏反应，处处设防，动辄对学生大加训斥，甚至滥用惩罚，从而使学生产生行为失常。

---

① 参见胡淑珍编著：《教学技能》，30 页，长沙，湖南师范大学出版社，1996。

（2）学生的身心因素。

课堂中大量的问题行为同学生的身心状况直接相关，是由学生自身的因素引起的。即使是同一年龄阶段的学生，其问题行为也因其身心条件的差异而表现出不同的特征。

一是性别差异。学生的性别特征对问题行为会产生一定的影响，这在低年级中尤为明显。相对于女孩而言，男孩精力旺盛，活动量大，他们的自我控制能力相对较低，集中注意力的时间也更短，因而会更容易产生问题行为，特别是外向性问题行为。女孩易接受暗示，缺乏果断，较少自行其是的能力，而且集中注意力的时间相对较长，因而她们的问题行为，尤其是外向性问题行为，相对男孩而言要少一些。

二是生理障碍。学生生理上的障碍使学生容易产生问题行为。如学生视、听、说等方面的障碍，会削弱学生学习能力和动力，妨碍学习活动的正常进行，学生在课堂上常常出现不敏感、低沉，甚至烦躁不安等问题行为；学生发育期的紧张、疲劳等也会引起学生在课堂上精神不振、担心害怕，进而产生问题行为。此外，神经发展迟缓或神经功能障碍也会造成学生的“多动症”。

三是心理缺失。心理缺失也是构成学生问题行为的重要原因，它主要反映在焦虑、挫折和个性等方面。焦虑是一种恐惧和不安的情绪体验。学生课堂上的焦虑通常是由于过多的压力和不和谐的人际关系而导致得不到他人的尊重以及自尊心受到威胁而引起。挫折是目标或期望受阻而又无法克服时产生的一种紧张状态和情绪反应。

（3）环境的因素。

课堂问题行为的产生，除了取决于教师和学生方面的因素外，还与环境影响有关。环境影响主要包括家庭、大众媒体、课堂内部环境等方面的影响。

一是家庭因素。家庭或家长的教育方式对孩子的行为产生的一些消极影响会影响学生课堂上的行为。

二是大众媒体。在当今信息时代里，学生的知识总量中，有一半左右是通过学校以外的大众媒体获得的。大众媒体传播的信息并非都是积极的、正向的，学生受这些内容的影响，耳濡目染甚至盲目模仿和尝试其中的动作与行为，这些行为也常常延伸到课堂中。

三是课堂内部环境。课堂内部环境，诸如课堂内的温度、色彩、课堂气氛、课堂座位的编排方式等都会对学生的课堂行为产生十分明显的影响。课堂环境如温度适宜、色彩明亮、气氛融洽，学生就可能产生一种愉悦的感受和积极的情绪，从而减少问题行为。反之，则会增加问题行为产生的可能性。

4. 课堂问题行为的处置

课堂问题行为是教师经常遇到而又非常敏感的问题，处置不好，就会损害师生关系、破坏课堂气氛、影响教学效率。课堂问题行为应有计划、有步骤地进行。一般而言，课堂问题行为处置包括六个方面的环节：

觉察：觉察课堂中的问题行为是处置的第一步。因此，教师要善于观察与分析，敏锐地发现问题行为。

诊断：发现问题行为，就要立即运用有效的方法等深入了解问题行为产生的原因。了解这些原因是合理处置的基础，通过了解，判明问题行为的性质及严重程度。

目标：在诊断的基础上制定处置目标。

处置：目标和方法确定之后，就要确立为达到这一目标所要采取的有效的处置措施和方法。

检评：对问题行为处置的成效应及时加以评定。

追踪：消除了问题行为，还要进行追踪，进行新的强化，塑造和发展良好的行为，直至良好行为的表现趋于稳定。

第五节　教学工作的基本环节

教学设计为我们如何进行有效教学提供了理论指导。理论最终要为实践服务，下面就从教学实施的角度，探讨教师教学工作的基本环节。一般认为，我国中小学教师所从事的教学工作，主要包括如下基本环节：备课（教学设计）、上课、课外作业的布置与批改、课外辅导、学业成绩的检查与评定；从学生学的角度来划分，教学工作包括预习、听课、课后复习、练习和系统小结等基本环节。这里着重从教师教的角度对教学工作环节加以分析。

一、备　课

（一）备课的意义

备好课是教好课的前提。备课就是教师根据学科课程标准的要求和本门课程的特点，结合学生的具体情况，选择最合适的表达方式和顺序，以保证学生有效地学习。备课实际就是教学设计。对教师来说，备好课可以加强教学的计划性，有利于教师充分发挥主导作用。

（二）备课的要求

教师备课要做好四方面的工作，即钻研教材、熟悉学生、设计教法、准备媒体。

钻研教材。这包括钻研学科课程标准、教科书和阅读有关参考书。钻研学科课程标准是指教师要弄清楚本学科的教学理念、目标与原则，教材的体系、结构、基本内容和教学方法的基本要求。这样，可以增强教师教学的自觉性。钻研教科书就是指教师要熟练掌握教科书的全部内容，包括教科书的编写意图、组织结构、重点章节，以及各章节的重点、难点和关键点。阅读相关参考书。参考书是教科书的必要补充。教师应在钻研教科书的基础上广泛阅读有关参考书，精选出相关的一些材料来补充教学内容。

熟悉学生。教师首先要考虑学生的年龄特征，熟悉他们身心发展的特点；其次要熟悉班级的情况，如班风、学风等；最后要熟悉每一个学生，掌握他们的思想状况、知识基础、学习态度和学习习惯等。

设计教法。在钻研教材、熟悉学生的基础上，教师要考虑用什么方法使学生掌握这些知识并促进他们能力和品德等方面的发展，应根据教学目标、内容、学生的特点等来选择最佳的教学方法、教学策略等。

准备媒体。教学媒体是教学活动的载体，教学媒体有多种，概括起来可以分为传统媒体和现代媒体。每种媒体各有优缺点，各有其最佳的使用环境。选择时应根据课程特点及实际条件综合运用，选择最恰当的媒体，而不是最现代的媒体。网络环境下的课时计划见表 8—1。

表 8—1　　网络环境下的课时计划

<table>
<tr><td>班级</td><td></td><td>科目</td><td></td><td>教材内容</td><td>__章__节
第__课时</td><td>任课教师</td><td></td><td>时间</td><td></td></tr>
<tr><td rowspan="6">教学设计</td><td>学生分析（地区、年级、班级、基础）</td><td colspan="8"></td></tr>
<tr><td>教学内容分析</td><td colspan="8">重点：
难点：
关键点：</td></tr>
<tr><td>教学目标分析</td><td colspan="8"></td></tr>
<tr><td>教学策略和学习环境设计</td><td colspan="8"></td></tr>
<tr><td>教学媒体设计</td><td colspan="8"></td></tr>
<tr><td>评价设计</td><td colspan="8"></td></tr>
<tr><td rowspan="2">教学过程</td><td>时间流程</td><td colspan="2">教师活动</td><td>学生活动</td><td>媒体（环境）支持</td><td colspan="3">板书设计（基本部分和辅助部分）</td><td>备注</td></tr>
<tr><td></td><td colspan="2"></td><td></td><td></td><td colspan="3"></td><td></td></tr>
<tr><td>教学反思</td><td colspan="9"></td></tr>
</table>

教师要在完成上述四项工作的基础上制定出（或设计）三种计划，即学年（或学期）教学进度计划、单元（或课题）计划、课时计划（教案）。

学年（或学期）教学进度计划。这种计划应在学期或学年开始前制定出来。它包括学生情况的简要分析，本学期或学年的教学总要求，教科书的章节或课题，各课题的教学时数和时间的具体安排，各课题所需要运用的教学手段，提高教学质量的措施等。

单元（或课题）计划。在制定好学年教学进度计划的基础上，教师还要制定好每个单元或课题计划。课题计划一般包括课题名称、教学目标、本课题的教学进度、课时划分及课时的类型、主要教学方法、必要的教具。另外，教师还要考虑课题之间的联系，做好协调工作。

课时计划（教案）。它通常是指教师为某一节课而拟定的上课计划。与上述两种计划相比，课时计划是更直接、更具体的教学准备。它一般包括班级、学科名称、授课时间、课题、教学目标、重难点、亮点、学情分析、教学方法、教具、课时、教学进程（包括教学内容的安排、教学方法的运用和教学时间的分配）、作业、板书设计、课后反思等。课时计划有详略两种，教师可以根据本人的教学经验决定其详略。教案犹如演戏前编写的剧本，只有编写出好的“剧本”才能导演出“优秀的节目”。

二、上　课

上课是整个教学工作的中心环节，是教师教和学生学的最直接的体现。对教师来说，上好课是他的业务水平、教学能力以及对教育事业心态的集中反映。教师要努力上好每一节课。

对一节好课，不同时代有不同的要求。早在两千多年前，《学记》认为，一节好课的标准是“和易以思，可谓善喻矣”。也就是说，一节好的课堂教学，教师要努力做到：师生关系和谐，学习内容的难易程度适度，学生乐于并学会思考。今天，上好一节课，教师必须要遵循教学规律与教学原则，使其符合学生身心发展特点，把握不同教学组织形式的要求。就班级授课制来说，还需掌握课的类型和结构。

课的类型（课的种类）一般有两种分类方式。一种是根据教学任务来划分的，即将课的类型分为传授新知识课（新授课）、巩固知识课（巩固课）、培养技能技巧课（技能课）、检查知识课（检查课）。在实际的教学工作中，有时一节课只完成一个任务，有时一节课则需完成多项任务。所以，根据一节课所完成的任务的数量，又可分为单一课和综合课两种。另一种是根据使用的主要教学方法来划分的，即将课的类型分为讲授课、演示课、练习课、实验课和复习课。

上述两种分类也有联系，具体表现在两类课型有相对应之处，例如新授课多属于讲授课，巩固课多属于复习课，技能课多属于练习课或实验课等。

课的结构是指课的基本组成部分及各部分的顺序、时限和相互关系。课的结构与课的类型密切相关。课的类型不同，结构也不同。就是同一类型的课，也由于教材、学生状况和教学条件不同而有所区别。一般来说，综合课的结构大体包括组织教学、检查复习、学习新教材、巩固新教材、布置课外作业。而单一课的结构则主要依据教学任务而定，其时间分配占 30～40 分钟。

依据课的类型和结构进行教学，把握其内在要求与程序，才可能更好地完成教学任务。但又不能拘泥于这些要求，使课的结构凝固化、公式化，应该视实际课堂情况，创造性地运用。

上好一节课，还必须符合以下基本要求：

（1）师生关系和谐。为学生的发展服务是上课的首要任务与终极目的。因此，教师上课首先要处理的问题就是尊重学生、平等民主地对待每一位学生，心中有每个鲜活的学生，形成融洽的情感。以“信其师”为基础，再“传其道”。

（2）教学目标明确。教师和学生对一节课所要达到的教学目标应当明确。课堂上的一切教学活动都应该围绕教学目标来进行。

（3）教学内容正确。要保证教学内容的科学性和思想性。在进行教学时，教师既要突出教材的重点、难点和关键点，又要考虑教材的整体性和连贯性；既要注重新旧知识之间的联系，又要注意理论与实践的结合。在讲授时，教师对概念、定理等的表述要准确无误；对原理、定律的论证应确切、严密；对学生回答问题所反映出的思想和观点要仔细分析。

（4）教学结构合理。教学要有严密的计划性和组织性。何时讲新内容、何时练习、何时演示、何时让学生动手操作等，都要进行合理的安排。要做到高潮迭起，亮点不断，一气呵成。

（5）教学方法恰当。教师要善于启发，能调动学生学习的积极性，各种方法能有机结合，运用自如，使教学过程既有紧张的学习活动，又有生动活泼的学习气氛，师生密切配合，感情融洽，课堂气氛轻松和谐。

（6）教学语言精湛。教师要讲普通话，语音清晰准确，语调抑扬顿挫、缓急适度、富有节奏感，语言流畅精练，生动形象，融科学性、启发性、教育性于一体。

（7）板书有序。教师板书，在形式上要字迹清楚、规范、布局合理、美观；在内容上要突出教学重点，注意与教师和学生的活动有机结合起来。

（8）态度从容自如。教师在教学过程中要充满自信，同时要讲究教学的艺术性。教师的表情、动作要自然优美，使学生感到热情、诚恳、谦虚、谨慎，具有一种举重若轻、大气智慧、富有感情的感觉，从而成为学生学习的榜样。

衡量一节课的标准不仅要看教师教得怎么样，更应该看学生学得怎么样，最终是要看单位时间内学生的学习质量和学习效率。为此，教师上完课后应及时对教学质量进行分析，检查教学效果，开展教学反思，以便不断改进教学。

三、课外作业的布置与批改

课外作业是课内作业的延续，是教学工作的有机组成部分。课外作业对于培养学生独立思考、勤学苦练、克服困难的品质和自觉完成作业的习惯，都有重要的意义。

课外作业的形式大致有四种：（1）阅读教科书和参考书，如复习、预习教科书等。（2）各种口头作业和口头答问，如朗读、阅读、复述、背诵等。（3）各种书面作业，如书面练习、演算习题、作文、绘图等。（4）各种实际作业，如观察、实验、测量、社会调查等。

布置课外作业的要求：（1）作业内容符合学科课程标准和教科书的要求。（2）作业分量适中，难易适度，形式多样。（3）向学生提出明确要求，规定完成时间。（4）及时批改作业并反馈。批改作业的方式可以多种多样：全面批改、重点批改、当面批改、师生共同讨论批改、指导学生互相批改等。应从实际出发，选择不同的批改方式。

四、课外辅导

课外辅导是上课的必要补充，是适合学生个别差异、贯彻因材施教原则的重要措施。课外辅导有集体辅导和个别辅导两种形式，其内容一般包括：（1）给学生解答疑难问题，指导学生做好作业。（2）为基础薄弱和因事、因病缺课的学生补课。（3）对成绩特别优异的学生进行个别辅导。（4）给学生学习方法上的指导。（5）对学生进行学习目的和学习态度的教育。

课外辅导的要求：(1) 从辅导对象实际出发，确定辅导内容和措施。(2) 辅导只是对课堂教学的补充，不能将主要精力放在辅导上。

五、学业成绩的检查与评定

学业成绩的检查与评定是教学工作的一个重要环节，是诊断学生的学习状况和教师教学效果、调控教学进程的手段，对教学工作的顺利进行和教学质量的提高具有十分重要的意义。

学业成绩常用的检查方式有两大类：平时考查和考试。

(1) 平时考查。它包括口头提问、检查书面作业和单元测验等。一是口头提问。它是学生根据教师所出的题目进行面对面的口头回答。它的优点是学生可以补充叙述所掌握的知识；教师可以直接看到学生的反应，并可以根据学生的情况提出补充性的问题，因而能深入地、确切地了解学生的学习质量，便于掌握每个学生的具体情况。口头提问可以在课前、课中、课后进行。二是检查书面作业。它包括检查平时的课堂、家庭作业等，它可以在课堂进行，也可以在课外进行。检查的目的在于了解学生的学习情况，培养学生及时完成作业的习惯。三是单元测验。一般在学完一章或一个课题之后进行，它能在较短的时间内使教师了解学生掌握知识的情况，为改进教学服务。此外，教师的日常观察也是考查学生平时学习活动的一个重要方法。

(2) 考试。考试是对学生知识、技能等进行总结性检查时所采用的一种方式。它通常在学习告一段落后，为了系统地检查和衡量所学知识、技能等方面的情况，在期中、期末和毕业时进行。考试从时间上可分为期中考试、期末考试和毕业考试。

考试的方式有口试、笔试（开卷、闭卷）和实践考核三种。口试是教师根据学科课程标准的要求，拟订一批题目，学生抽签，进行短暂的准备之后进行回答。笔试是教师给全体学生出同样的题目，要求学生在规定的时间内做出书面回答。各科教学都可以运用这两种考试。实践考核主要应用于物理、化学、生物等学科，以检查学生知识、技能、技巧情况。实践考核通常在实验室、实习作业的现场进行。

学业成绩评定的方法主要有百分制记分法与等级制记分法。

(1) 百分制记分法。它是以百分为满分，从 0 分到 100 分，60 分为及格。这种记分方法的优点是能标志出学习上的进步序列，能有效地鼓励学生为争取高分而努力。它的缺点是序列过细，相近分数常难以反映出学生知识水平的真正差别。目前，我国大多数中小学采用这种记分方法。

(2) 等级制记分法。它又可以分为两类：一类是文字等级记分法，如优、良、中、差；甲、乙、丙、丁，及格、不及格等；另一类是数字等级记分法，如五、四、三、二、一，其中五分为最高分，三分为及格，二分为不及格。这种记分方法的优点是记录方便，等级分明。缺点是无法记录学生成绩上的细微差别。

此外，评语也是评定学生学业成绩的一种重要方法。一般情况下，上述两种记分方法要和评语有效地结合起来。

学业成绩评定的基本要求是：客观公正；必须严格遵循评定标准，每一科的课程标准所规定的知识范围、水平和相应的技能、能力，是评定学业成绩的标准；向学生指出学习上的优缺点和努力方向，这是评定学生学业成绩的主要目的。此外，要鼓励学生创新，在评定中，不仅要看答案，而且还要重视知识的创造性。

复习思考题

1. 中小学常用的教学方法有哪些？讲授法等于注入式吗？为什么？
2. 为什么说“教学有法，但无定法”？
3. 教学设计的基本程序是什么？如何进行教学设计？
4. 学生学业成就评价的基本类型有哪些？
5. 教师教学工作的基本环节有哪些？各内容之间有什么关系？试举例说明。
6. 教师备课应做好哪些工作？为什么要进行教学设计？
7. 一节好课的标准是什么？分析一节课的结构并进行评价。
8. 简述我国当前教学改革的主要教学观与趋势。
9. 课堂问题行为的处置环节包括哪几步？

推荐阅读书目与访问网站

1. 施良方，崔允漷主编. 教学理论：课堂教学的原理、策略与研究. 上海：华东师范大学出版社，1999
2. 李森. 现代教学论纲要. 北京：人民教育出版社，2005
3. 巨瑛梅，刘旭东编著. 当代国外教学理论. 北京：教育科学出版社，2004
4. 何克抗，郑永柏，谢幼如编著. 教学系统设计. 北京：北京师范大学出版社，2002.
5. 教育部福建师范大学基础教育课程研究中心 http://ktjx. cersp. com/
6. 华东师范大学课程与教学研究所 http://www. kcs. ecnu. edu. cn/

教学案例

童心可以欺骗吗？

今年春天，我听了一节作文指导课——“金鱼”。

这节课由学生猜谜语导入，然后老师出示三条可爱的小金鱼，让学生观察，介绍它们的样子，介绍得好的学生可以将自己的手伸到鱼缸里和金鱼“亲密接触”。在老师将鱼缸转交给学生时，“砰”的一声，鱼缸摔在地上，玻璃片四溅，水花溅湿了孩子们的衣衫，美丽可爱的小金鱼在尖利的玻璃片上挣扎。惊慌失措的孩子们纷纷忙碌起来。为拯救奄奄一息的小金鱼，几个小男孩飞奔出门，去老师家借脸盆，找水管接水，教室里的学生更是忙成一团。

几分钟后，老师饱含深情地说：“美丽可爱的小金鱼在经历了一场生死磨难后会怎么样呢？”随手将装有这三条小金鱼的脸盆放在展台上。此时的鱼儿全没了刚才的机灵与生气，一条已经死去，雪白的肚皮翻在水面上；另外两条侧着身子停留在水面上，眼睛里满是哀怨与无助。不少同学看后眼睛里都含着泪水。此时，大屏幕上赫然显示出教师事先准备好的作文提示：请你结合刚才的经历将自己感受最深的地方写下来，以《经历生死磨难的小金鱼》或《鱼缸摔碎以后》为题写一篇文章，如果你有更适合的名字也可以自拟题目。

15分钟后，展示学生作文。每一个有幸展示自己作文的同学，无不怀着同情、伤感的情绪记录了自己当时揪心的牵挂，特别是刚才那几个"将鱼缸打碎"的孩子，满怀内疚、伤心，蘸着泪水写完作文，又泣不成声地将作文读完。这场闹剧的导演者却装得很宽宏大量的样子一遍遍地劝慰同学们：别伤心，小金鱼会原谅你们的。（不知道是谁需要小金鱼的原谅?）

写到此，我的心又经历了一次虫噬般的折磨。一个语文老师仅仅为了让学生在写作文时有话可讲，就不顾学生的感受，不顾小生灵的死活，这样的老师是否有资格面对他眼前的这群天真无邪、饱含真情的孩子们？一个教师，他的教育技巧可以是笨拙的，他的教学语言可能是不规范的，但是作为学生心灵的塑造者，他的品德必须是高尚的，他首先应该是一个热爱生命的人。

而作为一个语文老师，给予学生的应该是真、善、美的熏陶，而不是一种无视学生尊严、漠视学生信任的欺骗。为了达到让学生"有内容可写，有真情可抒"的目的，为了让学生"在经历和感受后能写出好的文章"，而在课堂上如此戏弄和利用学生的真情，还大言不惭地认为自己"这节作文课的成功之处就是为孩子们创设了情境"，这绝不是一个合格教师该做的。经历过程、实现学生健康的成长，这些原本应该高扬的理念，在他的眼里只不过是空中楼阁。那些原本应该淡化的结果，却成了他工作的全部追求。由此我们可以毫不客气地说：他对新课程的理解是不全面的，他低估了语文学科作为一门人文学科在培养学生良好的情感、态度和价值观上的重要作用。

如果一个教师可以用自己的无理性的行为肆意去利用和欺骗学生的话，那么长期在欺骗中长大的孩子，将来又会怎么样地戏弄人生呢？为人师者，影响的往往是学生未来的生活，并借助影响学生影响到一个社会的风尚。

…………

奄奄一息的小金鱼死一般的沉静，学生盈盈的泪光水一般的明净，我的心在战栗！学生心灵的伤痕和教师的教学所追求的结果究竟谁轻谁重呢？童心，真的可以欺骗吗？

资料来源：张君香：《童心可以欺骗吗?》，载《人民教育》，2004（21）。

思考与讨论：

1. 你认为这个教师的教学设计是否合理？为什么？
2. 请你根据新课程的教学理念及本节教学目标重新设计一个教学过程。

第九章 学校德育

内容提要

德育是我国全面发展教育的重要组成部分，旨在使受教育者形成一定的政治态度、思想观点、道德情操、心理品质和行为习惯，以及与之相应的价值判断和自我教育能力，使之适应社会发展的要求和满足自身发展的需要。本章重点论述有关德育的概念与意义、德育功能、德育目标、德育过程、德育原则及德育方法等内容，旨在帮助学生掌握开展学校德育活动的有效方法，提高德育效果。

第一节 德育概述

一、德育的概念与意义

（一）德育的概念

我国古代对“德”和“育”是分别加以解释，这体现在《说文解字》等书中。当时“德”的基本含义是指人的合乎道的思想行为，即符合事物发展规律、社会规范的内在思想、感情和外在行为；“育”的基本含义是指培养人的品德，即培养人的善的内在思想、感情和外在行为。至于“德”和“育”二字连用最早是什么时候，尚需考察。

在外国教育史上，比较长的时间内是将德育等同于教育的概念。如德国的赫尔巴特说：“教育的唯一工作和全部工作可以总结在这一概念之中——道德。”[①] 这里很明显是把

① 转引自张焕庭主编：《西方资产阶级教育论著选》，249～250页，北京，人民教育出版社，1964。

教育与德育等同起来，反映了赫尔巴特十分重视德育的思想。西方社会于18世纪后半叶已形成德育这一概念，使之风靡全球的是英国学者斯宾塞，他在1860年出版的《教育论》中，把教育明确划分为智育、德育和体育，从此德育成为教育世界中的一个基本概念和常用术语。20世纪初德育传入我国，1904年，王国维以“德育”、“智育”、“美育”三词，向国人介绍叔本华的教育思想；1906年，又将“德育”、“智育”、“美育”合称为“心育”，与体育相提并论，论述教育的宗旨。1912年蔡元培撰文阐述新教育思想，主张“军国民教育”、“实利主义教育”、“公民道德教育”、“世界观教育”、“美感教育”五育并举，并于当年由国民政府确定了“注重道德教育，以实利教育、军国民教育辅之，更以美感教育完成其道德”的新教育宗旨，标志着德育一词已成为我国教育界通用的术语。

德育是教育者根据一定社会或阶级的要求和受教育者品德形成发展的规律，有目的、有计划、有系统地对受教育者施加思想、政治和道德影响，并通过受教育者积极的认识、体验、身体力行，把一定社会的思想道德规范转化为受教育者个体的思想品德的活动。

正确理解德育的概念，无论对德育的理论建设还是对德育的实践活动，都具有至关重要的意义。上述德育的定义，包含着这样几层意思：

（1）德育是全面发展教育的有机构成部分。德育和智育、体育、美育等学校教育的其他构成部分一样，具有学校教育最一般的特征，即目的性、计划性、系统性和长周期性，是以学生为主体、教师为主导、活动为中介的定向影响和培养过程。

（2）与其他各育相比，德育更集中地反映了各种各样的社会关系。教育者要根据思想品德形成发展的规律，把一定社会的思想意识、政治准则、道德规范转化为个体的思想品德。我们可以把德育看作是在思想品德方面促进人的社会化的过程。德育受一定社会的政治经济制度制约。不同社会的德育，不同阶级的德育，有着本质的不同，甚至不同历史文化背景固有的德育也有很大的不同。

（3）人的自我意识是人与人之间形成道德关系和其他所有社会关系的内在心理基础。有自我，才有他人；有主体，才有环境；有自我的教育，才能有影响他人的社会性行为。所以，学校德育不能满足于意识形态的灌输和行为规范的机械训练，而必须着眼于唤醒和发展学生的自我意识，致力于正确的价值导向，培养学生自省、自律、自强的自我教育能力。

（二）德育在学校教育中的地位及意义

1. 德育体现学校教育的性质

学校教育作为一种社会实践形式，其根本目的在于通过培养一定社会、一定阶级所需要的人来为社会服务。智育、体育、美育、劳动技术教育所要解决的主要是“能不能”为社会服务的问题，因而构不成不同社会间学校教育的本质区别。德育是把统治阶级的政治、思想和道德意识传授给年青一代，使其具有一定社会和阶级所要求的思想品德。它所要解决的是“为谁服务”和“如何服务”的问题，因而，它体现了学校教育的性质。正因如此，人们在谈论教育时，总是把德育摆在首要的位置上。

我国古代教育是以伦理为中心的，孔子就主张“为政以德”。关于学生的学习，孔子也要求把道德修养放在首位。他说：“弟子入则孝，出则悌，谨而信，泛爱众，而亲仁。行有余力，则以学文。”（《论语·学而》）伦理与政治的一体化，鲜明地表现在“格物、致知、诚意、正心、修身、齐家、治国、平天下”的公式中。

资本主义兴起后，由于生产发展的需要，各国普遍重视自然学科的教学，重视知识的传授和技能的训练，但德育在学校教育中依然居于首要的地位。17 世纪代表新兴资产阶级利益的英国教育家洛克说：“我认为一个人或者一个绅士的各种品性中，德育是第一位的，是最不可缺少的。”① 19 世纪德国教育家赫尔巴特说：“教育的全部问题可以用一个概念——道德来包括。”② 他认为，教育的最高目的就在于培养拥护普鲁士君主制度的具有“完美德性”的人。20 世纪美国教育家杜威则认为应“使道德的目的普遍存在于一切教学中并处于主导地位”③。杜威指出：道德是解决社会问题、增进人们幸福的决定性因素，道德教育的目的是促进年青一代的社会化，并使之适应美国的政治制度。

人类社会发展到今天，科学技术飞速发展，社会生活日趋现代化，许多国家进一步认识到，不仅要重视智力投资，更要加强道德教育，这是社会稳定、经济繁荣、文化昌盛的首要条件。因此，加强德育成为世界各国进行教育改革的共同趋势。20 世纪 80 年代，美国前总统里根认为，美国之所以存在教育问题，是由于没有把足够的人力、物力、财力花在德育上，主张增加“德育投资”。英国政府认为，只有不吝啬在品德教育上花钱，才能够使智力更有效地发挥作用。1983 年 12 月，日本前首相中曾根康弘向舆论界发表的“教育改革七条设想”中，有三条直接和道德教育有关，强调“要充实情操与道德教育，把青少年培养成为身心健康的一代”。由此可见，德育最集中地体现了不同国家、不同社会的教育性质。因此，各个国家都会把德育摆在学校教育的首位。德育具有稳定社会、发展生产、巩固政权的功能。

我国的社会主义教育事业，一贯重视思想品德教育。原国家教委于 1988 年颁发的《中学德育大纲（试行）》指出：“中学德育工作，是关系到能否把中学生培养成为有理想、有道德、有文化、有纪律的新一代，关系到社会主义事业的成败，国家和民族的前途和命运的一项战略任务。”因此，能否摆正德育在学校教育中的位置，实质上是能否坚持学校的社会主义性质和方向的重大原则问题。

2. 德育制约学生发展的方向

道德教育的功能，最根本的一点就是形成和发展个体品德。这是一种个体品德不断提升、人生境界不断升华的过程，它能使个体产生愉快或幸福的体验，甚至达至“杀身成仁”、“舍生取义”、“砍头不要紧，只要主义真”的豪迈之境。道德的纯规范约束功能的转换，是社会发展的必然结果，也是由人的本质决定的。也就是说，人作为一种社会存在物，它是生物性与精神性的统一体。精神企求乃是人的本质。由此，德育的本质功能也就是对人的生活意义的求索和生存质量的提升。④ 毛泽东 1944 年在致秦邦宪的信中指出：“被束缚的个性如不得解放，就没有民主主义，也就没有社会主义。”⑤ 我们必须高度重视德育在促进个性充分自由发展方面的价值。

---

① ［英］约翰·洛克：《教育漫话》，121 页，石家庄，河北人民出版社，1998。

② 转引自张焕庭主编：《西方资产阶级教育论著选》，259～260 页，北京，人民教育出版社，1964。

③ ［美］杜威：《道德教育原理》，8 页，杭州，浙江教育出版社，2003。

④ 参见檀传宝：《信仰教育与道德教育》，1 页，北京，教育科学出版社，1999。

⑤ 《毛泽东文集》，第 3 卷，208 页，北京，人民出版社，1996。

德育对个体发展的作用，主要表现在完美个性的塑造上。所谓个性，在心理学上又叫人格，它指的是个人的一些意识倾向和各种稳定的、本质的心理特征的总和。作为学校教育重要组成部分的德育，正是通过形成一定的思想品德来制约学生发展的方向的。正如苏霍姆林斯基所说："培养全面发展的、和谐的人的过程就在于：教育者在关心人的每一方面、每一种特征的完善的同时、任何时候也不要忽略这样一种情况，即人的各个方面和特征的和谐，都是由某种主导的、首要的东西所决定的。……在这个和谐里起决定作用的、主导的成分是道德。"①"只有在共产主义道德贯穿于人的个性的各个方面，在每个人的面前打开了通往公民的、思想的、创造的、劳动的、审美的和智力的财富这样的条件下，全面发展的思想才可能得到充分实现。"② 可见，德育在人的个性形成乃至全面发展中的重要地位和作用。

3. 中学阶段学校德育的特殊地位

小学阶段的德育实际上主要还是一个打基础的阶段。到了中学，无论是初中生还是高中生，他们中的大部分都在毕业后直接进入社会，参加各种各样的社会生产劳动。因此，中学阶段的德育一方面要巩固学生在小学阶段已经获得的道德观念和道德行为习惯，加深他们对道德概念、行为规范的认识和理解；另一方面还要加强对学生的职业指导，进行职业道德教育，培养他们的社会责任感和义务感，帮助他们把今天的学习和明天参加的社会生活、社会劳动紧密联系起来，为顺利地承担社会角色作好准备。从这个意义上说，我们可以把初中德育看成是学校德育系统中决定性的一个环节。从学生心理发展看，初中阶段正处于少年期（青春萌动期），这是一个身心发展的各个方面正处于新旧交替、充满矛盾、动荡分化的年龄阶段。大量研究表明，13～15 岁是出现各种罪错的高峰期。可见，少年期品德结构的内在矛盾是必然存在的，可塑性也是比较大的。早期形成的道德观念，具有特殊的重要意义。

二、德育目标

人类活动的最大特点是它的目的性和意识性，这也正是人和动物的分水岭。作为人类自身的再生产的教育和德育活动当然也有自己的目的。德育目标所要解决的是德育所要培养的人应当具备什么样的品质的问题。

（一）德育目标的含义

德育目标是德育活动预先设定的结果，是德育活动所要生成或培养的品德规格。也就是说，在进行德育之前，人们对于要把受教育者培养成具有何种品德的人，在观念中就已经有了某种预期的结果或理想的形象。德育目的是以德育工作的最终结果体现于受教育者身上的品德来衡量的。德育目标制约与影响德育的全过程，决定着德育的内容、方法、途径等的选择与确定。

和其他教育目标一样，德育目标具有方向性、预见性、超前性等特点，在德育活动中发挥导向、选择、协调、激励、评价的功能。所不同的是，与智育、体育等其他教育

---

① ［苏］苏霍姆林斯基：《苏霍姆林斯基选集》，第 1 卷，93 页，北京，教育科学出版社，2001。

② ［苏］苏霍姆林斯基：《关于全面发展的教育问题》，314 页，长沙，湖南教育出版社，1984。

活动的目标相比，它具有鲜明的社会性。其表现在：它具有历史性，也就是德育目标是人类历史发展的产物，并随着社会历史的发展变化而变化。它具有民族性、国家性。任何一个国家、民族，由于长期生活在同一社会环境中，必然形成大致相同的文化、习俗、传统，这些都不同程度地反映在德育目标上。它具有阶级性。在阶级社会中，任何一个占统治地位的阶级，制定德育目标总是从维护其自身利益出发。政治家、思想家、教育家提出的德育目标也难免打上阶级的烙印。它具有人类共同要求和反映一定时代的特性。

（二）德育目标的层次化和序列化

德育目标的层次，是指同一目标在不同层级学校、不同班级的德育过程中具有高低不同的要求，形成符合学校、班级实际的教育标准。德育目标的序列，是指把同一目标中的不同层次按其高低不同的要求、顺次形成一个承前启后的体系。德育目标的层次和序列二者密不可分，层次是形成序列的要素，序列是层次的系统化。

就我国当前的德育目标实际而言，其层次和序列大致如下：

从层次的角度看，德育的总目标是第一层次；思想教育目标、政治教育目标、法纪教育目标、道德教育目标、心理品质教育目标等是第二层次；思想教育目标中的人生观教育目标等、政治教育目标中的爱国主义教育目标等、法纪教育目标中纪律教育目标等、道德教育目标中的社会公德教育目标等属于第三层次。第三层次的德育目标，具有可操作性的特点。此外，各种可操作性的具体目标在各级学校中的具体要求即德育课程标准，是德育目标的第四层次。其层次还可以细分下去。一般认为，各级各类学校德育活动往往是在第三层次、第四层次的德育目标的指导和要求下进行的。

从序列的角度看，以《中学德育大纲（试行）》中的爱国主义教育目标为例，初中阶段的要求是“建设祖国、热爱家乡，关心家乡建设……”；高中阶段的要求是“……具有与祖国休戚与共的感情。有振兴中华、建设家乡的事业心和责任感，能够把个人前途与社会主义建设的需要结合起来”。这就大体上反映出两个教育阶段德育目标的层次性、连续性、一贯性，表现出序列的特点。

（三）确定德育目标的依据

从表面上看，德育目标是国家、政府或政治家、教育家提出来的，是一种属于意识范畴的主观性的东西。但是德育目标的提出是从客观实际出发，是根据社会对青少年一代的品德要求和受教育者自身全面发展的需要提出来的，其内容是客观的，它是对客观现实的反映。

1. 主观依据

教育目的的确定受到不同世界观或形而上的理念、思想家们或制定教育目的者的人性假设的影响，还受到教育主体有关理想人格之观念及一定教育思想，特别是教育的哲学观点的影响。

2. 客观依据

教育目的的确定有两个客观依据，一是要根据一定社会（包括生产力和科技发展水平，政治、经济制度，历史发展进程以及文化传统）对其公民在政治、思想、道德等方面的基本要求与受教育者品德健全发展的需要来确定；二是要依据教育对象自身发展的需要和心理发展水平来确定。

（四）新课程下的初中德育目标

《全日制义务教育思想品德课程标准（实验稿）》规定思想品德的目标分为总目标和分类目标。总目标为：本课程以加强初中学生思想品德教育为主要任务，帮助学生提高道德素质，形成健康的心理品质，树立法律意识，增强社会责任感和社会实践能力，引导学生在遵守基本行为准则的基础上，追求更高的思想道德目标，弘扬民族精神。树立中国特色社会主义共同理想，逐步形成正确的世界观、人生观和价值观，为使学生成为有理想、有道德、有文化、有纪律的好公民奠定基础。分类目标包括情感、态度、价值观，能力及知识三部分。

三、德育内容

（一）德育内容的含义

德育内容是德育活动所要传授的具体道德价值与道德规范及其体系，是经过选择和处理的符合社会需要的、用以形成人的品德的社会思想政治准则、宗教戒律以及个体道德品质的总和及其体系，是进行德育的依据。

（二）确定德育内容的依据

确定德育内容的依据有以下四点：

（1）一定社会的生活条件。

（2）教育目的、德育目标及受教育者的年龄特征。

（3）当前形势和学生的思想品德实际。

（4）还可能有一些偶发因素制约着道德教育内容的安排。

（三）我国中小学的德育内容

一个具体、完整的德育内容，从根源上看，可以取材于历史文化、民族传统、伟人业绩、英雄事迹、建设成就、光辉前景以及当地的风土人情、名胜古迹等；从表现形式上看，可以是文字的、图像的、影视的、自然景色的等；从性质上看，可以是爱国主义教育目标的、纪律教育目标的、社会公德教育目标的等。选择德育内容必须依据德育目标，考虑受教育者思想品德的实际水平和发展的可能性，注意教育的条件、时机、情境、氛围等。根据我国的教育目的和原国家教育委员会颁布的《小学德育纲要（试行）》和《中学德育大纲（试行）》的规定，我国中小学德育内容从性质上看大致包括以下几个方面：

1. 爱国主义教育

爱国主义是中华民族优良的历史传统，是千百年来巩固起来的人民对祖国的一种深厚的感情，也是当前全国各族人民和海外侨胞凝聚的重要的精神力量。詹万生曾将爱国主义教育内容划分为对三种实体的热爱，分别是自然实体维度、人文实体维度、政治与经济实体维度。①

2. 集体主义教育

集体主义教育是社会主义社会成员之间，以及个人与集体、个人与国家关系的一个基

---

① 参见詹万生：《爱国主义教育应注意层次性》，载《中国高等教育》，1995（2）。

本特征，是社会主义道德教育对世界德育的一大贡献。集体主义教育就是用集体主义观点对学生进行关心集体、助人为乐的感情和善于在集体中生活的教育，是学校道德教育内容的核心。集体主义教育意味着这样两个基本要求：第一，集体主义意味着对适当的个人权益的承认；第二，集体主义意味着在上述基础上个人利益对集体利益的服从。

3. 马克思主义常识和社会主义教育

马克思主义常识和社会主义教育是要培养学生正确认识事物的思维方法的教育，主要内容包括初步的辩证唯物主义和历史唯物主义教育、政治经济常识教育、正确的人生观和科学的世界观教育。

4. 理想教育

理想就是人生的奋斗目标，是人们对未来的向往和追求。理想问题是人生价值的一个重要侧面。理想教育主要包括共同理想教育、个人理想教育，并引导学生将对理想的追求落实到行动中。在学校德育中，理想教育的主要内涵是生活理想、事业（职业）理想、社会理想三方面的教育。

5. 道德教育

道德教育是德育的基础，主要内容包括个人私德教育、社会公德教育和职业道德教育。道德教育旨在对学生进行基本伦理道德教育和基础文明行为训练，使他们养成良好的行为习惯，主要可以从以下几方面进行：第一，进行中华民族优良道德传统教育，继承和发扬本民族道德的精华。第二，进行基本文明习惯和行为规范的教育。第三，进行基本道德品质的教育。基本道德是个体生活的基础性道德要求，往往是历史上传承下来的为人类社会广泛接受的道德规范。

6. 劳动和社会实践教育

劳动教育是让青少年树立正确的劳动观点和劳动态度、热爱劳动人民、养成劳动习惯的教育。主要内容包括热爱劳动和劳动人民的教育、社会主义劳动态度和珍惜劳动成果的教育以及艰苦奋斗、勤俭建国的教育。

7. 社会主义民主观念和遵纪守法的教育

社会主义民主观念和遵纪守法的教育是指用社会主义民主、法制和纪律的基础知识来教育学生，使他们受到民主的训练和遵纪守法的教育，懂得和履行社会主义公民的权利和义务，增强法制观念，养成自觉遵纪守法的行为习惯。主要内容包括民主思想和参与意识的教育、法律知识及法制观念的教育、法律教育。

8. 良好的个性心理品质教育

良好的个性心理品质是现代人的重要素质。主要内容包括自我意识品质的培养、人际交往品质的培养、耐挫能力的培养。

第二节　德育过程

德育过程是德育活动的客观程序与工作流程。德育过程理论是对德育活动程序及其规律性的认识，也是一个关于德育全局的领域。要加强德育的针对性、实效性，探求德育过程的规律性，并在此基础上总结出行之有效的德育原则是非常必要的。

一、德育过程的含义

德育过程是以形成受教育者一定的思想品德为目标，教育者与受教育者共同参与的教育活动过程。教育者根据社会对年青一代的德育要求以及学生思想品德形成的规律，对受教育者施加教育影响，通过受教育者能动的认识、体验、践行从而形成受教育者的思想品德，发展其品德心理，培养其品德能力的教育过程。

德育过程与思想品德形成过程的区别与联系。思想品德形成过程是学生个体品德自我发展的过程；德育过程则是教育者对受教育者的教育过程，是双边活动过程。二者的区别有以下两点：第一，活动的范畴不同，德育是教育的组成部分，它的实施属于教育活动的范畴；思想品德是人的精神素质的组成部分，它的形成属于人的素质发展的范畴。第二，活动的形式不同。德育过程只是受教育者思想品德发展的外部条件，思想品德形成则是在外部影响下，受教育者内部自身运动的过程。二者的联系在于：德育过程与思想品德形成过程是教育与发展的关系。德育过程的最终目标是使受教育者形成一定的思想品德，但在受教育者思想品德形成过程中，德育过程并不是唯一的影响因素，除此以外还有环境等的影响，但德育过程能最大可能地按预定的目的、计划形成受教育者的思想品德并尽可能地协调家庭、社会的影响，进而促进受教育者品德的发展。

二、德育过程的规律

所谓规律，是不以人的意志为转移的客观事物内在的本质性的联系及其发展变化的必然趋势。德育过程的规律可以从以下两个方面加以揭示：

（一）德育过程的内部结构及其矛盾

1. 德育过程的内部结构

德育过程的内部结构是指构成德育过程的各个要素及各要素之间相互联系、相互作用的方式，由教育者及其活动、受教育者及其活动、德育内容和方法三方面构成。

德育过程并非教育者、受教育者、德育内容和方法的机械相加，还必须通过教育者和受教育者各自的活动，即教育者借助德育内容方法这个中介手段，作用于受教育者，受教育者积极主动地接受教育影响作用，参与到活动中去，这样各要素间发生一定的关系和相互作用，才构成德育过程。

2. 德育过程的内部矛盾

教育者与受教育者的矛盾，教育者与德育内容、方法的矛盾，受教育者与德育内容、方法的矛盾，受教育者道德认知、道德理想与道德实践之间的矛盾，构成了德育过程的内部矛盾，它们之间是对立统一的关系，其中教育者与受教育者之间的矛盾是其基本方面。他们之间的矛盾主要表现为教育者所提出的德育目标、要求与受教育者思想品德发展现状之间的矛盾，这一基本矛盾的解决则是通过另外两个方面体现和解决的：一方面是教育者与德育内容、方法之间的矛盾；另一方面是受教育者与德育内容和德育方法之间的矛盾。这两个方面又恰是一个问题的两个方面，如果第一个矛盾解决了，那么第二个矛盾也就迎刃而解了。问题的关键就在于我们如何做到依据学生的需要和实际可能去安排道德教育。

德育过程的运行就是要通过教育者的引导，使教育者所提出的德育目标转化为受教育者积极的心理需求，并进一步实现品德的发展。要实现这一转化至少要依赖两个条件：一是教育者所提德育目标要求必须为受教育者所反映；二是所提目标要求必须适合于受教育者思想品德发展现状。只有这样才有可能形成个体对实现德育目标的新的精神需要和自身思想品德现状之间的矛盾，即德育目标在本质上不能与受教育者原有的思想道德基础相去太远，同时所提要求又要略高于受教育者原有发展水平。这样才能促成受教育者思想水平的提高。

教育者与受教育者在德育过程中有多重关系，不宜简单化，教育者与受教育者都是具有能动性的人，对他们共同作用于德育内容这个客体来说，二者都是德育过程的主体；从施教和受教关系来说，教育者是施教的主体，受教育者是施教者的对象，是客体；从教育者和受教育者相互作用来看，二者互为主客体。

学生的道德认知、道德理想和道德实践之间的矛盾，是道德教育过程中一个关键性的矛盾。要解决这些矛盾，第一，要加强道德教育中的情感培育，使道德认知成为为情感所真正接纳的道德信念；第二，注意在道德教育中对学生进行意志的培育和实践技能的培养。这就要求道德教育不能仅仅理解为某种教学，而应当理解为道德交往与实践。让学生在交往、实践中不断体认道德价值的情感方面、意志方面，并在道德实践中使自己的道德实践策略水平得以提升，实现从道德认知到道德情感、道德信念、道德意志和道德行动的转化。

3. 德育过程运行的一般程序

(1) 受教育者的心理准备，这是受教育者接受教育影响的前提。教育者与受教育者的关系，特别是教育者对受教育者的态度，影响着受教育者的心理准备。在德育过程中建立良好的教育关系，使受教育者保持积极的、良好的心理状态，产生接受教育、提高自己道德的精神需要或进取心，对教育者具有信任、尊重的态度，这样的德育目标则有可能顺利地为受教育者所接受，变为受教育者接受教育的自觉要求。

(2) 提高道德认识，发展道德思维。从思想品德教育过程总体来看，提高道德认识，培养和发展道德思维能力是很重要的环节。

(3) 受教育者实现从知到行的转化，培养品德践行能力。

(4) 品德评价，主要是指德育过程中的形成性评价。人的思想品德是在活动和交往中形成的，又是在活动和交往中表现出来的，而教育性活动和交往是有目的地形成思想品德过程的基础，因此品德评价也应在教育性活动和交往中进行。要注意的是品德评价是不宜过度量化的。

(二) 德育过程的外部矛盾

1. 学校德育与外部环境的矛盾

环境是指生物体生存空间内各种条件的总和，包括自然环境、社会环境、精神环境。社会环境、精神环境对人的道德成长作用最大，而精神环境又往往与社会环境相重叠。影响学校德育的社会环境指社会经济、政治、文化和社会心理环境（宏观），还有大众传媒（中介）、社区（中观）、学校及家庭（微观）等。

(1) 从宏观环境来看，社会政治、经济、文化和社会心理制约着学校德育过程，它具有普遍性与开放性、文化性与隐蔽性、互动性和创造性等特点。

（2）从中观环境来看，社区一方面传递德育宏观环境的各种影响；另一方面又具有自身的社会文化特征而具有环境影响的独立个性，从而成为学校德育的直接影响源。当然，社区环境从一定意义上讲是学校德育的产物，社区环境始终是在它与学校德育的互动中动态发展的。

（3）家庭环境作为微观环境直接影响着学校德育。从家庭结构来看，目前研究主要集中在独生子女和离异、单亲家庭对儿童社会化的影响上。对独生子女社会化的研究目前尚无一致性的结论。

家长的职业类别和文化程度有一定的相关性。文化程度较高的家长往往从事劳动复杂程度较高的职业，所能提供的物质条件较好，学业及品德指导程度较高。他们对子女的期望值、文化素质及行为规范的影响也较高。

主观环境指家庭气氛和家长的期望水平等。虽然父母与子女间人际接触的频率高、聚合性强，但这并不能说明凝聚力强。如果家庭环境中人际关系不融洽，这种高频率、强聚合的人际交往反而会起负面的德育效果。家长的期望也是家庭气氛的构成要素之一。家长期望值的高低及期望构成均对学校德育产生影响。

2. 德育过程的结构与矛盾

德育过程的结构是德育过程各要素或各组成部分相互联系、相互作用的方式。既然德育过程是教育者与受教育者共同参与的教育活动过程，那么很显然，教育者及其活动和受教育者及其活动是德育过程的两个基本要素。而教育活动的展开，还必须借助一定的中介，德育过程中的这个中介就是德育的内容和方法。因此，教育者及其活动、受教育者及其活动、德育的内容与方法便构成了德育过程的三个基本要素。三个基本要素在教育活动中的地位、作用以及相互之间联系、作用的方式，便形成德育过程的结构。德育过程与其外部环境之间、德育过程内部各要素之间、教育者和受教育者自身的各种因素之间都是对立统一的。德育过程正是在这一系列矛盾运动中展开的。

在德育过程中，教育者和受教育者之间的矛盾主要表现为教育者所提出的德育要求和受教育者思想品德发展现状之间的矛盾，这是德育过程中的基本矛盾。这种外部矛盾在受教育者内部的表现，即由教育者所提出的德育要求所引起的受教育者新的精神需要与其自身思想品德发展现状之间的矛盾，是个体思想品德形成和发展的动力。

三、对思想品德形成与发展过程的基本认识

（一）思想品德的形成与发展是知、情、意、行的转化过程

德育的实质就是形成教育者所期望的思想品德。思想品德包括政治态度、人生态度和道德品质等。任何一种思想品德，都包含着认知性成分、情感性成分和行为性成分（外显的意志行为的倾向与习惯）。以思想品德的核心道德品质为例，就是由道德认识、道德情感、道德意志、道德行为四个要素构成的。

道德认识是指个体对道德原则、行为规范，以及社会观和人生观的认识和理解，是个体根据已经掌握的道德规范对别人、对自己的道德品质进行的判断和评价。道德认识是一个逐步内化的过程。人的品德的形成离不开认识，一定的品德总是以一定的道德认识为必要条件的。

道德情感是人们按照一定的道德行为规范评价自己和他人的举止、行为、思想、意图时所产生的一种情感。道德情感是在道德认识的基础上产生的，也是道德认识的一种具体表现。当人们对社会道德现象及其规范有了认识并通过实践证明其正确性的时候，就会引起满意、愉悦、欣慰、敬佩等肯定性的情绪体验；反之，则会引起不满、厌恶、羞愧、憎恨等否定性的情绪体验。道德情感在人的品德形成过程中具有非常重要的作用。

道德意志是指一个人自觉地克服内外障碍去完成预定的道德行为，实现一定的道德动机的过程。人的道德行为是一种自觉意志行动过程。人在确立目的、采取某种道德行动的过程中，各种愿望、意向或动机之间常常会发生矛盾而需要内部的调节与控制。在这里，道德意志起着关键性的作用。它改变着各种动机之间的力量对比，促进着各种动机之间的斗争，最终战胜非道德动机。

道德行为是指人们在一定的道德认识、道德情感和道德意志的支配和驱使下采取的行动。一个人的道德只有通过经常性而不是偶然性的道德行为才能表明。评价一个人的品德如何，不仅要听其言，而且要观其行。只有在履行道德规范的实践活动中，才能深化道德认识和情感，锻炼道德意志，提高道德评价能力，从而使行为主体的品德得到发展。

苏霍姆林斯基说："由道德概念通向道德信念的甬道是以行为和习惯为起点的，而这些行为和习惯则是充满深切情感并含有孩子对待他所做的事和他周围发生的事情的个人态度。"① 人的道德行为可以是一时性的，也可能是经常性的；可以是经过矛盾斗争和反复抉择才作出的，也可能是基于信念或经常重复而无须再思索，是一种道德行为习惯。可以这样说，只有形成道德信念和道德行为习惯，把一时性的道德行为转化为经常一贯的、自动化了的道德行为，才算真正形成了某种品德。因此，培养学生良好的道德行为习惯，根除不良习惯，是学校德育最重要的任务。

在德育过程中应注意正确认识和处理好知、情、意、行的关系：

（1）在思想品德的形成和发展中，知、情、意、行等要素各有不可代替的作用。

（2）知、情、意、行之间是相互联系、互为条件、相互制约、相互转化的。每一个要素的发展都离不开其他要素的影响，每一要素各自又都具有制约或促进其他各要素的功能。

（3）在一定的时间和空间内，当知、情、意、行等思想品德心理要素在方向上和水平上相互协调、和谐一致时，就能有效地促进思想品德的形成和发展；否则就将影响思想品德的有效形成和发展，甚至会导致"品德两性"（思想品德行为的两重性）的产生。

（4）在人的思想品德发展中，知、情、意、行都是不可缺少的。知是基础，行是关键，由知到行转化，达到知与行的统一是最根本的问题。德育过程就是培养学生知、情、意、行全面和谐发展的过程，具有知行培养的统一性。在对学生进行思想品德教育时，应从各方面促进这些要素的全面形成，做到"晓之以理，动之以情，持之以恒，导之以行"。

（5）在教育过程中，要正确认识和处理好知、情、意、行的关系，既要重视它们相互的联系和作用，又不能简单地相互代替，既要注意知、情、意、行全面培养，又要注意从实际出发确定教育重点。

---

① ［苏］苏霍姆林斯基：《帕夫雷什中学》，194页，北京，教育科学出版社，1983。

（二）思想品德的形成与发展离不开活动和交往

思想品德的形成与发展是主客体相互作用的结果，是行为主体活动和实践的结果。瑞士著名心理学家和教育家皮亚杰指出，儿童道德成长或发展的根源不在于单纯的外部环境，也不在于单纯的主体内部，而在于主体与其道德环境的积极的交互作用——活动或实践，在于这种活动或实践引起的矛盾和思考。因此，皮亚杰认为，正如儿童是他自己的理智世界的构造者一样，他的道德世界也是由他自己逐渐构造起来的。其中，理智发展是道德发展的必要条件，活动与同伴合作是道德发展的主要动力，社会环境的影响必须通过儿童自身的积极活动与思考才会发生作用。柯尔伯格也曾指出，道德发展来自社会冲突情境中的社会性相互作用，是个体与其所在社会环境中的其他人的一种交流。正是在活动中，在与别人的交往中形成了尊重别人、关心别人、善于合作等品质。那种以灌输和传授为主的传统德育方法是很难奏效的。道德存在的客观基础是社会中人与人、人与集体以及人与社会的关系。作为协调这种关系的道德准则，主体只有亲身体验和处理各种社会关系，才能加以深刻理解和认识，才能不断深化自己的情感体验、磨炼自己的道德意志，从而形成坚定的道德信念和自觉的行为习惯。

（三）思想品德的形成与发展是学生思想内部矛盾斗争的过程

学生把社会思想准则和道德规范转化为个体的思想品德，是内外因素相互作用的结果。外部教育影响作为条件是不可缺少的，但任何外界影响都必须通过个体的心理内部矛盾而起作用。思想品德作为个体现象，必然依赖于个体的心理活动，依赖于个体内部的心理矛盾运动。心理矛盾错综复杂，但最基本的矛盾只有一个，那就是被学生个体所接受的德育要求和学生现有的思想和道德发展水平之间的矛盾。这种德育要求是教育者根据一定社会的要求和学生思想品德的实际状况提出来的，往往高于学生现有的思想品德发展水平，而且主要不是通过口头提出，而是从所组织的活动和所设的情境中体现出来。当这种要求在学生主动参与的活动中被学生所认识、所理解、所接受，内化为学生内部的需要和动机时，就要和学生原有的思想道德状态发生矛盾，这种内部的矛盾运动就成了思想品德发展的根本动力。这种矛盾的实质就是新要求与旧水平之间的矛盾，正确要求与错误倾向之间的矛盾。克服了矛盾，学生就获得了新的品质，在思想品德的发展中得到进一步的提高。如学校、家庭和社会对学生的教育要求不相一致，社会的道德标准与周围人们的错误行为不相符合，这种现象反映到学生的头脑里，就使学生产生疑惑和迷惘。在价值观念多元化的社会转型时期，这类矛盾显得特别的突出。有些中学生沾染上或已形成某些不良的思想和习气，因而不能或根本不愿遵循正确的思想准则和道德规范，往往是“知错犯错”、“明知故犯”。

（四）思想品德的形成与发展是从他律到自律转化的过程

苏霍姆林斯基就很不赞成紧紧抓住青少年的手不放，一直到 17 岁还把他们只当做受教育者的不科学的做法。他说：“我深信，只有能够激发学生去进行自我教育的教育，才是真正的教育。”① 又说：“一个少年，只有当他学会了不仅仔细地研究周围世界，而且仔细地研究自己本身的时候；只有当他不仅努力认识周围的事物和现象，而且努力认识自己

① ［苏］苏霍姆林斯基：《给教师的建议》，350 页，北京，教育科学出版社，1984。

的内心世界的时候；只有当他的精神力量用来使自己变得更好、更完善的时候，他才能成为一个真正的人。”① 认识自己—掌握自己—自己去做，这就是苏霍姆林斯基对自我教育的最通俗、最确切的注脚。教育心理学的研究成果表明：儿童的道德发展具有顺序性。就个体而言，道德的发展尽管有早迟、快慢，但都必须遵循这一发展顺序。道德发展的各阶段虽然有各自不同的本质特点，但发展的各阶段又形成了一个连续的、互相衔接、互相交叉的统一的整体。整个道德发展过程是一个从不自觉到自觉，从单纯受外部环境的支配到受行为主体自我控制的过程。皮亚杰把这一发展过程概括为从他律到自律的过程。最早提出这种理论假设的是杜威。皮亚杰通过实验研究，验证并发展了这种理论。柯尔伯格在皮亚杰研究的基础上，通过对许多国家和地区的儿童进行长达 20 年的研究，对儿童道德发展的顺序性进行了验证。柯尔伯格还正确地指出，不同的文化和社会环境，个体道德的发展水平可能不同。这些不同的发展速度与社会环境的影响有关。社会环境和教育虽不能改变发展的顺序，却可以加速或延缓这种发展。青少年只有具备了自我教育的能力，才能真正做到道德上的自律，达到古人所崇尚的“慎独”的道德境界。

四、德育过程的组织

德育过程的组织应当建立在对德育过程的基本阶段、基本矛盾及其运动等问题的正确理解的基础之上。

（一）德育过程组织的基本环节

1. 德育活动的准备

开展德育活动，既要作好物质准备又要作好精神准备。德育过程的准备因为具体活动要求不一而具有不同的特点和内容。但是，所有不同准备的核心是道德动机的发动。

2. 德育活动的开展

德育活动的开展是指直接进行的活动过程，包括课堂教授与学习、课外活动、道德实践等。这一环节的任务是要实现道德认识到道德行为的转化，由品德心理建构的偶然实现到道德品质的个性化（或物质化）。德育过程应尽量求得学生在知、情、意、行等方面的综合提升。

3. 德育活动的评价

德育活动的评价是指用一定的评价手段与技术对德育活动及其结果的一种检测与判断。评定本身要给学生以反馈，在测评的过程中间，以形成性评价为主。不要把评价看作终结性的东西。评价的主体可以是他人，如老师、同学，也可以是自己。正确进行德育活动的评价不仅有评价功能，而且有诊断和进一步改进德育的意义。

德育评价涉及德育过程及其主体的方方面面，但其中最重要的一个方面应当是对学生进行的品德评定。品德评定是对德育过程最终结果的评定，也是德育过程最后但十分重要的一个环节。教育者必须把阶段性评定和终结性评定相结合进行品德评定。

（二）德育过程组织的基本原则

一般说来，一个完整的德育过程组织的基本原则包括：

---

① ［苏］苏霍姆林斯基：《给教师的建议》，347 页，北京，教育科学出版社，1984。

1. 保持教育与发展矛盾双方之间的张力

保持教育与发展矛盾双方之间的张力就是要使教师的有计划、有组织的价值引导与学生的自主建构之间保持一种张力，即道德教育的要求要适当超越学生目前的接受能力，使学生有道德水平提升的可能，同时这一超越又不能高到学生经过努力也难以达到的高度。道德教育过程的设计应当努力把握学生道德发展的“最近发展区”，依据这一“最近发展区”安排教育内容，选择教育方法。

2. 注意学校德育的物质和精神文化条件的建设

道德教育过程的有效性在相当程度上取决于我们能否找到和建设好由德育影响源向德育影响的中介环节。我们认为德育过程的中介环节主要有两个方面：一是德育影响环境的建设；二是教育性的活动与交往的安排。德育影响的校内环境建设的一个关键是学校德育的物质和精神文化条件的建设。所谓物质环境指的是，适合道德生活、道德教育要求的校园、教室、活动场所、图书资料和必要的经费支持等。所谓精神环境主要是指校风、班风、人际关系等。学校环境一方面不能与世隔绝，另一方面也必须注意校园环境的相对净化，从而通过隐性或间接的途径加强正面的价值引导。

3. 注意“教育性的活动与交往”的安排

道德教育实际上就是一种在人际关系中对道德关系处理的教育。而关系的教育离开活动、交往等实践环节是很难实现的。活动和交往是德育过程的中介环节，道德认知、道德情感、道德行为等都只能在学生的道德活动与交往中得以训练。但是，并不是所有的交往与活动都具有价值性和道德教育的意义。德育过程所说的活动与交往是一种能够引发价值思考、体验道德情感、锻炼道德意志、优化道德行为模式的交往与活动。

在交往问题上，我们必须改变过去过于重视正式交往，忽视甚至反对非正式交往的做法。社会心理学已经证实，非正式团体往往对成员更具吸引力，价值影响也更大。所以正确的做法是引导非正式的交往而不是杜绝这一交往形式。

4. 坚持教育与再教育、自我教育的统一

道德教育的一大特点和难点就是它的复杂性和反复性。道德教育一方面要进行正面的价值引导，另一方面要纠正错误的价值认知和行为习惯。这两方面的任务都是一个需要长期坚持和反复的教育过程。所以要坚持教育与再教育的统一。道德教育的最大和真正的功效是在于学生的自我道德判断、道德评价、道德抉择，道德教育的持久的机制在于学生自我教育或修养能力的提高。所以在德育过程中要坚持教育与自我教育的统一，培养学生自我分析、自我评价、自我激励、自我约束、自我训练、自我检查等方面的能力。

第三节　德育原则

德育原则是思想品德教育必须遵循的基本要求。它是德育规律的反映，也是德育经验的概括，更是制定德育计划、选择德育内容和方法、实施德育活动的依据。我国学校的德育原则，是依据我国教育目的，总结了社会主义学校的德育经验而提出的，既反映了德育的一般原理，又体现了当前我国学校德育的一些特殊规律。

一、方向性与现实性相结合的原则

方向性与现实性相结合的原则是指在德育过程中，既要坚持社会主义的政治方向，又要从社会主义初级阶段的现实出发，按现行的方针政策要求学生，把德育的方向性和现实的可能性结合起来。

贯彻这一原则的基本要求是：

(1) 明确中学德育的基本任务，在德育目标上解决好普遍性要求和先进性要求的关系；在德育内容上解决好基础性内容和超前性内容的关系；在理想教育上解决好共同理想和远大理想的关系。要克服要求过高、不分层次，过于理想化而和现实社会脱节的弊端。

(2) 把学校德育置于社会大背景之中。要拆掉学校和社会之间的无形的“隔离墙”，将学校这一传统的所谓“理想环境”、“真空世界”变为“现实环境”与“真实世界”，将理想化的学校思想品德教育变成社会化的思想品德教育，帮助学生从小学会全方位、多侧面、多角度地观察社会，正确认识和处理发生在自己身边的事，做到对自己负责任，进而对家庭、对他人、对集体、对国家负责任。

(3) 坚持集体主义的价值导向。市场经济较发达地区的学生，一般重视“公私兼顾”；经济较落后地区的学生，比较认同“大公无私”，但这并不表明他们的道德水平高，而是尚未广泛接触到公与私、义与利的冲突。从发展趋势看，随着年龄的增长、与社会接触的增加，学生逐渐倾向于“公私兼顾”。“公”与“私”往往是难以绝对平衡的，总是会有“先公”或“先私”的矛盾。近年来学生的“大公无私”和“先公后私”的意识却在淡化。这表明利与义的矛盾，在学生身上表现得日益明显。学校德育如果完全无视学生合理的个人需要和个人利益，只是片面地灌输一些空洞的道理，是难以被学生接受的。

二、知行统一原则

知行统一原则是指在德育工作中既要对学生进行系统的道德知识传授，又要引导他们参加社会实践，把提高学生的思想认识与培养良好的行为习惯结合起来。

自古以来，我国有不少教育家虽然对教育目的、任务持有不同见解，但是都重视知行统一的原则。孔子要求弟子“讷于言，而敏于行”(《论语·里仁》)，认为“言而过其行”(《论语·宪问》)是可耻的。墨子提出“强力而行”的主张，认为“士虽有学，而行为本焉”(《墨子·修身》)。王守仁主张“知行合一”，认为“知是行之始，行是知之成”(《王文成公全书》卷一《传习录》上)，要人们注重“真知即所以为行，不行不足谓之知”(《王文成公全书》卷二《答顾东桥书》)。王夫之的“行可兼知，而知不可兼行”(《船山遗书》第十一册，《尚书引义》卷三《说命》)的观点，要求行先知后，知行并进，反映了古代教育家注意行为实践的思想。

知行统一原则可以通过政治理论课或思想品德课教学，班主任的思想教育和共青团、少先队组织的活动以及各种社会实践一起实施，要在学生中树立言行一致、实事求是的思想作风，引导学生把获得的政治思想和道德观点、信念转化成为行动。在检查和评定学生的思想品德时，既要听其言，更要观其行。

贯彻这一原则的基本要求是：

（1）要重视系统的道德理论知识的传授，为思想品德的形成打下基础。教师对学生晓之以理，导之以行。晓之以理就是通过各种适当的方式，使学生了解和掌握正确的思想政治理论和道德知识。导之以行即引导学生把正确的道德意识转化为行为。这是培养学生良好的道德行为习惯的关键，也是德育工作的出发点和立足点。

（2）要引导和组织学生参加实际锻炼。要让学生在实践中把所学的理论运用到日常的学习生活和工作中去，做到学用结合，言行一致；还要重视在日常生活中训练学生的行为习惯。

（3）对学生思想品德的要求和评价要坚持知行统一，言行一致。苏霍姆林斯基告诫说：在学校里，不许讲空话，不许搞空洞的思想！要珍惜每一句话！当儿童还不能理解某些词句的含义时，就不要让这些词句从他们的嘴里说出来！请不要把崇高的、神圣的语言变为不值钱的破铜币！他向学生提出：不提出自己做不到的诺言；不承担空洞无物的保证；不为并不存在的成绩而自夸；不听为了虚假的好事而给予的夸奖。毫无疑义，对教师来说，绝不可言不由衷或言过其行，而必须以身作则，严于律己，率先垂范，真正做到“身教重于言教”。

（4）教师要言传身教，以身作则。德国教育家第斯多惠认为：“希望引导别人走正确的道路，激发别人对真和善的渴求，使别人的素质和能力得到最大的发展，就应当首先发展他本身的那些优秀的品质。”乌申斯基也断言：“教育者的人格是全部教育的基础。”

三、正面疏导与纪律约束相结合的原则

对学生进行思想品德教育，不仅要循循善诱、以理服人，而且要“约之以礼”，把正确的思想疏导与必要的纪律约束结合起来。青少年学生容易接受新观念、新思想，但同时由于涉世未深，知识经验不足，对复杂的社会现象缺乏判别是非的能力，看问题容易片面，易走极端，往往容易受错误思潮的消极影响，他们在思想认识上出现这样或那样的问题，原是不足为怪的。教育者要做到循循善诱，坚持正面说服与疏导的方针，做到入情入理，因势利导。如果用“堵”或“压”的方法去解决，就会使矛盾激化，造成抵触和逆反心理。所以，有必要在坚持正确疏导的同时，辅以纪律、规章的约束。马卡连柯说：“纪律是集体的面貌、集体的声音、集体的美妙、集体的活动、集体的姿态和集体的信念。集体中的一切，归纳起来，都摆脱不了纪律的形成。”贯彻这一原则的基本要求是：

（1）讲明道理，疏通思想。对青少年进行德育，要注重摆事实、讲道理，做深入细致的思想工作，启发他们自觉认识问题，自觉履行道德规范。即使学生在思想品德上有了缺点、毛病，行为上出现了过失、错误，也要注意疏通思想、提高觉悟，使学生心悦诚服、自觉改进。在传统观念发生嬗变、价值观念多元化的今天，更要注意运用反面典型，引导学生在比较中进行独立思考，增强学生与错误思潮、不良风气作斗争的免疫力。对学生思想品德方面的不良倾向，要“防患于未然”，用积极的“预防”代替消极的“堵漏”。

（2）坚持表扬为主、批评为辅；奖励为主、惩罚为辅。通过表扬、奖励，树立正面典型，能够给学生以积极向上的力量。特别是树立学生身边的典型，具有可比性的特点，能为学生提供可以直接仿效的参照系。对学生的批评则应本着与人为善、治病救人的态度，

对犯有错误的学生更应苦口婆心、坦诚相待。对学生的批评最好采用讨论、咨询的方式，而不是训斥、指责的方式。徐特立主张在可以不用惩罚的时候就不必非要惩罚不可。他说："一切纪律只是自觉的遵守，不是受到无理的外力压迫而遵守。因此，对于破坏纪律的学生，不是惩戒而是说服。说服的方法不是由教师片面的注入，而是双方的讨论和研究。不是压服学生，而是增加对问题进一步的了解，以正确的知识来克服无知的盲动。"

四、发扬优点与克服缺点相结合的原则

发扬优点与克服缺点相结合的原则又叫做发扬积极因素、克服消极因素原则。它是指进行德育要调动学生自我教育的积极性，依靠自身的积极因素去克服消极因素，实现品德发展内部矛盾的积极转化。《礼记·学记》说："教也者，长善而救其失者也。"学生思想品德的发展，主要在于他们思想内部的矛盾斗争；在于其中积极的一面不断得到发扬，最终战胜了消极的一面；在于优点得到了强化，缺点得到了克服。贯彻这一原则的基本要求是：

（1）以一分为二的观点看待学生。《礼记·学记》说："知其心，然后能救其失也。"只有正确地理解学生，才能更好地"长善救失"。既要看到他们的优点，也要看到他们的缺点；既要了解他们过去的情况，更要注重后来的变化和现在的表现。对学生不能抱有偏见或成见。特别是对缺点较多、犯有错误的学生，更要仔细地寻找其闪光点，深入地挖掘"金矿"，以激发他们的自尊心和自信心，唤醒他们的自我意识，帮助他们正确评价自己。

（2）创造情境，启发思考。教师应为学生创设一种满足其发展需求的教育情境。这种教育情境是由学校的各项措施、各种活动和班级的环境气氛构成的。当学生所处的社会情境发生变化时，也正是学生的思想和个性发生变化的时候，在这种关键时刻尤其需要教师的及时诱导和帮助。

五、尊重、信任与严格要求相结合的原则

尊重、信任与严格要求相结合的原则是指在德育过程中，把对学生严格的要求与爱护、尊重、理解、信任结合起来，使教育者对学生的影响与要求易于转化为学生的品德。

要教育人首先就要把人当人。人都有自尊和荣誉感，只有受到尊重与信赖，才能充分发挥自己的能动性与创造性。青少年学生尤其这样，他们单纯、热情、积极向上，如果得到师长的尊重、信赖与鼓励，他们会充分发挥自己的才智，努力提高个人的品德。如果厌恶、歧视、侮辱、压制甚至体罚他们，那就势必对他们的个性发展构成伤害。这是假借德育之名行不道德之实，是制造奴性或叛逆性格而不是培养人。这条原则体现了社会主义人道主义的精神，是教师职业道德的核心。贯彻这一原则的基本要求是：

（1）爱护、尊重和信赖学生。这是一个优秀教师的基本品德。"没有爱就没有教育，只有爱孩子的教师，才可以教育好学生。"这是许多优秀教师的切身体会。教师对学生的爱是师生关系的"润滑剂"，是学生思想品德积极转化的"催化剂"，是学生克服困难、奋发向上的动力源。只有爱护、尊重和信任学生，才能充分调动学生的主动性和积极性，激

发他们进行自我教育的自觉性。苏霍姆林斯基说：“自我教育要有非常重要而强有力的促进因素——自尊心、自我尊重感、上进心。……如果一个人对粗暴习以为常，只对‘强有力’的语言、感受和强制才有所反应，那就根本谈不上自我教育。实质上，自我教育的前提是人对人的信任，是使个人的荣誉和尊严起作用。为指导学生进行自我教育，首先必须建立起深信对方具有良好意愿的师生关系。”① 他认为，学生对自己越是尊重，那么，对教师在道德上的教诲与关于应该如何进行自我教育的指导，就越听得进去，否则，他对教师的教导和规劝就会充耳不闻。因此，他强调，要像对待一朵玫瑰花上颤动欲坠的露珠那样爱护学生的自尊心。

案例 9—1

尊人者，人尊之

魏书生给每届学生都布置一个日记《尊人者，人尊之》，他说：“你尊重别人，便是尊重自己，便能得到别人的尊重；你帮助别人，一定能得到别人的帮助。”

有个同学钻牛角尖，说：“帮助了没良心的人，也能得到他的帮助吗?”魏书生说：“举一个具体的例子好吗?”“那天李卫东同学问我数学题，我给他讲了，可是，第二天有一道物理题我不会，李卫东是物理尖子，我请他给讲，他却不肯告诉我。”“那你也得到了帮助。”“他不告诉我，我还得到什么帮助?”“你得到了两点帮助，首先你在给他讲数学题时，加深了你对数学题的理解，提高了自己的语言表达能力；其次，他帮你开阔了胸怀。第二天，你问他物理题，他不告诉你，倘若你不计较这些，给以充分的理解与谅解，你的胸怀不又比昨天开阔了一寸吗?”学生听后，笑了。

资料来源：魏书生：《班主任工作漫谈》，95～96 页，桂林，漓江出版社，2008。

（2）严格要求学生。教育是从提出要求开始的，在这一意义上，我们可以说“没有要求也就没有教育”。严格要求学生出于对学生的殷切期望，出于对学生的充分理解和高度信任。一位美国的青年学生是这样向老师吐露自己的心里话的，他说：“你们严格要求我们，批判我们，我们都能接受。而你们对我们的失望，则会使我们对你们也失去信赖。”教师对学生的要求应明确、具体、适度、可行，一经提出，便不能朝令夕改或姑息迁就。“先要让孩子习惯于自主，一下子提出好多规则来束缚孩子，他就不能不破坏其中的某一条规则，那么，假如他养成不了您所要求的习惯，过错就在于您自己。”这是乌申斯基的经验之谈。

（3）对学生身上存在的缺点错误，既要严肃批评，又要热忱帮助，严禁体罚或变相体罚，杜绝冷嘲热讽、揶揄挖苦等伤害学生感情的做法。如果经常对学生大声训斥和进行惩罚（现在有一种时髦的做法就是动辄罚款），学生会认为反正我已经受到了责备和惩罚，我对自己的错误也就没有必要反省了。正如俄国作家陀思妥耶夫斯基所说的：“处罚可使人免除心灵上的痛苦。”克鲁普斯卡娅说：“一个学校，如果任意损害学生的身体健康，扼杀他的主动性、自尊心和自信心，这种学校一般说来不能对学生产生任何教育影响，或者

---

① ［苏］苏霍姆林斯基：《苏霍姆林斯基选集》，第 2 卷，772 页，北京，教育科学出版社，2001。

确切些说，只能产生极其有害的影响。”

六、集体教育与个别教育相结合的原则

集体教育与个别教育相结合的原则是指对受教育者集体进行教育，同时针对其中每个成员的特点加强个别教育。其依据为集体在培养学生思想品德方面所具有的特殊作用以及集体与个人的辩证统一关系。贯彻这一原则的基本要求是：

（1）培养和形成良好的集体，使其成为教育的力量。实践证明，一个良好的集体可以培养学生各种优良的个性品质，改变不良的行为习惯，甚至可以教育好沾染上严重不良习气、在思想品德上有严重缺陷的学生。一个不好的群体，则会使其成员“交叉感染”，造成严重的负面影响。因此要发挥学生集体的教育作用，就要耐心组织、精心培养一个具有共同奋斗目标、正确的舆论、良好的风气和传统、严格的组织纪律、朝气蓬勃、团结友爱的学生集体。

（2）通过集体教育学生个人，通过个人转变来带动集体。良好的集体一旦形成，就会成为强大的教育力量。首先，教师要把集体当作教育的主体，先向集体提出要求，然后让集体再去要求、教育和帮助它的成员。教育集体与教育个人，实质上是并行不悖的。马卡连柯称这种方式为“平行教育影响”。这种方式把学生集体和个人都摆在教育主体的地位，能调动他们参与教育活动的积极性，激发每个学生对集体的责任感，培养其主人翁的精神。其次，教师也要注意通过学生个人的转变来影响和培育集体。这样不仅通过一个学生教育了全班，而且培养了正确的集体舆论和良好班风，从而使集体与学生个人互相促进。

（3）针对集体中每个成员的特点和问题，加强个别教育。马卡连柯认为，在教育集体的同时，必须看到集体中每一个儿童及其独特的精神世界，关怀备至地教育每一个儿童。个性的教育与集体的教育紧密相关。重视个别教育才能克服一般化、“一刀切”等简单化的教育方式，做到“一把钥匙开一把锁”，使教育更有针对性。况且，有一些问题，如学生的早恋、初犯的偷窃行为、某些心理障碍等，就宜采用个别教育和帮助。

七、教育影响一致性和连贯性原则

教育影响一致性和连贯性原则是指进行德育应当有目的、有计划地把来自各方面对学生的教育影响加以组织、调节、整合，使其互相配合、协调一致、前后连贯地进行，以保障学生的品德能按教育目的的要求发展。

学生的品德是在学校、家庭、社会多方面的长期影响下发展的。这些影响纷繁复杂，不仅相互之间存在着矛盾与对立，而且往往前后并不连贯。如果不加以组织则必将削弱学校教育对学生的影响。尤其在现代社会，科学技术的进步使学生活动和交往的范围扩大其，其通过书刊、影视和网络接受的信息大大增加。在这种情况下，学校有责任充分利用各方面的积极因素，调节各方面的影响，以便合理地形成教育合力。

贯彻教育影响一致性和连贯性原则的基本要求如下：

（1）学校内部的各种教育力量对学生的要求要一致。学校领导、班主任、任课教师和

共青团、少先队组织，对学生的思想品德教育要齐抓共管，并做到目标一致、配合默契。一个学校的全体教职员工，一个班级的全体任课教师都要形成相应的教师集体，及时通报学生的情况，定期研究学生德育中的问题，制定教育的方案，互相配合开展教育活动。

（2）发挥学校教育的主导作用，使学校、家庭和社会对学生的教育影响互相配合。学校要和家庭、校外教育机构及社会团体加强联系，共同研究和协调对青少年的教育，逐步形成以学校为中心的学校、家庭、社会三结合的教育网络。深圳市南山区的中小学在加强学校德育的同时，通过多种渠道延伸到学生的家庭。不少学校设立“家长接待日”、“开放日”，举办“家长学校”，创办《家长报》，使家长有机会熟悉学校的教育活动和内容，更好地参与和配合学校教育。几年来，他们先后建立起74个不同特色、不同主题的校外德育实践基地，平均每所中小学3～5个。这些重点基地使社会和学校在青少年教育上找到了结合点。在全区各级党委和政府的高度重视下，经过多年努力，目前已健全了区、街道办事处、居民委员会三级德育工作领导机构。寒暑假让学生持表到居委会报到，由居委会组织学习和活动。假期结束时，居委会给每个学生作出鉴定，再反馈到学校。共青团、工会、妇联、环保等部门也积极组织中小学生开展各种活动，几乎各行各业都被调动起来参与青少年的德育工作。南山区各中小学自1990年以来，中小学生犯罪率始终为零，助人为乐、积极向上蔚然成风。香港教育界人士赞叹他们“创造了教育的奇迹”。

（3）做好衔接工作，使对学生的教育前后连贯和一致。对学生的教育影响前后不连贯、不一致，时紧时松、时宽时严、时断时续，不仅直接影响学生良好品德和行为习惯的形成，而且会导致负面的效应。为此，必须做好衔接工作，包括做好小学与初中、初中与高中、学期与学期之间学生思想品德教育的衔接工作，还要做好班主任和教师因工作调换而产生的衔接工作。

上述各条原则是相互联系、相互渗透、相互补充的，我们必须从整体上去把握它们，综合地加以运用。而且，对任何一条原则，都要从具体的对象、时间、地点、条件出发，富有创造性地灵活运用。

第四节　德育的途径与方法

一、德育的途径

《中学德育大纲（试行）》规定，德育的主要途径包括思想政治课，各科教学，班主任工作，共青团、少先队、学生会组织的活动，劳动与社会实践，课外活动，校外教育，家庭教育，社会教育。

从上述规定可以看出，学校德育几乎渗透在学校的全部教育活动之中，并且延伸到学生家庭与学生所在的社区。我们在考虑、安排、组织学校的各种活动时，都必须重视蕴含在这些活动中的德育因素。同时，学校作为专门的教育机构，必须承担起协调家庭教育与社区教育的主导作用。

我国的教育科研工作提出了“大德育课程”的概念。这种课程包括两大类型：认识性德育课程和活动性德育课程。

认识性德育课程也称理论性德育课程。思想政治理论课便是认识性德育课程。这是向学生较系统地进行社会主义思想品德和政治教育的一门课程，在诸途径中居于特殊重要地位。思想政治理论课对学生理解和掌握真正的道德知识或道德观念，进而形成道德认识、道德情感、道德意志直至道德信念、道德理想和道德行为习惯，具有重要意义。各科教学，包括文史类学科的教学、自然类学科的教学和艺术体育类学科的教学，虽不是专门的德育教学，但每门学科在其整个教学过程中都担负着德育的任务。只是由于各门学科的教学目的、内容、方法、手段不同，因而进行德育的特点和作用也有所不同。

活动性德育课程也称实践性德育课程。外显的活动性德育课程指各种课外的与校外的班（组）、团（队）活动与社会实践活动。这类活动是专为德育而组织的。潜在性德育课程指并非为实施德育组织的，但对学生思想品德发展有着实际影响的其他一切校内与校外的、正规与非正规的活动，如非正式群体的活动、家庭生活中的多项活动等。所有的这些活动，都以学生主动积极的参与为前提，使之成为一种真正的自我教育活动。

二、德育的方法

没有一种教育活动是不需要教育方法的，“事必有法，然后可成”。德育方法是为达到既定德育目的在德育过程中所采用的教育者和受教育者相互作用的活动方式的总和。它包括教育者的施教传道方式和受教育者的受教修养方式。它是实现德育任务、提高德育实效性的关键因素。

（一）我国中小学德育的基本方法

1．说服法

说服法是通过摆事实、讲道理，使学生提高认识、形成正确观点的方法。说服法是对学生进行德育的基本方法，包括运用语言进行说服的方式（讲解、谈话、报告、讨论、阅读书籍报刊等）和运用事实进行说服的方式（参观、调查、访问等）。说服的方法运用很广，其他德育方法都需要综合运用说服法来提高学生的认识。

运用说服法要注意以下几点要求：

（1）明确目的性。说服要从学生实际出发，注意个别特点，针对要解决的问题，有的放矢，符合需要，切中要害，启发和触动他们的心灵，切忌一般化、空洞冗长、唠叨。

（2）富有知识性、趣味性。说服要注意给学生以知识、理论和观点，使他们受到启发、获得提高，所选的内容、表述的方式要力求生动有趣、喜闻乐见。

（3）注意时机。说服的成效，往往不取决于花了多少时间、讲了多少道理，而取决于是否善于捕捉教育时机，拨动学生心弦，引起他们的情感共鸣。

（4）以诚待人。教师的态度要诚恳、深情、语重心长。只有待人以诚，才能叩开学生心灵的窗户，使教师讲的道理易被学生接受。

案例 9—2

把“!”改成“?”

一位年轻女教师接了一个大家都头痛的班。第一次进教室，学生用“对面的女孩看过来”的歌声迎接她，黑板上则是大大的五个字：“我们是差生!”她听着、看着，然后微笑着说：13 年前，有个和你们一样大的山村女孩，考上了县里的一中，但还只能编在差班。可她不服输，发誓要取得好成绩。她在课桌上贴着座右铭“我挺棒”，鞭策自己。功夫不负有心人，三年后高中毕业，她以优异的成绩考上了大学……想知道那个女孩是谁吗?“谁?”一些学生问道。女教师还是一脸的微笑，又略带自傲的语气说：“远在天边，近在眼前。”“哇!”教室里有了异样的赞美声。她转过身指着黑板上的字说：“这字写得还可以，可惜标点用错了。”“用错了?”不少学生疑惑地重复这三个字。女教师提高了嗓门说：“我们一起用力把这个叹号压弯，加油，一二三!”她一边说，一边用红粉笔把叹号改成大大的问号，接着，又说：“现在老师读这问句，请大家用我刚才介绍的座右铭大声回答。”师：“我们是差生?”生：“不！我挺棒!”“对！我们挺棒!”教室里一片掌声。

资料来源：见 http://www.yytc.net.cn/edu/jiaoxueziyuan/5/20080402/3156.html。

2. 榜样法

榜样法是以他人的高尚思想、模范行为和卓越成就来影响学生品德的方法。榜样的力量是无穷的，它具有激励作用、调节作用、矫正作用。而且榜样是多种多样的，包括革命先烈、老一辈无产阶级革命家、社会主义建设时期的英雄模范和科技精英、国内外历史上的优秀人物，以及学校教师和同学中的先进人物等。

运用榜样法要注意以下几点要求：

（1）选好学习的榜样。选好榜样是学习榜样的前提。应根据时代需要并从学生实际出发，指导他们选择好学习的榜样，继而明确前进的方向并获得巨大动力。

（2）激起学生对榜样的敬慕之情。要使榜样能对学生产生力量，推动学生前进，就需要引导学生了解榜样，了解所学习榜样的身世、艰苦奋斗的经历、伟大卓越的成就、崇高光辉的品德，特别是了解那些感人至深、令人敬佩之处，使他们在心灵上对所学榜样产生惊叹、爱慕、敬佩之情。

（3）引导学生用榜样来调节行为，提高修养。学生在接触到榜样的事迹时立志要向榜样学习，但过一段时间，这种冲动和热情就消散了。在德育过程中，教师要及时把学生的情感、冲动引导到行动上来，把学生对榜样的敬慕之情转化为道德行动和习惯，逐步巩固、加深这种情感。因此，我国学校榜样教育中提倡的“学英雄，见行动”具有重要的借鉴意义。

3. 锻炼法

锻炼法是有目的地组织学生进行一定的实际活动，以培养他们的良好品德的方法。锻炼法包括练习、委托任务和组织活动等。除了学生积极参与的校内外丰富多彩的各种活动之外，还有引导学生直接接触社会的社会调查等社会实践活动、军训活动、探险夏令营活动等。此外，如英国的“娃娃公司”，荷兰的“儿童餐厅”，美国的“少年法庭”，我国的

“红领巾银行”、“小记者团”等，都是别开生面地运用实际锻炼法的例子。近年来，在日本还流行一种让城市学生到农村去读书和生活的做法，他们称之为“山村留学”制度。开始是利用假期分批组织中小学生去农村住一两周，后来规定“留学”期限为一年。

运用锻炼法要注意以下几点要求：

(1) 坚持严格要求。有效的锻炼有赖于严格要求，进行任何一种锻炼，如果不严格遵守一定的规范和要求，而是马马虎虎，那就会搞形式主义，不可能使学生得到锻炼和提高。

(2) 调动学生的积极性。只有激发学生的主动性、积极性，使他们内心感到锻炼是必要的、有益的、有价值的，他们才能自觉锻炼，严格要求自己，以获得最好的锻炼效果。

(3) 注意检查和坚持。良好习惯与品德的形成必须经历一个长期而反复的锻炼过程。前紧后松、一曝十寒、时冷时热，都无益于品德的培养。所以对学生的锻炼，要强调自觉但又不能放松对他们的督促、检查，还要引导他们长期坚持下去。

4. 陶冶法

陶冶法是通过创设良好的情境，潜移默化地培养学生品德的方法。陶冶法包括人格感化、环境陶冶和艺术陶冶等。

运用陶冶法要注意以下几点要求：

(1) 创设良好的环境。这种环境包括美观、朴实、整洁的学习与生活环境；团结、紧张、严肃、活泼、尊师爱生、民主而有纪律的班风、校风。

(2) 与启发、说服相结合。通过创设情境陶冶学生，不仅与教师对学生的说服教育不矛盾，而且为了更有效地发挥情境的陶冶作用，不能只让创设的情境自发地影响学生，还需要教师主动地配合以启发、说服。

(3) 引导学生参与情境的创设。良好的情境不是固有的或自然存在的，它需要人为地创设。但这绝不能只靠教师去做，应当组织学生为自己创设良好的学习与生活情境。

5. 表扬奖励与批评处分

表扬奖励是对学生的良好思想、行为进行肯定评价，以引导和促进其品德积极发展的方法，一般可分为赞许和奖励两种方式。赞许是指教师对学生一般的好思想、好行为表示称赞或欣赏，多以口头表示或点头、鼓掌等动作表示。奖励一般包括颁发奖状、发送奖品和授予称号这三个等级。

批评处分是对学生不良思想、行为进行否定评价，帮助他们改正缺点与错误的方法。批评是对学生不良思想、行为的指责。处分分为警告、记过、留校察看、开除学籍等几个等级。

公正严明的奖惩可以帮助学生分清是非善恶，认识自己的优点长处以及缺点和不足，明确努力的方向，培养学生的荣誉感、羞耻感、道义感，提高他们的道德水平。

运用表扬奖励与批评处分要注意以下几点要求：

(1) 公平、正确、合情合理。做到当奖则奖、当罚则罚，奖励与处分一定要符合实际，实事求是，不主观片面。

(2) 发扬民主，获得群众支持。奖惩如果由少数人决定，难免主观武断，出现差错，得不到群众支持。只有发扬民主、听取群众意见，才能使奖惩公平合理，富有教育意义。

（3）注重宣传与教育。进行奖励与处分，都是为了教育学生和提高学生的道德修养，不只是教育被奖惩者，也是为了提高全体学生的道德修养，所以要有一定的形式与声势，在一定范围内宣布，并通过墙报、广播、网络、橱窗等加以宣传，以收到更好的效果。

6. 品德评价法

品德评价法是教育者根据德育目标的要求，对受教育者已经形成或正在形成的优良品德或不良品德给予肯定或否定的一种方法。这种方法有利于鼓励学生积极向上，预防和克服不良品德的滋长。它的根本目的在于使受教育者通过评价来明辨是非、荣辱，明确品德修养的方向。品德评价法有四种主要方式：表扬与奖励、批评与惩戒、评比竞赛与操行评定。运用品德评价法必须强调的是，要使学生不仅成为评价的对象，而且成为评价的主体。要引导学生通过自我评价、他人评价（教师与同学的评价）和评价他人，客观、全面地认识自己，增强自我认识和提高自我教育的能力。

运用品德评价法要注意以下几点要求：

（1）明确目的，以理服人。无论采用何种评价，教师必须明确评价的目的，并在尊重信任中学生的基础上，以说明道理、辨明是非为前提。不能随心所欲、随意滥用，更不能把评价当作发泄个人好恶情感的机会。

（2）实事求是，公正无私。在品德评价中，中学生最不信服的就是教师的偏袒和偏信。因此，教师要深入中学生实际，全面了解中学生的实际情况。同时，坚持是非面前人人平等，该奖该罚以事实为重，不徇私情，不讲情面，使评价具有较高的信度。

（3）重在发展，贵在辩证。中学阶段，青少年生理变化急剧，心理处于“断乳期”。因此，对他们的优点与错误均要从发展的眼光来看。在评价时，必须防止简单的非好即坏的两极判断，要做到奖其功而不护其短，惩其过而不折其长。同时，评价要有弹性、有分寸，恰如其分，留有余地。

（4）因人制宜，因材施教。教师要善于对不同层次的中学生提出相应的不同要求，并促使他们在各自的基础上向更高的层次努力。对优秀生要高标准、严要求，不能频于表扬；对后进生，则要努力挖掘其潜在能力，善于发现其闪光点，并及时给予鼓励和关心。

（5）发扬民主，激发参与。品德评价的对象是中学生，如何评价、评价是否准确、评价后达到何种效果，与评价是否民主、中学生是否参与其过程直接相关。教师要充分发扬民主，让中学生参与品德评价，重视发挥集体舆论的作用。尤其是阶段性评价，或典型性的奖惩，教师要事先充分征求中学生的意见，与他们共同讨论决定。

（6）多加肯定，少作批评。一般说来，品德评价的主要形式是属于肯定性评定的表扬、奖励和属于否定性评定的批评、惩罚。其中，对绝大多数中学生具有普遍意义和实际运用价值的是表扬和批评。在德育活动中，要注意对中学生多鼓励、少批评，尽可能避免挫伤他们的自尊心。

7. 自我教育法

自我教育法是指在教育者的启发引导下，受教育者对自己的思想品德表现进行自我认识、自我监督、自我克制、自我提高，形成良好的品德习惯的德育方法。自我修养的方式有内省、践行、慎独。

运用自我教育法要注意以下几点要求：

（1）激发受教育者自我教育的动机。

（2）指导受教育者进行自我教育的方法。

（3）指导受教育者进行自我教育的影响要持久。

以上德育方法各有特点和作用，每个方法都不可或缺，但又不是万能的。它们之间相互补充配合，共同构成德育方法的完整体系。教师必须熟悉全部德育方法，并灵活地、创造性地加以综合运用。

（二）德育方法的选择与运用

在德育实践中，教育者能否正确地选择德育方法，就成为影响德育实效的关键问题之一。

1. 德育方法的选择

（1）德育目标。德育目标是德育的预期结果，方法是为实现目标服务的。因此，德育方法的选择不能不考虑德育目标的特点和功能并从中寻求德育方法的要求。

（2）德育内容。德育内容规定着德育方法的特定要求，不同的德育内容要求有不同的方法与之配合。因此，德育方法的选择要分析德育内容的结构、性质、特点并确定它们对德育方法的要求。

（3）受教育者。一方面德育要分析受教育者的心理年龄特点，遵循其品德发展规律，力争使教育者选择的方法能对受教育者有激励作用，使德育方法具有自主性、知识性、活动性、竞争性、新颖性、趣味性等；另一方面，要考虑教育者个人的知识、经验、兴趣爱好、能力、气质、性格等因素的德育活动影响，以发挥教育者自身之所长。

（4）德育活动条件。德育活动总是在一定的时空条件下进行的，宏观层次的社会文化背景及微观层次的团体氛围、人际关系等均对德育方法的选择产生影响，因此，也要根据这些客观条件的特点来选择。

（5）各种德育方法的职能范围和使用条件。正如马卡连柯所认为的“没有任何十全十美的方法，也没有一定有害的方法”。“任何教育的方法，甚至暗示、解释、谈话和公众影响等我们通常认为最通行的方法，也不能说是绝对有益的。最好的方法，在若干情况下，必然成为最坏的方法。”①

任何德育方法都有其职能范围和使用条件，选择德育方法也需要以此为依据，灵活运用。

2. 德育方法的运用

首先，要树立系统观点，注意方法的组合。所谓系统，是指相关要素组成的统一体。每一个系统的相关构成要素之间相互联系、相互影响。德育方法作为德育过程一个重要的构成部分，它只有与其他构成要素融为一体，协调一致时才能发挥其应有的作用。另外，各种方法虽然各有其职能范围和使用条件，但各种德育方法均是为德育服务的，品德结构中的知、情、意、行互有区别，但又密不可分，运用德育方法时，最忌方法单一或片面。因此要树立联系、整合、系统的观点，注意德育方法的组合。

其次，反对以灌输为特征的做法。灌输不仅是方法问题，也是德育形式，包括德育意

---

① ［苏］马卡连柯：《论共产主义教育》，125、237页，北京，人民教育出版社，1962。

图、方法、内容、效果等方面。成功的德育实践证实，德育方法的运用必须从学生的实际出发，引导学生自己积极思考，去发展其道德思维，提高其道德判断力，充分尊重受教育者的主体地位。简单地说，就是要注重以启发式为指导思想。只有这样才能真正提高德育的实效。

最后，认识规律，遵循德育方法选择、运用的基本准则。思想品德的形成存在着无律—他律—自律的客观规律，因此，德育方法的运用有其基本准则。具体说来，在儿童思想品德形成的初级阶段，道德知识、行为规范的传授是必要的。随着年龄的增长、知识及阅历的丰富，儿童的道德判断力日益增强，要适时地进行思想品德形成的疏导，以引导儿童走向自我修养之路。也就是说，在儿童道德发展的初级阶段，德育方法以传授道德知识、行为训练、习惯养成为主，在其较高水平阶段，以疏导、指导自我教育为主，以提高思想道德认识、增进道德情感、形成信念为主。另外，儿童的道德发展，不论其处于哪一个发展阶段，都是思想品德结构中知、情、意、行四大因素构成、组合的结果。因此，遵循儿童思想品德不同侧面的发展规律，并有意识地根据这些规律进行德育方法的选择和应用是必需的。

复习思考题

1. 说说你对德育的认识。
2. 如何认识德育过程的本质？
3. 德育的基本内容包括哪些方面？
4. 中小学德育的主要途径有哪些？
5. 实施德育应遵循哪些原则？这些原则之间存在着怎样的关系？
6. 选择与运用德育方法的依据是什么？
7. 在德育中为什么要坚持“晓之以理，动之以情，持之以恒，导之以行”，才能取得德育实效？
8. 你认为新时期应如何加强德育工作？

推荐阅读书目与访问网站

1. 檀传宝．德育原理．北京：北京师范大学出版社，2006
2. 鲁洁，王逢贤主编．德育新论．南京：江苏教育出版社，1994
3. 钟启泉，黄志成编著．西方德育原理．西安：陕西人民出版社，1998
4. ［苏］马卡连柯．论共产主义教育．北京：人民教育出版社，1962
5. 中国德育网 http://1.gzsjzx.com/

教学案例

陶行知奖给学生的“四块糖果”

育才小学校长陶行知在校园里看到男生王友用泥块砸自己班上的男生，陶行知当即制止了他，并令他放学时到校长室去。无疑，陶行知是要好好教育这个顽皮的学生，那么他是如何教育的呢？

放学后，陶行知来到校长室外，王友已经等在门口准备挨训了。可一见面，陶行知却掏出一块糖果送给他，并说：“这是奖给你的，因为你按时来到这里，而我却迟到了。”王友惊疑地接过糖果。随之，陶行知又掏出一块糖果放到他手里，说：“这第二块糖果也是奖给你的，因为当我不让你再打人时，你立即就住手了，这说明你很尊重我，我应该奖你。”王友更惊疑了，他眼睁得大大的。

陶行知又掏出第三块糖果塞到王友手里，说：“我调查过了，你用泥块砸那些男生，是因为他们不守游戏规则，欺负女生；你砸他们，说明你很正直善良，且有跟坏人作斗争的勇气，应该奖励你啊！”王友感动极了，他流着眼泪后悔地喊道：“陶……陶校长，你……你打我两下吧！我错了，我砸的不是坏人，而是自己的同学呀！……”

陶行知满意地笑了，他随即掏出第四块糖果递过来，说：“为你正确地认识错误，我再奖一块糖果，只可惜我只有这一块糖了，我的糖完了，我看我们的谈话也该完了吧？”说完，就走出了学校。

资料来源：张祚百：《陶行知的“四块糖果”》，载《教师博览：百期精华》，2001（3）。

思考与讨论：

1. 陶行知采用的是什么德育方法？
2. 上述案例贯彻了什么德育原则？贯彻该德育原则的要求是什么？

第十章 班级管理

内容提要

班级管理是班主任在一定目的的要求下，采用一定的手段措施，对班级中的各种资源进行计划、组织、协调、控制，以实现教育目标的组织活动过程。它是学校管理的重要组成部分。班级管理的内容包括班级组织建设、班级制度管理、班级教学管理、班级活动管理。班主任是班级管理的设计师、是学生的精神关怀者、是多方关系的协调者。要胜任班级管理工作，班主任要掌握诸如了解和研究学生、个别教育、协调各方面的教育力量、做好班主任工作计划和总结等常规工作的方法。在教师专业化发展的背景下，班主任工作必须由“经验型”向“专业化”转变，使班主任的专业水平得到不断提高。

第一节 班级管理的内涵

一、班级组织的概述及发展

（一）班级概述

1. 班级的概念

班级是学校为实现一定的教育目的，将年龄相同、文化程度大体相同的学生按一定的人数规模建立起来的教育组织。班级是学校的基本单位，也是学校行政管理的最基层组织。班级教学是现代最具代表性的一种教育形态。一个班级通常是由一位或几位学科教师与一群学生共同组成，整个学校教育功能的发挥主要是在班级活动中实现的。班级并不只是许多个体的简单集合，它一旦建立就作为一种教育现象与教育影响因素而存在，不仅是学生接受知识教育的资源，也是学生社会化的资源、学生进行自我教育的资源。

2. 班级的结构

班级组织是学校行政组织系统中的一个基层组织，是学校社会组织中的典型社会体系。其组织构成包括班级正式结构和班级非正式结构。班级正式结构通常是为完成班级工作而服务的角色结构。不同的学校，班级正式结构有所不同。在中小学，班级的正式结构一般分为三个层次：第一层是对全班工作负责的角色——班干部；第二层是对小组工作负责的角色——小组长；第三层是每个学生角色——班级的一般成员。班级非正式结构主要是由学生个体之间的人际关系决定，并以班级中的“非正式群体”为参照系的，主要是在班级成员日常活动中形成的。

3. 班级的功能

班级是一种社会组织，而且又是由不同个体组成的群体，这就决定了班级既有社会化功能又有个体化功能。学校教育是有目的地培养人的活动，它按照一定社会的要求，以学校教育为导向，借助课程、文化集体规范、人际交往、班风舆论等载体，向学生传授系统的文化科学知识和技能，培养学生的社会角色，使学生逐步实现社会化。班级在学校教育中是沟通社会与个体的中介，它整合各种教育机构的要求，使学生按照社会的要求自我完善。学生在班级中实现初步社会化的同时也形成和发展了个性：通过教师与学生之间的交往，解决班级要求与个体需求之间及同学之间的矛盾，履行班级要求的责任和义务，使学生个体获得全面的发展。

（二）班级组织的发展

1. 班级组织的出现及发展

班级组织是历史发展的产物，它的形成与发展经历了漫长的过程。在古代，虽然从总体上说是个别教学形式，未形成班级上课制，但已出现了班级的萌芽。班级最早出现于16世纪。在西欧一些国家创办的古典中学里出现了班级组织的尝试，运用班级的形式开展教学活动，如法国的居耶纳中学、德国的斯特拉斯堡文科中学是最早设班级的学校。最早使用“class”一词的是文艺复兴时期的著名教育家埃拉斯莫斯。“班级”使用之初，把学生分成班级被看成是优秀学校的标志之一。17世纪捷克教育家夸美纽斯总结了前人和自己的实践经验，并在其代表作《大教学论》中第一次对班级授课制作了系统全面的论述，并明确提出在全国范围内建立统一学校制度和在学校实行班级授课制，从而奠定了班级组织的理论基础。这标志班级制度的正式形成。班主任这一角色也相应产生。

17—20世纪中叶是班级发展的巅峰时期。这时的学校教育系统形成了校—年级—班级三层结构。19世纪初，英国学校中出现了“导生制”，这对班级组织的发展产生了巨大的推动作用。“导生制”就是根据儿童的年龄和发展水平划分等级，对进度相同的儿童系统性地开设科目，编制班级，实施同步教学。并且除教师之外，还配备“导生”，他们在教师的指导下对低年级的学生进行教学与管理。这一制度由于其经济而有效的特点，受到社会的欢迎，从而使班级教学的形式得到了发展。

19世纪70年代，开始出现否定班级教学的倾向。最早提出对班级教学进行改造的是道尔顿制。其目的是废除年级和班级教学，学生在教师指导下，各自主动地在实验室（作业室）内，根据拟定的学习计划，以不同的教材、不同的速度和时间进行学习，用以适应学生的能力、兴趣和需要，从而发展其个性。实行道尔顿制的主要措施是：要设置各科作业室用以代替传统的教室。室内按学科性质设置参考图书以及实验仪器、标本等教学和实习用具，并设教师1～2人指导学生学习。将学习内容分月安排，各科教师与学生按月订立“学习公约”，教师根据学生的学习程度，指定学生做某一个月的作业，并把它公布在作业室内。学生根据自己的能力，自由地掌握学习的速度和时间，并可与教师和同学研究讨论，学生完成本月的公约，须经教师考试，及格后才能学习下一个月的公约。把学生的学习成绩和进度登记在学习手册上。道尔顿制在弥补班级教学制度的不足、发展学生个性、培养学生独立工作的能力等方面有一定的积极作用，并对程序教学、个别指导教育等曾发生过影响。但它偏重学习学科知识，过分强调个性差异，忽视了班集体作用以及德育，在推行时往往形成教学上的放任自流。此制度在20世纪20年代后曾在一些国家试行，中国的上海、北京、南京、开封等地也进行过实验。从20世纪30年代后，采用此制度者就日渐减少。

20世纪五六十年代，西方国家在重点进行课程改革的同时，也进行了教学组织形式的改革，出现弱化班级组织的趋势。在改革班级组织形式的尝试中，主要包括特朗普制、活动课时制、开发课堂、个别教学、协同教学等。

2. 我国班级组织的发展情况

我国古代的教育总体上是采用个别教学的组织形式，学校教育系统内部并没有形成年级和班级，更没有班主任，班级只是处于萌芽状态。如我国太学曾采用大班讲课的做法，宋代实行了三舍法，元明清实行六斋法。① 我国采用班级组织形式始于1862年清政府开办的京师同文馆，它首次采用“编班”、“分级”的教学组织方式，将班级授课制移植到中国。到1904年清政府颁布《奏定学堂章程》，其中规定各学堂要按学生程度深浅分学级并编班上课，班级组织形式便逐渐在我国学校中被普遍采用。新中国成立以后，我国在中小学实行分班教学并设立专职班主任以取代级任导师。1951年，《政务院关于改革学制的决定》使班级授课制有了社会主义教育的特点；1978年，教育部颁布了《全日制中学暂行工作条例（试行草案）》，又强调了班主任要对学生进行思想政治教育；1988年国家教委正式颁布《全国中小学班主任工作暂行规定（试行草案）》，明确了班主任的地位、作用、任务和职责，规定了班主任工作的原则、方法等。这样我国的班级便走上正规化道路。②

二、班级管理的基本理论

（一）班级管理的定义

班级管理是班主任根据一定的目的要求，采用一定的手段措施，带领全班学生，对班级中的各种资源进行计划、组织、协调、控制，以实现教育目标的组织活动过程。班级管理是一种有目的、有计划、有步骤的社会活动，这一活动的根本目的是利用班级的组织资源实现教育目标，使学生得到充分的、全面的发展。

（二）班级管理的过程

管理是一种实践活动，因而是一种过程的存在。任何一种实践过程，都有一定的构成

① 参见扈中平、李方、张俊洪主编：《现代教育学》，495页，北京，高等教育出版社，2002。
② 参见檀传宝主编：《德育与班级管理》，238页，北京，高等教育出版社，2007。

要素和实施环节。

班级管理过程的构成要素有管理者、管理对象和管理手段。班主任是主要管理者，班级管理对象是班级生活的全部构成方面，班级管理手段是班主任实施班级管理的各种措施。

从管理过程的一般性质出发，可以抽象出“计划、实施、检查、总结”四个基本环节。班级管理过程就是“计划、实施、检查、总结”的过程。计划是指确定班级管理的目标和拟订实现目标的具体要求、步骤和方法，是班级管理全过程的起点和指南，也是班主任搞好班级管理工作的主要条件和重要手段。班级管理的实施，是指班主任组织全班学生完成班级管理计划任务的过程，是班级管理过程的中心环节。目标是否正确、计划是否周密，要由班级管理的实际运作来证实；班主任管理是否有效，要由已实施所取得的效果来评估；班级集体的形成，也要通过计划实施来实现。没有实施环节，计划就是一纸空文，再完善的管理计划也发挥不了管理的效用，实现不了管理的目标。检查是对班级管理计划实施情况的监督，是班级管理过程的中间环节。检查具有双重作用，既能监督和考核班级的各项工作，又能检验和考查班级管理者的水平。总结是班级管理过程中的终结环节，同时，又是承上启下的环节，是下一步管理工作的重要依据。要把班级实践中的情况加以概括提炼找出规律性的东西，避免日后管理工作的盲目性。

（三）班级管理的几种模式

1. 常规管理

常规管理是指通过制定和执行规章制度去管理班级的活动。规章制度是学生在学习、工作和生活中必须遵守的行为准则，它具有管理、控制和教育的作用。通过规章制度的制定，使班级各项工作有章可循、有条不紊；通过规章制度的贯彻，可以培养学生良好的行为习惯以及优良的班风。

2. 平行管理模式

平行管理模式是一种把对集体和个人的管理结合起来的管理方式。这一管理模式来源于教育家马卡连柯的“平行影响”的教育思想，认为教师应该首先去影响整个班集体的氛围，然后去影响单个学生的发展，最后再通过整个班集体和教师的影响作用来促进学生的发展。

3. 民主管理模式

民主管理模式是指班级所有成员在保证集体正常运转和承担责任的基础上，都民主、平等地参与对各项班级事务的管理。实质上就是发挥每一个学生的主人翁精神，让每个学生都成为班级的主人。

4. 目标管理模式

班级目标管理是指班主任与学生共同确定班级总体目标，然后转化为小组目标和个人目标，使其与班级总体目标融为一体，形成目标体系，以此推进班级管理活动、实现班级目标的管理方式。目标管理最早是由管理学家德鲁克提出来的，这种管理方式强调自我、自控管理的重要性。这是一种以自我管理为中心的管理方式，主要优点是能更好地调动被管理者的积极性和能动性。

三、当前班级管理中存在的主要问题

班主任对班级实施管理的方式偏重于专断型。长期以来，由于受到分数压力和教师权威的制约，班主任最关心的是如何让学生在考试中获得好成绩，确保班级的成绩在学校中的排名和让学生服从老师，以维护教师的权威不受侵害。学生必须被动地按照教师的要求去做，缺乏自主性。其实，班级管理是老师管理和学生自我管理的过程，而真正有效的管理是学生自我管理，不调动学生的主动性、积极性、创造性，怎么发挥学生的自我教育力量，怎样培养学生自我教育、自我管理的能力呢？

班主任工作低水平、低效率和低效果的状况比较严重。班级管理工作是充满艺术性和挑战性的，但是在实际工作中，经验、感觉、惯例是部分班主任开展工作的依据，高压政策和行政命令等科层管理的方式成为最常见的班级管理方式。一个班主任假如不能以科学研究的态度来从事教育工作，只满足于原有的经验长期在低层次上重复，是不可能有效地提高班级管理的质量和效率的。

第二节　班级管理的内容

一、班级组织建设

班级是学校教育的基层组织，班级组织是一个动态发展的系统，总是在不断的矛盾运动、分化与整合中发展成长。一个刚组建的班级群体发展成一个良好、健全的班级组织，是一个由低级向高级、由量变到质变的有序的动态变化过程。班集体是学生学习、生活和成长的重要场所，班级管理是以班集体为基础展开的。因此，建设和培养良好的班集体是班级管理的中心任务，也是班级组织建设的核心任务。

（一）班级与班集体

班集体不等于一般意义上的班级。学生入学分班之后，就有了班级，但是还不能说这些在一起学习的学生是一个班集体。随着共同学习、活动的增多和班主任工作的开展，班级产生了班委会、活动小组等组织，同学之间开始彼此相识，逐渐产生了认同感和归属感，此时，班级就开始走向班集体。从班级到班集体的形成分为三个阶段：第一，松散群体阶段。这个阶段的特征是彼此互不了解，没有共同的目的、共同的活动，没有领导核心。这个阶段只能是由老师或班主任向群体提出明确的要求，作为团结群体的必要手段。这时的主要矛盾是集体利益与个人利益的矛盾。第二，合作群体阶段。这个阶段已经有了共同的活动目的和内容，集体领导核心已经形成，并能向群体提出要求，群体本身已成为对学生进行教育的工具。初步建立起良好的舆论和班风，知道维护自己班级的荣誉，其主要矛盾是平行集体之间的矛盾。第三，集体阶段。这个阶段是群体发展的高级阶段，集体中的成员真正成了集体的主人，能根据班集体的要求自觉地、严格地要求自己。稳定的团结互助的人际关系已经形成。这时主要矛盾已变成现时利益和长远利益的矛盾，人们已有的一般活动动机同高尚道德价值活动之间的矛盾。

班主任和教师可根据上述不同阶段、层次的特征，来确定班级发展状况和发展水平，再根据不同发展水平采取不同的教育对策，并抓住时机适时地将班集体由低级向高级转化，促使集体早日形成并向前发展。

（二）班集体的特征

班集体是经过班主任为主的各种教育力量的教育培养而形成的具有正确的奋斗目标，具有较强的核心与骨干力量，具有良好的纪律、舆论、班风，能够促使班级全体成员德、智、体各方面素质不断提高的高级班级群体。

班集体的主要特征是：一是有明确的共同奋斗目标。这是班级全体成员在认识、情感、意志和行为上有了统一的方向和群体凝聚力，并形成集体荣誉感等班风或勤奋好学的学风。二是有组织健全、团结一致、权威的领导核心和骨干队伍。三是有统一的班级常规和严格的纪律。四是有正确的占主导地位的班级舆论。五是有团结友爱、助人为乐、良好的人际关系。

班集体的形成对学生发展具有积极作用。班集体是学校为培养学生全面发展而建立起来的正式群体，是学生学习和交往活动的基本组织，班集体的活动都围绕着教育目标而展开，因而对学生具有较强的教育影响力。班集体一旦形成就会产生一种特定的心理气氛，这是班集体共有的心理反映，班集体的共有的行为方式是这种共同的心理反映的外在表现。健康融洽的班集体心理气氛使班级成员强烈体验到在集体中的归属感、安全感、满足感和责任感，并容易接受集体的目标、态度和价值观，使其保持积极进取的乐观情绪，激发其学习的动机。

（三）建设和培养良好的班集体

1. 确立共同的奋斗目标

班集体的形成和巩固是以共同奋斗目标为前提的。正确的奋斗目标是维系师生为之奋斗的共同纽带，是班集体前进的动力。确立班级奋斗目标可分长期、中期、近期三个阶段来考虑。长期目标一般是几个学年度的奋斗方向；中期目标一般是一个学年度的奋斗方向；近期目标可以理解为每阶段教育所要达到的目的。目标的提出要由易到难，做到近期目标与远景规划相结合。

2. 选拔和培养班干部

当一个班主任接手一个新班级后，应正确地选拔和培养班干部，充分调动学生干部管理班级的积极性，让他们在班级里充分发挥作用，这样可以促进班集体的巩固和发展。学生干部是班主任的得力助手，是形成班集体的核心力量，因此所选的班干部要有朝气，有热情，是德、智、体全面发展的学生，这样才能形成坚强的领导核心。因此在挑选班干部时一定要慎重，一般选择对象的条件应符合以下三点：一是思想品质好；二是团结同学，热爱集体，关心班级；三是要有一定的组织能力和威信。

在选定班干部后，班主任就要针对班干部的具体情况进行精心培养，使他们在各方面尽快地提高成长。一要激发班干部搞好工作的愿望，使他们认识到班级的好坏与自己担任的工作之间的关系，了解带领全班同学共同进步的意义。二要培养班干部独立工作的能力。让班级的集体活动成为锻炼班干部的机会，让他们去策划、组织和安排。班主任对学生干部既要交给任务，又要教给方法。三要在思想上严格要求班干部。要求班干部与同学互相团结，以自己的模范行动去带动同学，以取得全班同学对自己的信任和支持。班干部有了成绩要及时表扬，但犯了错误，就应该严肃批评，使他们了解到这是老师对自己的爱护，而且在班级内也能形成人人平等的环境气氛。四是班主任要随时发现和培养积极分子，调动广大学生的积极性，壮大骨干队伍。

3. 建立健全各项班级规章制度

班级规章制度的内容一般包括：学校生活常规制度、课堂秩序常规制度、生活作息制度、清洁卫生制度、课外活动制度、奖励惩罚制度等。班规应代表大多数人的利益，班主任要依据本班情况引导学生有针对性地制定班规，班规制定出来后要做好班规的宣传工作并在实践中不断完善班规。

4. 培养正确的舆论

正确的班级舆论，就是在集体中占优势和为多数人赞同的正确言论和意见。它是一种无形的力量，它能扶持班上的好风气蒸蒸日上，它能把班上的坏现象和不良思想消除在萌芽状态。一个班集体没有良好的舆论，就不可能形成良好的班风学风，就不可能造就每一个成员的健全人格。营造良好的班级舆论氛围是班集体建设中的重要内容。在培养班集体的正确舆论上通常采取以下几种做法：第一，要使学生掌握正确的价值观念和判断标准，树立起正确的是非观、荣辱观和美丑观。班主任应认真组织学生学习学生守则和行为规范，明确要求，教育学生逐步养成正确的道德理念。第二，要抓好常规训练，严格行为规范。集体舆论的形成是一个渐进的、不断发展和巩固的过程，班主任应从大处着眼、小处入手，从日常的学习、生活开始，严格要求，严格训练，教育学生从自我做起，从身边做起，从小事做起，加强行为习惯的训练和培养。第三，开展评论，提高学生明辨是非的能力。可利用墙报、黑板报、专栏等集体舆论阵地来指导班级集体舆论，并经常地引导学生开展批评与自我批评，养成自我批评、自我监督的习惯。第四，班级的各种规章制度一旦制定，就应严格执行，对违纪者要一视同仁、合情合理、不偏不倚。

5. 培养良好的班风

班风是班集体中大多数人的思想觉悟、道德品质、意志情感状态的共同表现形式，它能无形地影响班内学生的行为。良好的班风对全班学生起着熏陶感染、潜移默化的作用，是一种巨大的教育力量，推动着班集体的形成、巩固和发展。如何培养良好的班风呢？第一，加强教育，提高认识。第二，严格要求，持之以恒。第三，树立榜样，示范引路。第四，指明方向，不断前进。

二、班级制度管理

（一）重视班级制度的建立

班级制度是班级内全体成员共同认可并自觉遵守的行为准则。没有规矩，不成方圆。建立良好的班级制度文化，是班级管理的一项重要内容。有的班主任误以为学校已经有比较完善的管理制度或者奖惩条例，再制定班规班约是多此一举。其实不然。学校的各项管理制度是从学校大局出发的，是遵循教育教学的基本原则制定的，它没有也不可能考虑到每个具体班级的具体情况，再加上有的学校的规章制度是若干年前制定的，更不可能完全适应此时此际的班级实际情况，其针对性不强是显而易见的。因此，班主任应重视班级制度的建立和健全。

（二）抓好班级制度的制定与完善

规章制度制定得好坏，是否科学合理，是班级文化水平高低的一个重要标志，不仅反映了一个班主任文化水平的高低，更反映了其班级管理水平的高低。在制定班级规章制度时，应注意以下问题：一是制定班级规章制度必须以党和国家的教育法规、政策为依据，必须以学校教育教学活动的客观规律为依据。二是要在充分尊重学生意愿的基础上制定。在班级制度管理过程中，有的班主任或者只是安排几个班干部、科代表，或者干脆亲自拟定班规班约的条条框框，然后在班上宣读一下就予以施行。这样的班级制度，由于忽略了班级绝大多数同学的参与，没有得到班级绝大多数人的认可，因此，只要遇到一定的时机，其矛盾就会被激发出来。因此，班主任要在不违背班级制度的前提下，对班级制度的宽严尺度、对人和事的具体处理方法要采取少数服从多数的民主方式进行把握。三是制度本身应相对稳定，并具有一定的强制性。当然，随着时间的推移和客观情况的改变，规章制度也会出现一些不适应现状的现象。这就要求在保证规章制度相对稳定的基础上修订，不适合的按程序予以整条废止或局部修正，某些条文过于原则的可作扩充，对新情况没有相应规定的可新增条文。适时进行修改完善，从而确保规章制度永远充满活力。

（三）加强班级制度的学习宣传

班级制度的制定并不等于自然而然地形成了班级文化制度。班级制度建立和健全之后，一定要有一个组织学生学习、宣传的过程，使班级每一个成员都能够理解认同，并逐步强化。有的班主任的经验是把班级规章制度在教室张贴，广泛征求学生的意见。学生可以直接在征求意见稿上发表自己的看法，也可以向班长或班主任反映意见。班主任要到班上逐条宣读、讲解，向学生讲清楚每一条的含义、目的及其针对性，使每一个同学都做到心中有数。在平时的学习过程中，还要针对具体情况，突出班级管理中的重点、难点，进行强化。只有使学生正确认识、理解规章制度的内容，明确遵守规章制度的作用，使制度得到学生的认可，才能将带有强制性的要求变为学生的自觉行为。

（四）严格执行班级制度

立制度易，行制度难。一套班规再完善、再完美，如果不能很好地贯彻也不会发挥多大的作用，所以执行班规相当重要。严格执行班规，就要让班干部严格按班规管理，做守规模范；严格执行班规，就要用奖惩措施保证其实施。有班规不执行、执行不彻底、不按班规要求执行等情况都有可能发生，所以班规中必须规定，班规由谁来执行，按什么程序来执行，谁来检查，不执行或执行不利应担负什么责任。

三、班级教学管理

教学是学校的中心工作，教学质量管理是班级教学管理的核心。传统的教学视课堂教学为个体活动的复合体，而不是一种群体的共同活动，只注意对学生灌输某些知识技能和引导学生个体的一般发展，而没有把课堂教学看成是促进班级组织形成与师生个性社会化的主要阵地，更没有把课堂教学看成是一种集体的教学力量。班级教学管理的内容包括以下几点①：

---

① 参见檀传宝主编：《德育与班级管理》，249～251 页，北京，高等教育出版社，2007。

（一）明确班级教学管理的目标和任务

现代教学论主张，教学活动应该使学生学习目标共享，并在学习活动中学会合作。学习目标共享，就意味着班主任和教师把代行制定的目标当成师生合作的目标，它不仅表示让学生理解今后该学习哪些内容，而且更重要的是让学生共享学习内容的价值，培养每一个学生的主体意识，让他们在生活和教学中认识到学习的目的，实际感受到自己的学习成果和自己的见识增长。

（二）建立有效的班级教学秩序

教学是在知识经验存在差异的人们之间进行的，即在有某种经验的人与准备学习这种经验的人中进行，在对教材的理解程度和速度有差异的学生中进行。这就需要建立师生及学生之间的合作。班级组织可以建立这样一个教学秩序：超越每个学生所拥有的知识的量与质的差异及理解的差异，在教师的引导下发挥学生的主体作用。创设互相支持的班级气氛，师生、生生通过教学中的交往，使知识得到扩大、深化和增值，这个过程又会影响学生态度和个性的形成。

（三）抓好学风建设

学风就是班级工作的支撑点，只有把学风建设好，在班内形成一种认真、虚心、勤奋、刻苦、乐于学习的学习风气，使全班同学心往学习上想、劲往学习上使，才有利于做好全面工作。班主任可以采取以下方法：一是对学生进行学习目的性教育，教育学生树立正确的分数观、成绩观。二是组织学生进行学习经验交流，这也是提高学生学习质量的一种方法。三是组织开展各种学习竞赛活动，学生们可以在比学赶帮超的过程中营造出浓厚的学习氛围。

（四）建立班级管理指挥系统

这包括三个方面：一是以班主任为核心的班级任课教师群体；二是以班长或学习委员、科代表为骨干的教学沟通系统；三是以学习小组长为中心的执行系统。

（五）指导学生学会学习

对学生的学习指导是班主任和教师的重点工作内容之一。学习指导能够调动学生学习的积极性，帮助学生明确学习目标、掌握正确的学习方法、克服学习上的困难、养成良好的学习习惯，使学生体验到学习上成功的快乐。各科教学是由任课教师承担的，班主任不可能替代任课教师开展教学活动。如果说任课教师的任务主要是发展学生的智力，那么班主任的学习指导就主要是发展学生的非智力因素。学习指导包括培养学生正确的学习动机、浓厚的学习兴趣、敏锐的观察力、高超的记忆力、敏捷的思维力、丰富的想象力以及培养学习的意志品质。

总之，班主任抓班级教学管理一要突出管“学”为主，如果说学校教务部门侧重于“教”的管理，班主任则应侧重于“学”的指导和管理。二要保“质”为先，班主任不仅要对学生进行学业辅导，更重要的是进行学习目的和学习态度、学习方法的教育，不仅要对学生的学习作个别指导，更重要的是要形成班级的优良学风，保证群体学习质量的提高。三要多管齐下，班主任抓班级教学管理，除了通过课堂教学主渠道外，还可利用班集体的组织优势，开展诸如各种互帮互学活动以及各种课外活动，帮助学生提高学习兴趣、扩大知识视野、发展各种能力，而且还通过与任课教师及学生家长的联系沟通，齐抓共管，共同教育学生。

四、班级活动管理

班级活动是班级管理者指导学生根据一定的教育目标设计、组织班级所有成员共同参与的教育活动。班级活动管理是班级管理的基本任务之一，也是班主任进行班级组织建设的重要途径。班级各种活动实现着班级管理的目标，同时使学生获得发展。一学期的班级活动管理内容包括按照学校指导性意见，针对班级学生实际，确定学期教育目标；围绕学期教育目标制定学期班级活动计划；组织实施班级互动计划；对活动情况进行总结。[①]

（一）班级活动管理的特点

目的性。班主任在组织活动时要考虑本次活动的教育目的，联系本班实际，制定合理可行的计划并付诸实施。每一次活动的组织从形式到内容都要有教育意义，活动要求应切合学校和本班学生的实际，目的是促进全体学生的全面发展与健康成长。

自主性。班级活动是以学生为主体开展的具有自我教育特征的活动。因此，班主任制定班级活动计划、组织班级活动时要尊重学生的兴趣爱好，在学生自愿自由的基础上，使学生做活动的主人，自己动手动脑、自己管理自己、自己教育自己，使学生的主观能动性与专长、潜能得到充分发挥。

整体性。管理班级活动，仅靠班主任一个人的力量是远远不够的，须调动一切因素，求得家庭、学校、社会的配合，发挥教育的整体效率。

（二）班级活动的意义

班级活动是促进班级全体学生德、智、体、美、劳诸方面全面发展、打好素质基础的重要形式、途径和方法。班级活动为学生思想品德的成长提供了实践的条件和生活经验的基础。班级活动充实了学生的生活，密切了学生与社会之间的关系，丰富了学生的精神世界，引导他们走向健康发展的轨道。班级活动使学生学习的领域扩大了，学习机会增多了，有效地激发他们求知的兴趣，这对促进智能的发展有很大的帮助。班级活动使学生动脑动口、动手动脚、全身运动，从而有助于学生身心健康水平的提高，并可以使学生受到审美教育，培养劳动观点和习惯。班级活动促进学生特长和能力的发展，有助于学生主创精神的培养。班级活动还可以满足学生交往的需要，使他们在交往中培养起健康的、丰富的感情，学会处理各种人际关系。

班级活动是组织、建设良好班集体的有效方法。一般说来，组织、形成班集体总是以步调一致的集体工作和有益的班级活动开始的，如果一个班集体很少开展，甚至不开展活动，那么就永远也不可能成为一个真正的集体。班级活动有助于实现班级的教育目标，班集体是在实现班级的奋斗目标的实践活动中发展和巩固起来的。目标是班集体发展的方向和动力，而组织相应的具体活动则是班集体向着既定目标前进的重要手段。

（三）班级活动的类型

结合中小学班级工作的实际以及班级活动的意义，可将班级活动划分为以下几类：

1. 班级例会

班级例会是班主任引导全班同学对班级实行民主管理的例行班会。目的是为了帮助学

---

① 参见李学农主编：《班级管理》，147 页，北京，高等教育出版社，2004

生养成若干良好的日常生活行为习惯和学习习惯，提高学生明辨是非的能力，增加学生的集体凝聚力和荣誉感。一般是一周或某一阶段性的工作任务结束后，通过班会总结经验、吸取教训，有针对性地对下一阶段的任务制定出具体的措施。班主任通过讲评，表扬好人好事，批评不良倾向。有的班主任针对班务会上查找出来的问题，全班共同分析研究、剖析，开展批评与自我批评，有利于树立正确的集体舆论。

2. 主题班会

围绕一个教育主题而召开的班会，是班主任通过学生集体教育影响学生的一种较为普遍的教育形式。主题班会都有一个教育主题，是在班主任指导下，由学生自己组织、自己主持、全员参与、内容集中、针对性强、形式多样、生动形象、新颖别致、时代感强的自己教育自己的一种集体活动。召开主题班会需要注意以下问题：一是主题要明确，既要有教育意义，又要富有号召力和感染力。二是内容要集中，既要有针对性，又要有时代感、有说服力。三是形式要生动活泼，要符合学生的年龄特征。四是准备要充分，班主任务必要做到精心设计、精心指导、注重实效，但不得包办代替。

3. 学习活动

为扩展学生的知识领域，提高学习积极性、学习能力和学习效果，应定时开展班级学习活动。主要方式有：作业展览、学习经验交流会、学习方法指导、知识竞赛、智力竞赛、课外阅读、成立学习小组等。

4. 班级文体活动

文体活动能丰富学生的课余生活，活跃班级气氛，促进心理交融，增进团结，提高学生的艺术修养和身体素质。主要形式有：小型联欢会、歌咏会、诗歌朗诵会、故事会、庆祝节日活动、体育竞赛、各种文体兴趣小组活动等。

5. 科技活动

教师指导学生在课外开展科技活动，可以巩固和加深学生在课堂上所学的基础知识和基本技能，丰富和开阔他们的视野，满足学生的求知欲和多方面的兴趣爱好，从而培养学生的科学兴趣、志向和理想，培养他们的观察能力、思维能力和实践能力以及实事求是的科学作风、严谨的科学态度、坚韧不拔的毅力和敢于创新的精神。主要方式有：科技参观、科技班会、各种科技兴趣小组等。

6. 劳动活动

针对目前学生缺乏良好的劳动习惯和生活自理能力不强的情况，有计划地开展劳动活动，对于培养学生的劳动习惯，使其树立劳动观念、端正劳动态度非常有益。主要方式有：自我服务性劳动、为他人的服务性劳动、社会公益劳动等。

7. 社会实践活动

社会实践活动是学生接触社会、观察了解社会，增长知识、增长才干的有效途径。班主任应有计划地、系统地、适当地组织学生走出校门，深入社会，考察风土人情，在广泛的社会实践中，接触工人、农民及社会各阶层人士，让学生正确地了解他人，培养其社会责任感和义务感。主要方式有：参观访问、社会调查、社会服务、远足、游览等。

以上活动围绕着培养全面发展的人这一教育目标来实施，活动方式应灵活多样，既可以班级集体的形式也可以小组或个人的形式进行，应根据具体活动内容和实际情况有效选择。

第三节　班主任与班级管理

《教师教育课程标准（试行）》提出了中小学教师的基本要求之一是“了解班级管理的基本方法，学会引导中学生进行自我管理和形成集体观念”，并将班级管理纳入职前教师教育课程模块中，因此普通教师都要具备班级管理的相关理念和能力。班主任是学校中全面负责一个班学生的思想、学习、健康和生活等工作的教师。班主任工作的基本任务是在学校校长的领导下，按照德、智、体等全面发展的要求，开展班级工作，培养良好的班集体，全面关心、教育和管理学生，使他们的身心得到全面健康的发展。因此，班主任要有相应的角色意识和科学的方法才能胜任班级管理工作。

一、班主任在班级管理中的角色

（一）班主任是班级管理的设计师

班级管理不能采用“事无巨细、一概包揽”，或者“头痛医头、脚痛治脚”的直接管理方式，而要注重于精心策划、周密设计，调动和发挥各个方面的积极性，共同做好班级工作。这就要求班主任要扮演一种班级管理的设计师的角色，把立足点从直接管理转移到设计管理上来。譬如，班主任在工作中如果能够利用班级集体的这种本质特点，设计出通过集体来管理集体的最佳方案，就可以改变班主任在班级管理中一个人“跳独舞”的被动局面，而营造出学生人人关心班级、人人参与管理的良好气氛。又譬如，班主任要教会班干部做好班级管理工作，把班干部在班级管理中的核心作用发挥出来，班主任才能从繁忙的事务性工作中解脱出来，既培养锻炼了班干部，又提高了管理效益。

（二）班主任是学生的精神关怀者

德国哲学家雅斯贝尔斯认为：“教育的过程首先是一个精神成长过程，然后才成为科学获知的一部分。”① 班主任工作的核心内容就是要对学生进行精神关怀与沐浴，要从对学生的知识关怀转向精神关怀，从以知识为本的教育转向以人为本的教育。所谓精神关怀就是关注学生的精神成长，关心他们的心灵充实，关怀他们的人格完善，即关怀学生的内心世界、心理生活、道德情操、审美情趣等，使学生的生命内涵不断充实，生命质量不断提高，成为终生幸福的人。班主任要成为学生的精神关怀者，就要做到：守护学生人格、尊重学生、信任学生、张扬学生个性，避免用诸多清规戒律限制学生；激励学生情感，让学生体验快乐、体验生活乐趣，疏导学生心理，走进学生心灵。

（三）班主任是多方关系的协调者

在现代班级管理中协调好各个方面的关系，也是班主任的职责之一。班主任要正确处理好与班级学生的关系，要协调好与本班其他任课教师之间的关系，要协调好同学校领导及主管部门领导之间的关系，还要协调好同社会各界、同学生家长之间的关系，发挥好纽带和桥梁作用。

---

①［德］雅斯贝尔斯：《什么是教育》，30页，上海，生活·读书·新知三联书店，1991。

二、班主任的工作方法

班主任是班级的教育者和组织者，不仅要管理学生在校期间的日常生活，引导学生思想健康发展，而且要组织学生的活动，协调各方面对学生的要求。班主任工作的质量，在很大程度上决定着一个班的精神面貌和发展趋向，深刻影响每个学生德、智、体的全面发展。班主任的工作任务重、内容繁杂，不同的工作内容有不同的工作方法。

（一）了解和研究学生

了解和研究学生的内容主要有以下两个方面。一是了解和研究班集体，包括集体的基本情况，如总人数、性别结构、生源状况、年龄分布等；班级的基本情况，如学习好中差学生的比例、学生思想品德的表现、班级取得的成绩与存在的问题等；班级的其他方面，如学生生活社区环境、学生家庭条件、学生在校外的表现等。二是了解和研究学生个人，包括学生的基本情况，如姓名、性别、年龄、健康等；学生的家庭情况，如父母的文化水平、职业、经济状况、居住条件等；学生的思想品德和学习情况，如遵规守纪、文明礼貌、集体观念以及学习成绩、学习态度、兴趣特长等；学生的个性情况，如智力特点、情感意志特点、性格和气质的类型等。

班主任了解和研究学生的方法多种多样，如观察法、谈话法、问卷法、作品分析法、调查法和测量法等。下面重点介绍观察法和谈话法这两种常用的方法。

观察法是班主任在自然情况下，有目的、有计划地对学生进行了解和研究的方法。观察法是班主任工作中一种最常用、最基本的方法。观察法的正确运用，应当注意以下几点：（1）要有明确的观察目的，主要是确定观察什么和为什么要观察。（2）要有科学而可行的观察计划，主要解决怎么做的问题。（3）要及时作好原始记录，主要是确保材料的客观真实性。（4）要对材料进行整理和分析，去伪存真，透过现象找到本质。（5）写出结论，对观察作出准确、全面的终结性评价。观察法的优点是在自然状态下进行，观察材料直接源于观察过程，真实性强。但观察法也有缺点，观察对象和条件难以控制，表面现象干扰大，情境性和主观性因素多。因此，在观察法运用中，对观察材料的分析处理一定要慎重。

谈话法是指班主任根据一定的目的要求，通过与学生面对面谈话来深入了解学生信息，了解学生思想的一种方法。班主任和学生谈话成功的关键在于：有情、实在、对症、适时，以及灵活选择表达方式。第一，要用情感去吸引人、打动人。班主任必须尊重和信任学生，平等相待，以热情关怀的态度和亲切温和的语气与学生进行交流。班主任平时要主动接近学生，使学生对其产生亲近感和仰慕心理，以取得学生的信任，使学生愿意讲心里话。第二，班主任对学生讲话要讲“实理”，说理要根据事实，要从事实中引出道理。第三，谈话要有针对性。班主任和学生谈话要考虑对象，对象不同，谈话的内容、方式、语言等也不同。第四，班主任与学生谈话，不仅要适度而且要适时。谈话时机的选择要考虑到问题性质和迫切程度，及谈话对象的个性心理特征等因素。第五，要注意表达方式，班主任要根据学生的年级、性别、性格、文化素质的不同来采用灵活多样的谈话方式。谈话后，要把谈话中比较重要的情况以及自己的看法记下来，以免时间久了遗忘，更便于进行分析和研究。

（二）个别教育

班主任在抓好集体教育的同时，还要广泛接触学生个人，做好个别教育工作。班主任必须认真地根据不同类型的学生特点，有针对性地运用教育理论分析教育对象的思想、品德、学习等方面的现实表现及其根源，因材施教，引导学生朝着健康的目标发展。

1. 对学生进行个别教育应注意的问题

第一，正确认识学生。一个班级中的学生，无论是学习成绩，还是思想品质都有积极、中间和落后的区别。学生表现出的优点、缺点，“好”与“差”不是绝对的，是暂时的和相对的，在一定条件下可以转化。学生的学习和思想品质虽有密切联系，但绝不是等同的。学习优秀的学生，不见得道德品质就好，后进学生身上不是没有一点积极因素。因此，摸清学生情况，对学生进行正确的认识和分析，是做好学生教育工作的基础。

第二，对症下药，因材施教。班主任在摸清学生特点情况的基础上，认真分析研究，准确地掌握每个学生在一定环境下所产生的某种心理特点。这是做好学生教育工作的关键。只有掌握了学生心理特点，才能对症下药。

第三，注重教育方法。班主任只有在正确、客观、全面地把握好学生的思想基础上，采用灵活多样的教育方式，才能使我们的教育收到行之有效的、事半功倍的效果。

2. 优秀生、中间生和后进生的教育

（1）优秀生。第一，要辩证地看待优秀生。优秀生通常有良好的个性心理品质，如好胜心强，有较强的自信心，勇于进取，敢于竞争；思维敏捷，爱好学习，善于学习，具有独立性和创造性；有良好的意志品质，自觉性高，自制力强；有良好的学习、生活习惯和道德行为习惯，能自觉地根据学生行为准则要求支配和调控自己的言行。由于优秀生处于身心急剧发展而且尚未完全成熟时期，不可避免地存在缺点和不足，如盲目自信，心理脆弱；唯我独尊，自私妒忌；重视分数，忽视德育、体育等。作为班主任，应该注意他们优点掩盖下的缺点和不良倾向，及时、有针对性地对其进行引导和教育。第二，要帮助优秀生制定明确的目标，促使其长远目标、中期目标与近期目标相结合，使他们有目的、有方向、有信心、有步骤地全面学习，正确认识升学和学习之间的关系，而不片面地为升学所困，放眼未来，在成绩面前永不知足，一步一个台阶，脚踏实地，不骄不躁。第三，要创造条件，帮助优秀生搭建发展的广阔平台。根据优秀生的潜质，班主任可为他们创造条件，搭建平台，使他们获得更为广阔的发展空间。如组织校际交流，参观大学，听专家报告，以开阔他们的视野；还可以组织他们参与一些课题，以激发他们的能力等。第四，要加强理想教育，不断向优秀生提出新的要求。班主任应引导学生解决怎样生活才有意义等人生观问题，使他们关心祖国的前途，具有远大理想，为他们形成正确的人生观、世界观打下良好的基础。

（2）中间生。这些学生往往较为内向、文静、沉默寡言、不起眼、不惹祸、平平常常。他们要求不高，对学习、对班级的事情一般持被动、冷漠的态度，不想争先进，也不愿当后进，甘居中游；他们的是非观念尚清楚，但不善于表露自己的观点，随大流；他们一般都有个人的兴趣爱好，有自己的小天地，不大与同伴交往。中间生在学习、品德上的情况是不稳定的，呈现着上下波动的趋势，不断向两头分化，可能转化为好学生，也可能转变为后进生。在教育过程中要注意以下问题：第一，了解关注，促其进步。在中间生身上潜藏着许多积极因素，如要求进步、乐于为班级做事、有表现自己才能和智慧的要求，他们特别希望得到老师的重视。班主任应经常深入到中间生的中间，主动了解他们，关心他们，使他们感到老师在关注自己，以促使中间生主动要求进步，争取进步。第二，因材施教，目标激励。奖励优秀生固然好，但绝大多数的中间生往往离奖励所要求的冒尖水平还有一点距离，因而中间生几乎与奖励无缘。因此在班级中设“体育标兵”、“文艺能手”、“劳动能手”、“进步典型”、“助人为乐奖”等单项奖，让中等生有更多的目标，有利于调动中间生的积极性，激励他们不断上进。第三，提供机会，体验成功。班主任应经常组织多样化、分层次的小型竞赛活动，让中间生在活动中能获得成功的体验。班主任要引导全体学生积极参与，并充分调动和发挥中间生的积极性和特长，要尽量使中间生在活动中有岗位、有职责，让中等生都参与活动的全过程，从中锻炼其才能。

（3）后进生。后进生就是素质发展的某一方面或所有方面相对滞后的学生，是就某个学生群体而言的相对概念。通常情况下最突出地表现在品行和学业成绩等方面相对滞后。在教育过程中要注意以下问题：第一，要掌握其心理特点。好胜、逆反、疑惧、思想与行为的矛盾性、意志的软弱性是这类学生常见的特点。第二，要以情感人、以理服人。对待后进生，老师要多关心，给予更多的爱，消除其自卑和抵触情绪，进而帮助引导其对自我价值的分析，让学生自己去尝试和感受，变消极状态为主动状态。第三，要创造适合后进生进步的环境，为其提供尝试进步体验成功的机会。多设计一些活动，鼓励他们积极参与，充分表现其能力，让其他学生赞赏，使其树立自信、找回自尊，帮其找到重新站起来的支撑点。第四，要细心发现并善于捕捉后进生的闪光点，要有将之拨亮的技巧。后进生的闪光点是很可贵的，一旦发现要及时给予表扬鼓励，经常引起其进步的心理冲动。第五，帮助后进生弥补基础学力。譬如，指导他们养成良好的学习习惯，要求他们按照预习、听课、复习及整理笔记、作业、小结等步骤进行学习，要经常检查和监督他们在学习过程中的每个细节，使之保持正常状态。譬如指导后进生的听课方法，关注其听课的注意力，用信任的目光多注视，适时地提出适度的问题请他们解答使之体验成功。第六，要反复抓，抓反复。转化工作中，后进生们往往是改掉了这样一个缺点，马上又会暴露出那样一个缺点；或是同一个缺点好了犯，犯了好，不知要反复多少次。这就要求教师要冷静地观察，及时地监控，透过表面现象看到他们反复的思想基础，仔细研究，对症下药，要坚持反复抓、抓反复。

（三）协调各方面教育力量

1. 加强与任课教师的团结合作

工作中，我们经常能听到这样话：“这个班是你的，这个班是我的，那个班是他的。”言下之意，班级是个人的，属于班主任一个人的事。班级管理虽然带有个体性的特点，但班级管理的成果是集体的结晶，任课教师是班级教育工作的重要力量。因此要通过教师之间的互助、支持、配合来搞好班级管理，以减少班主任由于孤立而导致盲动、忙碌的行为。发挥和调动任课教师的作用，首先，班主任要尊重任课教师，虚心向他们学习；也要教育学生尊重任课教师，认真接受他们的教育。其次，要加强联系，班主任主动向任课教师介绍班级和学生的情况，广泛听取他们的意见；发挥任课教师的特长，让他们参与班级管理和重大活动。此外，还要注意及时处理任课教师与学生的矛盾，建立起和谐的师生关系。

2. 协调家庭教育力量

就现在的家庭教育而言，由于有些家长缺少对青少年生理、心理特点的了解和掌握，对教育规律所知甚少，出现了主观努力与实际效果背离的情况。与任课老师相比，班主任与学生、家长接触多，对学生、家长了解更深，学生及家长对班主任也更为崇敬、信赖，班主任是联系学校与家庭的纽带。大量的、经常性的家庭教育指导主要依靠班主任的创造性工作，他们当仁不让地成为学校指导家庭教育的中坚力量。

班主任协调家庭教育力量的内容主要有三项：一是向家长宣传国家的教育方针、教育法规以及学校的培养目标。二是向家长介绍学校和班级以及学生情况，争取家长的支持配合，同时也了解学生在家庭的表现，达到相互沟通，使学校教育与家庭教育协调统一。三是向家长宣传家庭教育的理论和经验，帮助家长掌握科学教育子女的方法。

班主任联系家长的形式和方法较多，常见的形式有以下几种：

（1）家庭访问，是班主任联系家长、了解学生最常用的方法。在家访前要对被家访的学生做深入的了解，包括各科学习、纪律和生活等，不至于在家访的过程中手足无措，使家长产生教师对自己的孩子关心太少，家访只是形式而已的想法。另外还要有充分的思想准备，制定详尽而可行的计划。家访前，应考虑好与学生家长交谈的问题，怎样谈，如何针对心态层次不同的家长进行交谈。家访中要尊重家长，要正确地反映学生实际，切忌不能搞“告状式”家访。家访后要及时对学生加以督导，并根据学生在校内的学习、行为表现，结合家访中了解掌握的资料，及时反馈，对学生重新分析评估，制定新的教育方案和措施，不失时机地对学生进行深化教育，以巩固家访效果。

（2）召开家长会，也是联系家长、互通信息的好方法。开好家长会，要求班主任精心准备，中心要突出、时间要恰当、形式要合理、会场要得体，要防止将家长会开成训话会。根据会议的内容不同，家长会可以采取以下几种形式：一是教师报告会。主要由班主任介绍情况，家长了解有关信息，不进行讨论。在家长会上，班主任应向家长报告本班的教育教学情况，提出教育学生的意见和要求，征求学生家长的意见，动员家长协助学校搞好对学生的教育工作。也可以请本班教师或专家做有关教育问题的报告。二是经验交流会，由家长交流教育子女、协同学校进行工作的心得体会，也可以请家长介绍教育子女的经验等。三是学习成果展览会或学习成绩汇报会，学生以实物或文字语言向家长汇报自己的成绩和进步，以使家长了解学生，使学生彼此促进。这类家长会的形式，可以适当灵活一些，丰富多样，不必千篇一律，不必恪守一种模式。

（3）利用家长学校，为家长举办各种教育讲座，帮助家长了解孩子的生理、心理特点，掌握正确的教育方式，协调和促进学校与社会、学校与家庭的联系，达到全面培养人才的目的。在家长学校，班主任可以做心理学、教育学方面的专题讲座，使家长掌握系统的心理学、教育学知识。这既有利于提高家庭教育的整体水平，又能让家长了解班主任责任感，佩服班主任的业务水平，因而更主动、更有效地配合班主任的工作。此外，建立书信联络制，成立家长委员会，举办家长接待日，把自己的电话、邮箱留给家长，等等，也是目前班主任联系家长经常使用的方法。

（四）做好班主任工作计划和总结

班主任工作计划的制定，要根据教育方针、学校培养目标、教育政策和法规，要与学校工作计划和本班实际相联系。计划要全面，目的要明确，条理要清楚，阐述要简练，操作要可行。计划一般分为学期和月（周）计划。学期计划的内容包括班级学生基本情况分析，班级工作的指导思想和班级共同奋斗的目标，教育工作的内容、主要措施及时间安排等。月（周）计划是学期计划的细化，主要包括具体活动的内容、基本要求、组织措施和完成期限等。

班主任工作总结是班级工作过程的最后一个环节，它既是对工作计划执行情况的检查，也是对工作质量的全面评估，以便总结经验教训，不断改进工作方法，提高工作效率。要使总结客观真实，班主任应注意日常班级管理和活动资料的积累。总结不是平时工作的简单复述，要有事实、有分析，善于把感性经验上升为理论，不断探索班级教育的规律，为今后进一步做好班主任工作打下良好基础。

三、班主任的专业发展

（一）“班主任专业化”的提出

班主任专业化是指班主任通过学习、实践、培训和自我培训达到班主任专业水平的过程。班华教授在《班主任专业化的理论与实践》一书的序言里指出，班主任专业化是教师专业化的一个特殊方面，班主任专业的特殊性可以概括为两个特殊的方面：一是从教育劳动的性质看，主要是精神劳动，是与学生心灵沟通，促进其精神发展的精神活动；二是班主任有其特殊的教育操作系统，即发展性班级教育系统。

“班主任专业化”的理念是在 2002 年 10 月天津市大港区举行的全国第十一届班集体建设理论研讨会上，由首都师范大学王海燕教授提炼后确定的，并在柳州市首先进行了实践。从此，中小学班主任工作的理论探讨进入了“自主—专业化”时期。

2003 年 10 月，柳州市教育局出版了《班主任专业化的理论与实践》一书，集中总结了一段时间以来柳州市对班主任专业化的研究成果。2003 年 11 月，全国第十二届班集体建设理论研讨会在柳州举行，“班集体建设与班主任专业化发展”成了会议的主题，柳州市的“班主任专业化”建设由此以民间学术影响的方式推向全国，也引发了全国范围内民间研究意义上的“班主任专业化”理论探讨。2004 年，《人民教育》在第 15 期和第 16 期推出了“中小学班主任专业化”专辑，在全国范围内较为明确地提出了“班主任专业化”的理念。班华教授等专家、教师在《专业化：班主任持续发展的过程》等文中对班主任专业化的概念厘定、制度建构、操作规程的形成等进行了概略式的论述。在这之后，各种有关“班主任专业化”的学术研讨活动不断出现。2005 年 1 月，南京师范大学教育科学学院举办了第一期班主任专业化培训班，开创了全国班主任专业化培训的先河。2005 年 4 月 16 日，《人民教育》编辑部在浙江省桐乡市举行了全国班主任工作与班主任专业论坛，来自全国各地的 1 000 余名中小学班主任参加。这些学术活动的开展表明，班主任专业化的探讨出现了方兴未艾的良好局面。2006 年 8 月 31 日，教育部发布了全国中小学班主任培训计划。到目前为止，青岛、上海、天津等地对班主任工作的性质、班主任专业化的内涵标准、目标要求、发展途径及班主任专业化发展的制度保障方面进行了研究，取得了一定的成果，并形成了初步的理论框架，但从整体上尚处在探索尝试阶段，理论和实践工作有待进一步的完善。

（二）班主任专业发展的内容

1. 专业思想的树立

班主任的专业思想，是在对班主任工作达到一定程度的认识和理解的基础上，所形成的教育理想和信念，是班主任专业发展的前提。班主任只有树立了正确而牢固的专业思想，才能正确认识从事教育工作的社会意义，才会产生做好班级教育工作的内在需要，才能更好地完成育人任务。为此，班主任必须做到：热爱教育，献身教育；热爱班主任工作，乐于做好班主任工作；确信班级中每一个学生都可以教育、培养成合格的人才；不断将专业思想转化为教育动力，为带好班级、教好学生作出不懈的努力。

2. 专业知识的构建

班主任的专业知识，指班主任的专业理论体系和经验系统，是班主任专业发展的内核和基础。班主任只有构建了合理而完善的知识结构，才能形成过硬的育人本领，才能为搞好班级工作打下坚实的基础。首先，班主任的专业知识应该突出“广”，即掌握的专业知识要广博，不仅要掌握班主任工作的一般专业知识，而且专业以外的其他知识也应广泛涉猎。其次，班主任专业知识要“深”，即精深，既具科学性，又具艺术性。最后，班主任的专业知识要突出“活”，即掌握的专业知识不仅要系统、牢固、扎实，还要鲜活，要吸纳教育新理念、新成果、新知识，不断用鲜活的知识来充实自己的知识储备库。只有将三者紧密结合、有机联系，才能构建起合理而完善的专业知识结构。

3. 专业能力的提高

班主任的专业能力，是班主任在工作中所形成的、能够顺利完成教育工作的实践能力，是班主任专业发展的外在表现。班主任只有具备了较高的专业能力，才能有效地解决班级教育工作中的问题，从而建立正常的班级秩序，形成良好的班集体，完成育人的工作任务。有学者提出，班主任的专业能力主要包括以下几个方面：一是能了解学生，从学生的实际出发，有针对性地施教的能力；二是合理的教育方案的设计能力；三是语言表达和现代教育手段运用的能力；四是组织、协调班级教育活动的管理能力；五是不断获取新知识以适应时代和教育发展要求的学习能力；六是总结教育实践经验，探索和提升为教育理论的研究能力；七是善于反思教育行为并进行自我调控的能力；八是对教育思想、内容和方法以及班级管理进行改革，不断推出新成果的创新能力。①

（三）班主任专业发展的策略

（1）在班主任的工作环境层面，应强化以人为本的管理理念，切实转变班主任队伍的管理方式，为其创设公正、宽容和相互尊重的民主环境。学校要从制度上为每一个班主任创设一种公正、宽容和相互尊重的民主气氛，体现对教师工作的理解和尊重。班主任考评规则的制定，要体现以人为本的思想，一定要在理解、关怀的前提下激励班主任成长。

（2）改进并完善班主任的校本培训制度，建立一种系统、科学且富有激励作用的班主

---

① 参见赵正铭：《班主任专业发展刍议》，载《班主任》，2008（2）。

任成长的专业化培训机制。要改变简单灌输理念的传统培训方式，减少低效培训，强调“做”中“学”，在生动的教育实践中展开培训。培训不仅仅是听报告、经验交流，也应该包括班主任沙龙、读书活动、主题班会、综合实践活动、脱产进修、高层次的深造以及心理健康辅导，等等。

（3）应倡导班主任走“学习—实践—反思—科研—再实践”的专业化成长道路。班主任要有强烈的学习意识，向书本学习、向有经验的班主任学习。在工作实践中，充分重视和运用班主任自身人格的教育力量。要养成自我反思的职业习惯，以怀疑、批判的态度去审视习以为常的过程，以积极的心态去分析、提炼管理过程与教育结果所蕴含的教育价值，从而作为新一轮班级管理的生成性资源。班主任要深入地钻研班级教育管理过程的微妙细节，大量地、认真地观察学生和分析学生，把班级作为实验室，并以所碰到的问题为科研课题，这既可以激发班主任的学习热情，调动他们的工作积极性，又可以提高班主任队伍的理论水平。

四、职前培养在班主任专业化中的作用①

（一）奠定班主任专业化的知识基础

师范生需要掌握教育学、心理学、管理学、伦理学等知识，以奠定作为一名合格教师的教育基本理论知识基础，同时还必须学习与中小学班主任工作直接关联的班级管理学等班主任学科专业课程的相关理论。按班主任工作的基本要求内化这些知识，为职后更好地从事班主任工作奠定广博而扎实的文化基础。

（二）奠定班主任专业化的技能基础

高等师范院校要加强对师范生进行班主任工作计划的制定与工作总结的撰写、班团队活动的设计与组织、家长会的设计与组织、班干部的选拔培养与使用、与学生谈话的艺术与技巧、学生操行评语的撰写等方面的技能训练，帮助师范生掌握班主任工作的基本操作技术，为班主任专业化奠定技能基础。

（三）奠定班主任专业化的情感态度基础

通过对班主任专业知识的学习和专业技能的掌握，初步形成师范生班主任工作的角色认同和情感态度，有意识地培养他们对班主任工作的专业兴趣，树立正确的教育理念，为实现班主任专业化成长奠定良好的情感态度基础。

（四）树立班主任的专业理想

班主任工作艰巨复杂，要求班主任具有强烈的使命感和奉献精神，这种使命感和奉献精神来源于班主任执着的专业理想。职前阶段应加强班主任专业理想教育，增强师范生从教、立教的心理倾向，为形成班主任工作的专业信念、专业情操，自觉实现班主任专业成长奠定良好的心理基础。

（五）形成班主任专业化的自主发展意识

班主任自主发展意识的形成是个漫长的过程，需要“引导—渗透—内化—自觉”的过程，要引导师范生从提高对班主任工作的认识入手自觉转变观念，变他律为自律。

---

① 参见薛忠英：《职前培养在班主任专业化中的作用》，载《中小学校长》，2010（4）。

复习思考题

1. 简述班级组织的历史发展过程。
2. 班级管理的内容包括哪些方面?
3. 班级教学管理的内容包括哪些方面?
4. 如何建设和培养良好的班集体?
5. 班级活动的类型有哪些?
6. 如何做好优秀生、中间生和后进生的教育工作?
7. 班主任专业发展的内容包括哪些方面?
8. 班主任家访时要注意哪些问题?

推荐阅读书目与访问网站

1. 王鹰，李鹰，曹丞，史龙身主编. 班主任工作技能训练. 北京：人民教育出版社，2003
2. 檀传宝主编. 德育与班级管理. 北京：高等教育出版社，2007
3. 李学农主编. 班级管理. 北京：高等教育出版社，2004
4. [美] 马扎诺等. 有效的课堂管理手册. 北京：教育科学出版社，2008
5. 王晓春. 做一个专业的班主任. 上海：华东师范大学出版社，2007
6. 班主任 http://www.banzhuren.com/

教学案例

温 暖

那时，我正读小学三年级。

一连下了好几天雪之后，太阳终于出来和大家打了个照面，路上的积雪慢慢融化，屋檐下的地面“吧嗒，吧嗒”地溅着水花。从家到学校的路，由于走的人太多，已布满了大大小小的水坑，包围水坑的是黏糊糊的黄泥巴。路上我和几个同学边走边说，边说边笑，或许是太得意的缘故，一个趔趄，我的一只脚着着实实地跌入水中，笑容立即在我的脸上凝固。

当几个同学把我扶住，把脚从水坑中拖出时，脚上的棉鞋成了一团吸水的海绵。

怎么办?去学校还是回家?离家已经很远了，上课的时间却很近，我只好横下心来，继续往学校的方向走去。整只脚踩在凉飕飕的“海绵”上，边走还边挤压出一些水来，怎一个“冷”字了得!

上课的时候，趁老师转身在黑板上写字的功夫，我俯下身子，试图把“海绵”从脚上拨下来，老师转过来时，我就装作一副认真听课的样子，如此反复，我还是未能成功地脱下袜子，“某某，你在下面做什么?”非常严厉的声音在耳边响起。

“我，我，我……”我吓得不知道该说什么，只觉得脸上火辣辣，声音颤颤的，结结巴巴地不知道该说什么。

坐在我隔壁的同学站了起来，告诉老师，我的棉鞋打湿了，我上课的时候是在脱鞋子和袜子。

我还是低着头，眼睛始终不敢看老师。那个时候的我们已经知道：上课的时候，绝不能讲小话，绝不能做小动作，否则是要被打手心的。眼睛的余光感觉到老师向我走来，我犹犹豫豫地伸出了小手，闭上眼睛。

感觉一只手把我的腿拉了一下，在脚上摸了一把。“你的鞋湿了，怎么不跟老师说一声呢?”声音很温柔，还带一丝嗔怪。

我等待的打手心自然没有来。更让我惊诧的是，老师居然匆匆跑出教室，不几分钟，像变魔术似的递给我一只火钵。这只火钵由一个小小的油漆桶改造而成，装着还有余烬的草木灰，上面撒着一层黄里泛白的锯末。同时递给我的还有一节小树枝，让我时不时在火钵中拨几下。

老师低头为我脱下袜子，她美丽的长发掠过我的脸庞，痒痒的，一股暖流喷薄而出。

十几年后的今天，我也站上了三尺讲台，每每想到这一幕心中都会无比温暖，我只记得老师教我们语文，至于她教了些什么，是否有高超的教育技巧我都不记得了，而且也不重要了，一位教师拥有了一颗爱学生的心，已经“招招都是情”，“情到深处即无招”就是最高的教育技巧了。

回首四年的教育生涯，虽不一定拥有高超的教育智慧，却一路洒满了爱。因为在小学三年级的那个雪天，我的心里已种下了爱的种子，如今这爱的种子已经萌发。或许多年后的某天，也有学生从我这里接下爱的火炬，继续阐释爱的教育，从而照亮更多美好的心灵。

资料来源：冯华荣：《温暖》，载《班主任之友》，2008（9）。

思考与讨论：

1. 案例中提到“‘情到深处即无招’就是最高的教育技巧了”，请你谈谈对这句话的理解。

2. 联系后进生的情况，你认为班主任要怎样用爱心去温暖后进生？

第十一章 教育研究方法

内容提要

教学和科研构成教师工作的基本内容，教学带动科研，科研促进教学。因此，作为师范生必须学习有关教育研究方法的基本理论及了解如何开展教育研究。本章共三节内容：教育研究方法的理论是进行教育研究的基础，包括教育研究的含义与类型、学习教育研究方法的意义及教育研究的一般过程；教育研究的一般方法及其使用，包括观察法、调查法、经验法、实验法和统计法；中小学教师常用的教育研究方法，重点介绍了个案研究、叙事研究和行动研究。

第一节 教育研究方法概述

一、教育研究方法的界定

（一）教育研究的含义与类型

1. 教育研究的含义

教育研究是指通过一系列规划好的活动步骤的实施及方法、技术的运用，对教育实践中存在的问题和现象进行分析、综合、解释、预测，从而揭示教育规律的一种社会实践活动。

2. 教育研究的类型[①]

（1）基础研究与应用研究。

根据研究目的，可将研究分为基础研究和应用研究。基础研究指以揭示事物的本质及其发展规律为主要目的而开展的研究。应用研究指以提出解决某些社会实践问题的具体对策为主要目的而开展的研究。此外，有些研究课题往往兼具基础研究和应用研究的双重目

---

① 参见张力为：《体育科学研究方法》，44 页，北京，高等教育出版社，2005。

的，因而被称为应用基础研究。

（2）调查研究与实验研究。

根据是否操纵自变量，可将研究分为调查研究和实验研究。调查研究指通过问卷、访谈或观测的形式，收集不同变量的资料，分析各种变量相关关系并探索因果关系的研究。实验研究指在有控制的条件下操纵自变量、因变量的变化，从而分析和确定自变量和因变量之间因果关系的研究。

（3）实证研究与综述研究。

根据研究者是否亲自收集资料，可将研究分为实证研究和综述研究。实证研究指研究者亲自收集观察资料，为提出理论假设或检查理论假设而开展的研究。实证研究具有鲜明的直接经验特征。综述研究指对前人研究进行收集、整理、归纳、总结，以发现总体规律、提出发展动向而开展的研究。

（二）学习教育研究方法的意义

1. 有利于促进教育研究

要进行教育研究，必须要先了解相关的教育研究方法，尤其是对于即将走上教师岗位的师范生而言这显得尤为重要。学习和掌握教育研究方法，有利于更好地开展教育研究，使教育研究过程更加科学、研究结果更加可信。

2. 有利于推进教师专业化发展

教师专业化是世界教师发展的趋势和潮流，也是我国教育改革的需要和方向。课程实施的过程和教育研究的过程就是教师专业成长的过程。

3. 有利于丰富和完善教育科学理论

对教育现象进行研究不仅有助于解决教育的实际问题，提高教育活动的质量，还可以对教育学的研究范式、教育理论的抽象概括性进行思考和探索，进而丰富、完善和发展教育科学理论。

4. 有利于推动教育改革

在知识经济时代，知识成为最宝贵的财富，知识就是生产力，人们将越来越关注教育发展和教育改革。教育研究可以为教育领域提供有价值、可信赖的知识，改变传统应试教育下的知识观、人才观，树立现代的教育价值观、人才质量观，构建与现代教学观念相适应的教学行为模式、操作规程等。

二、教育研究的过程

（一）选题与设计阶段

选题与设计阶段包括四个步骤，即选择课题、查阅文献、提出假设和制定方案。

1. 选择课题

选择课题就是为了一项具体的研究工作确立一个研究主题，这是研究活动的起始环节。选定课题包括提出问题和确定课题。思维起于问题，能敏感地发现问题并提出有质量的问题，首先要求研究者具有关注和了解社会热点和学术热点的研究意识；其次要求研究者具有改革意识，敢于怀疑，善于变换思考角度，善于类比和移植。在提出问题以后，并不是所有的问题都值得研究或有能力研究，这就需要进一步确定课题。首先要判断问题本身的理论价值，进而考虑研究人员的研究实力和学术兴趣，最后还必须考虑资料、仪器、设备等物质条件。

2. 查阅文献

课题确定以后，应立即着手了解所研究的课题的研究历史和现状，以及思考先前的研究成果是否还有需要扩充和完善的地方。

3. 提出假设

假设，是根据一定的科学知识和新的科学事实对所研究的问题的规律或原因作出的一种推测性诊断和假定性解释，是进行研究之前预先设想的、暂定的理论。对各种教育问题和现象所作的尚待证明的初步解释都属于假设性质。假设工作包括确定研究的目标，表述研究假设，确定研究对象，设计研究活动的方法、工具和手段等环节。

4. 制定方案

完成课题的研究设计之后，接下来便是选择研究方法和制定研究方案。研究方案是研究工作的行动纲领，其内容必须全面、具体。制定研究方案包括如下内容：用文字准确表述研究的问题，每个部分配置相应的人员、经费、设备、资料；将研究进度分为几个时间段；规定各个课题组之间信息沟通的方式和时间。

（二）实施阶段

1. 搜集资料，形成科学事实

研究资料一般分数据资料和文字资料两种，可分别采用不同的方法搜集。在教育研究中用来搜集资料的主要方法有观察、问卷、访谈调查、测验等。资料搜集后要进行整理分析，最关键的是形成科学事实，即把分析研究的结果归纳成几条原理、原则或对其作出事实判断。

2. 分析事实或原有理论，形成新的理论

科学研究的目的就是要形成揭示客观事实的性质及其运动变化的规律的新理论，理论的形成必须以大量的事实或原有理论为基础。形成新的理论通常要综合运用各种具体的思维方法，如分析、综合、比较和归纳、演绎、类比、概括等。

（三）总结与评价阶段

1. 撰写研究报告或学术论文

对教育研究的总结是指对研究课题的选择，研究设计，研究资料的搜集、整理、分析以及研究结论的形成等全过程进行系统的整理和概括，在此基础上按规范撰写科研论文或研究报告，以展示科研成果。

2. 鉴定和评价

鉴定和评价是研究活动的最后一个环节。评价首先是要对研究成果的学术水平和应有价值进行鉴定，其次是对研究活动的科学性进行评估。

第二节　教育研究的一般方法

一、观察法

（一）观察法的概念

观察法是研究者通过感官或借助一定的科学仪器，有目的、有计划地对自然状态下的客观事物能动地进行系统的考察和描述，从而获得经验事实的一种科学的研究方法。观察法是进行教育科学研究最基本的方法之一，是获得第一手信息资料和感性认识必不可少的环节，是形成、发展和检验教育科学理论的实践基础。

（二）观察法的基本程序及要求

观察法的实施，大体上包括观察准备、实施观察和整理观察材料三个主要阶段。每个阶段不仅有各自不同的任务和具体要求，而且各自具有不同的方法，只有对这一完整过程各个环节实行严格控制，才能获得理想的观察材料。

1. 观察准备

观察法运用成功与否，准备阶段是关键一环。准备阶段主要包括下列几项工作：

（1）制定观察计划。

古人云："凡事预则立，不预则废。"观察计划是对运用观察法的步骤与要求事先做出的系统、周密的设计与安排。观察计划的内容主要包括观察的目的与任务，观察对象，观察指标，观察指标的标准、规格与要求，观察的步骤、条件与方式，观察记录。

（2）落实相关事项。

实施观察工作前，除制定好观察计划外，还应落实好相关事项。这些相关事项主要包括：

第一，与观察工作有关的单位及个人取得联系，取得该单位及个人的支持与配合。

第二，尽可能多地熟悉或了解观察对象的基本情况，如个人特点、心理基础。

第三，组织观察人员统一思想、统一方法、统一要求，并事先进行观察实习。

第四，调试、校验观察仪器，印制各种观察记录表格等。

2. 实施观察

实施观察阶段的任务是按照观察计划进行资料的搜集工作。在实施观察过程中原则上应按照预定的观察计划有步骤地进行，若遇到意外变化应及时统一调整和修订，以保证圆满完成观察任务。其中尤其应注意以下几点：（1）选择最适当的观察场所。（2）注意力集中，善于捕捉时机。（3）分工明确，各司其职。（4）及时作好记录。

3. 整理观察材料

观察记录只是对客观事物的现象进行描述的一种形式，要想从观察记录中找出客观事物发展变化的规律，还必须对观察记录的材料进行加工整理。观察结束后，首先必须全面审核观察记录，剔除可能有的错误材料，对漏记指标或数据，可结合他人同类观察或其他途径进行校补。但在依据不足时应坚决删除，绝不可想当然地随便补充。

根据不同研究任务的需要、不同观察指标的性质特征，对观察材料进行分类加工整理，对量化指标进行专门统计分析处理，以分析某些研究指标与研究问题间的相互关系及规律。

在观察法的实施过程中应注意以下几点：一是努力减少观察活动对被观察者的影响；二是观察与思维相结合；三是灵活安排观察程序；四是努力减少观察误差。

二、调查法①

（一）什么是调查法

所谓调查法就是通过直接接触、询问研究对象或现场观察等手段来获得事实材料的一

---

① 参见水延凯等编著：《社会调查教程》，73 页，北京，中国人民大学出版社，1996。

种科学研究方法。调查法所研究的对象是已经存在的事实、现象，调查法所要解决的是现状、联系和发展规律一类的问题。调查法一般不人为地控制条件，但调查往往界定在一定的范围内进行。

（二）调查法的类型

第一，根据实际调查对象的范围可分为三种：全面调查、典型调查和抽样调查。

（1）全面调查。全面调查是指对研究对象全体进行的调查。全面调查的结果反映了要研究对象总体的情况，比较可靠。但当研究对象数量很多，研究内容比较复杂时，全面调查容易因人力、财力和时间上的困难而不可行。

（2）典型调查。典型调查是指当研究对象没有个别差异或个别差异极小时，从研究对象的总体中抽取一个具有代表性的单位或个体作为典型，对它进行调查并用其结果来概括总体的调查方法。

（3）抽样调查。抽样调查是指从研究对象的总体中抽取一部分有代表性的对象，组成一个样本，然后对样本进行调查，并根据样本调查结果来推测、估计相应的总体。

第二，根据具体要解决课题的不同性质，调查法可分为现状调查、相关性调查、因果关系调查、发展性调查。

（1）现状调查。现状调查解决的课题一般为“某一类（或几类）对象的某一种（或几种）特征目前的基本状况是怎样的”，它是最基本的调查类型。如小学生身体素质现状调查。

（2）相关性调查。相关性调查解决的课题一般为“某一类现象的两种特征之间是不是存在联系，这种联系是否密切？是怎样的一种联系？”

（3）因果关系调查。因果关系调查要解决的课题一般为“具有某一种特点的对象形成的原因是什么”。

（4）发展性调查。发展性调查要解决的课题一般为“对象的某一特征是怎样随时间的推移而变化的”。

（三）调查法的一般步骤

1. 选择调查对象

进行调查研究的首要的任务是确定调查对象。调查通常分为全面调查和抽样调查两种形式。在调查过程中，要根据调查的范围来选择、确定调查对象。

如前文所述，全面调查是指对研究对象进行全面的调查，其调查的结果反映了研究对象总体的情况，比较可靠。例如，关于中学生对教师情感状况的调查，调查对象应该是全体中学生；如果缩小命题范围，调查“××学校中学生对老师的情感状况”，调查对象就应该是该校的全体中学生。但当研究对象数量众多，研究内容较复杂时，受人力、财力和时间的制约而无法进行全面调查时常采用抽样调查，可以从研究对象的总体中抽取一部分有代表性的对象，组成一个样本，然后对样本进行调查，并根据样本调查结果来推测、估计相应总体的情况。例如，调查中学师生情感交流状况时，全体中学老师和学生就是总体；从某市抽取 3 000 名师生进行调查，这 3 000 名师生就是样本。一个成功的抽样调查可以比较精确地推论总体。因此，抽样调查在教育科学研究中广泛使用。为使抽样调查更为准确地反映总体，抽样时应注意：一是要划清被调查对象的总体，既不能把不属于该类别的对象划进来，也不能将该类别的对象遗漏掉；二是要保证样本中对象的数量具有代表性；三是抽样方法要科学，尽可能采用随机取样。

2. 确定调查内容

选准了调查对象以后，接下来的工作就是确定调查内容。对于“调查中学师生情感交流状况”这个例子来说，调查内容可以包括学生对师生情感交流的态度、老师对师生情感交流的态度、影响师生情感交流的因素、学生对教师的情感、教师对学生的情感、学生和教师各自喜欢的师生沟通方式、师生情感交流中的误区等。

3. 选择调查方法

据具体调查内容不同可采用不同方法，访问、采样、座谈、问卷、测验、查阅书面资料等均是常用的调查手段。

（1）访问。适合于访问的调查内容非常广泛，一般认为在下列情况下采用访问的手段更为有效：一是当需要进行个别调查，而调查对象文化水平不高，进行书面调查有困难时；二是当调查内容比较敏感，在集体调查和书面调查中被调查者有顾虑，需要予以说明意图和解释时；三是当调查的问题比较深入，不是三言两语能够讲清时。

（2）采样。对调查对象一时不能作出定性或定量判断时可以采集样本，在条件许可时进行进一步研究。

（3）座谈。座谈即采用座谈会、调查会的形式，调查人员通过跟几个、几十个被调查者面对面的口头交谈来收集材料的调查方式。为了保证座谈会的效果，调查对象要选择熟悉情况、说话可靠并且愿意提供情况的人，人数不宜过多，会前最好通知、说明意图和要求，会上讲清目的、意义。

（4）问卷。问卷即将要调查的问题以填充、选择、问答等形式编制成调查表，然后把表格分发给被调查人填写，最后收回整理分析的调查手段。问卷调查能否成功的关键在于问卷编制的质量。编制问卷应注意：一是在问卷前面的说明或所附的给被调查者的信中要明确这项研究的目的、意图、意义，让被调查者感到花这些时间和精力来填写这张问卷是值得的，有价值的；二是不论是填充、选择还是问答，问题的内容和要求必须交代清楚、明白，使人容易理解；三是编制问题时要尽可能让被调查者填写时感到简单，很容易回答，一般情况下尽可能不用问答题，而采用选择题；四是为了便于统计，要规定选择题应选答案数量；五是避免双重定义的问题；六是选择题的备选答案要避免重叠交叉；七是问卷的内容和文字口气要尊重被调查者；八是注意问题的科学性，防止出题不科学而给被调查者带来思想混乱。

（5）测验。测验即编制一套题目给被调查者，要求被调查者进行口头的、书面的或操作性的回答，根据回答的正确程度和速度，评判调查对象某一特性的水平。

（6）查阅书面资料。查阅书面资料是指收集跟调查内容有关的、能反映研究对象情况的现成的书面材料。

4. 制定调查提纲及项目

调查提纲分两种，一是交谈提纲，二是调查问卷。交谈提纲有利于获得深入、有个性特色的调查材料，调查问卷可以获得大容量的、统一的调查材料，二者各有所长，应灵活运用。调查提纲内容的依据是研究者对研究范围的确定。调查提纲还应包括提纲的使用说明、注意事项等。这些内容可以以指导语的形式列在交谈提纲或调查问卷上。为了能使参与课题研究的其他成员都能够准确无误地开展调查研究活动，主持者还应编写调查计划，就课题及调查目的、调查提纲的构成及使用方法、调查的地点及时限、日程安排、课题组成员分工、调查报告完成日期等问题进行书面说明，使之成为指导调查人员实施调查的指导文件。这个阶段所产生的文件有两种：第一种是调查提纲；第二种是调查计划（也有人将其称为指导手册）。通常，调查计划是不让被调查对象知道的。

5. 实施调查

实施调查应严格按照调查提纲的规定进行操作，力争使调查材料具有真实性、客观性、典型性和横向可比性。

6. 整理调查材料

通过调查得到的材料可以分为两种类型，第一种类型是文字性材料，这主要依靠研究者的经验及学识分门别类地整理；第二种类型是数字性材料，这既可应用人工统计的方法，也可借助于一些计算机辅助工具，如 EXCEL 或 SPSS 等统计软件。

7. 撰写调查报告

调查法的最后一个环节是撰写调查报告，它以文字的形式反映课题的研究结果。调查报告的内容应包括以下几个方面：(1) 研究背景选题价值说明。(2) 调查的工具、方法、对象及过程的简要说明。(3) 调查结果说明。(4) 对调查过程及结果进行分析、讨论。(5) 研究结论及提出有关对策。在以上五个方面的内容中，第三方面是重点，它综合反映了整个调查数据、材料所反映的事实。

三、经验法

（一）经验法的概念

经验法亦称为经验总结法，是在不受控制的自然状态下，依据教育实践所提供的事实，按照科学研究的程序，分析概括教育现象，揭示其内在联系和规律，使之上升到教育理论高度，促进人们由感性认识转化为理性认识的一种教育科研方法。

（二）经验法的基本程序

1. 准备工作

(1) 确定题目。应根据教育实践中存在的问题，或是迫切要求解决的问题确定总结经验的题目，否则就没有总结的意义。题目的确定，要求从实际出发，从总结对象的教育实践的实际状况出发，否则总结就没有基础。

(2) 选定对象。对象可以是地区、单位或个人。对象的选定要有代表性，且应包括各种类型，以便获取完整的经验。

(3) 阅读有关文献资料。总结题目和对象确定后，就要围绕总结的中心内容，广泛收集、翻阅有关资料，包括有关方针政策、上级的文件指示、国内外研究动态，以及总结对象的有关历史和现实的资料等。

(4) 制定计划。根据总结任务和对象的性质和特点，结合所具备的条件和力量，对总结的过程进行构想，这就是总结计划。计划应包括总结的目的、任务和基本要求；工作进程的轮廓，即总结的起始、程序、实施、分析和综合；设计具体总结的方法，总结人员的组织和分工，以及总结的验证；等等。计划要留有余地，要充分考虑实施的可行性，并对可能出现的难以预料的问题作出应变的考虑。

2. 收集材料

总结经验要以具体事实为基础，如实地反映事物的本来面目，因此，通过各种方法收集能反映先进经验全面情况的材料，这是总结工作的主要阶段、基础阶段。收集材料首先要收集反映先进经验的各种书面材料；其次要通过各种途径，直接得到第一手材料；最后是对反映先进经验的实际效果进行考察验证。以上是反复交叉进行的，目的是采取各种方法和途径来取得完整、系统的材料。

3. 分析和综合

分析和综合是总结先进经验最重要的环节。充分占有事实材料，这是产生先进经验的基础。然而，对收集的材料不进行分析和综合，使之条理化、系统化，那么，材料再多，无论是对理论还是对实践都不会有多少意义。

分析和综合主要是这样一些步骤：第一，根据经验总结的目的要求，对收集的材料进行分门别类的整理：删繁就简、区别真伪、核实必要的数据、查对引证的实例，以求如实反映总结对象的全貌。第二，对事实材料本身所提供的普遍意义和社会效果进行认真分析，从而以现象作为向导，揭示具体事实的内在本质联系，分析哪些是主要的，哪些是次要的，哪些是有所创新的，哪些是有待考察的。通过初步综合分析，为总结提供比较可靠的论据。第三，分析综合事实的过程，为抽象概括、推理判断打好基础，以便将丰富的经验上升到科学理论的高度。

四、实验法

（一）实验法的概念

实验法是通过主动变革、控制研究对象来发现与确认事物间的因果联系的一种科研方法。在教育实验中有三种变量，即自变量、因变量和无关变量。

自变量就是通常所说的实验变量，又称为实验因子或刺激变量，它是指实验者操作的假定的原因变量。自变量应具有可操作性和可变性，也就是说，自变量要能用操作定义加以描述，并且至少要有两个水平。

因变量又称实验结果的反应变量，是自变量作用于实验对象后出现的教育结果。教育实验的因变量应有以下特点：(1) 与自变量的时间顺序性。因变量的变化必须在自变量变化发生之后或同时。(2) 可测性。因变量的变化必须是可测的，否则实验的结果就说不清楚。(3) 客观性。因变量最好是那些客观指标，如测验分数、身高、体重、肺活量、阅读速度、单词拥有量，等等。主观指标如教师反映课堂气氛活跃、感到学生的学习积极性有了提高等只能作为参考。

无关变量是指自变量与因变量之外的一切变量。例如在教学方法的实验中，教学时间和课外辅导都是无关变量。欲增加实验的科学性，必须加强对无关变量的控制，使它不影响因变量的变化。

（二）实验研究的一般程序

教育实验的全过程为准备、实施、总结评价三个基本的阶段。

1. 实验的准备阶段

实验的准备阶段，它包括以下几个步骤：

（1）选定实验研究的课题，形成研究假说。课题的来源有以下几个方面：一是实际需要：教育面临的具有重大实际应用价值的重大课题；二是理论需要：长远对教育科学有利的基础研究，原有理论与新的研究成果之间所暴露出来的矛盾；三是个人经验；四是文献资料：新的发现、偶然的发现、未经检验的理论、文献中相互矛盾的结果、研究中的遗漏、前人研究的不足，等等。

（2）明确实验目的，确定指导实验的理论构想。在这一过程当中，研究者按照研究目的对实验研究的方向、范围以及如何进行搜集、分析和解释数据资料作出明确的具体规定。

（3）实验类型的确定。

（4）被试的选择。

（5）仪器和材料的选择。

（6）因素的操纵、控制和观察，也就是操纵自变量，控制无关变量，观察因变量。

（7）选择实验设计类型，根据以上步骤写好实验预习报告并画好用于填写数据的表格。

2. 实验的实施阶段

按照实验设计进行教育实验，采取一定的控制措施使实验顺利进行，观察因变量的产生，对实验数据进行收集。

3. 实验结果的总结评价阶段

将实验过程、实验数据记录以后，就要对实验中取得的数据资料进行分析处理，决定统计的方法，确定误差的范围，对研究假设进行正确的检验，提高统计结论的效度，进而要根据实际情况给研究作出科学的结论。最后在实验研究结果分析的基础上，撰写实验报告。

五、统计法①

（一）统计法的概念

统计法是通过观察、测验、调查、实验，把得到的大量数据材料进行统计分类，以求得对所研究的教育现象作出数量分析的结果的方法。这是数理统计方法在教育方面的应用。统计法是认识教育现象、实施教育、开展教育学研究不可缺少的一种科学方法。马克思认为，一种科学只有在成功地运用数学时，才算达到了真正完善的地步。② 在教育实际工作中，经常使用描述统计研究情况，如整理实验或调查来的大量数据，找出这些数据分布的特征，计算集中趋势、离中趋势或相关系数等，将大量数据简缩，找出其中所传递的

① 参见王孝玲：《教育统计学》，48 页，上海，华东师范大学出版社，2007。
② 参见［法］保尔·拉法格等：《回忆马克思恩格斯》，7 页，北京，人民出版社，1973。

信息。同时，还可进一步使用推断统计法，即利用描述统计取得的信息，通过局部去推断全局的情况。此外，近几十年来随着统计学的发展，提出了实验设计，要求在较严谨的实验研究中检验设计中所列的自变量和因变量之间的关系。

（二）统计法的基本步骤

统计法一般分为三大步骤：

1. 收集数据

收集数据是进行统计分析的前提和基础。收集数据的途径众多，可通过实验、观察、测量、调查等获得直接资料，也可通过文献检索、阅读等来获得间接资料。收集数据的过程中除了要注意资料的真实性和可靠性外，还要特别注意区分两类不同性质的资料：一是连续数据，也叫计量资料，指通过实际测量得到的数据；二是间断数据，也叫计数资料，指通过对事物类别、等级等属性点计数所得的数据。

2. 整理数据

整理数据就是按一定的标准对收集到的数据进行归类汇总的过程。由于收集到的数据大多是无序的、零散的、不系统的，在进入统计运算之前，需要按照研究的目的和要求对数据进行核实，剔除其中不真实的部分，再分组汇总或列表，从而使原始资料简单化、形象化、系统化，并能初步反映数据的分布特征。

3. 分析数据

分析数据指在整理数据的基础上，通过统计运算，得出结论的过程，它是统计分析的核心和关键。数据分析通常可分为两个层次：第一个层次是用描述统计的方法计算出反映数据集中趋势、离散程度和相关强度的具有外在代表性的指标；第二个层次是在描述统计的基础上，用推断统计的方法对数据进行处理，以样本信息推断总体情况，并分析和推测总体的特征和规律。

第三节　中小学教师常用的教育研究方法

一、个案研究

（一）个案研究的概念

个案研究就是对单一的对象进行深入研究的方法。它是教育研究中的一种重要的方法，又称个案调查、案例法、解剖麻雀法、个案历史法。

个案研究是一种以小见大、以点带面的研究方法，它适用于具有典型意义的人和事的研究，如对班级中优差两头学生的研究，对个别品德不良学生的研究，对某个学生采取特殊教育的追踪研究，对某个学生的心理问题和人格偏差的诊断研究等；个案研究还适用于对那些不能预测、控制，或由于道德原因不能人为重复进行的事例的研究，如对某个学生犯罪过程与原因的研究。

（二）个案研究实施的步骤

个案研究需要遵循一定的程序进行。以下依据诊断性个案研究的实际需要，介绍该类研究应实施的步骤。

1. 制定个案研究方案

为了有效地开展研究，进行个案研究之前，需要制定个案研究方案。个案研究方案通常包括研究的对象与问题、研究的目的与重点、研究的步骤、研究的内容与方法、研究的预期成果几部分。个案研究的设计可以依据需要随时变化，因此，制定好的研究方案可以依据研究的实际情况执行或修改。

2. 确定研究对象，进行个案现状评定

个案研究对象的确定，一般可以选择有一系列不同于他人的行为表现，而且对这些行为形成的原因、特点、发展趋势的重要性认识不甚清楚，而又有搞清楚它的必要和兴趣的对象。研究对象确定后就是要对个案现状进行了解与评定。一般个案现状的评定除包括个案表面现状突出的方面要有专门的测量与评定之外，还应对个案的现状有一个全面的了解与评定。总之，了解、评定那些有助于研究者认识个案各方面发展的平行、协同的关系，有助于发现个案潜在发展趋势的现状。仅以研究学生学习障碍为例，可以考虑个案的各科学业成绩，智力测验成绩，个性测验情况，个人的兴趣爱好，父母的文化水平、职业及兴趣爱好，家庭教养，经济状况，成员间的关系，社会交际能力及教师教学情况等。

3. 收集资料，诊断与因果分析

研究个案的发展，主要是从个案历史资料的相互比较中找出个案在某些方面发展的脉络。这就需要收集研究对象的资料，包括个人简历、家庭情况、主要问题、入学前教养情况、智力发展情况、社会适应能力、个性发展等方面。收集的方法可用访谈、调查、观察等手段进行。在掌握翔实资料的基础上，研究者除认识个案产生特殊异常行为的原因、厘清问题发展的脉络、发现主要影响因素外，还需要确定问题出现的症结所在，对个案进行必要的诊断。

4. 问题的矫正与指导

问题的矫正与指导是个案研究的关键，即在诊断与分析的基础上，针对学生存在的问题，设计一套因材施教的方案加以实施。一般，这种指导可以从学生发展的内因与外因两方面入手：一方面是对学生的内在因素进行适应性训练与矫治的指导，以便使其与学校、社会环境的要求相适应；另一方面是尽可能改变其外部条件的指导，使之适应儿童发展的需要。这里主要考虑学校教育措施、家庭的气氛与影响、父母对子女的教育态度和方法、校外教育的作用以及学生间人际关系等因素。

5. 追踪研究

由于个案研究对象的问题矫正与指导是一个极为复杂的工作，因此仅靠一次诊断是不准确的。另外，教育是一个长期的活动，某些教育措施的实施往往要在一段时间以后才能比较全面地看到效果，因此，对于所研究的个案对象，特别对那些实施过矫正与个别指导的问题儿童，有必要用一段较长时间来追踪观察与研究，以检查矫正补偿是否有效。如果有效，个案研究工作就算告一段落，如问题还没有解决，那就要重新诊断和重新矫正，继续研究下去。

6. 撰写个案研究报告

通过上述各步骤的研究，研究者经过一定的理论与逻辑的再认识，形成了自己的观点，并将感性认识上升到理性认识，最终形成个案研究报告。一般个案研究报告主要包括研究对象的基本情况、研究目的与内容、研究过程、研究结果与分析等几部分。

二、叙事研究

（一）叙事研究的概念

教育叙事既是一种研究方式，也是行动研究成果的表述形式。它既指教师在研究过程中用叙事的方法陈述教师在日常生活、课堂教学、教改实践活动中曾经发生或正在发生的事件，也指教师在研究中采用叙事方法呈现的研究成果。如记录你是怎么转变一个后进生或即将要辍学学生的故事，并把整个事件的过程与你的观察与思考整理成报告，这就形成了一个教育叙事报告。

（二）怎样进行叙事研究

叙事研究要有“事”可“叙”，这就需要选择、观察、收集和整理故事；叙事研究要对“事”进行“研究”，这就需要理论的准备和理性的视角；叙事研究还要对研究成果进行撰写，这就需要具有流畅的语言表达能力和简洁明快的文字写作能力。只有这样，研究结果才有其独特的价值。

如果用一条研究路径来表现其过程的话，教师的叙事研究包含了这样的流程：确定研究问题—选择研究对象—进入研究现场—进行观察访谈—整理分析资料—撰写研究报告。①

第一，确定研究问题。教师的叙事研究关注微观层面细小的普通的教育事件，强调对教育中特殊现象的描述和体察。因此，教师叙事研究的问题应是有意义的问题。“所谓‘有意义的问题’起码有两重含义，其一，研究者对该问题确实不了解，希望通过这项研究获得一个答案；其二，该问题涉及的地点、时间、人物和事件在现实生活中确实存在，对被研究者来说具有实际意义，是他们真正关心的问题。”② 只有当研究者确定了问题后，教师的叙事研究才有了适当的边界。

第二，选择研究对象。由于叙事研究者充满着对教师的关怀，对教师过去和现在的生活故事的关注，对教师课堂教学与教育实践的感受，因而它需要研究者与被研究者的互动合作。对研究者来说，要有敏感的心灵，能够细致入微地把握研究环境和研究对象；对被研究者来说，要认同、理解和参与研究的各项活动，双方应有从研究中共同进步的要求。

第三，进入研究现场。由于教师的工作、生活环境主要是在校园、在学生中，因此，进入研究现场就意味着走进教师活动的时空，与教师共同生活，从而获得“原汁原味”的现场资料，把握教师的行为、观念所赖以生产的深层原因，理解教师的行为背景。可以说，研究现场是教师叙事研究获取真实资料的直接来源。

第四，进行观察访谈。观察访谈是围绕着研究问题而进行的。观察要力求客观，避免“先见”或“前设”对研究者的干扰；访谈要力求开放，使被访谈者在研究者设计的系列开放性问题中轻松思考并回答问题。

---

① 参见王枬：《关于教师的叙事研究》，载《全球教育展望》，2003（4）。

② 陈向明：《教师如何作质的研究》，22页，北京，教育科学出版社，2001。

观察访谈主要是获取尽可能多的信息，因而研究者既要具有敏锐的观察力，又要具有亲和力。

第五，整理分析资料。叙事研究强调的是对事件本身的分析，是基于资料事实进行符合材料实际的分析。否则，研究就偏离了叙事研究规范的要求。在整理分析资料的过程中，研究者的重要任务是从所收集的大量资料中寻找出“本土概念”，即被研究者经常使用的、用来表达他们自己看世界的方式的概念。只有这样，研究才具有独特的个性特征，研究报告才有个性色彩。

第六，撰写研究报告。研究报告的撰写既包含研究者对所观察到的“事”的故事性描述，也包含研究者对“事”的论述性分析，两者相映相成，构成研究报告中的细腻的情感氛围和浓郁的叙事风格。叙事研究强调细致的描述和深刻的分析，使教师的生活故事得以更丰富的呈现，也因此具有教育研究所不可替代的意义。

三、行动研究

（一）行动研究的概念及类型

所谓行动研究法，创始人德裔美国社会心理学家库尔特·勒温（Kurt Lewin）的定义是：“研究课题来自实际工作者的需要，研究在实际工作中进行，研究由实际工作者和研究者共同参与完成，研究成果为实际工作者理解、掌握和实施，研究以解决实际问题、改善社会行动为目的。”行动研究的主要特性是研究课题来源于实际工作者主动变革的需要；研究目的着眼于解决实际问题，改善现实；研究在实际工作中进行；研究的主体是教育实践者，以研究人员、教师、行政领导乃至学生家长间相互合作方式进行研究；研究的动态性、发展性和螺旋式上升等。行动研究与其说是一种研究方法，不如说是一种指导思想、研究取向和组织形式。在行动研究的模式下，可以针对不同的研究内容，采用各种研究方法，在行动中达到解决实际问题、改变行为的目的。

行动研究一般包括以下三种类型：

（1）个别行动研究：在个别班级中进行，围绕个别班级的问题开展。

（2）合作行动研究：在多个班级中进行，围绕共同的问题开展。

（3）校际行动研究：围绕学校的共性问题或学校的发展进行。

（二）怎样进行行动研究

行动研究的基本步骤如下：

一是对问题进行梳理：学校层面、学科教学层面（教研组、年级组）、教师个人层面。

二是问题链或问题树，发现带有普遍意义的关键问题，或亟待解决的问题。

三是确定校本行动研究的当前课题和后续课题。

四是筛选和学习有关的理论和方法，制定行动计划和行动策略。

五是实施行动策略，进行教学观察和记录。

六是总结和反思（小组协作讨论或个人反思），提出改进策略，写出行动研究报告（或叙事研究报告、教学案例、研究论文等）。①

---

① 参见叶平：《什么叫校本研究》，见 http://blog.sina.com.cn/s/blog_4bc83a7b0100fhuf.html，2010-03-07。

上述各步骤可简化成图 11—1：

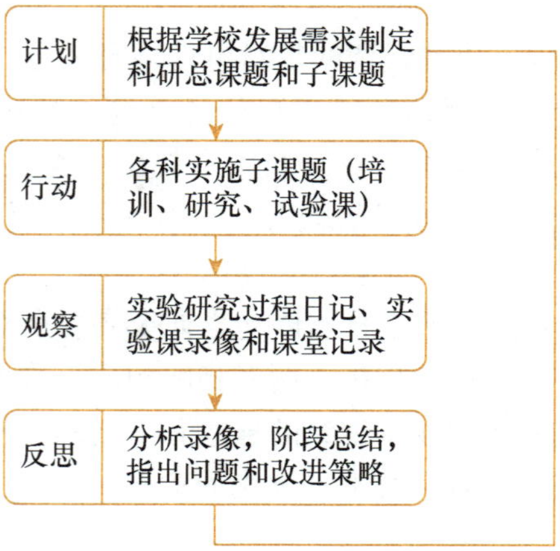

图 11—1　行动研究法程序示意图

资料来源：广州市天河区教育局教研室：《校本研究的形式和方法》，见 http://szjkc2008. com. blog. 163. com/blog/static/7067437020099222263857/，2010-05-06。

在上述各程序步骤中具体可采用的操作方法如下：

（1）多角度分析。多角分析主要用于问题诊断和课题立项阶段。对学校学科建设、教学中存在的问题研究，召开由学科教师、学生、研究人员、教学行政管理人员和校长参加的多角分析座谈会。大家从不同的角度去分析教学现象和问题，寻求共同认可的教改方案。教师通过自我反思，了解教学目标、教学期望与实际教学效果之间的差距；研究人员、教师通过与学生座谈，了解学生的感受、变化和想法。

（2）访谈。访谈主要用于问题诊断和课题立项阶段，包括学生访谈、家长访谈和教师访谈，了解和征求各方意见。

（3）问卷调查、态度量表和能力测量表。这主要用于问题诊断和课题立项阶段。设计相关量表对教师和学生进行态度调查和水平测试。

（4）日记/教学反思录。这主要用于研究过程阶段。研究人员和教师坚持写实验研究的日记/日志，记录每次研究活动的情况并反思存在的问题和改进建议。

（5）课堂观察。主要用于研究过程阶段。对每次实验课进行课堂教学观察和记录。

（6）数码照片记录。主要用于研究过程阶段。对研究活动和实验课的情景运用数码相机进行照片记录。

（7）录像记录。主要用于研究过程阶段。运用录像机对每次实验课进行课堂教学全程实录。

（8）个案研究。主要用于研究过程阶段。对教师/学生进行个案研究。①

（三）行动研究的课题示例②

校本课程开发：组织年级组或学科组教师，共同研制适合本校学生需求的校本课程。

---

① 参见广州市天河区教育局教研室：《校本研究的形式和方法》，见 http://szjkc2008. com. blog. 163. com/blog/static/7067437020099222263857/，2010-05-06。

② 参见叶平：《什么叫校本研究》，见 http://blog. sina. com. cn/s/blog_4bc83a7b0100fhuf. html，2010-03-07。

地方课程实施：研究性学习、网络主题探究活动的实施；
教学模式创新：如本学期语文学科如何进行探究性教学；
教法学法研究：教学方案（教案或学案）的研制，课程的生成；
校本管理：如何在班级开展档案袋评价；
校本培训：案例研究、案例教学的实验和培训方式改革。

复习思考题

1. 什么是教育研究？包括哪些类型？
2. 学校教育研究的一般方法有哪些？
3. 怎样进行教育调查？
4. 怎么进行教育实验？
5. 什么是个案研究？怎样进行个案研究？
6. 什么是教育叙事研究？怎样进行教育叙事研究？
7. 什么是行动研究？怎样进行校本行动研究？

推荐阅读书目与访问网站

1. 李秉德主编. 教育科学研究方法. 北京：人民教育出版社，2001
2. 田学红主编. 教育科学研究方法指导. 杭州：浙江大学出版社，2006
3. 黄汉升主编. 体育科学研究方法. 北京：高等教育出版社，2006
4. 谌业锋教育科研论文. 见 http://www.lsyf.cn/lw2.htm，2014-06-02

教学案例

一个行动研究的案例

记得是2000年，一位青年语文老师来找我，说她准备搞课题研究，但是她对搞什么课题还没有确定。于是我们就谈起当时语文课堂教学中存在的问题，很快我们就谈到语文课上的合作学习小组的问题。在那个时候，合作小组是很时髦的（其实一直到现在都很提倡）。据有关资料统计，当时在课堂教学中小组合作的使用率达到98.3%，几乎堂堂都有小组合作。而语文课使用这种形式的频率最高，一堂课中，少则1次，多则2～3次。但是存在的问题也不少（很多问题到现在还存在）。我们在一起谈了不少。我建议她将这些问题分为几个方面，整理一下。后来她将这些问题分为六个方面，如合作小组成了"避风港"、合作小组成了优秀生的一言堂、合作学习的内容不适合（换句话说，什么样的内容适合合作学习）、合作学习的时间短促（刚宣布开始，转过身就结束了），等等。

我们进一步讨论，如何解决这些问题，我们得找到解决问题的一些思路，或者看看别的老师有没有什么好的方法。应该说，当时有不少老师已经注意到合作小组学习中的问题了，但是有的在发牢骚，有的认为是形式主义主张取消，而真正去研究问题的很少，或者说还处于思考的阶段，零星的思考和措施还是有的，有的提出了改变座位排列，创设交流情景，营造讨论氛围；有的提出小组成员的分工方案；有的提出如何选定讨论的时机；等等，可谓吉光片羽，弥足珍贵。而介绍性的文字都是引自国外的资料，可谓铺天盖地，很少接触到国内合作学习的现状。我们认为，合作学习绝对是应当提倡的一种学习方式，不能因为它存在这样那样的问题就拒绝它，积极的态度是去研究、解决在合作学习中存在的问题。于是我们将收集到的有关资料和我们自己的想法整理成一个初步的行动方案。接下来的事情就是到课堂上去尝试了，其中不完善的地方也有待在课堂教学的尝试中去完善。

我照理还应写下去，写这个课题在教学中实施的情况，教师在这个课题实施过程中做了哪些事情，以及效果如何，等等，但是这样写内容就很多了。我写这个案例的目的还是在于说明，教师教育科研的选题应该把眼睛放在我们自己的课堂教学，还是刘良华先生说得好："问题一旦被追踪和设计，就转化为了课题。"

这个课题后经申报，被市教育发展基金会批准立项为 2001 年青年教师基金课题。这位老师是国家级骨干教师，她后来到北京参加骨干教师培训，她的这个课题也备受导师赏识。

资料来源：《教育科研案例（13 篇）》，见 http://www.5ykj.com/Article/xxywjxth/30486.htm，2006-05-26。

思考与讨论：

1. 如果这位老师将研究课题的行动方案拿到课堂上去尝试并不断完善，对教学可能会有什么帮助？

2. 结合案例谈谈教学和科研有何关系？

3. 这个案例对你进行行动研究有何启示？

主要参考书目

1. 王道俊，郭文安主编．教育学．北京：人民教育出版社，2009
2. 叶澜主编．新编教育学教程．上海：华东师范大学出版社，1991
3. 劳凯声主编．教育学．天津：南开大学出版社，2001
4. 全国十二所重点师范大学联合编写．教育学基础．北京：教育科学出版社，2002
5. 袁振国主编．当代教育学．北京：教育科学出版社，2004
6. ［日］筑波大学教育学研究会编．现代教育学基础．上海：上海教育出版社，2003
7. 陈桂生．教育原理．上海：华东师范大学出版社，1993
8. 叶澜．教育概论．北京：人民教育出版社，1991
9. 成有信主编．教育学原理．郑州：河南教育出版社，1993
10. 黄济，王策三主编．现代教育论．北京：人民教育出版社，1996
11. 孙喜亭．教育原理．北京：北京师范大学出版社，1993
12. 郑金洲．教育通论．上海：华东师范大学出版社，2000
13. 项贤明．泛教育论——广义教育学的初步探索．太原：山西教育出版社，2004
14. 瞿葆奎主编．元教育学研究．杭州：浙江教育出版社，1999
15. 吴康宁．教育社会学．北京：人民教育出版社，1999
16. 金一鸣主编．教育社会学．南京：江苏教育出版社，1992
17. 黄济．教育哲学．北京：北京师范大学出版社，1985
18. 石中英．教育哲学导论．北京：北京师范大学出版社，2004
19. 孙绵涛．教育政策学．北京：中国人民大学出版社，2010
20. 王炳照等主编．简明中国教育史（修订本）．北京：北京师范大学出版社，1994
21. 吴式颖等主编．外国教育史简编．北京：教育科学出版社，1988
22. 郭齐家．中国教育思想史．北京：教育科学出版社，1987
23. 张斌贤，褚洪启等编著．西方教育思想史．成都：四川教育出版社，1994
24. 联合国教科文组织国际教育发展委员会编著．学会生存——教育世界的今天和明天．北京：教育科学出版社，1996
25. 联合国教科文组织编．教育——财富蕴藏其中．北京：教育科学出版社，1996
26. 联合国教科文组织．教育的使命——面向 21 世纪的教育宣言和行动纲领．北京：教育科学出版社，1996
27. ［英］约翰·怀特．再论教育目的．北京：教育科学出版社，1997
28. ［德］雅斯贝尔斯．什么是教育．上海：生活·读书·新知三联书店，1991
29. ［捷克］夸美纽斯．大教学论．北京：人民教育出版社，1984
30. ［德］赫尔巴特．普通教育学·教育学讲授纲要．北京：人民教育出版社，1989

31. ［美］杜威. 民主主义与教育. 北京：人民教育出版社，1990
32. ［德］福禄培尔. 人的教育. 北京：人民教育出版社，1991
33. ［苏］苏霍姆林斯基. 给教师的建议. 北京：教育科学出版社，1984
34. 陈永明主编. 现代教师论. 上海：上海教育出版社，1999
35. 教育部师范司编. 教师专业化的理论与实践. 北京：人民教育出版社，2001
36. 叶澜等. 教师角色与教师发展新探. 北京：教育科学出版社，2001
37. 钟启泉编. 现代课程论. 上海：上海教育出版社，1989
38. 施良方. 课程理论——课程的基础、原理与问题. 北京：教育科学出版社，1996
39. 朱慕菊主编. 走进新课程——与课程实施者对话. 北京：北京师范大学出版社，2002
40. 钟启泉，崔允漷主编. 新课程的理念与创新——师范生读本. 北京：高等教育出版社，2003
41. 钟启泉等主编. 基础教育课程改革纲要（试行）解读. 上海：华东师范大学出版社，2001
42. 张华. 课程与教学论. 上海：上海教育出版社，2000
43. 丛立新. 课程论问题. 北京：科学教育出版社，2000
44. 王斌华. 校本课程论. 上海：上海教育出版社，2000
45. 顾明远，孟繁华主编. 国际教育新理念. 海口：海南出版社，2001
46. 施良方，崔允漷主编. 教学理论——课堂教学的原理、策略与研究. 上海：华东师范大学出版社，1999
47. 王策三. 教学论稿. 北京：人民教育出版社，1985
48. 李秉德主编. 教学论. 北京：人民教育出版社，1991
49. 胡守棻主编. 德育原理. 北京：北京师范大学出版社，1989
50. 鲁洁，王逢贤主编. 德育新论. 南京：江苏教育出版社，1994
51. 戚万学，杜时忠编著. 现代德育论. 济南：山东教育出版社，1997
52. 班华主编. 现代德育论. 合肥：安徽人民出版社，1996
53. 檀传宝. 学校道德教育原理. 北京：教育科学出版社，2000
54. 钟启泉编著. 班级管理论. 上海：上海教育出版社，2001
55. 魏书生. 班主任工作漫谈. 桂林：漓江出版社，1993
56. 林崇德. 教育的智慧. 上海：开明出版社，1999
57. 张玉田编著. 学校教育评价. 北京：中央民族学院出版社，1987
58. 王汉澜主编. 教育评价学. 郑州：河南大学出版社，1995
59. ［美］布卢姆等. 教育评价. 上海：华东师范大学出版社，1987
60. ［美］霍华德·加德纳. 多元智能. 北京：新华出版社，1999
61. 裴娣娜. 教育研究方法导论. 合肥：安徽教育出版社，1995
62. 袁振国主编. 教育研究方法. 北京：高等教育出版社，2000
63. 陈向明. 教师如何作质的研究. 北京：教育科学出版社，2001
64. 郑金洲. 教师如何做研究. 上海：华东师范大学出版社，2005

65. 陶行知全集. 长沙：湖南教育出版社，1984

66. ［美］小威廉姆·E·多尔. 后现代课程观. 北京：教育科学出版社，2000

67. Jackson，*P.W. Handbook of Research on Curriculum*，N. Y.：Macmillan Publishing Company，1992

68. Oliva，*P. F. Developing the Curriculum*（*7th Ed.*），Boston：Pearson/Allyn and Bacon，2009

69. Punch，K. F.，*Introduction to social research*，UK：SAGE，2005

图书在版编目（CIP）数据

简明教育学教程/杜德栎，曹汉斌主编. —2版. —北京：中国人民大学出版社，2014.6
高等学校通识课程系列教材
ISBN 978-7-300-19199-7

Ⅰ.①简… Ⅱ.①杜…②曹… Ⅲ.①教育学-高等学校-教材 Ⅳ.①G40

中国版本图书馆CIP数据核字（2014）第112153号

高等学校通识课程系列教材
简明教育学教程（第二版）
主编 杜德栎 曹汉斌
Jianming Jiaoyuxue Jiaocheng

出版发行	中国人民大学出版社		
社　　址	北京中关村大街31号	邮政编码	100080
电　　话	010－62511242（总编室）		010－62511770（质管部）
	010－82501766（邮购部）		010－62514148（门市部）
	010－62515195（发行公司）		010－62515275（盗版举报）
网　　址	http://www.crup.com.cn		
经　　销	新华书店		
印　　刷	涿州市星河印刷有限公司	版　　次	2010年8月第1版
规　　格	185 mm×260 mm　16开本		2014年8月第2版
印　　张	17.25 插页1	印　　次	2021年7月第8次印刷
字　　数	403 000	定　　价	42.00元